经济与管理类专业系列

金融企业会计（第四版）

刘学华　刘泽平　李洪琛／编著

图书在版编目(CIP)数据

金融企业会计 / 刘学华,刘泽平,李洪琛编著.—4版.—上海:立信会计出版社,2024.1(2025.1重印)

ISBN 978-7-5429-7461-7

Ⅰ.①金… Ⅱ.①刘… ②刘… ③李… Ⅲ.①金融企业—会计 Ⅳ.①F830.42

中国国家版本馆 CIP 数据核字(2024)第 012102 号

责任编辑　孙　勇
美术编辑　吴博闻

金融企业会计(第四版)
JINRONG QIYE KUAIJI

出版发行	立信会计出版社
地　　址	上海市中山西路2230号　邮政编码　200235
电　　话	(021)64411389　传　　真　(021)64411325
网　　址	www.lixinph.com　电子邮箱　lixinaph2019@126.com
网上书店	http://lixin.jd.com　http://lxkjcbs.tmall.com
经　　销	各地新华书店
印　　刷	常熟市人民印刷有限公司
开　　本	787毫米×1092毫米　1/16
印　　张	25.5
字　　数	558千字
版　　次	2024年1月第4版
印　　次	2025年1月第3次
书　　号	ISBN 978-7-5429-7461-7/F
定　　价	58.00元

如有印订差错,请与本社联系调换

第四版前言

随着企业会计准则的不断修订及金融电子化的逐步实现,金融企业的会计核算环境发生了重大变化。同时,为进一步规范金融企业财务报表列报,保证会计信息质量,根据相关企业会计准则(如金融工具确认和计量、金融资产转移、套期会计、金融工具列报、收入、政府补助、租赁、保险合同)、相关企业会计准则的解释、实施问答、应用案例等新变化,财政部对金融企业财务报表的格式进行了修订[见《关于修订印发2018年度金融企业财务报表格式的通知》(财会〔2018〕36号)]。为了全面反映与金融企业相关的会计改革的最新成果,满足高等院校金融企业会计课程教学的需要,我们对《金融企业会计》(第三版)进行了修订。

呈现在读者面前的这本《金融企业会计》(第四版),共分四篇十四章。第一篇为基本理论与方法(第一至第二章),简要阐述了金融企业会计的基本理论与核算的基本方法;第二篇为商业银行业务核算(第三至第十一章),全面介绍了商业银行各项主要交易或事项的核算;第三篇为非银行金融机构业务核算(第十二至第十三章),重点介绍了证券公司、保险公司主要业务的核算;第四篇为金融企业财务报表及其编制(第十四章),以三家上市公司的真实资料为例,分别列示了商业银行、证券公司和保险公司财务报表的编制方法。与第三版相比,第四版的主要变化如下:

(1) 结构由三篇变为四篇。第四版将金融企业财务报表及其编制单独列为一篇,清晰地体现了不同金融企业财务报表的构成项目和填列特点,弥补了将不同类型金融企业财务报表在一张表中呈现这一做法易造成报表项目排列混乱的不足。

(2) 更新了贷款减值模型。根据企业会计准则的变化,将第三版中贷款减值采用的已发生损失模型变更为预期信用损失模型。在预期信用损失模型下,企业对风险进行充分估计,提早确认贷款减值损失,有效避免虚增利润,保障会计信息的及时性和谨慎性。

(3) 删减了现代化支付系统和国内支付结算的相关内容。在不影响教学效果的前提下,删减了小额支付系统和托收承付结算方式有关内容的篇幅,有利于提高教学的效率。

（4）重新调整了商业银行损益项目的核算内容。本次修订根据最新企业会计准则及其他相关会计规范,对商业银行的各项收入、支出、费用、损失、利润分配,尤其是信用减值损失、营业外收支、所得税费用、利润分配顺序等内容的核算进行了调整。

（5）增添了二维码。第四版通过二维码提供了部分案例。读者通过二维码可以了解商业银行贷款预期信用损失模型的应用案例、商业银行应当如何对其发行的理财产品进行会计处理、商业银行应当如何确定一项主营业务活动中发生的支出属于金融工具的交易费用还是"手续费及佣金支出"或"业务及管理费"科目的核算范围。

在本书编写过程中,我们严格遵循企业会计准则及其应用指南,注重理论联系实际,内容阐述力求深入浅出,案例引用突出实用性、可操作性,各章附有思考题与练习题,书后附有练习题参考答案。本书可作为高等院校经济管理类有关专业的教学用书,也可作为实务工作者职业培训和日常工作的参考用书。本书配有PPT课件及相关教学资源,需要的教师可向立信会计出版社免费索取。

本书由刘学华、刘泽平、李洪琛编著。在本书的编写和出版过程中,编著者得到了中华女子学院、中国民生银行总行、中国农业银行景县支行、中央财经大学金融学院、中国人民大学商学院、立信会计出版社等单位有关同志的大力支持;同时,编著者参考了国内外公开出版的有关教材和学术著作,吸收了有关专家、学者的最新研究成果,在此,表示衷心的感谢。

由于编著者水平有限,加之编写时间仓促,书中若存在错误和疏漏,恳请各位读者批评指正。

编 著 者

2024 年 1 月

目　　录

第一篇　基本理论与方法

第一章　金融企业会计的基本理论 ········· 3
　第一节　金融企业与金融企业会计 ········· 3
　第二节　金融企业会计核算的基本假设 ········· 5
　第三节　金融企业会计信息质量要求 ········· 7
　第四节　金融企业会计要素及其计量属性 ········· 9
　　思考题 ········· 13
　　练习题 ········· 13

第二章　金融企业会计核算的基本方法 ········· 15
　第一节　会计科目 ········· 15
　第二节　记账方法 ········· 17
　第三节　会计凭证 ········· 18
　第四节　账簿与账务组织 ········· 20
　　思考题 ········· 26
　　练习题 ········· 26

第二篇　商业银行业务核算

第三章　存款业务的核算 ········· 31
　第一节　存款业务概述 ········· 31
　第二节　单位存款业务的核算 ········· 34
　第三节　个人存款业务的核算 ········· 48
　　思考题 ········· 60
　　练习题 ········· 60

第四章　贷款与贴现业务的核算 ········· 63
　第一节　贷款业务概述 ········· 63
　第二节　贷款业务核算 ········· 66
　第三节　票据贴现业务的核算 ········· 82
　　思考题 ········· 85

练习题 ·· 85

第五章 商业银行系统内往来的核算 ···························· 88
第一节 商业银行系统内往来核算概述 ···················· 88
第二节 系统内资金汇划与清算的核算 ···················· 89
第三节 系统内资金拆借及利息的核算 ···················· 98
思考题 ·· 103
练习题 ·· 103

第六章 金融机构往来业务的核算 ································ 104
第一节 商业银行与中央银行往来的核算 ···················· 104
第二节 商业银行与其他金融机构往来的核算 ············· 112
思考题 ·· 117
练习题 ·· 118

第七章 中国现代化支付清算系统的核算 ···················· 120
第一节 中国现代化支付清算系统概述 ···················· 120
第二节 中国人民银行大额实时支付系统的核算 ············· 123
第三节 中国人民银行小额批量支付系统的核算 ············· 129
第四节 同城票据交换系统的核算 ························ 137
第五节 全国支票影像交换系统的核算 ···················· 142
思考题 ·· 145
练习题 ·· 146

第八章 国内支付结算的核算 ····································· 147
第一节 国内支付结算概述 ································ 147
第二节 票据结算的核算 ···································· 149
第三节 不同结算方式的核算 ································ 170
第四节 银行卡结算的核算 ································ 177
第五节 国内信用证结算的核算 ································ 184
思考题 ·· 189
练习题 ·· 189

第九章 外汇业务的核算 ··· 192
第一节 外汇业务概述 ·· 192
第二节 外汇兑换业务的核算 ································ 195
第三节 外汇存款业务的核算 ································ 197

第四节　外汇贷款业务的核算 ························· 201
　　第五节　外汇结算业务的核算 ························· 210
　　　思考题 ································· 225
　　　练习题 ································· 226

第十章　中间业务的核算 ····························· 228
　　第一节　中间业务概述 ····························· 228
　　第二节　代理类业务的核算 ··························· 229
　　第三节　担保类业务的核算 ··························· 233
　　第四节　承诺类业务的核算 ··························· 235
　　第五节　基金托管业务的核算 ························· 237
　　　思考题 ································· 239
　　　练习题 ································· 239

第十一章　损益的核算 ····························· 240
　　第一节　收入的核算 ····························· 240
　　第二节　支出费用的核算 ··························· 247
　　第三节　利润及其分配的核算 ························· 253
　　　思考题 ································· 262
　　　练习题 ································· 262

第三篇　非银行金融机构业务核算

第十二章　证券公司业务的核算 ························· 265
　　第一节　证券业务概述 ····························· 265
　　第二节　证券经纪业务的核算 ························· 266
　　第三节　证券自营业务的核算 ························· 272
　　第四节　证券承销业务的核算 ························· 286
　　第五节　其他证券业务 ····························· 289
　　　思考题 ································· 292
　　　练习题 ································· 292

第十三章　保险业务的核算 ··························· 295
　　第一节　保险业务概述 ····························· 295
　　第二节　寿险原保险业务的核算 ······················· 297
　　第三节　非寿险原保险业务的核算 ····················· 308
　　第四节　再保险业务的核算 ··························· 321
　　　思考题 ································· 336

| 练习题 | 336 |

第四篇　金融企业财务报表及其编制

第十四章　金融企业财务报表 ······ 341
 第一节　金融企业财务报表的概念、构成与列报的基本要求 ······ 341
 第二节　商业银行财务报表的编制 ······ 344
 第三节　保险公司财务报表的编制 ······ 357
 第四节　证券公司财务报表的编制 ······ 366
 第五节　金融企业财务报表的附注 ······ 374
 思考题 ······ 376
 练习题 ······ 376

各章练习题参考答案 ······ 378

第一篇

基本理论与方法

第一章 金融企业会计的基本理论

第一节 金融企业与金融企业会计

一、金融企业

我国现行金融机构体系是以中国人民银行为核心,商业银行为主体,政策性金融机构为补充,多种非银行金融机构并存的金融机构体系。其中,中国人民银行是我国的中央银行,是国家管理金融的机关,专门行使中央银行职能。政策性银行是指由政府创立、参股或担保,以贯彻国家产业政策和区域发展政策为目的,在特定的业务领域内从事政策性融资活动,不以盈利为目标的金融机构。而商业银行和非银行金融机构构成了我国的金融企业。

(一) 商业银行

商业银行是指依照《中华人民共和国商业银行法》(以下简称《商业银行法》)和《中华人民共和国公司法》(以下简称《公司法》)设立的,以吸收公众存款、发放贷款、办理结算为主要业务,以营利为主要经营目标的企业法人。吸收活期存款,创造信用货币是其最显著的特征。

商业银行是我国金融机构体系的主体,主要包括三类:一是大型国有控股商业银行,包括中国工商银行、中国农业银行、中国银行和中国建设银行;二是全国性股份制商业银行,包括交通银行、招商银行、中信银行、中国光大银行、华夏银行、中国民生银行、广发银行、兴业银行、浦发银行等;三是城市商业银行,包括北京银行、南京银行、宁波银行、上海银行、杭州银行、汉口银行等。

我国的商业银行应该以安全性、流动性、效益性为经营原则,实行自主经营、自担风险、自负盈亏、自我约束。根据我国《商业银行法》的规定,商业银行可以经营下列部分或者全部业务:吸收公众存款;发放短期、中期和长期贷款;办理国内外结算;办理票据承兑与贴现;发行金融债券;代理发行、代理兑付、承销政府债券;买卖政府债券、金融债券;从事同业拆借;买卖、代理买卖外汇;从事银行卡业务;提供信用证服务及担保;代理收付款项及代理保险业务;提供保管箱服务;经国务院银行业监督管理机构批准的其他业务。

商业银行总行是一级法人,业务实行垂直领导,各分支机构不具有法人资格。全行统一核算,分级管理。

(二) 非银行金融机构

非银行金融机构是指除银行以外,依法定程序设立的各种经营金融业务的金融公司,主要包括保险公司、证券公司、信托投资公司、基金管理公司、租赁公司等。

保险公司是指依法成立的经营保险业务和投资业务的非银行金融机构。其经营业务有:人身保险业务,包括人寿保险、健康保险、意外伤害保险等;财产保险业务,包括财产损失保险、责任保险、信用保险、保证保险等;国务院保险监督管理机构批准的与保险有关的其他业务。

同一保险人不得同时兼营人身保险业务和财产保险业务。但是,经营财产保险业务的保险公司经银保监会批准,可以经营短期健康保险业务和意外伤害保险业务。经银保监会批准,保险公司可以经营人身保险业务和财产保险业务的再保险分出业务和分入业务。

保险公司的投资业务是指保险公司在组织经济补偿或给付保险金的经营过程中,将收取的保险费积聚起来形成保险资金,并按规定用于投资使之增值的业务活动。

证券公司是指依法成立的经营证券业务的非银行金融机构。其经营业务有:证券经纪;证券投资咨询;与证券交易、证券投资活动有关的财务顾问;证券承销与保荐;证券自营;证券资产管理;其他证券业务。

信托投资公司是指依法成立的主要经营信托业务的非银行金融机构。它以信用接受委托,按照委托人的意愿以自己的名义,为受益人的利益或者出于特定目的,对委托人的资财进行管理或者处分,发挥其"受人之托,代人理财"的功能。目前主要业务有:信托业务,如资金信托、动产信托、不动产信托、有价证券信托、其他财产或财产权信托等;委托业务,如委托存款、委托贷款和委托投资等;代理业务,如代理保管、代理收付、代理有价证券的发行和买卖、信用担保等;咨询业务,如资信咨询、项目可行性咨询、投资咨询和金融咨询等。

基金管理公司是指依法成立的从事证券投资基金管理业务的非银行金融机构。其经营业务有:证券投资基金的发行与赎回;以投资组合方式管理和运用证券投资基金,进行股票、债券等金融工具的投资等。

租赁公司是指依法成立的以经营租赁业务为主的非银行金融机构。其主要业务有:动产和不动产的租赁、转租赁和回租赁业务;各种租赁业务所涉及标的物的购买业务;出租物和抵偿租金产品的处理业务;向金融机构借款及其他融资业务等。

二、金融企业会计

金融企业会计是一门特殊的专业会计,由银行会计和非银行金融机构会计组成。其中,银行会计包括中央银行会计、政策性银行会计和商业银行会计;非银行金融机构会计包括保险公司会计、证券公司会计、信托投资公司会计、租赁公司会计、证券投资基金会计等。本书所讲的银行会计主要是指商业银行会计。

金融企业会计是以货币为主要计量单位,采用会计的专门方法,对金融企业的经营活动过程进行核算和控制,为金融企业经营者及有关信息使用者提供财务状况、经营成果和现金流量等会计信息的一门专业会计。

由于金融企业是一个特殊的行业,其社会地位和作用与其他企业有明显的不同,所以,金融企业会计同其他行业会计相比有着不同的特点。其特点主要表现在以下几个方面:

(1) 核算对象具有社会性。由于金融企业的资产、负债及结算等业务与国民经济各部门、各企业、各单位以及个人等有着密切的联系。作为金融企业会计核算对象的资金运动,主要是金融企业在处理与国民经济各部门、各企业、各单位,以及广大储户、股民、基金持有者、保户、期货投资者等发生的经济业务中引起的,这就决定了金融企业会计核算对象的社会性特征。

(2) 核算方法具有独特性。金融企业会计核算方法的独特性,是由其经营对象的特殊性决定的。金融企业是经营货币资金的特殊企业,其各项业务活动,从发生到完成,都不会改变资金的货币形态,而不像工商企业伴随着货币资金运动的还有一个物资流。这就决定金融企业会计在科目设置、凭证编制、账务处理程序,以及具体业务的方法上,都明显区别于其他企业会计。

(3) 会计核算与业务处理具有同步性。金融企业会计核算过程和业务处理过程同步进行。例如,客户提交结算凭证,委托银行办理资金收付,银行从接柜审核、凭证处理、传递到登记账簿完成结算,这一系列程序,既是业务活动过程,又是会计核算过程,待业务活动停止,会计核算已基本完成。

(4) 会计核算与监督的政策性强。金融企业是国家管理经济的重要部门,其经营的业务具有极强的政策性,且其各项业务活动涉及国民经济各部门、各企业、各单位,以及储户居民、股民、保户等。因此,作为反映和监督金融企业经营活动的会计,必须认真贯彻国家的金融政策、贷款规定、现金管理制度等有关政策法规。故金融企业会计核算与监督具有极强的政策性。

(5) 内部控制具有严密性。金融企业会计核算对象的特殊性决定了在管理上必须有严密的内部控制机制。例如,统一授信制度、贷款的审贷分离制度、"凭证、印章、密押"分管制度、不相容职务分离制度、计算机信息系统风险防范制度,以及账务处理方面的复核与盘点制度、定期对账制度、当日轧平账务制度、按日提供报表等,都是为了减少差错和防止舞弊而建立的内部监督和牵制制度。

(6) 金融企业会计核算的电子网络化。金融企业会计核算的业务量大,会计凭证种类繁多,且须及时处理,因此,金融企业会计核算广泛采用电子计算机联网操作。例如,在各商业银行内部,不但每个基层行(处)对业务的处理实现了电算化,而且整个系统内分支行之间均实现了计算机联网,实现了会计数据处理、传输的网络化,会计信息在系统内快速生成和传递,银行能够为客户提供快捷的金融服务。

第二节 金融企业会计核算的基本假设

会计基本假设是会计确认、计量和报告的前提,是对会计核算所处时间、空间环境等所作的合理设定。它包括会计主体、持续经营、会计分期和货币计量。

一、会计主体

会计主体是指金融企业会计确认、计量和报告的空间范围。在会计主体假设下，金融企业应当对其本身发生的交易或者事项进行会计确认、计量和报告，反映金融企业本身所从事的各项经营活动。明确界定会计主体是开展会计确认、计量和报告工作的重要前提。

会计主体不同于法律主体。一般来说，法律主体必然是会计主体。例如，某商业银行总行作为一个法律主体，一定是会计主体，即应当建立财务会计系统，独立反映其业务活动。但是，会计主体不一定是法律主体。例如，某商业银行支行是会计主体而非法律主体。

二、持续经营

持续经营是指在可以预见的将来，金融企业将会按当前的规模和状态持续经营下去，不会停业。在持续经营假设下，金融企业进行会计确认、计量和报告应当以金融企业持续正常的经营活动为前提。明确这一基本假设，就意味着会计主体将按照既定的用途使用资产，按照既定的合约条件清偿债务，会计人员就可以在此基础上选择会计政策和估计方法如历史成本的运用、固定资产提取折旧和无形资产摊销等。

当然，一旦可以判断金融企业不能持续经营，就应当改变会计核算的原则和方法，并在金融企业财务会计报告中作相应披露。

三、会计分期

会计分期是指将金融企业持续正常的经营活动划分为若干连续的、长短相同的期间。在会计分期假设下，金融企业应当划分会计期间，分期结算账目和编制财务会计报告。会计分期的目的，在于及时向财务会计报告使用者提供有关金融企业财务状况、经营成果和现金流量的信息。

会计期间分为年度和中期。年度和中期均按公历起讫日期确定。中期，是指短于一个完整的会计年度的报告期间，一般分为半年度、季度、月度。

由于会计分期，才产生了当期与以前期间、以后期间的差别，出现了权责发生制和收付实现制的区别，才使不同类型的会计主体有了记账的基准，进而出现了应收、应付、预收、预付、折旧、摊销等会计处理方法。

四、货币计量

货币计量是指金融企业会计在确认、计量和报告其经营活动时，应以货币作为计量尺度。在会计的确认、计量和报告过程中选择货币作为基础进行计量，是由货币本身的属性决定的。货币是商品的一般等价物，在量上能够汇总和比较，便于会计计量和经营管理。

在我国,金融企业的会计核算以人民币为记账本位币。业务收支以人民币以外的货币为主的金融企业,可以选定其中一种货币作为记账本位币,但是编报的财务会计报告应当折算为人民币。在境外设立的中国金融企业向国内报送的财务会计报告,应当折算为人民币。

实务中,交易或事项的发生与货币的收付并不完全一致。为了更加真实、公允地反映金融企业特定会计期间的财务状况和经营成果,金融企业应当以权责发生制为会计基础进行会计确认、计量、记录和报告。权责发生制以持续经营和会计分期为前提,是与以款项的实际收付作为确认收入和费用依据的收付实现制相对应的一种会计基础。按照权责发生制的要求,凡是当期已经实现的收入和已经发生或应当负担的费用,不论款项是否收付,都应当作为当期的收入和费用,计入利润表;凡是不属于当期的收入和费用,即使款项已在当期收付,也不应当作为当期的收入和费用。即权责发生制会计基础要求金融企业以收入在本期实现和费用在本期发生或应由本期负担为标准来确认本期的收入和费用,而不论款项是否在本期收付。

第三节 金融企业会计信息质量要求

金融企业会计信息的质量要求是对金融企业财务会计报告中所提供会计信息的基本要求,也是金融企业处理具体经济业务和进行会计政策选择的基本依据。我国金融企业会计信息的质量要求包括以下方面。

一、可靠性

可靠性要求金融企业应当以实际发生的交易或者事项为依据进行确认、计量和报告,如实反映符合确认和计量要求的各项会计要素及其他相关信息,保证会计信息真实可靠、内容完整。

金融企业提供会计信息的目的是满足会计信息使用者的决策需要,因此,就应做到内容真实,数字准确,资料可靠;否则,会计工作就失去了存在的意义,甚至会误导会计信息使用者,导致决策的失误。

二、相关性

相关性要求金融企业提供的会计信息应当与投资者等财务会计报告使用者的经济决策需要相关,有助于投资者等财务会计报告使用者对企业过去、现在或者未来的情况作出评价或者预测。

相关性是以可靠性为基础的,两者之间并不矛盾,不应将两者对立起来。也就是说,会计信息在可靠性前提下,尽可能地做到相关性,以满足投资者等财务会计报告使用者的决策需要。

三、可理解性

可理解性要求金融企业提供的会计信息应当清晰明了,便于投资者等财务会计报告使用者理解和使用。

在会计核算工作中坚持会计信息的可理解性,会计记录应当准确、清晰;填制会计凭证、登记会计账簿必须做到依据合法、账户对应关系清楚、文字摘要完整;在编制会计报表时应做到项目钩稽关系清楚完整、数字准确。

当然,会计信息毕竟是一种专业性较强的信息产品,在强调会计信息的可理解性要求的同时,还应假定使用者具有一定的有关企业经营活动和会计方面的知识,并且愿意付出努力去研究这些信息。

四、可比性

可比性要求金融企业提供的会计信息应当相互可比。对于同一金融企业不同时期发生的相同或者相似的交易或者事项,应当采用一致的会计政策,不得随意变更。对于不同金融企业同一会计期间发生的相同或者相似的交易或者事项,应当采用规定的会计政策,确保会计信息口径一致、相互可比,以使不同金融企业按照一致的确认、计量和报告要求提供有关会计信息。

但是,满足会计信息可比性要求,并非金融企业不得变更会计政策,如果按照规定或者在会计政策变更后可以提供更可靠、更相关的会计信息,可以变更会计政策。有关会计政策变更的情况,应当在附注中予以说明。

五、实质重于形式

实质重于形式要求金融企业应当按照交易或者事项的经济实质进行会计确认、计量和报告,不仅仅以交易或者事项的法律形式为依据。

金融企业发生的交易或事项在多数情况下其经济实质和法律形式是一致的,但在有些情况下也会出现不一致的现象。

例如,对于租入(短期租赁和低价值资产租赁除外)资产而言,虽然从法律形式来讲金融企业并不拥有其所有权,但是由于租赁合同规定的租赁期相当长,往往接近于该资产的使用寿命,且租赁期结束时承租企业有优先购买该资产的选择权,并在租赁期内承租企业有权支配资产并从中受益等,从其经济实质来看,金融企业能够控制租入资产所创造的未来经济利益,因此,在会计确认、计量、记录和报告时就应当将租入的资产视为金融企业的资产,在资产负债表中进行反映。

六、重要性

重要性要求金融企业提供的会计信息应当反映与企业财务状况、经营成果和现金流量有关的所有重要交易或者事项。

如果财务会计报告中提供的会计信息的省略或者错报会影响投资者等使用者据此作出决策的,该信息就具有重要性。重要性的应用需要依赖职业判断,企业应当根据其所处环境和实际情况,从项目的性质和金额大小两方面加以判断。从性质来说,当某一事项有可能对决策产生一定影响时,就属于重要项目;从金额方面来说,当某一项目的金额达到一定规模时,就可能对决策产生影响。在评价某些项目的重要性时,很大程度上取决于会计人员的职业判断。

重要性要求与会计信息成本效益直接相关。坚持重要性要求,就能够使提供会计信息的收益大于成本;反之,就会使提供会计信息的成本大于收益。

七、谨慎性

谨慎性要求金融企业对交易或者事项进行会计确认、计量和报告时保持应有的谨慎,不应高估资产或者收益、低估负债或者费用。

会计信息质量的谨慎性要求,需要金融企业在面临不确定性因素的情况下作出职业判断时,应当保持应有的谨慎,充分估计到各种风险和损失,既不高估资产或者收益,也不低估负债或者费用。例如,要求金融企业对各项贷款资产计提贷款损失准备,就体现了会计信息质量的谨慎性要求。

需要注意的是,谨慎性并不意味着金融企业可以任意设置各种秘密准备;否则,就属于滥用谨慎性要求,将按照对重大会计差错更正的要求进行相应的会计处理。

八、及时性

及时性要求金融企业对于已经发生的交易或者事项,应当及时进行确认、计量和报告,不得提前或者延后。

在会计确认、计量和报告过程中,贯彻及时性,一是要求及时收集会计信息,即在经济交易或者事项发生后,及时收集整理各种原始单据或者凭证;二是要求及时处理会计信息,即按照会计准则的规定,及时对经济交易或者事项进行确认或者计量,并编制财务会计报告;三是要求及时传递会计信息,即按照国家规定的有关时限,及时地将编制的财务会计报告传递给财务会计报告使用者,便于其及时使用和决策。

在上述会计信息质量要求中,可靠性、相关性、可理解性和可比性是会计信息的首要质量要求,是企业财务会计报告中所提供会计信息应具备的基本质量特征;实质重于形式、重要性、谨慎性和及时性是会计信息的次级质量要求,是对可靠性、相关性、可理解性和可比性等首要质量要求的补充和完善,尤其是在对某些特殊交易或者事项进行处理时,需要根据这些质量要求来把握其会计处理原则。另外,及时性还是会计信息相关性和可靠性的制约因素,金融企业需要在相关性和可靠性之间寻求一种平衡,以确定信息及时披露的时间。

第四节 金融企业会计要素及其计量属性

一、金融企业会计要素

金融企业会计要素是对其反映的经济业务内容按其经济特征所作的基本分类,是设定会计报表结构和内容的依据,具体分为资产、负债、所有者权益、收入、费用和利润。其中,资产、负债、所有者权益侧重于反映财务状况,构成资产负债表的主要内容;收入、费用、利润侧重于反映经营成果,构成利润表的主要内容。

1. 资产

(1) 资产的定义与特征。资产是指金融企业过去的交易或者事项形成的、由金融企业拥有或者控制的、预期会给金融企业带来经济利益的资源。

根据资产的定义,资产具有以下特征:一是资产应为金融企业拥有或者控制的资源;二是资产预期会给金融企业带来经济利益;三是资产是由金融企业过去的交易或者事项形成的。

(2) 资产的确认条件。将一项资源确认为资产,需要符合资产的定义,还应同时满足以下两个条件:一是与该资源有关的经济利益很可能流入金融企业;二是该资源的成本或者价值能够可靠地计量。

金融企业资产的具体项目可参见表2-1。

2. 负债

(1) 负债的定义与特征。负债是指金融企业过去的交易或者事项形成的,预期会导致经济利益流出金融企业的现时义务。

根据负债的定义,负债具有以下特征:一是负债是金融企业承担的现时义务;二是负债预期会导致经济利益流出金融企业;三是负债是由金融企业过去的交易或者事项形成的。

(2) 负债的确认条件。将一项现时义务确认为负债,需要符合负债的定义,还应当同时满足以下两个条件:一是与该义务有关的经济利益很可能流出金融企业;二是未来流出的经济利益的金额能够可靠地计量。

金融企业负债的具体项目可参见表2-1。

3. 所有者权益

(1) 所有者权益的定义。所有者权益是指金融企业资产扣除负债后,由所有者享有的剩余权益。公司的所有者权益又称为股东权益。所有者权益是所有者对金融企业资产的剩余索取权,它是金融企业资产中扣除债权人权益后应由所有者享有的部分,既可反映所有者投入资本的保值增值情况,又体现了保护债权人权益的理念。

(2) 所有者权益的确认条件。所有者权益体现的是所有者在金融企业中的剩余权益,因此,所有者权益的确认主要依赖于其他会计要素,尤其是资产和负债的确认;所有者权益金额的确定也主要取决于资产和负债的计量。例如,金融企业接受投资者投入的资产,在该资产符合金融企业资产确认条件时,就相应地符合了所有者权益的确认条件;当该资产的价值能够可靠计量时,所有者权益的金额也就可以确定。

金融企业的所有者权益的来源包括所有者投入的资本、直接计入所有者权益的利得和损失、留存收益等,通常由实收资本(或股本)、资本公积(含资本溢价或股本溢价、其他资本公积)、盈余公积、一般风险准备和未分配利润构成。

4. 收入

(1) 收入的定义与特征。收入是指金融企业在日常活动中形成的、会导致所有者权益增加的、与所有者投入资本无关的经济利益的总流入。

根据收入的定义,收入具有以下特征:一是收入是金融企业在日常活动中形成的;二是收入会导致所有者权益的增加;三是收入是与所有者投入资本无关的经济利益的总流入。

(2) 收入的确认条件。金融企业收入的来源渠道多种多样,不同收入来源的特征有所不同,其收入确认条件也往往存在差别。一般而言,收入只有在经济利益很可能流入从而导致金融企业资产增加或者负债减少、经济利益的流入额能够可靠计量时才能予以确认。即收入的确认至少应当符合以下条件:一是与收入相关的经济利益应当很可能流入金融企业;二是经济利益流入金融企业的结果会导致资产的增加或者负债的减少;三是经济利益的流入额能够可靠计量。

金融企业收入的具体项目可参见表 2-1。

5. 费用

(1) 费用的定义与特征。费用是指金融企业在日常活动中发生的、会导致所有者权益减少的、与向所有者分配利润无关的经济利益的总流出。

根据费用的定义,费用具有以下特征:一是费用是金融企业在日常活动中形成的;二是费用会导致所有者权益的减少;三是费用是与向所有者分配利润无关的经济利益的总流出。

(2) 费用的确认条件。费用的确认除了应当符合定义外,费用的确认至少应当符合以下条件:一是与费用相关的经济利益应当很可能流出金融企业;二是经济利益流出金融企业的结果会导致资产的减少或者负债的增加;三是经济利益的流出额能够可靠计量。

金融企业费用的具体项目可参见表 2-1。

6. 利润

(1) 利润的定义与特征。利润是指金融企业在一定会计期间的经营成果。利润包括收入减去费用后的净额、直接计入当期利润的利得和损失等。其中,收入减去费用后的净额反映的是金融企业日常活动的经营业绩,直接计入当期利润的利得和损失反映的是金融企业非日常活动的业绩。直接计入当期利润的利得和损失是指应当计入当期损益、最终会引起所有者权益发生增减变动的、与所有者投入资本或者向所有者分配利润无关的利得或者损失。金融企业应当严格区分收入和利得、费用和损失之间的区别,以更加全面地反映金融企业的经营业绩。

在通常情况下,如果金融企业实现了利润,表明金融企业的所有者权益将增加;反之,如果金融企业发生了亏损(即利润为负数),表明金融企业的所有者权益将减少。利润往往是评价金融企业管理层业绩的一项重要指标,也是投资者等财务会计报告使用者进行决策时的重要参考。

(2) 利润的确认条件。利润反映的是收入减去费用、利得减去损失后的净额的概念,因此,利润的确认主要依赖于收入和费用以及利得和损失的确认,其金额的确定也主要取决于收入、费用、利得、损失金额的计量。

(3) 利润构成。金融企业的利润按照反映内容的不同,分为营业利润、利润总额和净利润。其计算公式为:

$$营业利润＝营业收入－营业支出$$
$$利润总额＝营业利润＋营业外收入－营业外支出$$
$$净利润＝利润总额－所得税费用$$

二、会计要素的计量属性

会计计量是为了将符合确认条件的会计要素登记入账并列报于财务报表而确定其金额的过程。金融企业应当按照规定的会计计量属性进行计量,确定相关金额。计量属性是指所予计量的某一要素的特性方面。从会计角度,计量属性反映的是会计要素金额的确定基础,主要包括历史成本、重置成本、可变现净值、现值和公允价值等。

1. 历史成本

历史成本又称为实际成本,就是取得或制造某项财产物资时所实际支付的现金或现金等价物。在历史成本计量下,资产按照其购置时支付的现金或者现金等价物的金额,或者按照购置资产时所付出的对价的公允价值计量。负债按照其因承担现时义务而实际收到的款项或者资产的金额,或者承担现时义务的合同金额,或者按照日常活动中为偿还负债预期需要支付的现金或者现金等价物的金额计量。

2. 重置成本

重置成本又称现行成本,是指按照当前市场条件,重新取得同样一项资产所需支付的现金或现金等价物金额。在重置成本计量下,资产按照现在购买相同或者相似资产所需支付的现金或者现金等价物的金额计量。负债按照现在偿付该项债务所需支付的现金或者现金等价物的金额计量。在实务中,重置成本多应用于盘盈固定资产的计量等。

3. 可变现净值

可变现净值是指在正常生产经营过程中,以预计售价减去进一步加工成本和预计销售费用以及相关税费后的净值。在可变现净值计量下,资产按照其正常对外销售所能收到现金或者现金等价物的金额扣减该资产至完工时估计将要发生的成本、估计的销售费用以及相关税费后的金额计量。可变现净值通常应用于存货资产减值情况下的后续计量。

4. 现值

现值是指对未来现金流量以恰当的折现率进行折现后的价值,是考虑货币时间价值的一种计量属性。在现值计量下,资产按照预计从其持续使用和最终处置中所产生的未来净现金流入量的折现金额计量。负债按照预计期限内需要偿还的未来净现金流出量的折现金额计量。现值通常用于非流动资产可收回金额的确定等。例如,在确定固定资产、无形资产等可收回金额时,通常需要计算资产预计未来现金流量的现值。

5. 公允价值

公允价值是指在公平交易中,熟悉情况的交易双方自愿进行资产交换或者债务清偿的金额。在公允价值计量下,资产和负债按照在公平交易中熟悉情况的交易双方自愿进行资产交换或者债务清偿的金额计量。公允价值主要应用于交易性金融资产、可供出售金融资产的计量等。

金融企业在对会计要素进行计量时,一般应当采用历史成本,采用重置成本、可变现净值、现值、公允价值计量的,应当保证所确定的会计要素金额能够取得并可靠计量。

思 考 题

1. 简述目前我国金融机构体系的构成。
2. 与其他专业会计相比,金融企业会计具有哪些特点?
3. 金融企业会计的基本假设有哪些?各项基本假设的提出有何意义?
4. 金融企业会计信息质量要求有哪些?
5. 金融企业会计要素包括哪些内容?如何对这些会计要素进行确认?
6. 简述会计要素的计量属性。查阅资料,试对公允价值计量属性进行评价。

练 习 题

【选择题】

1. 下列项目中,属于商业银行资产的是( )。
   A. 存款　　　　　B. 贷款　　　　　C. 借款　　　　　D. 利息收入
2. 融资租赁资产的所有权不属于承租人,但承租人却作为资产核算,其依据是( )。
   A. 谨慎性　　　　　　　　　　　B. 重要性
   C. 真实性　　　　　　　　　　　D. 实质重于形式
3. 下列项目中,属于商业银行资产的是( )。
   A. 再贷款　　　　　　　　　　　B. 吸收存款
   C. 存放中央银行准备金　　　　　D. 实收资本
4. 下列各项中,属于商业银行负债的是( )。
   A. 同业存放款项　　　　　　　　B. 存放同业款项
   C. 投资　　　　　　　　　　　　D. 票据贴现
5. 下列项目中,应当确认为金融企业收入的是( )。
   A. 出纳短款　　　　　　　　　　B. 空头支票罚款
   C. 手续费收入　　　　　　　　　D. 结算凭证工本费
6. 下列各项中,不应当确认为金融企业费用与成本的是( )。

A. 出纳短款　　　B. 印刷费　　　　C. 利息支出　　　D. 手续费支出
7. 会计主体假设的意义主要体现在(　　)。
   A. 划定会计所要处理业务的范围
   B. 分清会计主体和会计主体所有者的行为
   C. 区别于法律主体
   D. 区别于非法律主体
8. 下列各项中,可以作为会计主体的有(　　)。
   A. 法人企业　　　　　　　　　B. 非法人企业
   C. 商业银行省级分行　　　　　D. 商业银行县级支行
9. 金融企业运用重要性的会计信息质量要求应当考虑的因素有(　　)。
   A. 金融企业规模　　　　　　　B. 经济业务性质
   C. 权责发生制　　　　　　　　D. 经济业务数量
10. 商业银行会计工作的任务主要包括(　　)。
    A. 正确组织会计核算　　　　　B. 实施会计监督
    C. 提供会计信息　　　　　　　D. 编制统计报表

第二章 金融企业会计核算的基本方法

第一节 会计科目

一、金融企业会计科目

金融企业会计科目是对金融企业会计要素按其经济内容或用途所作的进一步分类,是设置账户、归集和记载各项交易或事项的依据,也是确定会计报表项目的基础。

（一）金融企业的会计科目表

根据《企业会计准则——应用指南》,金融企业适用的会计科目如表2-1所示。

表2-1 金融企业主要会计科目表

序号	编号	会计科目名称	适用范围	序号	编号	会计科目名称	适用范围
		一、资产类		22	1303	贷款	银行和证券共用
1	1001	库存现金		23	1304	贷款损失准备	银行和证券共用
2	1002	银行存款		23	1311	代理兑付证券	银行和证券共用
3	1003	存放中央银行款项	银行专用	24	1321	代理业务资产	
4	1011	存放同业	银行专用	25	1431	贵金属	银行专用
5	1012	其他货币资金		26	1441	抵债资产	金融共用
6	1021	结算备付金	证券专用	27	1451	损余物资	保险专用
7	1031	存出保证金	金融共用	28	1461	融资租赁资产	租赁专业
8	1101	交易性金融资产		29	1501	持有至到期投资	
9	1111	买入返售金融资产	金融共用	30	1502	持有至到期投资减值准备	
10	1122	应收保费	保险专用	31	1503	可供出售金融资产	
11	1123	预付赔付款	保险专用	32	1511	长期股权投资	
12	1024	应收手续费及佣金	银行和证券共用	33	1512	长期股权投资减值准备	
13	1131	应收股利		34	1521	投资性房地产	
14	1132	应收利息		35	1531	长期应收款	
15	1201	应收代位追偿款	保险专用	36	1532	未实现融资收益	
16	1211	应收分保账款	保险专用	37	1541	存出资本保证金	保险专用
17	1221	应收分保合同准备金	保险专用	38	1601	固定资产	
18	1221	其他应收款		39	1602	累计折旧	
19	1231	坏账准备		40	1603	固定资产减值准备	
20	1301	贴现资产	银行专用	41	1604	在建工程	
21	1302	拆出资金	金融共用	42	1605	工程物资	

(续表)

序号	编号	会计科目名称	适用范围	序号	编号	会计科目名称	适用范围
43	1606	固定资产清理		87	2801	预计负债	
44	1611	未担保余值	租赁专用	88	2901	递延所得税负债	
45	1701	无形资产				三、资产负债共同类	
46	1702	累计摊销		89	3001	清算资金往来	银行专用
47	1703	无形资产减值准备		90	3002	货币兑换	金融共用
48	1711	商誉		91	3101	衍生工具	
49	1801	长期待摊费用		92	3201	套期工具	
50	1811	递延所得税资产		93	3202	被套期项目	
51	1821	独立账户资产	保险专用			四、所有者权益类	
52	1901	待处理财产损溢		94	4001	实收资本	
		二、负债类		95	4002	资本公积	
53	2001	短期借款		96	4101	盈余公积	
54	2002	存入保证金	金融共用	97	4102	一般风险准备	金融共用
55	2003	拆入资金	金融共用	98	4103	本年利润	
56	2004	向中央银行借款	银行专用	99	4104	利润分配	
57	2011	吸收存款	银行专用	100	4201	库存股	
58	2012	同业存放	银行专用			五、损益类	
59	2021	贴现负债	银行专用	101	6011	利息收入	金融共用
60	2101	交易性金融负债		102	6021	手续费及佣金收入	金融共用
61	2111	卖出回购金融资产款	金融共用	103	6031	保费收入	保险专用
62	2201	应付赔付款	保险专用	104	6041	租赁收入	租赁专用
63	2202	应付手续费及佣金	金融共用	105	6051	其他业务收入	
64	2203	预收保费	保险专用	106	6061	汇兑损益	金融共用
65	2204	预收赔付款	保险专用	107	6101	公允价值变动损益	
66	2211	应付职工薪酬		108	6111	投资收益	
67	2221	应交税费		109	6201	摊回保险责任准备金	保险专用
68	2231	应付利息		110	6202	摊回赔付支出	保险专用
69	2232	应付股利		111	6203	摊回分保费用	保险专用
70	2241	其他应付款		112	6301	营业外收入	
71	2251	应付保单红利	保险专用	113	6402	其他业务成本	
72	2261	应付分保账款	保险专用	114	6403	税金及附加	
73	2311	代理买卖证券款	证券专用	115	6411	利息支出	金融共用
74	2312	代理承销证券款	证券和银行共用	116	6421	手续费及佣金支出	金融共用
75	2313	代理兑付证券款	证券和银行共用	117	6501	提取未到期责任准备金	保险专用
76	2314	代理业务负债		118	6502	提取保险责任准备金	保险专用
77	2401	递延收益		119	6511	赔付支出	保险专用
78	2501	长期借款		120	6521	保单红利支出	保险专用
79	2502	应付债券		121	6531	退保金	保险专用
80	2601	未到期责任准备金	保险专用	122	6541	分出保费	保险专用
81	2602	保险责任准备金	保险专用	123	6542	分保费用	保险专用
82	2611	保户储金	保险专用	124	6601	业务及管理费	金融共用
83	2621	独立账户负债	保险专用	125	6701	资产减值损失	
84	2701	长期应付款		126	6711	营业外支出	
85	2702	未确认融资费用		127	6801	所得税费用	
86	2711	专项应付款		128	6901	以前年度损益调整	

(二) 金融企业会计科目的分类

(1) 按经济内容分,金融企业的会计科目分为资产类、负债类、资产负债共同类、所有者权益类和损益类五大类(见表2-1)。

(2) 按照提供核算指标的详细程度及统驭关系分,金融企业的会计科目分为总分类科目和明细分类科目。

总分类科目即总账科目,又称一级科目,是指对会计要素的具体内容进行总括分类、提供总括信息的会计科目,表2-1中的科目均为总分类科目。

明细分类科目即明细账科目,是指根据核算与管理的需要对总分类科目作进一步分类、提供更详细、更具体信息的会计科目,按照分类的详细程度不同又可分为子目和细目。子目又称二级科目,细目又称三级科目。例如"吸收存款"科目,能总括反映商业银行吸收存款的情况,根据管理与核算的需要,该科目又可以划分为吸收单位的"单位活期存款""单位定期存款"和吸收居民的"个人活期存款""定期储蓄存款"等子目,"单位定期存款""定期储蓄存款"下还可以按存款单位、储蓄人设立细目,以反映各存款人的详细情况。

(3) 按与资产负债表、利润表的关系分,金融企业的会计科目分为表内科目和表外科目两类。

表内科目是用来核算和监督金融企业资金实际增减变化情况并反映在资产负债表和利润表中的科目,表2-1中所列的会计科目均属表内科目。

表外科目是用以核算确已发生而尚未涉及金融企业资金实际增减变化,或不涉及金融企业资金实际增减变化的重要会计事项,从而不列入资产负债表等会计报表内的会计科目。表外科目分为或有事项类、代理业务类和备查登记类。

这种分类对商业银行也很重要,商业银行有许多经济业务须用表外科目反映。

第二节 记账方法

所谓记账方法,是指在账户中登记经济业务所使用的方法,即根据一定的记账原理和规则,采用特定的记账符号,把发生的经济业务按会计科目进行整理、分类和登记账户的一种专门方法。记账方法按其登记一项经济业务时是涉及一个账户还是涉及两个或两个以上的账户,可分为单式记账法和复式记账法。

一、复式记账法

复式记账法是对发生的每一项经济业务,同时在相互联系的两个或两个以上的账户中,以相等的金额进行登记,全面反映经济业务来龙去脉的记账方法。

复式记账法根据会计恒等式建立,将全部的经济业务都相互联系地登记入账,有关会计科目之间的对应关系清楚、明了,完整、系统地反映了经济活动的过程和结果。同时,每项经济业务都以相等的金额进行分类登账。这样,记录的结果可以进行试算平衡,以检查账户记录是否正确。

目前,世界上普遍采用的复式记账法是借贷记账方法。根据我国企业会计准则的规定,金融企业对表内科目的会计核算,采用借贷记账法。

借贷记账法是以"借""贷"作为记账符号,运用复式记账原理,按照一定的记账规则,在账户中记录和反映会计要素增减变动及其结果的一种复式记账方法。借贷记账法的基本内容主要包括记账符号、账户设置、记账规则和试算平衡。借贷记账法的原理及其应用已在会计学原理和中级财务会计中作了详细讲解,这里不再赘述。

二、单式记账法

单式记账法是对发生的每一笔经济业务只在一个账户中进行登记的记账方法。单式记账法主要对现金、银行存款收付和各种往来账进行记录,是一种不完整记账方法。单式记账法下,账户之间的记录没有直接联系,没有相互平衡的概念,不能全面、系统地反映经济业务的来龙去脉,也不便于检查账户记录的正确性和完整性。目前,单式记账法主要用于金融企业表外科目的核算。

金融企业采用单式记账法对表外科目进行核算时,是以"收"和"付"作为记账符号,登记簿设收入、付出和余额三栏。当表外科目涉及的业务事项发生或增加时,记收入;销账或减少时,记付出;余额表示结存或尚未结清的业务事项。表外科目的记账金额,一般为业务实际发生额或凭证票面金额,有些控制实物数量的表外科目则按假定价格记账,如"重要空白凭证"科目,以每份1元的假定价格记账。

【**例 2-1**】 某商业银行受理客户王刚代保管有价单证,票面金额为 1 000 000 元,已按规定办理各种手续。

商业银行进行表外核算的会计分录为:

收:代保管有价值品——王刚　　　　　　　　　　　　　　　　　　1 000 000

王刚到期提取代保管有价单证时,应提交"委托代保管有价单证收据"和有效身份证件。商业银行经审核无误后,办理提取手续,同时销记表外科目账。其会计分录为:

付:代保管有价值品——王刚　　　　　　　　　　　　　　　　　　1 000 000

第三节　会　计　凭　证

会计凭证是记录经济业务、明确经济责任的书面证明,也是登记账簿的依据。会计凭证按填制程序和用途不同,可分为原始凭证和记账凭证两大类。

一、原始凭证

原始凭证是在经济业务发生时取得或填制的,用以记录和证明经济业务的发生或完成情况的原始依据。

1. 原始凭证的内容

原始凭证作为记录和证明经济业务的发生或完成情况、明确经办单位和人员的经济责任的原始证据,必须具备以下基本内容:①凭证名称。②编制年、月、日。③收、付款人户名和账号。④收、付款人开户银行名称及行号。⑤人民币(外币)符号和金额。⑥款项来源、用途及附件张数。⑦按照有关规定加盖的签章。

2. 原始凭证的种类

原始凭证按其来源不同可分为外来原始凭证和自制原始凭证。外来原始凭证是在经济业务发生时,从其他单位或个人直接取得的凭证,如客户签开的支票、各种结算凭证、从其他银行收到的收付款通知等。自制原始凭证是商业银行在办理业务过程中,根据业务需要而填制的各种专用凭证,如利息计算清单、工资单等。

二、记账凭证

记账凭证是根据原始凭证编制或用原始凭证代替的凭证,它是登记账簿的直接依据。

1. 记账凭证的内容

记账凭证除具备原始凭证的有关要素内容外,还必须具备转账日期、会计分录、附件张数、银行记账人员和复核人员盖章等内容。记账凭证与原始凭证的划分并不是绝对的。原始凭证具备记账凭证的条件,就可用来代替记账凭证登记账簿。不能代替记账凭证的原始凭证,可作为记账凭证的附件,附于记账凭证之后。

2. 记账凭证的种类

(1) 按外表形式分为单式凭证和复式凭证。单式凭证将一笔交易或事项所涉及的会计科目分别填制在几张凭证上,每张凭证上只填列一个会计科目,填列的对方科目仅供参考,不作为登记账簿的依据。其中,记录借方科目的凭证称为借方凭证;记录贷方科目的凭证称为贷方凭证。在传统手工操作下,商业银行由于业务量大,单式凭证便于在各柜组之间传递、分工记账和按会计科目汇总发生额,因此,实务中一般采用单式凭证。

复式凭证将一笔交易或事项所涉及的所有会计科目集中填制在一张凭证上,既作为借方科目的记账依据,又作为贷方科目的记账依据。复式凭证在商业银行会计核算中广泛采用。目前,采取计算机联网操作和综合柜员制的商业银行,表内业务的核算采用复式凭证,单讫记账时可采用单式凭证;表外业务的核算采用单式凭证,一记双讫时可采用复式凭证。其中,一记双讫是指一笔交易同时处理借、贷方账务;单讫是指一笔交易只处理借方或贷方账务,必须同时使用另一单边交易或计算机批量补充方式以确保账务的借贷平衡。

(2) 按格式和用途分为基本凭证和特定凭证。基本凭证是根据有关原始凭证或业务事项编制产生的凭证,分为通用记账凭证、特种转账凭证等。其中,通用记账凭证是指未印有固定要素的凭证,主要用于商业银行发生的未设特定凭证的内部现金收付业务、内部转账业务及表外科目核算的业务事项,这类凭证只在银行内部使用,不对外销售和传递;特种转账凭证主要用于没有特定凭证,但又涉及客户资金收付的转账业务,一般是银行在主动为客户收款进账或扣款出账时填制打印,作为付款或收款通知,这类凭证在银行内部使用,也可对外填发,但不对外销售。

特定凭证是根据某项业务的特殊需要制定的,具有专门格式和用途的凭证。这类凭证的专用性较强,凭证上印有固定的格式和主要要素,由系统按照要求将核算内容打印在相应的位置,如个人业务存款凭证、个人业务转账凭证、存单、行内汇划贷方补充报单、支付系统专用凭证等。

(3) 按生成方式分为手工凭证和机制凭证。手工凭证是指根据原始凭证或业务事项采用手工录入方式在系统中编制的记账凭证。机制凭证是指系统在对交易或事项进行处理后自动生成的记账凭证,以及根据程序和设置固定自动生成的记账凭证。

机制凭证根据生成时机的不同,又分为实时打印凭证和批量打印凭证。其中,实时打印凭证是指柜员在办理业务时,使用相关交易成功后系统实时生成输出打印的记账凭证,如个人业务存款凭证、存单等;批量打印凭证是指系统日终批量后,按照业务种类逐笔生成的记账凭证,如存款利息通知单、贷款利息通知单、资金清算汇总记账凭证、表外科目汇总记账凭证等。

这里需要强调的是,金融企业会计凭证的传递不同于其他企业。金融企业为了办理业务和处理账务的需要,需将编制或受理的会计凭证,在金融企业内部以及金融企业之间按照规定的时间、程序进行传送流转。金融企业记录不同交易或事项的凭证在具体传递时间和程序上存在差别,但总的来说,必须做到准确及时、手续严密、办妥交接、先外后内、先急后缓。比如,商业银行为了保证资金安全,会计凭证的传递必须遵守以下记账顺序:①现金收入业务,先收款后记账。②现金付出业务,先记账后付款。③转账业务,先借后贷,即先记借方账(付款人账),后记贷方账(收款人账)。④代收他行票据,收妥抵用。也就是说,受理收款单位交存他行的付款凭证必须在本行办妥收款手续后方可支用。

金融企业会计凭证除另有规定外,一律通过邮局、专业快递公司或商业银行内部指定专人传递,并建立严格的登记签收制度。

总之,金融企业应对发生的每一项经济业务,按规定的程序和要求,由经办人员填制或取得会计凭证,并在凭证上签名或盖章,以对凭证的真实性和正确性负责任。会计凭证必须经有关人员严格审核,只有经审核无误后,才能作为办理资金收付、款项划转和登记账簿的依据。会计凭证登账后应按规定整理、装订和归档保管,以备核对账务和事后查考。

第四节 账簿与账务组织

金融企业会计账簿按其用途可分为序时账簿、分类账簿和备查账簿。这里不再详述。

账务组织是以账簿体系为核心,运用一定的账务处理程序和账务核对程序,将会计凭证、账表等有机结合起来的技术组织方式。这里以商业银行为例进行阐述。

商业银行的账务组织包括明细核算和综合核算。其中,明细核算是综合核算的具体化,对综合核算起补充说明作用;综合核算是明细核算的概括,对明细核算起统驭控制作用。明细核算和综合核算共同构成商业银行一套完整的、严密的账务组织体系。

一、明细核算

明细核算是各总账科目的详细记录,是在每个总账会计科目下设立明细科目,以具体反映各科目资金增减变化及其结果的详细情况。明细核算由分户账、登记簿、余额表组成,其核算程序为:根据会计凭证登记分户账或登记簿,再根据分户账或登记簿编制余额表,最后同总账进行核对。

(一) 分户账及其处理

分户账是明细核算的主要形式。它是在总账科目下按单位或资金性质分户独立设账,具体反映各账户的资金增减变动详细情况及其结果的明细分类账簿。分户账由系统自动提取凭证数据生成,是各总账科目的详细记录,也是商业银行同开户单位对账的重要根据。分户账的格式主要有甲、乙、丙、丁四种。

(1) 甲种分户账。该账簿设有借方发生额、贷方发生额、余额三栏,一般适用于不计息或使用余额表计息的账户,以及银行内部的资金账户。甲种分户账的格式如表 2-2 所示。

表 2-2　　　　　　　　　　××银行

甲 种 分 户 账

户名：　　　　　账号　　领用凭证记录　　　　本账总页数
　　　　　　　　　　　　　　　　　　　　　　本户页数

年		摘要	凭证号码	对方科目代号	借方（位数）	贷方（位数）	借或贷	余额（位数）	复核盖章
月	日								

会计　　　　　　　　　　　　记账

(2) 乙种分户账。该账簿设有借方发生额、贷方发生额、余额、积数四栏,一般适用于在手工操作下在账页上加计积数,计算利息的账户。乙种分户账的格式及运用在第三章存款业务的核算中介绍。

(3) 丙种分户账。该账簿设有借方发生额、贷方发生额和借方余额、贷方余额四栏,一般适用于借贷双方反映余额的账户,现已与甲种分户账合并。

(4) 丁种分户账。该账簿设有借方发生额、贷方发生额、余额和销账四栏,一般适用于逐笔记账、逐笔销账的一次性业务的账户。丁种分户账的格式如表 2-3 所示。

表 2-3　　　　　　　　　　××银行

丁 种 分 户 账

户名：　　　　账号　　领用凭证记录　　利率：　　本账总页数
　　　　　　　　　　　　　　　　　　　　　　　　本户页数

年		账号	户名	摘要	凭证号码	对方科目代号	借方（位数）	销账		贷方（位数）	借或贷	余额（位数）	复核盖章
月	日							年	月日				

会计　　　　　　　　　　　　记账

(二)登记簿及其处理

登记簿是一种备查账簿。一般而言,凡不在分户账上记录而又需进行登记查证的业务,可通过登记簿予以登记反映,如发出(收到)委托收款凭证登记簿、银行承兑汇票登记簿、有价单证登记簿、重要物品保管登记簿、存贷款开销户登记簿、现金箱登记簿等。登记簿的格式可由商业银行根据业务需要自行设计,一般都采用收入、付出和余额三栏式来反映数量及金额情况。

现金箱登记簿是指柜员在系统中办理现金收付业务时开设的,与现金实物保管箱相对应的系统现金箱。其格式如表 2-4 所示。

表 2-4 ××银行
现金箱登记簿
年 月 日 第 页 共 页

项目	金额	本日箱内库存现金		
		券别	张数	金额
昨日箱内库存		壹佰元		
本日收入		伍拾元		
本日付出		贰拾元		
从业务库出库		拾元		
交业务库入库		五元		
		贰元		
		一元		
		伍角		
		贰角		
		壹角		
本日箱内库存	出纳员(交接)签章	伍分		
	初点 | 复点	贰分		
		壹分		
		损伤券		
		合计		
营业机构	负责人	柜员		打印

(三)余额表及其处理

余额表是反映各分户账当日最后余额的明细表。它是核对总账与分户账余额是否相符和正确计算利息的重要工具。余额表分为一般余额表和计息余额表两种。

(1)一般余额表。一般余额表由系统于日终时在各营业网点批量产生,其同一总账科目各户余额合计数应与当日该科目总账余额相等。一般余额表的格式如表 2-5 所示。

表 2-5　　　　　　　　　　　　××银行
一般余额表
年　月　日　　　　　　　　　　　　　　　　第　页　共　页

科目代号	户名	摘要	余额（位数）	科目代号	户名	摘要	余额（位数）

会计　　　　　　　　　复核　　　　　　　　　制表

（2）计息余额表。计息余额表在手工操作环境下适用于计息的各种科目。其编制方法为：每日营业终了，根据各科目分户账当日最后余额抄列。计息余额表的格式在第三章存款业务的核算中介绍。

二、综合核算

综合核算是按总账科目组织核算，综合、概括地反映各项资金增减变化的情况及其结果。综合核算由科目日结单、总账和日计表构成。其核算程序为：先编制科目日结单，然后根据日结单登记总账，最后编制日记表。

（一）科目日结单

科目日结单也称总账记账凭证，反映本营业网点当日处理的各项业务（包括柜台、资助设备等）相应会计科目当日借方、贷方发生额合计和业务笔数，是控制明细核算的发生额、记账凭证和轧平当日账务的重要工具，也是记载总账的依据。每日营业终了，应按同一科目的凭证区分现金和转账凭证、借方或贷方发生额，各自加计总数填入科目日结单的有关栏目，并注明凭证张数。其格式如表 2-6 所示。

表 2-6　　　　　　　　　科目日结单
年　月　日

借方		贷方	
传票张数	金额（位数）	传票张数	金额（位数）
现金　　张		现金　　张	
转账　　张		转账　　张	
合计　　张		合计　　张	

会计　　　　　　　　　复核　　　　　　　　　经办

全部科目日结单的借方发生额合计数应与贷方发生额合计数相等。

（二）总账

总账是按总分类科目设置，综合、概括地反映各项资金增减变动情况及其结果的总分类账簿。它是商业银行经济业务"概览表"，是对分户账起控制和统驭作用的账簿,是编制日计表和年度会计报表的依据。

总账以核算主体行(会计主体)为单位产生,由系统自动按总分类账科目于每日晚间将流水过入生成,其各科目每日余额应与当日同科目分户账或余额表各户余额合计相等。

(三) 日计表

日计表是以核算主体(会计主体)为单位产生,综合反映辖内所有营业网点当日各科目发生额和余额的报表,也是轧平当日全部账务的主要工具。日计表应每日编制,表中的会计科目按其代号顺序排列,该表设有借方、贷方发生额和借方、贷方余额四栏。其格式如表2-7所示。

表 2-7

××银行

日 计 表

年 月 日   第 页 共 页

科目代号	科目名称	本日发生额		余额	
		借方	贷方	借方	贷方
		(位数)	(位数)	(位数)	(位数)
合计					

行长   会计   复核   制表

日计表的登记方法是:每日营业终了,其发生额和余额应根据总账当日各科目发生额和余额填记,借、贷发生额合计数及借、贷余额合计数必须各自平衡。

三、账务处理程序与账务核对

金融企业的一般账务处理程序均为"凭证—账簿—报表"的处理过程,其中商业银行的账务处理较为特殊,商业银行的账务处理程序是将明细核算程序、综合核算程序和账务核对三个方面结合起来的一个完整的会计业务处理程序。

在传统手工核算时代,商业银行账务处理程序的具体步骤如下所述。

1. 明细核算的基本程序

(1) 根据发生的银行业务编制或者受理审核会计凭证。

(2) 根据审核无误的会计凭证登记分户账或现金收入、现金付出日记簿。

(3) 根据分户账期末的余额正确地编制余额表。

2. 综合核算的基本程序

(1) 根据会计凭证编制科目日结单,并试算当天各科目所发生的借方和贷方发生额平衡。

(2) 根据科目日结单登记总账并结出总账的期末余额。

(3) 根据总账余额编制日计表,并试算日计表平衡。

3. 进行账务的核对

(1) 将各总账余额与其所属分户账的余额合计核对相符。

(2) 总账现金科目与现金收入日记簿、现金付出登记簿和现金库存账簿核对相符。

(3) 现金库存登记簿和实存现金核对相符。

传统手工核算条件下商业银行账务处理程序如图 2-1 所示。

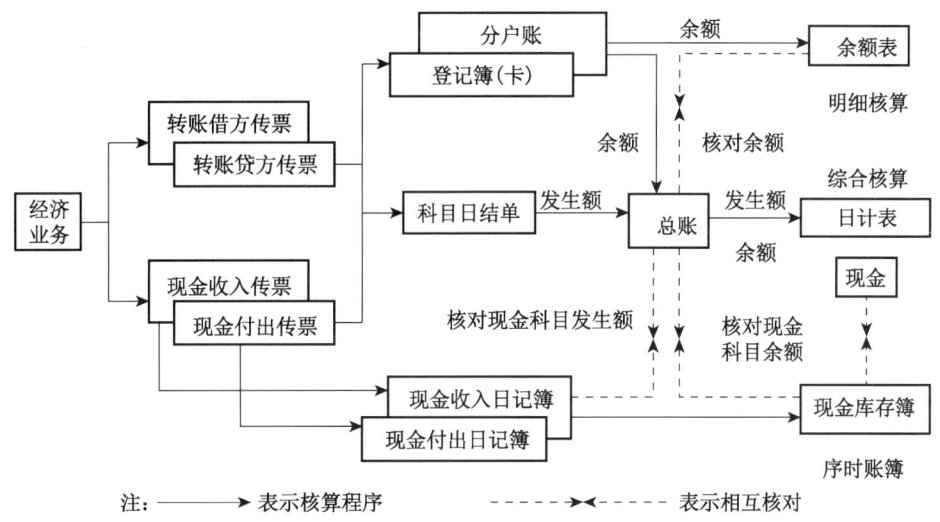

图 2-1 传统手工核算条件下商业银行账务处理程序

由图 2-1 可以看出,明细核算由分户账、登记簿和余额表组成;综合核算由科目日结单、总账和日计表组成。明细核算和综合核算系统尽管设置的账簿不同,记账程序也不同,但双方都是根据同一张凭证(用不同的方法)进行记载,它们之间存在相互配合、相互补充、相互核对的关系,其数据完全相同。

目前,商业银行普遍应用了计算机核算系统,柜员办理业务只要按照系统提示的画面和有关规定在计算机中录入必要的原始信息,系统就会自动将有关数据过渡到相应的会计科目上,并生成账簿。整个账务处理都是由系统自动完成的,柜员只是在上班、下班、中途交接班时打印柜员重要凭证日结表、柜员现金收付日结表,营业结束时打印交易流水和汇总传票(类似科目汇总表而非科目日结单)。

在计算机操作下,系统每日还需进行总账自身平衡核对、分户账自身平衡核对,以及总账与分户账核对。但在会计账表数据均由系统根据相同的凭证数据自动生成的情况下,总账与分户账核对已不再具有手工操作下双线核对的本来意义和效用,会计核算的质量主要取决于凭证要素输入的正确性。

商业银行的账务核对是保证账务记载的内容正确无误所采取的一项重要手段,其目的是防错纠弊,保护资金财产安全。通过账务核对使商业银行会计核算确保账账、账款、账据、账实、账表和内外账务相符。

思 考 题

1. 金融企业会计核算方法主要包括哪些内容？
2. 金融企业会计科目按经济内容可以分为哪几类？
3. 简述商业银行记账凭证的分类。商业银行记账凭证的使用有何特点？
4. 简述商业银行的明细核算和综合核算以及两者之间的关系。

练 习 题

【选择题】

1. 下列各项中,应采用复式记账凭证形式的是(　　)。
   A. 转账凭证　　　　　　　　B. 库存现金收付凭证
   C. 表外科目收付凭证　　　　D. 特种转账凭证
2. 在借贷记账法中,哪方登记增加数或减少数,取决于(　　)。
   A. 账户的性质　　　　　　　B. 记账方法
   C. 记账规律　　　　　　　　D. 账户性质和记账方法
3. 下列各项中,属于总账记账凭证的是(　　)。
   A. 日记表　　　　　　　　　B. 专用凭证
   C. 库存现金收付凭证　　　　D. 科目日结单
4. 商业银行表内会计科目分为资产类、负债类、所有者权益类、资产负债共同类和损益类科目,其依据是(　　)。
   A. 要素的流动性　　　　　　B. 经济业务内容
   C. 科目的性质　　　　　　　D. 业务需要
5. 如果会计期末资产负债共同类科目的余额在借方,应为(　　)类科目。
   A. 资产　　　B. 负债　　　C. 权益　　　D. 收益
6. 下列各项中,属于明细核算账务系统构成的是(　　)。
   A. 分户账、登记簿、总账、科目日结单
   B. 余额表、日计表、现金收付日记簿、登记簿
   C. 分户账、总账、登记簿、科目日结单
   D. 分户账、登记簿、余额表、现金收付日记簿
7. 下列报表中,反映商业银行资产负债状况的报表是(　　)。
   A. 利润表　　B. 利润分配表　　C. 资产负债表　　D. 现金流量表
8. 设有借方发生额、贷方发生额、余额、销账四栏的明细账为(　　)。
   A. 甲种账　　B. 乙种账　　C. 丙种账　　D. 丁种账
9. 商业银行的会计账簿按其提供资料的内容详细程度可以分为(　　)。
   A. 总分类账　　B. 订本式活页账　　C. 明细分类账　　D. 卡片式账簿

10. 下列各项中,属于商业银行综合核算系统内容的有(　　)。
    A. 余额表　　　B. 总账　　　C. 日计表　　　D. 科目日结单
11. 下列科目中,属于商业银行资产类会计科目的是(　　)。
    A. "存放中央银行款项"　　　B. "同业存放款项"
    C. "贴现资产"　　　D. "应收利息"
12. 商业银行会计科目按照其与资产负债表的关系可分为(　　)。
    A. 表内科目　　　B. 表外科目　　　C. 统一科目　　　D. 专用科目
13. 下列科目中,属于商业银行负债类会计科目的有(　　)。
    A. "活期储蓄存款"　　　B. "存放同业款项"
    C. "同业存放款项"　　　D. "同业拆入"

【业务题】

中国工商银行某支行当日发生下列业务:
(1) 储户王某来支行存入个人活期存款 10 000 元。
(2) 向开户单位甲公司发放 3 个月的信用贷款 500 000 元,转入存款账户。
(3) 开户单位乙公司交存现金 200 000 元。
(4) 本行向人民银行送交现金 1 000 000 元。
(5) 储户李某来行支取活期储蓄存款 8 000 元。
(6) 同在本行开户的甲公司向乙公司支付货款 400 000 元。

要求:根据上述经济业务编制该支行的会计分录。

第二篇

商业银行业务核算

第三章 存款业务的核算

第一节 存款业务概述

一、存款业务的意义和种类

存款是指商业银行以信用方式吸收的社会闲置和待用的货币资金。存款是商业银行负债的重要组成部分,是银行信贷资金的重要来源,是银行生存和发展的基础。商业银行通过吸收存款,可以把社会闲散的资金聚成巨大的货币资金,通过银行的中介作用,把资金再贷放给流通和生产部门,满足社会各环节对资金的需要,从而对社会生产和经济活动进行有效调节。

根据管理的不同需要,商业银行吸收的存款可以采用不同的标准进行分类。一般而言,较常见的存款分类方法有以下几种。

1. 单位存款和居民个人储蓄存款

存款按存款对象可分为单位存款和居民个人储蓄存款。单位存款主要是商业银行吸收的企业、事业、机关、部队、社会团体、个体工商户及其他组织等单位暂时闲置的资金形成的存款;居民个人储蓄存款主要是银行吸收城乡居民个人生活节余或待用的资金形成的存款。

2. 活期存款、定期存款

存款按存款期限可分为活期存款、定期存款等。活期存款是存入时不确定存期,可以随时存取的存款,主要包括单位活期存款和个人活期存款;定期存款是在存款时约定存期,到期支取的存款,主要包括单位定期存款和个人定期存款。

3. 人民币存款和外币存款

存款按存款币种可分为人民币存款和外币存款。人民币存款是单位或个人等存入的人民币款项形成的存款;外币存款是单位或个人将其所有的外汇资金存入银行,并于以后随时或约期支取的存款。

4. 财政性存款和一般存款

存款按存款资金性质划分可分为财政性存款和一般存款。财政性存款是银行经办的各级财政拨入的预算资金或应上缴财政的各项资金以及财政安排的专项资金形成的存款;一般存款是指企业、事业、机关、部队、社会团体等单位及个人存入的并由其自行支配的各种资金形成的存款。财政性存款一般不计付利息,一般存款则应计付利息。

5. 原始存款与派生存款

原始存款也称现金存款或直接存款,是单位和个人将现金或现金支票送存银行而形成的存款;派生存款,也称转账存款或间接存款,是银行通过发放贷款、购买证券等资产业务而创造的存款。派生存款的增加,会导致全社会货币供应量的增加。商业银行派生存款的能力建立在原始存款的基础上。

二、存款业务核算设置的主要会计科目

(一)"吸收存款"科目

该科目属于负债类科目,用于核算商业银行吸收的除同业存放款项以外的其他各种存款的增减变动情况,包括单位存款(企业、事业、机关、社会团体等单位)、个人存款、信用卡存款、特种存款、转贷款资金和财政性存款等。该科目可按存款类别及存款单位,分别"本金""利息调整"等进行明细核算。该科目期末贷方余额,反映商业银行吸收的除同业存放款项以外的其他各项存款。

商业银行收到客户存入的款项,应按实际收到的金额,借记"库存现金""存放中央银行款项"等科目,贷记"吸收存款——本金"科目,如存在差额,借记或贷记"吸收存款——利息调整"科目。

资产负债表日,应按摊余成本和实际利率计算确定的存入资金的利息费用,借记"利息支出"科目,按合同利率计算确定的应付未付利息,贷记"应付利息"科目,按其差额,借记或贷记"吸收存款——利息调整"科目。实际利率与合同利率差异较小的,也可以采用合同利率计算确定利息费用。

支付的存入资金利息,借记"应付利息"科目,贷记"吸收存款"科目。支付的存款本金,借记"吸收存款——本金"科目,贷记"存放中央银行款项""库存现金"等科目,按应转销的利息调整金额,贷记"吸收存款——利息调整"科目,按其差额,借记"利息支出"科目。

(二)"库存现金"科目

该科目属于资产类科目,用于核算商业银行库存现金的增减变动情况。商业银行增加库存现金,借记"库存现金"科目,贷记"吸收存款"等科目;减少库存现金作相反的会计分录。该科目期末借方余额,反映商业银行持有的库存现金。

商业银行应当设置"现金收入、付出日记账",根据收付款凭证,按照业务发生顺序逐笔登记。每日终了,应当计算当日的现金收入合计额、现金支出合计额和结余额,将结余额与实际库存额核对,做到账款相符。

(三)"应付利息"科目

该科目属于负债类科目,用于核算商业银行按照合同约定应支付的利息,包括吸收存款、分期付息到期还本的长期借款、商业银行债券等应支付的利息。该科目可按存款人或债权人进行明细核算。该科目期末贷方余额,反映商业银行应付未付的利息。

资产负债表日,应按摊余成本和实际利率计算确定的利息费用,借记"利息支出"等科目,按合同利率计算确定的应付未付利息,贷记"应付利息"科目,按其差额,借记或贷记"吸收存款——利息调整"等科目。合同利率与实际利率差异较小的,也可以采用合同利率计算确定利息费用。实际支付利息时,借记"应付利息"科目,贷记"库存现金"等科目。

(四)"利息支出"科目

该科目属于损益类科目,用于核算商业银行在吸收存款及借款中所发生的利息支出,包括吸收的各种存款(单位存款、个人存款、信用卡存款、特种存款、转贷款资金等)、与其他金融机构(中央银行、同业等)之间发生资金往来业务、卖出回购金融资产等产生的利息支出。该科目可按利息支出项目进行明细核算。期末,应将该科目余额转入"本年利润"科目,结转后该科目无余额。

资产负债表日,商业银行应按摊余成本和实际利率计算确定的利息费用金额,借记"利息支出"科目,按合同利率计算确定的应付未付利息,贷记"应付利息"科目,按其差额,借记或贷记"吸收存款——利息调整"等科目。实际利率与合同利率差异较小的,也可以采用合同利率计算确定利息费用。

三、吸收存款的确认与计量

吸收存款属于商业银行的金融负债,初次确认时,按照公允价值计量,相关交易费用计入初始确认金额;后续计量时,采用实际利率法,按摊余成本进行计量。所谓实际利率法是指按照吸收存款的实际利率计算其摊余成本及各期利息费用的方法。有关计算公式为:

$$\text{摊余成本} = \text{初始确认金额} - \text{已偿还的本金} + \text{采用实际利率法将该初始确认金额与到期日金额之间的差额进行摊销形成的累计摊销额}$$

$$\text{各期利息费用} = \text{摊余成本} \times \text{实际利率}$$

实际利率是指将吸收存款在预期存续期间或适用的更短期间内的未来现金流量,折现为该吸收存款当前账面价值所使用的利率。其计算公式为:

$$V = \frac{CF_1}{(1+IRR)^1} + \frac{CF_2}{(1+IRR)^2} + \cdots + \frac{CF_n}{(1+IRR)^n} = \sum_{t=1}^{n} \frac{CF_t}{(1+IRR)^t}$$

式中,V 为吸收存款当前账面价值;IRR 为实际利率;CF 为预计未来各期现金流量;n 为吸收存款的预期存续期间或适用的更短期间。由该公式可知,影响实际利率的因素有预计未来现金流量、吸收存款当前账面价值及计息期。

资产负债表日,商业银行应将按吸收存款的摊余成本和实际利率计算的金额,确认为利息费用。若实际利率与合同利率差异较小,也可以采用合同利率计算利息费用。

通常情况下,除 1 年期以上(不含 1 年期)整存整取定期存款外,其他存款实际利率与合同利率差异较小,因此,对 1 年期以上(不含 1 年期)整存整取定期存款采用实际利率法,按摊余成本进行后续计量,对其他存款则以合同利率代替实际利率进行后续计量。其中,合同利率是指银行挂牌公告的利率。

第二节 单位存款业务的核算

单位存款,也称对公存款,包括单位活期存款、单位定期存款、单位其他存款等。

一、单位活期存款业务的核算

单位活期存款的存取主要有现金存取和转账存取两种方式,其中转账存取需采用一定的结算方式,运用一定的支付结算工具办理,其具体内容在第八章阐述。这里主要介绍现金存取方式下单位活期存款的核算。

(一) 单位活期存款存取现金的核算

按存取方式不同,单位活期存款可分为支票户和存折户,下面分别介绍。

1. 支票户存取现金的核算

支票户是单位在银行开立的凭支票、进账单等结算凭证办理款项存取的账户,适合财务制度比较健全、存款金额大、经常发生存取款业务的单位使用。

(1) 存入现金。支票户存款单位向开户银行存入现金时,应填制一式二联现金缴款单,连同现金一并交银行柜台。现金缴款单的格式如表 3-1 所示。

表 3-1 现金缴款单(收入凭证)

缴款人	全称		款项来源		总字第 号
	账号		缴款部门		现金日记账顺序 号
人民币(大写):					千百十万千百十元角分
券别	张数	十万千百十元	券别	张数	十万千百十元
一百元			一元			会计分录:
五十元			五角			(贷)_____
二十元						对方科目(借)_____
十元			二角			会计 复核
五元			一角			记账 出纳
二元			分币			

柜员收到单位提交的现金、现金缴款单,审查凭证和清点现金无误后,将实物券别录入系统现金箱,然后使用"单位活期存款续存"交易进行处理,打印记账凭证,现金缴款单第二联作记账凭证附件,第一联回单退存款单位。编制会计分录为:

借：库存现金
　　贷：吸收存款——单位活期存款——××户

（2）支取现金。单位向其开户银行支取现金时，应签发现金支票，填明支取金额和款项用途，并加盖预留银行印鉴。柜员收到单位提交的现金支票，经审核无误后，使用"单位活期存款支取"交易录入相关要素（大额取款需主管授权），交易成功后打印记账凭证，现金支票作记账凭证附件。柜员根据凭证金额配款，将实物券别录入系统现金箱，将现金交取款人。编制会计分录为：

借：吸收存款——单位活期存款——××户
　　贷：库存现金

2. 存折户存取现金的核算

存折户是单位在银行开立的凭存折、存取款凭条办理款项存取的账户，适合业务规模小、存款金额少、不经常发生存款业务的单位使用。

（1）存入现金。柜员收到单位提交的存折、现金和结算存款凭证，审查凭证和清点现金无误后，将实物券别录入系统现金箱，然后使用"单位活期存款续存"交易进行处理，打印结算存款凭证和存折内页，将存折、回单交存款单位。编制会计分录为：

借：库存现金
　　贷：吸收存款——单位活期存款——××户

（2）支取现金。柜员收到单位提交的存折、结算取款凭证，审核存折真伪，结算取款凭证填写是否准确、完整，加盖的预留印鉴是否相符等，审核无误后使用"单位活期存款支取"交易录入相关要素（大额取款需主管授权），交易成功后打印结算取款凭证、存折内页。柜员根据凭证金额配款，将实物券别录入系统现金箱，将存折、回单和现金交取款人。编制会计分录为：

借：吸收存款——单位活期存款——××户
　　贷：库存现金

（二）单位活期存款利息的核算

1. 计结息的基本规定

商业银行吸收的存款，除财政性存款、信用卡（贷记卡账户）的存款和被法院判决为赃款的冻结户存款等有特殊规定的款项外，吸收的其他各种存款均应按规定计付利息。

单位活期存款的计息规定为：单位活期存款按日计息，按季结息，计息期间遇利率调整分段计息，每季度末月的 20 日为结息日，结出的利息于结息日次日入账。但若单位活期存款账户销户，则利息的结算应采取利随本清的方法，即销户时将利息与存款单位结清。

2. 利息计算的公式

利息计算的基本公式为:

$$利息 = 本金 \times 存期 \times 利率$$

在运用上述公式时,应注意以下几点:

(1) 本金以元位起息,元以下的不计息。计算的利息保留到分位,分位以下四舍五入。

(2) 存期的计算。存期即为存款单位两次存取款的时间间隔。存期的计算一般采取"算头不算尾"的方法计算。即存入日计算利息,支取日不计算利息,实际存期的计算应从存入日至支取日的前一日止。但若遇结息日,则存期的计算应采取"算头又算尾"的方法,即实际存期的计算应从存入日算至结息日这一天为止。

(3) 利率的使用。利率有年利率、月利率和日利率,具体运用时应与存期保持一致,即存期按天数计算时,应用日利率;存期按月数计算时,应用月利率;存期按年数计算时,应用年利率。年利率、月利率和日利率之间的换算公式为:

$$月利率 = 年利率 \div 12$$
$$日利率 = 月利率 \div 30 = 年利率 \div 360$$

需要注意的是,在按以上公式及规则计算利息时,存期内如遇利率调整,应分段计息。

3. 利息的计算

单位活期存款存取频繁,其余额经常发生变动,一般采用积数计息法计算利息。在积数计息法下,存期按每次存取款后余额的实存天数计算。这样,将每次存取款后的余额乘以按实存天数计算的存期,其乘积便为日积数。将一个计息期的日积数累加起来(若遇利率调整,应分段累加,分段计算累计日积数),累计计息日积数乘以适用的日利率(或分段累计计息日积数分别乘以适用的日利率求和),即为本计息期计算的利息。

累计计息日积数即本计息期内各存款账户每日最后余额的累计数,若遇利率调整,则为分段累计数。这种按实际天数每日累计账户余额,以累计计息积数乘以日利率计算利息的方法,便称为积数计息法。其计息公式为:

(1) 若计息期间无利率调整,则利息计算为:

$$利息 = 累计计息日积数 \times 日利率$$

(2) 若计息期间遇利率调整,则利息计算为:

$$利息 = \sum (分段累计计息日积数 \times 日利率)$$

4. 利息的核算

(1) 资产负债表日计提利息的处理。商业银行以权责发生制为基础,于每月月末按月计提存款利息。每月月末计提利息时，如计息期间利率未调整，按计提日挂牌公告的活期存款利率计算利息；如计息期间遇利率调整，则应分段计算利息。

在计算机操作下，每月月末系统自动计算每笔存款从上一计提日（结息日或存入日）至本月末日应付利息的应有余额，与现有余额相比较，差额部分确认为当期利息支出。编制会计分录为：

借：利息支出——单位活期存款利息支出
　　贷：应付利息——单位活期存款应付利息

在手工操作下，采用积数计息法具体可利用余额表和乙种账两种工具计算积数，并据以计算利息。

（2）结息日利息的计算与核算。单位活期存款的结息日一般采用余额表计息和在分户账页上计息两种方法。

第一，余额表计息法。所谓余额表计息法，是指在每日营业终了，将各计息分户账的最后余额填入余额表内，求得累计计息积数，并据此计算利息的一种方法。其具体的做法是：每日营业终了，记账人员按照单位或账户顺序逐户地将账户当日余额分别抄列入余额表（当日余额没有变动的，照上日余额抄列），各户各日余额相加之和，即为计息积数。每旬、每月和结息期，应结出累计计息积数。若遇利率调整，则应分段计算累计日积数。如遇记账日期与起息日期不同，或错账冲正涉及利息的，应根据其发生额和天数，算出应加或应减积数，填入余额表"应加积数"或"应减积数"内进行调整。每到结息日，以调整后的余额表上的累计计息积数乘以日利率，可算出本季应付利息。其计算公式为：

$$利息＝累计计息积数×（月利率÷30）$$

结息日结出利息后，应先将上一计提日至结息日的利息补提，然后将本计息期间所有应付利息于次日批量结入各单位活期存款账户。

补提利息时，编制会计分录为：

借：利息支出——单位活期存款利息支出
　　贷：应付利息——单位活期存款应付利息

结息日次日，将应付利息批量结入各单位活期存款账户，批量打印记账凭证，编制会计分录为：

借：应付利息——单位活期存款应付利息
　　贷：吸收存款——单位活期存款——××单位

【例3-1】　某商业银行2×19年9月份计息余额表中的A单位活期存款余额情况如表3-2所示。

表 3-2　　　　　　　　　　××商业银行计息余额表

2×19 年 9 月

科目名称：吸收存款　　　利率：0.72%　　　　　　　　　共　页第　页

日期	A 单位活期存款户 201008		合计
1	96 000		
2	102 000		
3	130 000		
4	104 000		
5	86 000		
6	74 000		
7	96 000		
8	134 000		
9	166 000		
10	160 000		
10 天小计	1 148 000		
11	165 000		
…	…		
20 天小计	1 822 000		
21	98 000		
…	…		
本月合计	3 152 000		
至上月月末未计息积数	6 128 000		
应加积数	16 000		
应减积数	22 000		
至结息日累计应计息积数	7 944 000		
至本月月末累计未计息积数	1 330 000		
结息日计算利息数	26.60		

A 单位活期存款至上月月末未计息积数（即 6 月 21 日至 8 月 31 日的累计未计息积数）为 6 128 000 元，9 月份 1～20 日的计息积数为 1 822 000 元，本季度应加积数为 16 000 元，应减积数为 22 000 元，所以第三季度的计息积数（即上期结息日至 9 月 20 日止的累计应计息积数）为 7 944 000 元(6 128 000＋1 822 000＋16 000－22 000)。

$$\text{结息日(9 月 20 日)计算应付利息数} = \text{至结息日累计计息积数} \times \text{日利率}$$
$$= 7\ 944\ 000 \times (0.72\% \div 360)$$
$$= 158.88（元）$$

$$\text{结息日(9 月 20 日)应补提的利息费用} = 158.88 - 6\ 128\ 000 \times (0.72\% \div 360)$$
$$= 36.32（元）$$

$$\text{资产负债表日(9 月 30 日)计提利息费用} = \text{至本月月末累计未计息积数} \times \text{日利率}$$
$$= 1\ 330\ 000 \times (0.72\% \div 360)$$
$$= 26.6（元）$$

商业银行的账务处理如下：

(1) 结息日(9月20日)补提利息时,编制会计分录为：

借：利息支出——单位活期存款利息支出　　　　　　　　　　　　36.32
　　贷：应付利息——单位活期存款应付利息　　　　　　　　　　　36.32

(2) 结息日次日(9月21日),编制"利息清单",办理利息转账。编制会计分录为：

借：应付利息——单位活期存款应付利息　　　　　　　　　　　　158.88
　　贷：吸收存款——单位活期存款——A单位　　　　　　　　　　158.88

(3) 资产负债表日(9月30日)计提利息费用时,编制会计分录为：

借：利息支出——单位活期存款利息支出　　　　　　　　　　　　26.60
　　贷：应付利息——单位活期存款应付利息　　　　　　　　　　　26.60

第二,分户账页计息法。所谓分户账页计息法,是指在营业终了时,将存款账户的昨日账面余额乘以该余额再次变动前一天所延续的日数而计算求得积数,并据此计算利息的一种方法。采用分户账页计息,一般使用乙种账页。在发生收付业务时,按上次最后余额乘以该余额的实存日数计算出积数,记入分户账的"积数"栏内。若遇利率调整,应分段计算"日数"与"积数"。实存日数按"算头不算尾"的方法计算,记入分户账的"日数"栏内,但若遇"尾"为结息日,在计算实存天数时则应"算头又算尾"。到结息日时,应先根据上一次记账日期和存款余额,计算出截至结息日的日数和积数后,再加计所有积数,如遇错账冲正,应调整积数,即求出本季度计息总积数,然后以积数乘以日利率,应得出本季度应付利息数。

余额表计息法适用于存款余额变动频繁的存款户,而分户账页计息法则适用于存款余额变动不多的存款户。

【例3-2】 某商业银行甲单位2×19年9月份的分户账如表3-3所示。

表3-3　　　　　　　　　　　　　　分　户　账

户名：甲单位　　　　　　　　　账号：　　　　　　　　　　利率：0.72%

2×19年		摘要	凭证号	借方	贷方	贷或借	余额	日数	积数	复核盖章
月	日									
9	1	承前页				贷	56 000	72	3 691 400	
	7	汇出		10 000		贷	46 000	6	336 000	
	11	转收			24 000	贷	70 000	4	184 000	
	13	转付		8 000		贷	62 000	2	140 000	
	18	汇出		4 000		贷	58 000	5	310 000	
	21	转息			96.71	贷	58 096.71	3	174 000	

9月1日的计息日数分为两格,"72"表示从6月21日至8月31日共72天,设累计积数为3 691 400元,第二格的"6"表示为9月1日至7日即6天,积数为336 000元(56 000×6),其余类推。至结息日的累计计息积数为4 835 400元(3 691 400＋336 000＋184 000＋140 000＋310 000＋174 000)。

$$\frac{结息日(9月20日)}{计算利息数} = \frac{至结息日累计}{计息积数} \times 日利率 = 4\ 835\ 400 \times (0.72\% \div 360)$$
$$= 96.71(元)$$

$$\frac{结息日(9月20日)}{计算补提利息数} = 96.71 - 3\ 691\ 400 \times (0.72\% \div 360)$$
$$= 22.88(元)$$

商业银行应作如下会计处理:

(1) 结息日(9月20日)补提利息费用时,编制会计分录为:

借:利息支出——单位活期存款利息支出　　　　　　　　　　　　22.88
　　贷:应付利息——单位活期存款应付利息　　　　　　　　　　　22.88

(2) 结息日次日(9月21日)编制"利息清单",办理利息转账,并结出新的存款余额。编制会计分录为:

借:应付利息——单位活期存款应付利息　　　　　　　　　　　　96.71
　　贷:吸收存款——单位活期存款——甲单位　　　　　　　　　　96.71

(3) 资产负债表日计提利息费用的会计分录从略。

(三) 对账与销户

1. 对账

对账是指商业银行的单位活期存款各分户账与各开户单位的银行存款账相互进行核对,以保证双方存款余额的一致。银行与单位之间,由于双方记账时间有先有后,未达账项的存在会使双方存款余额在某一时点上不相符;同时,双方在记账过程中可能发生的差错也会导致双方存款余额不一致。因此,银行与单位之间应进行账务核对,以便查清未达账项,发现差错,保证双方账务准确无误和维护存款资金的安全。

银行与单位的对账,是对支票存款户而言的。对存折存款户,因为在账务处理时就已做到账折见面,保证账折相符,故不再对账。银行与支票存款户的对账,可分为随时对账和定期对账两种形式。

(1) 随时核对。银行为支票存款户记账,采用套写账页。平时,在分户账满页时套打两联式账页,正页为银行的分户账,副页为给单位的对账单。银行应将套打的对账单及时交给单位核对账务。

(2) 定期对账。每月月末,对当月有业务发生的支票户,无论分户账是否满页,都应将套打的副页及时送交单位核对账务。每季末或11月月末,银行应制作各单位存款余额对账单一式二联,并在第一联上加盖业务公章后,两联一起送交单位核对账务。单位核对无误后,将对账单第一联留存,第二联回单加盖预留银行印鉴后退还银行。如经核对发现不符,单位应在对账单回单上注明未达账项及借贷方金额,以便双方查明原因,及时处理。对于账务核对长期不符的单位,银行应采取必要的措施限期查清。对于单位退回的对账单回单,银行应按科目、账户顺序排列,装订保管,以备查考。

2. 销户

存款单位要求销户时,应提供"撤销结算银行账户申请书",应在"撤销结算银行账户申请书"上注明销户原因,加盖单位公章和经办人签名及其身份证号码。对支票户,应交回未使用的重要空白凭证;对存折户,应收回存折。柜员经认真审核无误后,办理销户业务处理。应首先与销户单位核对存款账户余额,核对相符后,对应计算利息的存款账户,要结清利息。撤销后的账户应停止使用。

二、单位定期存款业务的核算

定期存款按自愿原则,存期为 3 个月、半年、1 年、2 年、3 年、5 年共 6 个档次。起存金额为 10 000 元,多存不限,定期存款一律记名,到期取款只能转账,不能支取现金。单位定期存款一般不能提前支取,过期支取的过期部分,按活期利率计息。定期存单不能流通转让。

(一) 单位定期存款存入的核算

单位定期存款可以采取现金存入和转账存入两种方式。现金存入时,应填制单位定期存款缴款凭证,连同现金一起提交银行;转账存入时,应填制转账支票,连同进账单(一式二联,收账通知联和贷方凭证联)一起提交银行。柜员审核无误并收妥款项后,使用相关交易办理定期开户和款项存入,打印记账凭证和单位定期存款开户证实书。柜员在证实书上签章并加盖业务公章后,将证实书、进账单回单(即收账通知联)交存款单位,证实书第一联、进账单贷方凭证联作记账凭证附件。

现金存入时,编制会计分录为:

借:库存现金　　　　　　　　　　　　　　　　　　　　　　(实际收到的款项)
　　贷:吸收存款——单位定期存款——××单位　　　　　　　　　(本金)

转账存入时,编制会计分录为:

借:吸收存款——单位活期存款——××单位　　　　　　　　　(实际收到的款项)
　　贷:吸收存款——单位定期存款——××单位　　　　　　　　　(本金)

若柜员实际收到的款项与吸收存款的本金存在差额,则将差额借记或贷记"吸收存款——利息调整"科目。现行实务中,商业银行吸收客户存款实际收到的金额即为吸收存款的本金,且办理存款业务一般不会发生交易费用,因此,吸收存款初始确认时一般不考虑利息调整。

【例 3-3】 中国工商银行马连道支行的客户中信公司,2×19 年 8 月 25 日签发转账支票 80 000 元,将活期存款转为半年期的定期存款,存入时挂牌的半年期定期存款利率为 2.25%。则该商业银行应编制的会计分录为:

借:吸收存款——单位活期存款——中信公司　　　　　　　80 000
　　贷:吸收存款——单位定期存款——中信公司　　　　　　　　　80 000

(二) 单位定期存款利息的核算

1. 利息计算的公式

单位定期存款利息的计算采用逐笔计息法,即在支取时,按预先确定的计息公式逐笔计算利息,利随本清。

(1) 计息期为整年或整月时,计息公式为：

$$利息＝本金×年(月)数×年(月)利率$$

(2) 计息期有整年或整月,又有零头天数时,计息公式为：

$$利息＝本金×年(月)数×年(月)利率＋本金×零头天数×日利率$$

(3) 将计息期全部化为实际天数计算利息时,计息公式为：

$$利息＝本金×实际天数×日利率$$

上述(1)(2)公式中的年(月)数,按对年、对月、对日计算；(2)公式中的零头天数,按"算头不算尾"的方法计算实际天数；(3)公式中的实际天数,即每年为365天(闰年366天),每月为当月公历实际天数。年利率、月利率和日利率之间的换算同前述。

需要说明的是,若遇存款到期日为该月所没有的日期,则以月末日为到期日。比如,5月31日存入半年期定期存款,到期日应为11月30日；8月29日、30日、31日存入半年期定期存款,到期日均为次年2月28日(闰年为29日)；2月29日(系月底日存入)存入半年期定期存款,则应以同年8月29日为到期日。

2. 利息计算的有关规定

(1) 单位定期存款在原定存期内的利息,按存入日(开户日)挂牌公告的利率计息,存期内遇利率调整,不分段计息。

(2) 单位定期存款全部提前支取时,按支取日挂牌公告的活期存款利率计算利息,不分段计息。

(3) 单位定期存款部分提前支取时,若剩余定期存款不低于起存金额,提前支取部分按支取日挂牌公告的活期存款利率计算利息(不分段计息),未支取部分按原存期及到期日另开新存单,到期时按原存款开户日挂牌公告的利率计算利息；若剩余定期存款低于起存金额,则对该项定期存款予以清户,按支取日挂牌公告的活期存款利率计算利息(不分段计息)。按规定,单位定期存款部分提前支取只能办理一次。

(4) 单位定期存款逾期支取时,逾期部分按支取日挂牌公告的活期存款利率计息,不分段计息。

(5) 单位定期存款的到期日若为节假日,可于节假日前最后一个营业日办理支取手续,银行扣除提前支取天数后,按存入日挂牌公告的利率计算利息。节假日后支取的,按逾期支取计算利息。

3. 资产负债表日计提利息的核算

约定存期内资产负债表日即每月月末计提利息时,分以下两种情况：

(1) 对于1年期以上(不含1年期)单位定期存款,按照摊余成本乘以实际利率计算利息支出,按照合同本金乘以存入日(开户日)挂牌公告的相应档次定期存款利率(即合同利率,换算为月利率)计算应付利息,差额计入利息调整。编制会计分录为：

借：利息支出——单位定期存款利息支出
借或贷：吸收存款——单位定期存款——××单位（利息调整）
　　贷：应付利息——单位定期存款应付利息

（2）对于其他期限的单位定期存款，利息支出和应付利息均按合同本金乘以存入日（开户日）挂牌公告的相应档次定期存款利率（换算为月利率）计算。编制会计分录为：

借：利息支出——单位定期存款利息支出
　　贷：应付利息——单位定期存款应付利息

【例 3-4】 2×18 年 1 月 1 日，中国工商银行北京学院路支行收到甲公司签发的转账支票一张，金额为 500 000 元，要求转存 2 年期的定期存款，当时银行挂牌的 2 年期定期存款年利率为 4.68%。甲公司于 2019 年 1 月 1 日到期支取本息。为了简化计算，我们假定中国工商银行北京学院路支行于每季季末计提利息。假设不考虑其他因素。

吸收存款初始确认金额＝500 000（元）

设吸收存款的实际季利率为 IRR，根据公式

$$V = \frac{CF_1}{(1+IRR)^1} + \frac{CF_2}{(1+IRR)^2} + \cdots + \frac{CF_n}{(1+IRR)^n} = \sum_{t=1}^{n} \frac{CF_t}{(1+IRR)^t}$$

$$500\,000 = \frac{500\,000 \times (1 + 2 \times 4.68\%)}{(1+IRR)^8}$$

则：$IRR = 1.125\%$

由计算结果可知，吸收存款实际季利率 $IRR = 1.125\%$，与名义季利率 1.17%（4.68%÷4）不相等。银行办理吸收存款业务时，虽然没有发生交易费用和溢折价，但由于实际付息周期（到期一次单利付息）与计息周期（按季）不相同，因此，其实际利率与名义利率不相等。

采用实际利率法计算利息费用和吸收存款摊余成本的数据如表 3-4 所示。

表 3-4　　　　　实际利率法计算利息费用和吸收存款摊余成本表　　　　　单位：元

时间	期初摊余成本	利息费用（1.125%）	应付利息（1.17%）	利息调整	现金流出	期末摊余成本
2×18 年 1 月 1 日						500 000
2×18 年 3 月 31 日	500 000	5 625	5 850	225（借）	0	505 625
2×18 年 6 月 30 日	505 625	5 690	5 850	160（借）	0	511 315
2×18 年 9 月 30 日	511 315	5 750	5 850	100（借）	0	517 065
2×18 年 12 月 31 日	517 065	5 815	5 850	35（借）	0	522 880
2×19 年 3 月 31 日	522 880	5 880	5 850	30（贷）	0	528 760
2×19 年 6 月 30 日	528 760	5 945	5 850	135（贷）	0	534 705
2×19 年 9 月 30 日	534 705	6 015	5 850	165（贷）	0	540 720
2×19 年 12 月 31 日	540 720	6 080	5 850	230（贷）	546 800	0
合　计	—	46 800	46 800	0	—	—

根据表3-4数据,中国工商银行北京学院路支行的有关账务处理如下:

(1) 2×18年1月1日,办理甲公司定期存款存入业务时:

借:吸收存款——单位活期存款——甲公司　　　　　　　　　　500 000
　　贷:吸收存款——单位定期存款——甲公司(本金)　　　　　　　500 000

(2) 2×18年3月30日确认利息费用时:

借:利息支出——单位定期存款利息支出　　　　　　　　　　　　5 625
　　吸收存款——单位定期存款——甲公司(利息调整)　　　　　　　225
　　贷:应付利息——甲公司　　　　　　　　　　　　　　　　　5 850

2×18年6月30日至2×19年12月31日确认利息费用的账务处理参照上述(2)。

(3) 2×19年12月31日,办理甲公司到期支取本息业务时:

借:吸收存款——单位定期存款——甲公司(本金)　　　　　　　500 000
　　应付利息——甲公司　　　　　　　　　　　　　　　　　　46 800
　　贷:吸收存款——单位活期存款——甲公司　　　　　　　　　546 800

【例3-5】 承[例3-3],中信公司的存款为2×19年8月31日以前存入,实际利率与合同利率差异较小,资产负债表日采用合同利率计算确定利息费用,则2×19年9月30日商业银行计提利息费用时应编制的会计分录为:

$$应计提的利息费用 = 80\,000 \times 1 \times 2.25\% \div 12 = 150(元)$$

借:利息支出——单位定期存款利息支出　　　　　　　　　　　　150
　　贷:应付利息——单位定期存款应付利息——中信公司　　　　　　150

(三) 单位定期存款支取的核算

1. 到期支取

单位定期存款到期,存款单位应将证实书加盖预留印鉴,连同进账单一起提交银行。柜员审核无误后,使用相关交易办理支取。交易成功后打印记账凭证、证实书和单位存款利息通知单,将证实书和进账单贷方凭证联作记账凭证附件,单位存款利息通知单、进账单回单交存款单位。编制会计分录为:

借:吸收存款——单位定期存款——××户(本金)
　　应付利息——单位定期存款应付利息——××户
　　贷:吸收存款——单位活期存款——××户

2. 提前支取

单位定期存款可以全部或部分提前支取,但若办理部分提前支取,则以一次为限。部分提前支取时,若剩余定期存款不低于起存金额,银行根据提前支取的规定计算利息,办理支取手续,并为定期存款剩余金额开具新存单;若剩余定期存款低于起存金额,银行根据提前支取的规定计算利息,并对该项定期存款予以清户。

(1) 全部提前支取。在办理单位定期存款全部提前支取时,银行应根据提前支取存款利息计算的有关规定,计算单位定期存款全部提前支取利息,并在证实书上加盖

"提前支取"戳记,其余手续和账务处理与单位定期存款到期支取相同。

(2) 部分提前支取。在办理单位定期存款部分提前支取时,若剩余定期存款不低于起存金额,银行应根据提前支取存款利息计算的有关规定,计算单位定期存款部分提前支取利息,填制利息清单,并采取满付实收、更换新证实书的做法,即视同原证实书本金一次全部支取,对实际未支取部分按原存期、原利率和到期日另开具新证实书。

柜员使用相关交易办理部分提前支取,打印原证实书、新证实书、单位存款利息通知单和记账凭证。柜员在新证实书上签章并加盖业务公章,原证实书、进账单、新证实书第一联作记账凭证附件,新证实书、单位存款利息通知单、进账单回单交存款单位。办理部分提前支取编制会计分录为:

借:吸收存款——单位定期存款——××户　　　　　　　（全部本金）
　　应付利息——单位定期存款应付利息——××户　　　（提前支取部分的利息）
　贷:吸收存款——单位活期存款——××户　　　　　　（全部本金＋提前支取部分的利息）
借:吸收存款——单位活期存款——××户（本金）　　　（留存本金）
　贷:吸收存款——单位定期存款——××户（本金）　　　（留存本金）

【例 3-6】　承[例 3-3],假设中信公司由于急需资金,于 2×20 年 2 月 1 日提前支取本金 30 000 元,假设 2×20 年 2 月 1 日银行挂牌的活期存款利率为 0.72%。

要求:编制中信公司定期存款部分提前支取的会计分录。

2×20 年 2 月 1 日部分提前支取时,计算利息及编制的会计分录为:

$$利息 = 30\ 000 \times 160 \times 0.72\% \div 360 = 96(元)$$

借:吸收存款——单位定期存款——中信公司户　　　　80 000
　　应付利息——单位定期存款应付利息户　　　　　　　96
　贷:吸收存款——单位活期存款——中信公司户　　　　　　80 096
借:吸收存款——单位活期存款——中信公司户　　　　50 000
　贷:吸收存款——单位定期存款——中信公司户　　　　　　50 000

3. 逾期支取

单位定期存款若逾期支取,银行除计算到期利息外,对逾期部分还应根据逾期的本金和逾期存期,按逾期支取存款利息计算的有关规定,计算应付利息,其办理手续和账务处理与单位定期存款到期支取相同。

银行在办理单位定期存款的支取手续时,若单位定期存款转入的收款单位在本行开户的,应先将定期存款本息转入该存款单位在本行的单位活期存款账户,然后再按结算制度的规定办理。

定期存款到期后,如果单位要求续存,则应结清旧户,并按开户手续另开新存单,其办理手续和账务处理与前述定期存款的到期支取和存入相同。

【例 3-7】　假设申达公司在某商业银行的 1 年期定期存款 100 000 元,为 2×18 年 12 月 28 日签发转账支票存入,存入时年利率为 2.52%,申达公司于 2×20 年 2 月 10 日来行支取。2×20 年 2 月 10 日,该商业银行挂牌公告的活期存款利率为 0.72%。

要求：编制申达公司定期存款逾期支取的会计分录。

2×20年2月10日申达公司来行支取时，计算利息及编制的会计分录为：

原定存期内利息计算采用"利息＝本金×年(月)数×年(月)利率"计息公式计算；逾期部分按支取日挂牌公告的活期存款利率计息。

利息＝100 000×1×2.52％×(1＋44×0.72％÷360)＝2 520＋2.22＝2 522.22(元)

借：吸收存款——单位定期存款——中信公司户　　　　　　　　100 000.00
　　应付利息——单位定期存款应付利息——中信公司户　　　　　2 522.22
　　贷：吸收存款——单位活期存款——中信公司户　　　　　　　102 522.22

三、单位其他存款的核算

(一) 单位通知存款的核算

单位通知存款是存入时不约定存期，支取时需提前通知银行，约定支取日期和金额后方能到期支取的存款。通知存款的利率一般高于活期存款，低于定期存款，是一种比活期存款收益高、比定期存款支取灵活的大额存款方式。

商业银行定期存款核算案例

1. 单位通知存款存入

单位通知存款起存金额为人民币50万元，须一次存入，可以采取现金存入和转账存入两种方式。其存入可参照单位定期存款存入进行核算。

2. 资产负债表日计提利息

通知存款采用积数计息法，每月月末计提利息时，按计提日挂牌公告的相应档次通知存款利率(换算为日利率)和累计积数(开户日至计提日)计算应提利息，并与已提利息相比较，对差额进行计提或冲销。计提时会计分录同单位定期存款。

3. 单位通知存款的通知

单位通知存款不论实际存期多长，一律按存款单位支取时提前通知的期限长短，划分为1天通知存款和7天通知存款两种。1天通知存款必须至少提前1天通知银行约定支取存款(存入当天不能进行通知)，7天通知存款必须至少提前7天通知银行约定支取存款(存入当天即可进行通知)。

存款单位进行通知时，应填写通知存款通知书，提前1天或7天提交银行。柜员收到并审核无误后，使用相关交易对通知支取日期和金额进行设定，打印通知存款通知书，并在通知存款通知书上签章和加盖业务讫章。

4. 单位通知存款的支取

单位通知存款只能以转账方式一次或分次支取，不得从单位通知存款账户中支取现金或将单位通知存款账户用于结算；分次支取时，每次最低支取金额为人民币10万元，若部分支取后留存金额不低于起存金额，柜员按留存金额、原起存日期、原约定通知存款种类，开具新的单位通知存款开户证实书，办理续存手续；若部分支取后留存金额低于起存金额，则对该项通知存款予以清户。

单位通知存款支取时，系统先自动计算存入日至支取日的应提利息，并与已提利息相比较,对差额进行补提或冲销,然后再办理单位通知存款支取手续。单位通知存款支取可参照单位定期存款支取进行核算。

5. 单位通知存款计息规定

(1) 通知存款采用积数计息法,即按实际天数每日累计账户余额,以累计积数乘以日利率计算利息。

(2) 单位通知存款到期支取时,按实存天数和支取日挂牌公告的同档次通知存款利率计算利息,不分段计息。实存天数按"算头不算尾"的方法计算。

(3) 单位通知存款在以下几种情况下,按活期存款利率计息:①未提前通知而支取的,支取部分按支取日挂牌公告的活期存款利率计息。②已办理通知手续而提前支取或逾期支取的,支取部分按支取日挂牌公告的活期存款利率计息。③支取金额不足最低支取金额(10万元)的,支取部分按支取日挂牌公告的活期存款利率计息。④支取金额超过约定金额的,超过部分按支取日挂牌公告的活期存款利率计息。⑤部分支取时留存金额低于起存金额的,应予以清户,按清户日挂牌公告的活期存款利率计息。

(4) 支取金额不足约定金额的,支取部分按支取日挂牌公告的同档次通知存款利率计息,不足部分视同未通知处理。

(5) 已办理通知手续而未支取或在通知期限内取消通知的,视同未通知处理。

需要说明的是,除活期存款和定期整存整取存款外,通知存款、协定存款、定活两便、存本取息、零存整取和整存零取等其他种类存款的计息、结息规则,由开办业务的金融机构法人,以不超过中国人民银行同期限档次存款利率上限为原则,自行制定。因此,对通知存款等其他种类存款,各行制定的具体计息规则存在差异。

【例 3-8】 甲公司于 2×19 年 7 月 12 日在中国农业银行北京东单支行存入一笔通知存款,金额为 100 万元,与银行约定为 7 天通知存款,当日银行挂牌公告的 7 天通知存款年利率为 1.80%。2×19 年 8 月 26 日甲公司书面通知银行于 2×19 年 9 月 2 日支取通知存款 100 万元,2×19 年 9 月 2 日甲公司来行支取存款。

(1) 资产负债表日计提利息。

2×19 年 7 月 31 日计提利息=1 000 000×20×1.80%÷360=1 000(元)

2×19 年 8 月 31 日计提利息=1 000 000×51×1.80%÷360−1 000=1 550(元)

资产负债表日计提利息的会计分录从略。

(2) 2×19 年 9 月 2 日支取存款。

应付利息=1 000 000×52×1.80%÷360=2 600(元)

已提利息=1 000+1 550=2 550(元)

补提利息=2 600−2 550=50(元)

借:利息支出——单位通知存款利息支出　　　　　　　　50

　　贷:应付利息——单位通知存款应付利息——甲公司　　　50

支付本息,编制会计分录为:

借：吸收存款——单位通知存款——甲公司　　　　　　　　　1 000 000
　　应付利息——单位通知存款应付利息——甲公司　　　　　　 2 600
　贷：吸收存款——单位活期存款——甲公司　　　　　　　　　1 002 600

（二）单位协定存款的核算

单位协定存款是单位与银行签订单位协定存款合同，约定期限，商定其结算账户需要保留的基本存款额度，由银行对结算账户中超过基本存款额度的部分，按照协定存款利率计息的一种存款。单位协定存款的利率高于活期存款，是一种兼具流动性和收益性的大额存款方式，不仅能提高存款单位的资金收益率，而且也不影响其日常结算和资金自由往来。

单位协定存款须在存款单位开立的基本存款账户或一般存款账户的基础上办理，并与银行签订单位协定存款合同，约定合同期限和基本存款额度。单位协定存款合同的期限一般为1年，合同期满，如双方均未书面提出终止或修改合同，即视为自动延期；基本存款额度一般为人民币50万元以上。

单位协定存款采用积数计息法，按季结息，每季度末月的20日为结息日，遇利率调整，分段计息，结计的利息于结息日次日入账。单位协定存款通过"单位活期存款"二级科目并使用存款单位的银行结算账户进行核算，按照"一个账户、一个余额、两个结息积数、两种利率"的管理方式，将结算账户余额按合同约定的基本存款额度分为两个部分，基本存款额度以内的部分（称结算户存款余额），按照挂牌公告的活期存款利率计息；超过基本存款额度的部分（称协定户存款余额），按照挂牌公告的协定存款利率计息。

单位协定存款可参照单位活期存款进行核算。

第三节　个人存款业务的核算

个人存款又称对私存款或储蓄存款。目前，我国各商业银行开办的个人存款主要有个人活期存款、个人定期存款、其他储蓄存款等。

商业银行应在"吸收存款"科目下按存款类别分别设置"个人活期存款""个人定期存款""个人通知存款"等明细科目进行核算。

一、个人活期存款的核算

个人活期存款是不固定存期，凭银行卡或存折及预留密码可在银行营业时间内通过柜面或通过银行自助设备随时存取现金的存款。人民币活期存款1元起存。

（一）存入的核算

1. 开户

储户第一次存入活期存款称作开户。开户时储户应提交本人有效身份证件（由他人代理存款须同时提交代理人和被代理人的有效身份证件），填制"储蓄存款凭条"，连同现金一并交银行柜员。

银行柜员审查储蓄存款凭条的日期、户名、金额和储户身份证件无误后，点收现金与凭条相符,根据存款凭条输入计算机,由计算机系统编列账号、设置账户并打印存折。凭印鉴支取的还应由储户在印鉴卡上预留印鉴;凭密码支取的由储户预留密码。以存款凭条作现金收入传票办理核算。编制会计分录为:

借:库存现金
　　贷:吸收存款——个人活期存款——××户

经复核无误后,在存款凭条上盖"现金收讫"戳记和经办人名章,登记现金收入日记簿。同时,柜员在存折上签章并加盖业务公章后,问清姓名,将身份证、存折交存款人,身份证复印件留存保管。

2. 续存

储户以后续存时,应先填写"活期储蓄存款凭条",连同存折和现金一并交银行柜员,柜员检验存折、审查凭条、点收现金无误后,根据存款凭条记账。其余手续与前面所述相同。

(二) 支取的核算

储户持活期存折支取存款时,应填写"活期储蓄取款凭条",连同存折一并交银行柜员。凭印鉴支取的,储户应在取款凭条上加盖预留银行印鉴;凭密码支取的应输入预留密码。

柜员根据凭条核对账、折、印无误后,使用"个人活期存款支取"交易进行处理,打印个人业务取款凭证和存折内页。柜员将个人业务取款凭证交存款人签字确认后收回,编制会计分录为:

借:吸收存款——个人活期存款——××户
　　贷:库存现金

复核无误后,在取款凭条上加盖"现金付讫"戳记及经办人名章,登记"现金付出日记簿"。根据取款凭条配款、核点后,将现金及存折一并交给储户。

(三) 利息的计算与核算

1. 利息的计算

个人活期存款利息的计算与单位活期存款利息的计算一样,采用积数计息法,即按实际天数每日累计账户余额,以累计积数乘以日利率计算利息。计息公式为:

$$利息 = 累计计息积数 \times 日利率$$

个人活期存款元位起息,元位以下不计息,计算的利息保留至分位,分位以下四舍五入。我国自 1999 年 11 月 1 日起对储蓄存款利息所得征收个人所得税,其中,1999 年 11 月 1 日至 2007 年 8 月 14 日孳生的利息所得,按 20% 的比例税率征收个人所得税;2007 年 8 月 15 日至 2008 年 10 月 8 日孳生的利息所得,按 5% 的比例税率征收个人所得税。自 2008 年 10 月 9 日起,我国对储蓄存款利息所得暂免征收个人所得税。若储蓄存款在 2007 年 8 月 15 日之前存入,而于 2007 年 8 月 15 日之后支取,则应分段计算该储蓄存款利息所得,并按照不同的税率计征个人所得税;若储蓄存款于 2008 年 10 月

9 日之后支取,则自 2008 年 10 月 9 日起所孳生的利息所得,免征个人所得税。

2. 资产负债表日计提利息

个人活期存款采用积数计息法,每月月末计提利息时,按计提日挂牌公告的活期存款利率与累计积数计算应提利息。编制会计分录为:

借:利息支出——个人活期存款利息支出
　　贷:应付利息——个人活期存款应付利息

3. 结息日结计利息

个人活期存款按季结息,按结息日挂牌活期利率计息,每季度末月的 20 日为结息日。未到结息日清户时,按清户日挂牌公告的活期利率计息到清户前一日止。计息期间遇利率调整,不分段计息。

结息日,按当日挂牌公告的活期存款利率与累计计息积数,计算本计息期间所有应付利息,并与已提利息相比较,对差额进行补提或冲销。会计分录略。

结息日次日,将本计息期间代扣利息所得税后的利息批量结入各存款人活期存款账户,批量打印记账凭证。编制会计分录为:

借:应付利息——个人活期存款应付利息
　　贷:吸收存款——个人活期存款——××人
　　　　应交税费——应交代扣利息税

(四) 销户

柜员收到存款人提交的存折、有效身份证件,审查无误后,使用"个人活期存款结清"交易进行结清处理,打印个人业务取款凭证、个人存款计息单和存折内页。

按当日挂牌公告的活期存款利率计算上一结息日次日至结清日应付利息,并与已提利息相比较,对差额进行补提或冲销。会计分录从略。

个人活期存款结清时,编制会计分录为:

借:吸收存款——个人活期存款——××户
　　应付利息——个人活期存款应付利息
　　贷:库存现金
　　　　应交税费——应交代扣利息税

存款人存款账户内所有存款均已结清的,可进行销户处理,柜员使用"个人活期存款销户"交易进行销户处理,打印存折折底、个人存款销户凭证。柜员将个人业务取款凭证交存款人签字确认后收回,根据取款金额配款,将实物券别录入系统现金箱,将现金、回单交存款人,同时,将已销户存折磁条信息破坏后留存。

二、个人定期存款的核算

个人定期存款是储户在存款时约定存储时间,到期支付本金和利息的一种存款。根据存取本息的方式不同,个人定期存款可分为整存整取、零存整取、整存零取、存本取息等定期储蓄存款四种。

商业银行应在"吸收存款"科目之下分别设置明细科目进行核算。由于个人定期存款具有事先约定存款期限、一次或分次存入本金、整笔或分期支取本息的特点,因此,核算手续大同小异,相同之处主要表现在开户存入、资产负债表日计提利息、结清销户上,不同之处则主要体现在支取和计息上。下面详细介绍整存整取和零存整取两种定期储蓄情况,其他仅作简略介绍。

(一) 整存整取定期存款

整存整取定期存款是一次存入一定数额,约定存期,到期一次支取本息的存款。这种存款50元起存,多存不限,存期分为3个月、半年、1年、2年、3年、5年六个档次。存期不同,存款的利率也不一样。储户也可在存款时与银行约定,由银行存款到期时自动转存。整存整取定期存款到期前,储户可提前全部或部分支取,但如部分提前支取,以一次为限。利息计算采取利随本清的办法。

1. 开户

储户来银行开户时,应提交本人有效身份证件,填写"整存整取储蓄存款凭条",连同现金一起交银行柜员。柜员收妥现金,审核储户身份证件、存款凭条无误后,将实物券别录入系统现金箱,然后使用相关交易办理开户和存入,并打印"整存整取定期储蓄存单(或存折)"、个人业务存款凭证。如储户要求凭印鉴支出存款,应在印鉴上预留储户印鉴,并在存单上加盖"凭印鉴支取"戳记;凭密码支取的由储户预留密码。柜员将个人业务存款凭证交存款人签字确认后收回,编制会计分录为:

借:库存现金
　　贷:吸收存款——个人定期存款——整存整取——××户

经复核无误后,在储蓄存单(存折)上签章并加盖业务公章,将存单(存折)等交存款人。

【例3-9】 甲储户于2×19年2月1日在中国工商银行北京海淀支行开立本金为100 000元、存期为1年的整存整取账户,开户日银行挂牌公告的1年期整存整取储蓄存款年利率为3.87%,到期日为2×20年2月1日。2×19年2月1日,中国工商银行北京海淀支行编制的会计分录为:

借:库存现金　　　　　　　　　　　　　　　　　　　　100 000
　　贷:吸收存款——个人定期存款——整存整取——甲储户　　100 000

2. 资产负债表日计提利息

约定存期内的每个资产负债表日,即每月月末计提利息时,分以下两种情况进行处理:

(1) 对于1年期以上(不含1年期)整存整取定期存款,按照摊余成本乘以实际利率计算利息支出,按照合同本金乘以存入日挂牌公告的相应档次整存整取定期存款利率(即合同利率,换算为月利率)计算应付利息,差额计入利息调整。编制会计分录为:

借:利息支出——个人定期存款利息支出
借或贷:吸收存款——个人定期存款——整存整取——××户(利息调整)
　　贷:应付利息——个人定期存款应付利息

(2) 对于其他整存整取定期存款,利息支出和应付利息均按合同本金乘以存入日挂牌公告的相应档次整存整取定期存款利率(换算为月利率)计算。编制会计分录为：

借：利息支出——个人定期存款利息支出
　　贷：应付利息——个人定期存款应付利息

整存整取定期存款采用逐笔计息法，即在支取时，按照预先确定的计息公式逐笔计算利息，利随本清。其计息公式与单位定期存款的计息公式相同。

3. 计息规定

(1) 整存整取定期存款在原定存期内的利息，按存入日挂牌公告的整存整取定期存款利率计算，存期内遇利率调整，不分段计息。

(2) 整存整取定期存款全部提前支取时，按支取日挂牌公告的活期存款利率计付利息。

(3) 整存整取定期存款部分提前支取时，若留存金额不低于起存金额，提前支取部分按支取日挂牌公告的活期存款利率计付利息，留存部分到期时，按原存入日挂牌公告的整存整取定期存款利率计付利息；部分提前支取时，若留存金额低于起存金额，则对该项整存整取定期存款予以清户，按支取日挂牌公告的活期存款利率计付利息。

(4) 整存整取定期存款逾期支取时，逾期部分按支取日挂牌公告的活期存款利率计付利息。

(5) 整存整取定期存款到期日如为法定节假日，可于节假日前最后一个营业日办理取款，手续上视同提前支取，利息按到期支取计算。节假日后支取的，按逾期支取计算利息。

【例 3-10】 承[例 3-9]，假定甲储户于 2×20 年 3 月 1 日支取该笔整存整取存款，支取日银行挂牌公告的活期存款利率为 0.72%。

要求：计算该储户应得利息以及每个资产负债表日商业银行计提的利息费用，并做出资产负债表日商业银行计提的利息费用的账务处理。

$$甲储户应得利息 = 100\,000 \times 1 \times 3.87\% \times (1 + 1 \times 0.72\% \div 12) = 3\,872.32(元)$$

在约定期限内的每个资产负债表日，即 2×19 年 2 月 28 日、3 月 31 日、4 月 30 日……2×20 年 1 月 31 日，商业银行应计提的利息费用及编制的会计分录为：

$$利息费用 = 100\,000 \times 1 \times 3.87\% \div 12 = 322.50(元)$$

借：利息支出——个人定期存款利息支出　　　　　　　322.50
　　贷：应付利息——个人定期存款应付利息　　　　　　322.50

在 2×20 年 2 月 29 日计提利息费用及编制的会计分录为：

$$利息费用 = 103\,870 \times 1 \times 0.72\% \div 12 = 62.32(元)$$

借：利息支出——个人定期存款利息支出　　　　　　　62.32
　　贷：应付利息——个人定期存款应付利息　　　　　　62.32

4. 支取

（1）到期支取。存款到期，储户持存单来行支取存款，银行柜员应根据储户提交的存单记账，并核对账单。凭印鉴支取的还须核对预留印鉴，凭密码支取的应由储户输入密码。经核对无误后，使用相关交易办理支取，同时，系统自动将到期日应付利息的应有余额与现有余额进行比较，并将差额部分予以补提。编制的会计分录为：

借：利息支出——个人定期存款利息支出
　　贷：应付利息——个人定期存款应付利息

对于采用实际利率法核算的整存整取定期存款，补提利息应编制的会计分录为：

借：利息支出——个人定期存款利息支出
　　贷：应付利息——个人定期存款应付利息
　　　　吸收存款——个人定期存款——整存整取——××户（利息调整）

交易成功后，打印个人业务取款凭证、个人存款计息单、存折内页。柜员将个人业务取款凭证交存款人签字确认后收回，编制支付本息的会计分录为：

借：吸收存款——个人定期存款——整存整取——××户（本金）
　　应付利息——个人定期存款应付利息户
　　贷：库存现金

记账后，根据取款金额配款，将实物券别录入系统现金箱，将现金、回单、存折等交存款人。

（2）逾期支取。整存整取定期存款过期支取的，除按规定计算过期利息外，其余手续与到期支取的手续相同。

（3）提前支取。整存整取定期存款可以全部或部分提前支取。若全部提前支取的，储户应提交存单和本人有效身份证件，验证后将发证机关、证件名称及号码记录在存单背面，并由储户签章或证明，然后在存单上加盖"提前支取"戳记。柜员审查无误后，使用相关交易进行处理，录入存款人开户时的证件种类和证件号码，并按提前支取规定计付利息。其余处理手续与到期支取基本相同。

若储户申请部分提前支付时，柜员查验存单和身份证件无误后，若留存金额不低于起存金额，应按满付实收的做法，更换新存单，即将原存单本金视同一次全部支取并收回原存单，按规定计付支取部分的利息，对未支取部分按原存单存入日期、期限、到期日、利率等另开新存单。

柜员使用相关交易进行处理，录入开户时的证件种类和证件号码、取款金额等，交易成功，打印原存单、新存单、个人存款计息单和个人业务存款凭证。柜员将个人业务存款凭证交存款人签字确认后收回，在新存单上签章并加盖业务公章，将实物券别录入系统现金箱，应编制的会计分录为：

借：吸收存款——个人定期存款——整存整取××人（本金）　　（全部本金）
　　应付利息——个人定期存款应付利息　　　　　　　　　　（提前支取部分利息）
　　贷：库存现金

借：库存现金
　　贷：吸收存款——个人定期存款——整存整取××人(本金)　　　(留存本金)
　　　　应交税费——应交代扣利息税

记账后，按支取金额配款，将现金、回单、新存单等交存款人。

这里需要注意的是，整存整取定期储蓄存款若办理部分提前支取，则以一次为限。若留存金额低于起存金额，银行根据提前支取的规定计算利息，并对该项整存整取定期储蓄存款予以清户，其处理手续和账务处理与全部提前支取相同。

【例 3-11】 2×19 年(平年)2 月 10 日，李华在中国银行以现金存入 1 年期整存整取定期储蓄存款 50 000 元，于 2×20 年 2 月 10 日到期支取，存入时银行挂牌的 1 年期整存整取定期储蓄存款年利率为 2.25%。银行于每季季末计提利息。该吸收存款的实际利率与名义利率差异较小，资产负债表日采用名义利率计算确定利息费用。

根据上述资料，银行的有关账务处理如下：

(1) 2×19 年 2 月 10 日，办理储户王浩整存整取定期储蓄存款存入业务时：

借：库存现金　　　　　　　　　　　　　　　　　　　　　　50 000
　　贷：吸收存款——个人定期存款——整存整取——李华(本金)　　50 000

(2) 2×19 年 3 月 31 日确认利息费用时：

借：利息支出——个人定期利息支出(50 000×50×2.25%÷360)　　156.25
　　贷：应付利息——个人定期利息——李华　　　　　　　　　　　156.25

(3) 2×19 年 6 月 30 日确认利息费用时：

借：利息支出——个人定期利息支出户(50 000×1×2.25%÷4)　　281.25
　　贷：应付利息——个人定期利息——李华　　　　　　　　　　　281.25

(4) 2×19 年 9 月 30 日、2×19 年 12 月 31 日确认利息费用的账务处理同(3)。

(5) 2×20 年 2 月 10 日，办理储户李华到期支取本息业务时：

　　　　应付李华利息＝50 000×1×2.25%＝1 125(元)
　　　　已预提利息＝156.25＋3×281.25＝1 000(元)
　　　　应补提利息＝1 125－1 000＝125(元)

借：利息支出——个人定期利息支出　　　　　　　　　　　　　125
　　贷：应付利息——个人定期利息——李华　　　　　　　　　　125

借：吸收存款——个人定期存款——整存整取——李华(本金)　　50 000
　　应付利息——个人定期利息——李华　　　　　　　　　　　1 125
　　贷：库存现金　　　　　　　　　　　　　　　　　　　　　51 125

(二) 零存整取定期存款

零存整取定期存款是开户时约定存期，按月存入固定数额的本金，到期一次支取本金和利息的存款。零存整取定期存款每月固定存款金额，5 元起存，多存不限，存期分1年、3年、5年三个档次。每月存入一次,中途如漏存一次,可在次月补存,未补存者或漏存次数在一次以上者,视同违约,并在存折上打印违约标志,对违约后存入的金额,支取时按支取日挂牌公告的活期存款利率计付利息。

1. 开户

储户开户时,应提交本人有效身份证件,填写"零存整取存款凭条",将存款凭条连同现金一并交给柜员。柜员收妥现金,审查储户身份证件、存款凭条并与点收现金核对无误后,将实物券别录入系统现金箱,然后使用相关交易办理开户和存入,打印开立个人银行账户申请书、个人业务存款凭证、存折。柜员将个人业务存款凭证交存款人签字确认后收回,编制的会计分录为:

借:库存现金
　　贷:吸收存款——个人定期存款——零存整取——××户

记账后,在存折上签章和加盖业务公章,将存折、身份证件交存款人。

2. 资产负债表日计提利息

零存整取定期存款采用积数计息法计提利息,约定存期内的资产负债表日,即在每月月末计提利息时,按累计日积数乘以开户日挂牌公告的相应档次零存整取定期存款利率(换算为日利率)计算应提利息。编制的会计分录为:

借:利息支出——个人定期存款利息支出
　　贷:应付利息——个人定期存款应付利息

3. 续存

储户续存时,可在每月的任意时间以第一次存入的金额为准向银行存入固定金额;中途如有漏存,次月仍可续存;存期已满或存满应存次数,均不再办理续存手续。其核算手续及会计分录与开户时相同。

4. 支取

零存整取定期存款办理到期支取、逾期支取或提前支取,除按规定计息外,其余核算手续比照整存整取的相应手续办理。

5. 利息的计算

计算机操作下,零存整取定期存款采用积数计息法,利随本清。其计息规定与计息公式为:

(1) 到期支取利息计算。到期支取时,按开户日挂牌公告的相应档次零存整取定期存款利率计付利息,存期内遇利率调整,不分段计息。

将每次存款金额乘以按实存天数计算的存期(即从存款日至到期日前一日止),其乘积便为日积数;将零存整取定期存款约定存期内的日积数累加起来,即为累计计息日积数;以累计计息日积数乘以开户日挂牌公告的相应档次零存整取定期存款利率(换算为日利率),即为零存整取定期储蓄存款到期利息。计算公式为:

$$累计计息日积数 = \sum(每次存款金额 \times 存期日数)$$

$$利息 = 累计计息日积数 \times 日利率$$

(2) 逾期支取利息计算。逾期支取时,应当分别计算到期利息和逾期利息。到期利息按前述规定和方法计算;逾期利息按存款本金的最后余额与逾期日数及支取日挂牌公告的活期存款利率(换算为日利率)计算。计算公式为:

$$逾期利息 = 存款本金最后余额 \times 逾期日数 \times 支取日活期日利率$$
$$应付利息 = 到期利息 + 逾期利息$$

(3) 提前支取利息计算。全部提前支取时,按照实际存期计算累计计息日积数,以累计计息日积数乘以支取日挂牌公告的活期存款利率(换算为日利率)计付利息。计算公式为:

$$累计计息日积数 = \sum (每次存款金额 \times 存期日数)$$
$$利息 = 累计计息日积数 \times 支取日活期日利率$$

(三) 整存零取定期存款

整存零取定期存款是一次存入较大数额的本金,在存期内分次等额支取本金,到期一次支取剩余本金和利息的存款。整存零取定期存款以 1 000 元起存,存期分 1 年、3 年、5 年三个档次。支取期限可分为 1 个月、3 个月、半年一次或其他期限,但本金应能够被支取次数整除,即分次等额支取的本金应为整数,支取期限由存款人在存款时与银行约定。利息于到期结清时一次支付。

整存零取定期存款的开户、资产负债表日计提利息、分次支取、全部提前支取(不能部分提前支取)、到期结清以及逾期支取的处理手续与零存整取存款基本相同。

在计算机操作下,整存零取定期存款采用积数计息法,其计息规定与计息公式如下:

(1) 其基本计息公式为:

$$利息 = 累计计息日积数 \times 日利率$$

(2) 到期支取时,以到期日累计计息日积数乘以存入日挂牌公告的相应档次整存零取定期存款利率(换算为日利率)计付利息,存期内遇利率调整,不分段计息。

(3) 逾期支取时,应当分别计算到期利息和逾期利息。到期利息按前述规定计算;逾期利息按存款本金的最后余额与逾期日数及支取日挂牌公告的活期存款利率(换算为日利率)计算。

(4) 全部提前支取时,按照实际存期计算累计计息日积数,以累计计息日积数乘以支取日挂牌公告的活期存款利率(换算为日利率)计付利息。

(四) 存本取息定期存款

存本取息定期存款是一次存入本金,分期支取利息,到期归还本金的一种定期存款。存本取息定期存款 5 000 元起存,多存不限;存期为 1 年、3 年、5 年三个档次。支取利息的期次可以是 1 个月一次,也可以是几个月一次,由储户选择。若储户在取息日未支取利息,以后可随时支取,但不计复利。

1. 开户

存本取息定期存款开户时处理手续与零存整取存款基本相同。会计分录略。

2. 资产负债表日计提利息

存本取息定期存款采用逐笔计息法，约定存期内每月月末计提利息时，按合同本金乘以存入日挂牌公告的相应档次存本取息定期存款利率（换算为月利率）计算应提利息。会计分录略。

3. 分次支取利息

存本取息定期储蓄存款开户时，按开户日挂牌公告的相应档次存本取息定期存款利率算出到期应付利息总额，然后以到期应付利息总额除以约定取息次数，预先算出每次取息金额。其中，到期应付利息的计算与整存整取定期储蓄存款相同。每次取息额的计算公式为：

$$每次取息额 = (本金 \times 存期 \times 利率) \div 取息次数$$

存本取息定期存款分次支取利息的处理手续与整存零取存款分次支取本金基本相同。编制会计分录为：

借：应付利息——个人定期存款应付利息——××户
　　贷：库存现金

取息日未到不得提前取息，取息日未取息，以后可随时取息，但不计复利。

4. 到期支取本金

存本取息定期存款到期，存款人来行支取本金的同时支取最后一次利息。其处理手续与整存零取存款到期结清基本相同。

（1）补提利息。将到期支取时应付利息与已提利息进行比较，将差额予以补提。会计分录略。

（2）支付本金和剩余利息。编制会计分录为：

借：吸收存款——个人定期存款——存本取息——××户（全部本金）
　　应付利息——个人定期存款应付利息——××户（最后一次利息）
　　贷：库存现金

5. 逾期支取本金

存本取息定期储蓄存款逾期支取时，逾期部分按支取日挂牌公告的活期存款利率计付利息，其处理手续与到期支取基本相同。

6. 提前支取本金

存本取息定期存款可以全部提前支取，不能部分提前支取。全部提前支取时，应按整存整取定期存款提前支取的规定计算存期内应付利息，并对已支付的利息予以冲销。冲销已支付利息的会计分录为：

借：库存现金
　　贷：应付利息——个人定期存款应付利息——××户

将按提前支取规定计算的应付利息与已提利息进行比较,将差额予以冲销。冲销时会计分录为:

借:应付利息——个人定期存款应付利息——××户
　　贷:利息支出——个人定期存款利息支出

按提前支取的规定计算应付利息,办理本息支取手续。编制的会计分录为:

借:吸收存款——个人定期存款——存本取息——××户
　　应付利息——个人定期存款应付利息
　　贷:库存现金

柜员办理全部提前支取付款时,应将已付给存款人的利息扣回,即将上述分录中"库存现金"科目贷方金额减去借方金额后的差额支付给存款人。

三、其他储蓄存款

(一)定活两便储蓄存款

定活两便储蓄存款是一种存款期限不定,一次存入一定数额的本金,存款人可根据需要随时一次支取本息,并按实际存期确定利率的储蓄存款方式。定活两便储蓄存款的起存金额为50元。这种储蓄存款的特点是兼具流动性和收益性,比定期储蓄存款支取灵活,在达到一定存期时又能获得比活期储蓄存款高的收益。

定活两便储蓄存款的计息规定为:凡存期不足3个月的,按支取日挂牌的活期储蓄存款利率计付利息;存期3个月(含3个月)以上,不满半年的,整个存期按支取日定期整存整取3个月期利率打六折计息;存期在半年以上(含半年)不满1年的,按支取日整存整取半年期利率打六折计息;存期在1年以上(含1年),无论存期多长,一律按支取日整存整取1年期利率打六折计息。

定活两便储蓄存款的账务处理与定期整存整取相同。

【例3-12】 2×19年1月1日,王华在某商业银行存入定活两便储蓄存款50 000元,于2×19年8月10日全额支取。支取日银行挂牌公告的整存整取定期储蓄存款半年期利率为3.30%。

该笔定活两便储蓄存款的实际存期在半年以上不满1年,整个存期应按照支取日整存整取定期储蓄存款半年期利率打六折计息。其利息计算如下:

若采用"利息=本金×年(月)数×年(月)利率+本金×零头天数×日利率"计息公式时,则:

$$应付利息=50\,000\times7\times3.3\%\times60\%\div12+10\,000\times10\times3.30\%\times60\%\div360$$
$$=577.50+27.50=605(元)$$

若采用"利息=本金×实际天数×日利率"计息公式时,则:

$$应付利息=50\,000\times221\times3.30\%\times60\%\div360=607.75(元)$$

(二) 教育储蓄存款

教育储蓄存款是个人为其子女接受非义务教育(指九年制义务教育之外的全日制高中、大中专、大学本科、硕士和博士研究生)积蓄资金,按零存整取方式存取,但在支取时,存款人如能提供有关证明,便可按相应存期整存整取定期储蓄存款利率计息,并享受免征利息所得税优惠的储蓄存款。

教育储蓄存款为零存整取定期储蓄存款,每月固定存额,50元起存,每户本金合计最高限额为2万元,存期分为1年、3年、6年三个档次,按月存入时中途如有漏存,按零存整取存款的有关规定办理。教育储蓄存款至少续存一次,一次性存足本金的,不得享受教育储蓄存款免税优惠。

教育储蓄存款的开户对象为在校小学四年级(含四年级)以上学生,开户时,应提供存款人本人(学生)户口簿或居民身份证,以存款人本人(学生)的姓名开立教育储蓄存款账户。同一学生最多可以享受就读全日制高中或中专、大专和大学本科、硕士和博士研究生三次(每次2万元)教育储蓄存款免税和利息优惠。教育储蓄存款计息规定为:

(1) 到期支取。教育储蓄存款到期支取时,存款人凭存折和学校提供的正在接受非义务教育的学生身份证明,一次支取本息,并享受教育储蓄存款优惠利率和免征储蓄存款利息所得税。即1年期、3年期教育储蓄按开户日同期整存整取定期储蓄存款利率计付利息;6年期按开户日5年期整存整取定期储蓄存款利率计付利息;遇利率调整,不分段计息。

教育储蓄存款到期支取时,存款人不能提供证明的,则不能享受优惠利率,即1年期、3年期按开户日同期零存整取定期储蓄存款利率计付利息;6年期按开户日5年期零存整取定期储蓄存款利率计付利息,并按规定征收储蓄存款利息所得税。

(2) 逾期支取。教育储蓄存款逾期支取时,其原定存期内的部分,按前述教育存款到期支取的有关规定计付利息;逾期部分,不论是否提供证明,均按支取日挂牌公告的活期存款利率计付利息,并按规定征收储蓄存款利息所得税。

(3) 提前支取。教育储蓄存款可以全部提前支取,不能部分提前支取。全部提前支取时,存款人能提供证明的,按实际存期和开户日同期同档次整存整取定期存款利率计付利息,并免征储蓄存款利息所得税。

教育储蓄存款全部提前支取时,存款人未能提供证明的,按零存整取定期存款全部提前支取的规定计付利息,并按规定征收储蓄存款利息所得税。

教育储蓄存款可比照零存整取定期储蓄存款进行核算。

(三) 个人通知存款

个人通知存款是存入时不约定存期,支取时需提前通知银行,约定支取日期和金额后方能到期支取本金和利息的储蓄存款。个人通知存款利率一般高于活期存款,而且支取较灵活。

按提前通知的期限,个人通知存款分为1天通知存款和7天通知存款,其起存金额为人民币5万元,须一次存入,可一次或分次支取,分次支取时,每次最低支取金额为人民币 5 万元。部分支取后,留存金额不低于起存金额的,银行按留存金额、原起存日期、原约定通知存款种类,开具新储蓄存单,办理续存手续;留存金额低于起存金额的,则应全部支取,并对该项通知存款予以清户。

个人通知存款采用积数计息法,即按实际天数每日累计账户余额,以累计积数乘以日利率计算利息,具体可参照单位通知存款的计息规定。

商业银行对个人通知存款的存入、利息计提及支取等进行核算,具体手续及账务处理可参照单位通知存款办理。

思 考 题

1. 商业银行吸收的存款可以分为哪些种类?
2. 简述单位银行结算账户的种类及分别办理的业务范围。
3. 简述单位活期存款利息计算的规定与方法。
4. 单位定期存款提前支取应如何进行账务处理?
5. 简述单位定期存款利息计算的方法及有关规定。
6. 简述单位通知存款、单位协定存款的有关规定及其利息计算。
7. 储蓄存款的种类有哪些?
8. 简述个人活期存款利息的计算与核算。
9. 简述教育储蓄存款、个人通知存款的有关规定及其利息计算。

练 习 题

【选择题】

1. 个人活期存款的结息日为( )。
   A. 每月 30 日   B. 每季度末月的 20 日
   C. 6 月 30 日   D. 12 月 20 日
2. 个人定期存款按( )计息。
   A. 开户日利率   B. 到期日利率   C. 复利利率   D. 原利率
3. 单位开立定期存款账户,一般由银行向客户签发( )。
   A. 利息清单   B. 单位定期存款开户证实书
   C. 定期存款申请书   D. 单位定期存款存单
4. 本金一次存入,约定存期,分期支取利息,到期支取本金的储蓄存款是( )。
   A. 整存整取定期储蓄存款   B. 零存整取定期储蓄存款
   C. 存本取息定期储蓄存款   D. 整存零取定期储蓄存款
5. 单位定期存款的起存金额规定为( )元。
   A. 50   B. 100   C. 1 000   D. 10 000
6. 个人定期存款业务中整存整取定期储蓄存款的起存金额是( )元。

A. 5　　　　　B. 10　　　　　C. 50　　　　　D. 100

7. 活期存款利息＝累计计息日积数×日利率,其中累计计息日积数等于(　　)。

A. $\sum$存款额×存期　　　　　B. $\sum$存款额×利率

C. $\sum$存期×利率　　　　　　D. $\sum$存款额×年数

8. 我国商业银行单位通知存款的起存金额是(　　)万元。

A. 1　　　　　B. 5　　　　　C. 10　　　　　D. 50

9. 2×18年12月24日存入一笔款项,2×19年2月15日将其取出,则存期是(　　)天。

A. 52　　　　　B. 53　　　　　C. 54　　　　　D. 55

10. 我国商业银行提供的单位定期存款服务,其期限不包括(　　)个月。

A. 3　　　　　B. 6　　　　　C. 9　　　　　D. 12

11. 商业银行现金付出业务的记账程序为(　　)。

A. 先收款后记账　　　　　B. 先记账后付款

C. 先付后收　　　　　　　D. 先收后付

12. 通知存款不论实际存期多长,按存款人提前通知的期限长短划分为(　　)天通知存款。

A. 1　　　　　B. 3　　　　　C. 7　　　　　D. 10

13. 个人定期存款根据存取本息形式不同,可分为(　　)。

A. 整存整取定期存款　　　　　B. 零存整取定期存款

C. 存本取息定期存款　　　　　D. 整存零取定期存款

14. 银行存款按资金来源性质分类,可分为(　　)。

A. 个人存款　　B. 单位存款　　C. 财政性存款　　D. 工业存款

15. 商业银行定期存款利息核算时应设置的会计科目有(　　)。

A. "应收利息"　　　　　　　B. "应付利息"

C. "吸收存款——利息调整"　　D. "利息支出"

16. 商业银行活期存款的积数计息法包括(　　)。

A. 余额表计息法　　　　　B. 定期结息

C. 账页计息法　　　　　　D. 利随本清

【业务题】

1. 中国建设银行马连道支行开户单位甲公司2×19年8月31日存款账户余额为80 000元,2×19年6月21日至8月31日的累计积数为2 866 000元,本计息期内活期存款年利率为0.36%,没有发生利率调整变化。2×19年9月该公司存款户发生的业务如下:

(1) 8日,存入现金20 000元。

(2) 12日,转账存入15 000元。

(3) 15日,开具现金支票支取现金18 000元。

(4) 17日,签发转账支票支付存款12 000元。

(5) 19日,存入现金8 000元。

要求:根据上述资料:

(1) 对(1)(3)两项业务编制会计分录。

(2) 为甲公司开立单位活期存款分户账(乙种账),计算甲公司2019年第三季度的利息,并作利息入账的会计分录。

2. 中国建设银行太平庄支行的开户人李伟2×19年11月30日的活期储蓄存款账户的余额为5 500.50元。该支行2×19年12月份活期储蓄存款科目计息余额表上列示:储户李伟至11月月末未计息积数为356 000元。2×19年12月储户李伟的活期储蓄存款账户发生了如下业务:

(1) 3日,存入现金2 000元。

(2) 15日,支取现金3 000元。

(3) 19日,支取现金1 500元。

(4) 20日,银行结息,当日银行挂牌的活期储蓄存款年利率为0.36%,结计的利息于次日办理转账。

(5) 27日,储户李伟来行要求销户,当日银行挂牌的活期储蓄存款年利率为0.36%。

要求:根据上述资料:

(1) 编制有关会计分录。

(2) 计算本季度李伟存款账户的利息,并作利息转账的账务处理。

3. 中国农业银行亚运村支行2×19年9月份发生下列单位定期存款业务:

(1) 3日,甲签发转账支票存入2年期定期存款200 000元。

(2) 12日,乙公司1年期定期存款到期支取,本金金额50 000元,存入时1年期定期存款年利率为2.50%。

(3) 16日,丙公司要求部分提前支取2年期定期存款80 000元,该存款于2×19年6月25日存入,存入金额为200 000元,存入时2年期定期存款年利率为3.00%,支取日银行挂牌的活期存款年利率为0.36%。

(4) 18日,丁公司来行要求支取于2×19年7月15日存入的1年期定期存款100 000元,存入时1年期定期存款年利率为2.50%,支取日银行挂牌的活期存款年利率为0.36%。

要求:根据上述资料,编制有关会计分录。

第四章　贷款与贴现业务的核算

第一节　贷款业务概述

一、贷款的含义与分类

(一) 贷款的含义

贷款是指商业银行将其所吸引的资金,按约定的利率和期限贷放给客户,并到期收回本息的经济行为。贷款是商业银行的主要资产业务,是银行资金运用的主要途径,也是银行取得利息收入形成盈利的重要渠道。特别是在我国,尽管各银行的中间业务和其他业务的比重正在上升,但贷款业务仍然是商业银行的核心业务。商业银行通过发放贷款,将一定数量的资金循环运用,充分发挥资金的使用效用,对于满足社会环节对资金的需求,促进国民经济的发展,具有重要的意义。

商业银行贷款发放必须遵循资金使用安全性、流动性和盈利性的原则,商业银行的公司业务部负责贷前调查,信贷部负责贷中审查,而具体核算则由会计部门来办理。

(二) 贷款的分类

从商业银行经营管理的需要出发,可以对银行贷款按不同的标准进行分类。

1. 按偿还期限分类

按偿还期限,贷款可以分为短期贷款、中期贷款和长期贷款。

(1) 短期贷款。这是指贷款期限在 1 年以内的贷款。

(2) 中期贷款。这指贷款期限在 1 年以上(含 1 年)5 年以下的贷款。

(3) 长期贷款,这是指贷款期限在 5 年(含 5 年)以上的贷款。

2. 按贷款对象分类

按贷款对象,贷款可分为单位贷款和个人贷款。

(1) 单位贷款。这是指银行向企事业单位及机关、团体等经济组织发放的贷款,主要包括流动资金贷款、固定资产贷款和其他对公贷款。

(2) 个人贷款是指银行向消费者个人发放的贷款,主要包括个人房屋类贷款、个人汽车类贷款、个人助学类贷款、个人质押类贷款和个人其他贷款。

3. 按贷款的保障程度分类

按贷款的保障程度,贷款可以分为信用贷款、担保贷款和票据贴现贷款。

(1) 信用贷款。这是指以借款人信誉发放的贷款。

（2）担保贷款。这是指银行凭第三人的担保或以财产作为担保而对借款人发放的贷款。贷款到期时，若借款人不能按期归还贷款，应由保证人履行债务偿付责任或以财产拍卖、变卖的价款偿还贷款。担保贷款按保障程度又可分为保证贷款、抵押贷款和质押贷款。保证贷款是指按我国《担保法》规定的抵押方式以第三人承诺在借款人不能偿还贷款时，按约定承担一般保证责任或连带责任为前提而发放的贷款。抵押贷款是指按我国《担保法》规定的保证方式以借款人或第三人的财产作为抵押物发放的贷款。质押贷款是指按我国《担保法》规定的质押方式以借款人或第三人的不动产或权利作为质物发放的贷款。

（3）票据贴现贷款。这是指贷款人以信贷资金购买未到期商业汇票，在汇票到期被拒付时，可以对背书人、出票人以及汇票的其他债务人行使追索权。

4. 按银行承担责任不同分类

按银行承担责任不同，贷款可以分为自营贷款和委托贷款。

（1）自营贷款。这是指商业银行以合法方式筹集的资金自主发放的贷款，其风险由商业银行承担，并由商业银行收取本金和利息。

（2）委托贷款。这是指委托人提供资金，由商业银行（受托人）根据委托人确定的贷款对象、用途、金额、期限、利率等而代理发放、监督使用并协助收回的贷款，其风险由委托人承担。商业银行发放委托贷款时，只收取手续费，不得代垫资金，不承担贷款风险。

5. 按贷款风险程度分类

按贷款风险程度，贷款可以分为正常贷款、关注贷款、次级贷款、可疑贷款和损失贷款五类。

（1）正常贷款。这是指借款人能够履行合同，没有足够理由怀疑贷款本息不能按时足额偿还。

（2）关注贷款。这是指尽管目前借款人有能力偿还本息，但存在一些可疑的、对偿还产生不利影响的因素。

（3）次级贷款。这是指借款人的还款能力出现明显问题，完全依靠其正常收入无法足额偿还贷款本息，即使执行担保，也可能会造成一些损失。

（4）可疑贷款。这是指借款人无法足额偿还贷款本息，即使执行担保，也肯定要造成较大损失。

（5）损失贷款。这是指在采取了所有可能的措施后或者一切必要的法律程序后，本息仍然无法收回，或只能收回较少的部分。

二、贷款核算的基本要求

商业银行发放的贷款，其核算应当遵循以下基本要求。

（一）本息分别核算

商业银行发放的各种贷款，应当按照实际贷出的贷款金额入账。期末，应当按照贷款本金和适用的利率计算应收取的利息，并分别贷款本金和利息进行核算。

(二) 商业性贷款和政策性贷款分别核算

商业性贷款是指金融企业自主发放的贷款;政策性贷款是指金融企业按照国家或有关政府部门规定,限定用途、限定贷款对象而发放的贷款,如国家特定贷款、外汇储备贷款等。由于两者性质不同,应当分别进行核算。

(三) 自营贷款与委托贷款分别核算

自营贷款是指商业银行以合法资金自主发放的贷款,承担贷款风险,并收取本金和利息;委托贷款是商业银行用委托人提供资金发放的贷款,商业银行只收取手续费,不得代垫资金,由委托人承担风险。

三、贷款的确认与计量

贷款属于商业银行以摊余成本计量的金融资产,应于发放并获得收取本金和利息的权利时予以确认。贷款初次计量时,按照公允价值计量,相关交易费用计入初始确认金额;后续计量时,采用实际利率法,按摊余成本进行计量。所谓实际利率法是指按照贷款的实际利率计算其摊余成本及各期利息收入的方法。有关计算公式为:

$$摊余成本 = 初始确认金额 - 已偿还的本金 \pm 采用实际利率法将该初始确认金额与到期日金额之间的差额进行摊销形成的累计摊销额 - 已发生的减值损失$$

$$各期利息收入 = 摊余成本 \times 实际利率$$

实际利率是指贷款在预期存续期间或适用的更短期间内的未来现金流量,折现为该贷款当前账面价值所使用的利率。实际利率应当在取得贷款时确定,在该贷款预期存续期间或适用的更短期间内保持不变。其计算公式为:

$$V = \frac{CF_1}{(1+IRR)^1} + \frac{CF_2}{(1+IRR)^2} + \cdots + \frac{CF_n}{(1+IRR)^n} = \sum_{t=1}^{n} \frac{CF_t}{(1+IRR)^t}$$

式中,V 为贷款当前账面价值;IRR 为实际利率;CF 为预计未来各期现金流量;n 为贷款的预期存续期间或适用的更短期间。由该公式可知,影响实际利率的因素有预计未来现金流量、贷款当前账面价值及计息期。

资产负债表日,商业银行应将按贷款的摊余成本和实际利率计算的金额,确认为利息收入。若实际利率与合同利率差异较小,也可以采用合同利率计算利息收入。

四、贷款核算应设置的主要会计科目

(一) "贷款"科目

该科目为资产类科目,核算银行按规定发放的各种客户贷款,包括信用贷款、质押贷款、抵押贷款、保证贷款等。银行规定发放的具有贷款性质的银团贷款、贸易融资、协议透支、信用卡透支、转贷款以及垫款等,在该科目核算;也可以单独设置"银团贷款""贸易融资""协议透支""信用卡透支""转贷款""垫款"等科目。该科目可按贷款类别、客户,分别"本金""利息调整""已减值"等进行明细核算。该科目期末借方余额,反

映商业银行按规定发放尚未收回贷款的摊余成本。

(二) "应收利息"科目

该科目为资产类科目,核算银行发放贷款、交易性金融资产、持有至到期投资、可供出售金融资产、存放中央银行款项、拆出资金、买入返售金融资产等应收取的利息。该科目期末借方余额,反映商业银行尚未收回的利息。该科目可按借款人或被投资单位进行明细核算。

(三) "利息收入"科目

该科目为损益类科目,核算商业银行确认的利息收入,包括发放的各类贷款(银团贷款、贸易融资、贴现和转贴现融出资金、协议透支、信用卡透支、转贷款、垫款等)、与其他金融机构(中央银行、同业等)之间发生资金往来业务、买入返售金融资产等实现的利息收入等。该科目可按业务类别进行明细核算。

资产负债表日,按合同利率计算确定的应收未收利息,借记"应收利息"等科目,按摊余成本和实际利率计算确定的利息收入,贷记"利息收入"科目,按其差额,借记或贷记"贷款——利息调整"等科目。实际利率与合同利率差异较小的,也可以采用合同利率计算确定利息收入。期末,应将该科目余额转入"本年利润"科目,结转后该科目无余额。

第二节 贷款业务核算

一、信用贷款的核算

信用贷款是指借款人无须提供抵押品或第三方担保,而以其与银行长期交往中的信誉来取得的贷款。

(一) 信用贷款发放

借款人申请贷款时,应先向银行信贷部门提交贷款申请书和相关资料,经银行信贷部门审核批准后,双方商定贷款的额度、利率、期限、用途及违约责任等,并签订借款合同。借款合同一经签订,即具有法律效力,银行和借款人必须共同履行。

借款合同签订后,借款人需要用款时,应填写一式五联借款借据。第一联借据,由会计部门留存,按贷款种类、到期日的先后顺序排列保管;第二联代转账借方传票;第三联代转账贷方传票;第四联回单,退还客户;第五联由信贷部门留存备查。

经信贷部门审查同意后,在借款借据上加注贷款编号、贷款种类、贷款期限、贷款利率等项目,在加盖"贷款审查发放专用章"后,送会计部门凭以办理贷款的发放手续。

信贷部门完成信贷审批流程,将授权通知传递会计部门。柜员接到借款凭证后,应认真审查各栏填写是否正确,大小写金额是否一致,印鉴是否相符,有无信贷部门审批意见,无误后,柜员使用相关交易进行贷款发放,打印贷转存凭证,并由借款人在贷转存凭证上签章。柜员将贷转存凭证第一联作记账凭证,授权通知书作记账凭证的附

件,办理转账,编制会计分录为:

借:贷款——信用贷款——××户　　　　　　　　　　　（贷款的合同本金）
借或贷:贷款——信用贷款——××户(利息调整)　　　　（借贷方差额）
　　贷:吸收存款——单位或个人活期存款——××户　　（实际支付的金额）

商业银行以摊余成本计量的贷款,应当按照发放贷款的本金和相关交易费用(不含可以抵扣的增值税进项税额)之和作为贷款的初始成本。交易费用是指商业银行在没有发生发放贷款的情形下不会发生的费用,包括支付给代理机构、咨询公司等的手续费,佣金及其他必要支出。如某商业银行向甲公司发放以摊余成本计量的贷款本金1 000 000元,在此过程中聘请某中介机构对甲公司资信情况进行调查和分析,为此商业银行向其支付咨询费10 600元(含准予抵扣的增值税进项税额),则不含税咨询费为10 000元[10 600÷(1+6%)],准予抵扣的增值税额为600元。故该商业银行此笔贷款的本金为1 000 000元,利息调整为10 000元,可以抵扣的增值税进项税额为600元。但为了简化,本书举例省略了增值税进项税额的核算。

（二）资产负债表日计提利息

资产负债表日,商业银行应按贷款的合同本金与合同利率计算确定的应收未收利息,按贷款的摊余成本与实际利率计算确定利息收入,差额计入利息调整。编制会计分录为:

借:应收利息——信用贷款应收利息——××户　　　　　（应收利息）
借或贷:贷款——信用贷款——××户(利息调整)　　　　（借贷方差额）
　　贷:利息收入——贷款利息收入户　　　　　　　　　（利息收入）

商业银行按合同约定应收取的利息,按规定应缴纳增值税的,还应核算增值税销项税额,即贷记"应交税费——应交增值税(销项税额)"科目。若按照会计准则确认利息收入的时点早于按照增值税法确认的增值税纳税义务发生时点,则应先将销项税额记入"应交税费——待转销项税额"科目,待实际发生纳税义务时再转入"应交税费——应交增值税(销项税额)"科目。

这里需要说明,按合同本金和合同利率计算出的为含增值税应收利息,计算增值税销项税额时应将含税应收利息换算为不含税应收利息。若某商业银行向甲公司发放以摊余成本计量的贷款的本金为1 000 000元,合同利率为5.3%,则含税应收利息为53 000元(1 000 000×5.3%),不含税应收利息为50 000元[53 000÷(1+6%)],应纳的增值税销项税额为3 000元(50 000×6%)。但为了简化,本书举例省略了增值税销项税额的核算。

合同利率与实际利率差异较小的,也可以采用合同利率计算确定利息收入。采用实际利率法,按摊余成本对贷款进行后续计量,实际上是通过差异摊销对贷款的名义利息进行调整。

（三）信用贷款收回

商业银行会计部门应经常查看借款借据的到期情况,及时与信贷部门联系,在贷款到期前 3 天,由信贷部门通知借款人筹措还款资金,以备按时还款。

1. 借款人主动归还贷款

在银行开立存款账户的借款人,在贷款到期日或提前以其存款户资金主动归还到期或将要到期的贷款时,应签发转账支票并填写一式四联的还款凭证。在转账支票的收款单位栏填写开户银行的名称,金额栏内填写归还贷款的金额(不包括利息),用途栏注明"归还××××年×月×日××贷款"的字样。

会计部门收到借款人还款凭证,重点审查还款凭证内容是否完整、齐全,印章是否与预留印鉴相符,款项用途是否注明"还借款"字样,并与原专夹保管的借据核对相符。柜员审核无误后使用相关交易收回应偿还贷款,打印贷款还款记账凭证、贷款还款通知单,贷款还款通知单第一联作记账凭证附件,第二联交借款人。同时,系统自动将到期日应收利息的应有余额与现有余额进行比较,并将差额部分予以补提,其会计分录同资产负债表日计提利息。收回本息应编制的会计分录为:

借:吸收存款——单位或个人活期存款——××户　　　　　(客户归还的金额)
　　贷:贷款——信用贷款——××户　　　　　　　　　　　(贷款本金)
　　　　应收利息——信用贷款应收利息——××户　　　　　(收回的应收利息)

借款人以现金主动归还贷款,柜员收到现金点收无误后,使用相关交易收回应偿还贷款,打印贷款还款凭证,同时,系统自动将到期日应收利息的应有余额与现有余额进行比较,并将差额部分予以补提。收回本息应编制的会计分录为:

借:库存现金　　　　　　　　　　　　　　　　　　　　　(客户归还的金额)
　　贷:贷款——信用贷款——××户　　　　　　　　　　　(贷款本金)
　　　　应收利息——信用贷款应收利息——××户　　　　　(收回的应收利息)

2. 银行主动扣收到期贷款

贷款到期后,借款人未能主动归还贷款,而其存款账户中的存款又有足够还款金额的,会计部门可及时与信贷部门联系,征得同意后,由信贷部门填写"扣款通知书",加盖信贷部门业务公章交会计部门。柜员收到信贷部门的扣款通知书,经会计主管审核签字后,使用相关交易收回贷款,打印贷款还款记账凭证和贷款还款通知单,扣款通知书、贷款还款通知单第一联作记账凭证的附件,贷款还款通知单第二联交信贷部门。同时,系统自动将到期日应收利息的应有余额与现有余额进行比较,并将差额部分予以补提。会计分录与借款人主动归还贷款相同。

3. 贷款展期

贷款到期,借款人因故不能按期归还贷款时,可以向银行提出展期申请,短期贷款必须在到期日 10 日前,中长期贷款必须在到期日 1 个月前,由借款人填具一式三联贷款展期申请书,向信贷部门提出展期申请。但每一笔贷款只能展期一次,短期贷款展期不得超过原贷款的期限,中长期贷款展期不得超过原贷款期限的一半,最长不得超过 3 年。对展期贷款,全部以展期之日公告的贷款利率为计息利率。展期申请经信贷部门审查同意后,应在展期申请书上签注意见,一联留存备查,其余两联作贷款展期通知交会计部门办理贷款展期手续。

会计部门接到贷款展期申请书并审查无误后,在贷款分户账及借据上注明展期还款日期及利率,同时,将一联贷款展期申请书加盖业务公章后退借款人收存,另一联贷款展期申请书附在原借据之后,按展期后的还款日期排列保管,无须办理转账手续。

【例 4-1】 2×19 年 1 月 1 日,中国银行北京学院路支行向其开户单位甲公司发放 1 年期短期信用贷款,合同本金为 500 万元,合同年利率为 12%,到期一次还本付息,并于 2×20 年 1 月 1 日到期收回本金和利息。中国银行北京学院路支行于每月月末计提利息(假设不考虑其他因素)。

$$贷款初始确认金额 = 5\,000\,000(元)$$

设贷款的实际利率为 IRR,则有

$$V = \frac{CF_1}{(1+IRR)^1} + \frac{CF_2}{(1+IRR)^2} + \cdots + \frac{CF_n}{(1+IRR)^n} = \sum_{t=1}^{n} \frac{CF_t}{(1+IRR)^t}$$

$$500\,000 = \frac{500\,000 \times (1+12\%)}{(1+IRR)^{12}}$$

由计算结果可知,贷款的实际月利率 $IRR = 0.948\,9\%$,与名义月利率 1% 不相等。银行办理贷款业务时,虽然没有发生交易费用和溢折价,但由于实际付息周期(按年)与计息周期(按月)不相同,因此,其实际利率与名义利率不相等。

采用实际利率法计算利息收入和贷款摊余成本的数据如表 4-1 所示。

表 4-1　　　　实际利率法计算利息收入和贷款摊余成本表　　　　单位:元

时间	期初摊余成本	利息收入 (0.948 9%)	应收利息 (1%)	利息调整	现金流出	期末摊余成本
2×19 年 1 月 31 日	5 000 000	47 445	50 000	2 555(贷)	0	5 047 445
2×19 年 2 月 28 日	5 047 445	47 895	50 000	2 105(贷)	0	5 095 340
2×19 年 3 月 31 日	5 095 340	48 350	50 000	1 650(贷)	0	5 143 690
2×19 年 4 月 30 日	5 143 690	48 805	50 000	1 195(贷)	0	5 192 495
2×19 年 5 月 31 日	5 192 495	49 270	50 000	730(贷)	0	5 241 765
2×19 年 6 月 30 日	5 241 765	49 740	50 000	260(贷)	0	5 291 505
2×19 年 7 月 31 日	5 291 505	50 210	50 000	210(借)	0	5 341 715
2×19 年 8 月 31 日	5 341 715	50 685	50 000	685(借)	0	5 392 400
2×19 年 9 月 30 日	5 392 400	51 165	50 000	1 165(借)	0	5 443 565
2×19 年 10 月 30 日	5 443 565	51 655	50 000	1 655(借)	0	5 495 220
2×19 年 11 月 30 日	5 495 220	52 145	50 000	2 145(借)	0	5 547 365
2×19 年 12 月 30 日	5 547 365	52 635	50 000	2 635(借)	5 600 000	0
合计	—	600 000	600 000	0	—	—

根据表 4-1 数据,工商银行北京学院路支行的有关账务处理如下:

(1) 2×19 年 1 月 1 日,发放贷款时:

借:贷款——信用贷款——甲公司(本金)   5 000 000
  贷:吸收存款——单位活期存款——甲公司   5 000 000

(2) 2×19 年 1 月 31 日,计提利息时:

借:应收利息——信用贷款应收利息——甲公司   50 000
  贷:利息收入——信用贷款利息收入   47 445
    贷款——流动资金贷款——甲公司(利息调整)   2 555

(3) 2×19 年 2 月 28 日、3 月 31 日、4 月 30 日……12 月 31 日,计提利息的会计分录同(2),这里从略。

(4) 2×20 年 1 月 1 日,收回贷款本息时:

借:吸收存款——单位活期存款——甲公司   5 600 000
  贷:贷款——信用贷款——甲公司(本金)   5 000 000
    应收利息——信用贷款应收利息——甲公司   600 000

二、担保贷款的核算

(一) 保证贷款

借款人申请保证贷款,应提交借款申请书和其他银行要求的相关资料,同时还应向银行提供保证人情况及保证人同意保证的有关证明文件。银行信贷部门要对保证人的资格和经济担保能力进行认真的审查核审。重点审核保证人的法人资格、经济效益和信用履历情况。具有代为清偿能力的法人、其他组织或者公民,可以作为保证人。国家机关不得作为保证人,但经国务院批准为使用外国政府贷款或者国际组织进行转贷的除外。学校、幼儿园、医院等以公益为目的的事业单位、社会团体不得作为保证人。企业的分支机构或部门不得作为保证人,但是分支机构经过授权可以在授权的范围内提供保证。审核符合出贷要求后,银行要同借款人(被担保人)、担保人三方签订合法完整的借款合同、保证合同,明确各方责任。

在保证贷款中保证人处于债务人的地位,如果债务人不能按期还款时,保证人应就保证合同的约定承担一般保证或者连带保证责任,代为清偿债务后向借款人追偿。

贷款出贷后,银行和保证人应共同监督借款人按合同规定使用贷款和按期偿还贷款。贷款到期后,如果借款人按时还本付息,借款合同和担保合同随即解除。如果借款人无力偿还贷款本息,银行可通知担保人代偿。

保证贷款的核算手续,除了与保证人签订保证合同及贷款到期借款人无力偿还贷款时由保证人代为偿还外,其他手续同信用贷款。

(二) 抵押贷款

按照我国《担保法》的规定,借款人申请抵押贷款时可以充当抵押物的必须是借款人所有的、有价值的、可保存的、易变现的财产。以下财产可以充当抵押物:①抵押人所有的房屋及其地上附着物。②抵押人所有的机器、交通运输工具和其他财产。③抵押人依法有处分权的国有土地使用权、房屋和其他地上附着物。④抵押人依法有处分权的国有机器、交通运输工具和其他财产。⑤抵押人依法承包并经发包人同意抵押的荒山、荒沟、荒丘、荒滩等荒地的土地使用权。⑥依法可以抵押的其他财产。但是土地所有权、集体所有的土地使用权、公益单位的社会公益设施、所有权或者使用权不明或有争议以及被查封、扣押、监管的财产不能作为抵押物。

抵押贷款不是按抵押物价值金额予以贷款，而是按一定比例打折扣，一般按抵押品的50%～80%发放贷款，抵押贷款到期归还，一般不得展期。

1. 抵押贷款发放

借款人申请抵押贷款，应向银行信贷部门提交抵押贷款申请书和抵押物清单、所有权证明等相关资料。信贷部门审批同意后，与借款人签订抵押贷款合同，同时，借款人应将有关抵押物或抵押物权利证明移交银行。完成信贷审批流程后，信贷部门将授权通知和相关资料传递会计部门。

(1) 收妥抵押物。柜员收到信贷部门传递的授权通知、抵押清单及权利证明等，审查无误并由抵押物保管员填写"有价单证、抵质押有价物品和抵债资产权证出入库单"，入库保管。柜员使用相关交易记录抵押有价物品表外科目，打印表外记账凭证。出入库单第一联作表外记账凭证附件，第二联专夹保管，第三联退业务部门，并登记抵(质)押品登记簿。编制会计分录为：

收：抵押有价物品——××户

(2) 贷款发放。柜员使用相关交易进行贷款发放，打印贷转存凭证，由借款人在贷转存凭证上签章。柜员将贷转存凭证第一联作记账凭证，授权通知作记账凭证附件，第二联交业务部门留存，第三联作借款人回单，第四联作收款人收账通知。编制会计分录为：

借：贷款——抵押贷款——××户(本金)　　　　　　(贷款的合同本金)
借或贷：贷款——抵押贷款——××户(利息调整)　　(借贷方差额)
　　　贷：吸收存款——××存款——××户　　　　　(实际支付的金额)

2. 资产负债表日计提利息

资产负债表日计提利息时，按照合同本金和合同利率计算应收利息，按照摊余成本和实际利率计算利息收入，差额计入利息调整。编制会计分录为：

借：应收利息——抵押贷款应收利息——××户
借或贷：贷款——抵押贷款——××户(利息调整)
　　　贷：利息收入——抵押贷款利息收入

实际利率与合同利率差异较小的，也可以采用合同利率计算确定利息收入。

(3) 抵押贷款收回。借款人出具支付凭证归还借款时，柜员审核无误后使用相关交易进行贷款收回处理，其办理手续及核算与信用贷款基本相同。

贷款结清后，柜员将业务部门提交的"有价单证、抵质押有价物品和抵债资产权证出入库单"第三联与留存联进行核对,无误后使用相关交易付出抵押物,打印表外记账凭证。柜员将保管员取出的抵押物交业务部门经办人员,并由其在出入库单第二联签收,登记抵(质)押品登记簿,将出入库单第二、第三联作表外记账凭证附件。会计分录为:

付:抵押有价物品——××户

抵押贷款到期,如借款人未按期偿还贷款本息,或借款人被解散、宣布破产、依法撤销等时,银行可以依法处置抵押物收回贷款。银行处置抵押物的方式主要有作价入账和出售两种。其中,以出售后所得价款偿还贷款的处理与以现金偿还贷款相同,若有剩余款项,应归还给借款人;以作价入账方式偿还贷款的处理见下文抵债资产的核算。

(三) 质押贷款

质押贷款的关系人为借款人、出质人和质权人。出质人可以是借款人,也可以是借款人、贷款人以外的第三人,而债权人为质权人,也即发放贷款的银行。

质物可以是出质人的动产,也可以是出质人的权利。可以作为质押的权利,包括汇票、支票、债券、存款单、仓单和提货单;依法可以转让的股份、股票;依法可以转让的商标专用权、专利权、著作权中的财产权以及可以质押的其他权利。以权利作质押而取得贷款的,出质人与质权人必须签订合同。但以汇票、支票、本票、债券存款单、仓单和提货单作质物的,应当在合同约定的期限内将权利凭证交付发放贷款的银行。以依法可以转让的股票出质的,出质人与质权人应当订立合同,并向证券登记机构办理出质登记。以依法可以转让的商标专用权、专利权、著作权中的财产权出质的,出质人与质权人应当订立书面合同,并向其管理部门办理出质登记。

质押贷款发放、收回的核算手续,与抵押贷款基本相同。

【例 4-2】 某商业银行 2×19 年 1 月 1 日向宏大公司发放 1 年期流动资金贷款 300 万元,利率为 6%,到期一次还本付息。该公司以一栋豪华别墅(评估价 600 万元)作抵押。贷款合同约定,到期不能归还贷款,银行可直接拍卖抵押物。2×20 年 1 月 1 日,宏大公司因财务状况恶化,无法偿还贷款本息。银行委托拍卖公司拍卖,拍卖价为 580 万元,需支付拍卖公司手续费 30 万元。账务处理如下:

(1) 2×19 年 1 月 1 日,发放贷款时:

借:贷款——抵押贷款——宏大公司　　　　　　　　　　　　3 000 000
　　贷:吸收存款——单位活期存款——宏大公司　　　　　　　　　　　3 000 000

收:抵押有价物品——宏大公司　　　　　　　　　　　　　3 000 000

(2) 2×19 年 1 月 31 日、2 月 28 日……12 月 31 日计提利息收入时:

每期利息收入=3 000 000×6%×1÷12=15 000(元)

借:应收利息——宏大公司　　　　　　　　　　　　　　　　15 000
　　贷:利息收入——抵押贷款利息收入户　　　　　　　　　　　　　　15 000

（3）收到拍卖公司拍卖担保物的款项时：

借：吸收存款——单位活期存款——拍卖公司　　　　　5 500 000
　　贷：贷款——抵押贷款——宏大公司　　　　　　　　5 000 000
　　　　应收利息——宏大公司　　　　　　　　　　　　　180 000
　　　　吸收存款——单位活期存款——宏大公司　　　　　320 000

付：抵押有价物品——宏大公司　　　　　　　　　　　　3 000 000

三、贷款利息的计息规定与计息方式

（一）贷款利息计算的有关规定

商业银行发放的贷款，应按照规定计收利息。计息的有关规定如下：

（1）商业银行发放的贷款，期限在1年（含）以内的，贷款期内按合同利率计息，遇利率调整，不分段计息；期限在1年以上的，若遇利率调整，应从新年度开始按调整后的利率计息。贷款逾期后，按逾期贷款利率计算利息。

（2）商业银行发放的贷款，到期日为节假日的，若在节假日前一日归还，应扣除归还日至到期日的天数后，按前述规定的利率计算利息；节假日后第一个工作日归还，应加收到期日至归还日的天数，按前述规定的利率计算利息；节假日后第一个工作日未归还，应从节假日后第一个工作日开始，按逾期贷款利率计算利息。个人贷款不执行到期日遇节假日顺延的规定。

（二）贷款利息的计息方式

商业银行对贷款利息的计算，按照结计利息的时间不同，分为定期结息和逐笔结息两种方式。

1. 定期结息

定期结息是指银行按规定的结息期结计利息，一般为按季结息或按月结息，每季度末月20日或每月20日为结息日，结计的利息于结息日次日由系统自动进行办理转账。其利息的计算与活期存款利息的计算基本相同，具体可采用余额表和分户账页两种工具计算累计计息积数。结息日计算出本计息期累计计息日积数后，乘以适用的日利率，即为本计息期间的利息。计息日次日，系统自动扣收利息时，编制会计分录为：

借：吸收存款——单位或个人活期存款——××户
　　贷：应收利息——××户

若借款人存款账户无款支付或不足支付，对未收回的利息，应按前述规定的利率计收复利。

若贷款到期（含展期后到期）未收回，则从逾期之日起至款项还清前一日止，按规定的逾期贷款利率计息，对未收回的利息，应按逾期贷款利率计收复利。

对纳入表外核算的"应收未收贷款利息"，应按期计算复利，计算的复利也在"应收未收贷款利息"表外科目核算。

2. 逐笔结息

逐笔结息是指银行按规定的贷款期限,在收回贷款的同时逐笔计收利息。逐笔结息即为利随本清。在逐笔结息方式下,贷款利息的基本计算公式为:

$$贷款利息 = 贷款本金 \times 贷款时期 \times 利率$$

逐笔结息方式的利息计算在单位定期存款的利息计算中已进行了介绍,这里不再重复。

四、贷款损失准备的核算

为了提高抵御和防范风险的能力,正确核算其经营损益,商业银行应当按照谨慎性会计信息质量要求,在资产负债表日对贷款的信用风险是否显著增加进行评估,并按预期信用损失法计提贷款损失准备。

(一) 贷款损失准备的计提范围

贷款损失准备是指对贷款的预期信用损失计提的准备。计提贷款损失准备的资产,是指商业银行承担风险和损失的资产,具体包括贴现资产、拆出资金、客户贷款、银团贷款、贸易融资、协议透支、信用卡透支、转贷款和垫款(如银行承兑汇票垫款、担保垫款、信用证垫款)等。

(二) 贷款损失准备的确认与计量

1. 贷款损失准备的确认

资产负债表日,商业银行对于以摊余成本计量的贷款,应当按照预期信用损失法计提贷款损失准备。预期信用损失法(即三阶段模型法)是指以未来可能的违约事件造成的损失的期望值(即预期信用损失)来计量资产负债表日应当确认损失准备的方法。预期信用损失是指以发生违约的风险(概率)为权重计算的贷款信用损失的加权平均金额。信用损失是指商业银行按照原实际利率折现的,根据贷款合同应收的所有合同现金流量与预期收取的所有现金流量之间的差额(即全部现金短缺)的现值。由于预期信用损失贷款收回的金额和时间分布不同,即使商业银行预计可以全额收回贷款,但收回贷款的时间晚于合同到期规定的期限,也会发生信用损失。

预期信用损失三阶段模型如表 4-2 所示。

表 4-2　　　　　　　　预期信用损失三阶段模型

项目	阶段一	阶段二	阶段三
预期天数	30 天内(含 30 天)	30~90 天(含 90 天)	90 天以上
预期信用特征	初始确认后信用风险没有显著增加	初始确认后信用风险显著增加但尚未发生实质减值(即预期变差但是还没实质违约)	在资产负债表日已经发生信用减值(存在表明发生减值的客观证据)
预期信用损失	未来 12 个月预期信用损失	整个存续期的预期信用损失	整个存续期的预期信用损失

(续表)

项目	阶段一	阶段二	阶段三
利息收入	账面余额×市场利率（总额法，即未扣除损失准备）	账面余额×市场利率（总额法，即未扣除损失准备）	摊余成本×市场利率（净额法，即扣减已计提损失准备）

资产负债表日，识别相关贷款所处的信用减值阶段的具体标准，如表 4-3 所示。

表 4-3　　　　　　　　　识别贷款所处信用减值阶段的标准

确认标准	定量标准	定性标准
阶段一：信用风险没有显著增加	借款人合同付款（包括本金和利息）逾期 30 天以内（含 30 天）	五级贷款分类中的关注贷款级别（常说的低风险贷款）
阶段二：信用风险显著增加但尚未发生实质减值（触发一个或多个定量和定性标准）	借款人合同付款（包括本金和利息）逾期 30～90 天（含 90 天）	借款人的经营或财务状况出现重点不利状况，列入预警客户清单（常说的预期变差但是还没实质违约的贷款）
阶段三：已经发生信用减值（触发一个或多个定量和定性标准）	借款人合同付款（包括本金和利息）逾期 90 天以上	借款人发生重大财务困难，违反合同，例如，拖欠利息或本金或逾期；出于与借款人财务困难有关的经济或合同原因，银行已给予借款人平时不愿作出的让步；借款人很可能破产或进行其他财务重组；由于财务困难，该项贷款的活跃市场消失；或者提供反映出已发生信用损失的大幅折扣（常说的不良贷款）

商业银行按照以上三个阶段分别计量贷款损失准备时，形成的损失准备的增加或者转回金额，应当作为减值损失或者利得计入当期损益。

对于未发生信用减值的贷款，商业银行在前一会计期间已经按照相当于贷款整个存续期内预期信用损失的金额计量了损失准备，但在当期资产负债表日，该贷款已不再属于自初始确认后信用风险显著增加的情形的，应当在当期资产负债表日，按照相当于未来 12 个月内预期信用损失的金额计量该贷款的损失准备，由此形成的损失准备的转回金额应当作为减值利得计入当期损益。

对于已发生信用减值的贷款，商业银行在每个资产负债表日仅将自初始确认后整个存续期内预期信用损失的变动确认为损失准备，作为减值损失或利得计入当期损益，并按其摊余成本和经信用调整的实际利率计算利息收入。

2. 贷款损失准备的计量

对于阶段一的贷款，商业银行需要评估未来 12 个月内（若贷款的预计存续期少于 12 个月，则为预计存续期）的预期信用损失，并根据预期信用损失水平计提相应的减值准备。对于阶段二和阶段三的贷款，商业银行需要按照整个存续周期的预期信用损失评估结果计提贷款损失准备。在每个资产负债表日，商业银行以贷款分类评级为基础,采用触发机制识别相关贷款所处的信用减值阶段,然后对处于不同信用减值阶段贷款,选用不同的计量模型测算预期信用损失。

(1) 风险参数模型。适用于处于信用减值阶段一和阶段二的贷款,即未发生信用减值的贷款。风险参数模型的关键参数,包括违约概率(PD)、违约损失率(LGD)及违约风险敞口(EAD),其计算公式为

$$预期信用损失=违约概率×违约损失率×违约风险敞口$$

其中,违约概率是指借款人在未来 12 个月内或整个剩余存续期间,难以履行其还款义务的可能性;违约损失率是指贷款在发生违约的情况下,预期损失金额占违约风险敞口的比例;违约风险敞口是指在未来 12 个月内或整个剩余存续期间,违约发生时银行应被偿还的金额。

【例 4-3】 甲商业银行发放了一笔 15 年期金额为 2 000 000 元的分期贷款,在已经考虑了借款人的信用风险、未来 12 个月的宏观经济环境以及具有相似信用风险的金融工具的预期后,甲商业银行预估初始确认该贷款在 12 个月内的违约概率为 0.5%。在资产负债表日,12 个月违约概率没有发生变化,A 银行确定自初始确认后信用风险无显著增加,甲商业银行预估,如果贷款发生违约,贷款损失将为账面总额的 25%,也就是说,LGD 为 25%。甲商业银行用 12 个月的违约概率 0.5%,按 12 个月预期信用损失的金额计量损失准备。故,在资产负债表日:

$$甲商业银行应计提 12 个月内预期信用损失的准备=0.5\%×25\%×2\,000\,000=2\,500(元)$$

(2) 现金流折现模型。适用于处于阶段三的贷款,即已发生信用减值的贷款。采用现金流折现模式,即预期信用损失为贷款账面余额与按原实际利率折现的估计未来现金流量的现值之间的差额。其计算公式为:

$$预期信用损失=贷款账面余额-按原实际利率折现的估计未来现金流量的现值$$

贷款减值模型从过去的已发生损失模型变成预期信用损失模型,主要是因为前者只有当触发信用风险事件(违约、贷款逾期),即存在客观证据充分表明信用损失发生时,才进行减值测试并确认贷款信用减值损失,主要依据历史数据,具有可靠性,但发现问题迟缓,具有滞后性,容易造成低估信用损失、虚增利润或使商业银行业绩大幅波动;而后者不以触发事件为确认节点,在每个资产负债表日评估贷款的预期信用风险,确认风险自初始确认后是否显著增加,前瞻性地估计未来风险(包括未来 12 个月内或整个存续期内将发生的信用损失),并按照不同情形分别计量预期信用损失及其变动,对风险充分估计,提早确认减值损失,有效避免虚增利润,保障会计信息的及时性和审慎性。

(三) 贷款损失准备核算应设置的会计科目

商业银行核算贷款损失准备的业务,应设置"贷款损失准备"和"信用减值损失"等科目。

1. "贷款损失准备"科目

该科目为资产类科目,同时也是"贷款"科目的备抵科目,用于核

预期信用
损失模型

算商业银行以摊余成本计量的贷款以预期信用损失为基础计提的损失准备。该科目可按计提贷款损失准备的资产类别进行明细核算。该科目期末余额在贷方,反映商业银行已计提但尚未核销的贷款损失准备。

2. "信用减值损失"科目

该科目为损益类科目,用于核算商业银行计提新金融工具准则要求的各项金融工具减值准备所形成的预期信用损失。该科目可按信用减值损失的项目进行明细核算。期末,应将该科目余额转入"本年利润"科目,结转后该科目无余额。

此外,商业银行贷款减值准备和核销业务还涉及表外科目"应收未收利息"等科目。

(四) 贷款损失准备的核算

1. 计算确认贷款损失准备

资产负债表日,商业银行计算贷款的预期信用损失。如果预期信用损失大于贷款当前损失准备的账面金额,应当将其差额确认为减值损失,编制会计分录为:

借:信用减值损失——贷款损失准备
　　贷:贷款损失准备

如果资产负债表日计算的预期信用损失小于贷款当前损失准备的账面金额,则应当将差额确认为减值利得,编制相反的会计分录。

2. 结转已发生信用减值的贷款

资产负债表日,对于已发生信用减值的贷款,应将"贷款——本金""贷款——利息调整"科目余额转入"贷款——已减值"科目,编制会计分录为:

借:贷款——××贷款——××户(已减值)
　　贷:贷款——××贷款——××户(本金)　　　　　　　(账面余额)
　　　　　　——××户(利息调整)　　　　　　　　　　(账面余额)
　　　　应收利息——××贷款应收利息——××户　　　　(账面余额)

3. 计提已发生信用减值贷款的利息

资产负债表日,按照贷款的摊余成本和实际利率计算由于折现价值上升需转回的损失准备(即折现回拨),确认利息收入,编制会计分录为:

借:贷款损失准备
　　贷:利息收入——××贷款利息收入

对于贷款发生信用减值后产生的按合同本金和合同利率计算确定的应收利息,以及逾期本金产生的罚息和逾期利息产生的复利,进行表外核算,编制会计分录为:

收:应收未收利息——××户

已发生信用减值的贷款若后续期间因其信用风险有所改善而不再存在信用减值时,应当按实际利率乘以贷款账面余额来计算确定利息收入。已发生信用减值的贷款如以后又收到利息,则按实际收到的金额,编制会计分录为:

借：吸收存款——××存款——××户
　　贷：贷款——××贷款——××户(已减值)

4. 收回已发生信用减值贷款

收回已发生信用减值的贷款时,编制会计分录为：

借：吸收存款——××存款——××户　　　　　　　　　　（实际收到的金额）
　　贷款损失准备　　　　　　　　　　　　　　　　　　（账面余额）
　　贷：贷款——××贷款——××户(已减值)　　　　　（账面余额）
　　　　信用减值损失——贷款损失准备　　　　　　　　（差额）

同时,销记表外登记的应收未收利息：

付：应收未收利息——××户

（五）贷款核销的核算

商业银行对确实无法收回的贷款,应按规定的条件和管理权限报经批准后,予以核销。

1. 核销贷款

商业银行按法定程序核销贷款时,编制会计分录为：

借：贷款损失准备
　　贷：贷款——××贷款——××户(已减值)

若核销金额大于已计提的损失准备,还应按其差额,借记"信用减值损失"科目。

2. 已核销的贷款又收回

已确认并核销的贷款以后又收回的,按原核销的已发生信用减值贷款余额,恢复原核销的贷款和贷款损失准备,同时,办理收回贷款入账,编制会计分录为：

借：贷款——××贷款——×户(已减值)　　　　（原核销的已减值贷款余额）
　　贷：贷款损失准备

借：吸收存款等　　　　　　　　　　　　　　　　（实际收到的金额）
　　贷款损失准备　　　　　　　　　　　　　　　　（账面余额）
　　贷：贷款——××贷款—×户(已减值)　　　　（原核销的已减值贷款余额）
　　　　信用减值损失——贷款损失准备　　　　　（借贷方差额）

五、抵债资产的核算

抵债资产是指商业银行在贷款、拆出资金等金融债权无法实现的情况下,经双方协商或其他方式,债权人同意债务人用实物资产抵偿金融债权而取得的资产。为了准确核算抵债资产的价值,抵债资产应当单独进行核算。

在商业银行的会计核算中,通常设置"抵债资产"科目,用来核算商业银行依法取得并准备按有关规定进行处置的实物抵债资产的成本。商业银行依法取得并准备按有关规定进行处置的非实物抵债资产(不含股权投资),也通过该科目核算。该科目可按抵债资产类别及借款人进行明细核算。该科目期末借方余额，反映企业取得的尚未处置的实物抵债资产的成本。

1. 抵债资产取得

商业银行取得的抵债资产，编制会计分录为：

借：抵债资产　　　　　　　　　　　　　　　　（抵债资产的公允价值）
　　贷款损失准备　　　　　　　　　　　　　　（已计提的减值准备）
　　营业外支出　　　　　　　　　　　　　　　（借贷方差额，贷方大于借方时）
　　贷：贷款——××贷款——××户(已减值)　　　（账面余额）
　　　　应交税费　　　　　　　　　　　　　　（应支付的相关税费）
　　　　其他资产减值损失　　　　　　　　　　（借贷方差额，借方大于贷方时）

同时，销记表外登记的应收未收利息，编制会计分录为：

付：应收未收利息——××户

需要注意的是，如抵债资产原为贷款抵押物、质押物的，将其转为抵债资产核算时，还应销记原已登记的表外科目和担保物登记簿：

付：抵(质)押有价物品——××户

2. 抵债资产保管期间收入和费用

抵债资产保管期间取得的收入，应记入"其他业务收入"科目，编制会计分录为：

借：库存现金等
　　贷：其他业务收入

抵债资产保管期间发生的直接费用，应记入"其他业务成本"科目，编制会计分录为：

借：其他业务成本
　　贷：库存现金等

3. 抵债资产处置

处置抵债资产时，编制会计分录为：

借：库存现金　　　　　　　　　　　　　　　　（抵债资产的公允价值）
　　营业外支出　　　　　　　　　　　　　　　（借贷方差额，贷方大于借方时）
　　贷：抵债资产　　　　　　　　　　　　　　（账面余额）
　　　　应交税费　　　　　　　　　　　　　　（应支付的相关税费）
　　　　营业外收入　　　　　　　　　　　　　（借贷方差额，借方大于贷方时）

已计提抵债资产跌价准备的，还应同时结转跌价准备。

4. 抵债资产转为自用

若商业银行取得抵债资产后转为自用，在相关手续办妥后，编制会计分录为：

借：固定资产(抵债资产的账面余额)
　　贷：抵债资产

已计提抵债资产跌价准备的,还应同时结转跌价准备。

5. 抵债资产的期末计量

抵债资产的入账价值与其可收回金额也可能存在一定差异,为了谨慎反映抵债资产的价值,抵债资产在期末应当按照账面价值与可收回金额孰低计量。当可收回金额低于账面价值时,应按其差额计提抵债资产减值准备。

【例 4-4】 2×18 年 1 月 1 日,甲商业银行向其开户单位某客户发放一笔房地产开发贷款 50 000 000 元,期限为 2 年,合同利率为 12%,每月计提利息,按季收取利息。假定该贷款发放无交易费用,实际利率与合同利率相同,每年对贷款进行一次减值测试。其他资料如下:

(1) 每月计提利息收入 500 000 元。

(2) 2×18 年 3 月 31 日、6 月 30 日、9 月 30 日和 12 月 31 日,分别收取利息 1 500 000 元。

(3) 2×18 年 12 月 31 日,综合分析与该贷款有关的因素,评估认为该贷款信用风险自初始确认后无显著增加,并按未来 12 月内预期信用损失的金额计量该贷款的损失准备 500 000 元。

(4) 2×19 年 3 月 31 日,从客户处收到利息 500 000 元,且预期 2×19 年第二季度末和第三季度末很可能收不到利息。

(5) 2×19 年 4 月 1 日,经协商,甲商业银行从客户处取得一项房地产(固定资产)充作抵债资产,该房地产的公允价值为 42 500 000 元,自此甲商业银行与客户的债权债务关系了结;相关手续办理过程中发生税费 100 000 元。甲商业银行拟将其处置,不转作自用固定资产;在实际处置前暂时对外出租。

(6) 2×19 年 6 月 30 日,该房地产的可变现净值为 42 000 000 元。

(7) 2×19 年 12 月 31 日,从租户处收到上述房地产租金 800 000 元。甲商业银行当年为该房地产发生维修费用 100 000 元,并不打算再出租。

(8) 2×19 年 12 月 31 日,该房地产的可变现净值为 41 500 000 元。

(9) 2×20 年 1 月 1 日,甲商业银行将该房地产处置,取得价款 41 500 000 元,发生相关税费 750 000 元。

甲商业银行根据资料分别编制会计分录如下:

(1) 2×18 年 1 月 1 日,发放贷款时:

借:贷款——房地产开发贷款——××户(本金) 50 000 000
　　贷:吸收存款——单位活期存款——××户 50 000 000

(2) 2×18 年 1 月 31 日至 12 月 31 日,每月分别确认贷款利息收入时:

借:应收利息——××户 500 000
　　贷:利息收入 500 000

(3) 2×18 年 3 月 31 日、6 月 30 日、9 月 30 日和 12 月 31 日,分别收到贷款利息时:

借：吸收存款——单位活期存款——××户 1 500 000
　　贷：应收利息——××户 1 500 000

（4）2×18年12月31日,确认减值损失时：

借：信用减值损失——贷款准备支出 5 000 000
　　贷：贷款损失准备 5 000 000

借：贷款——房地产开发贷款——××户（已减值） 50 000 000
　　贷：贷款——房地产开发贷款——××户（本金） 50 000 000

此时,贷款的摊余成本＝50 000 000－5 000 000＝45 000 000（元）

（5）2×19年1月31日,2月28日、3月31日确认减值贷款利息收入时：

$$减值贷款利息收入 = 贷款摊余成本 \times 实际利率$$
$$= 45\,000\,000 \times 12\% \times 1 \div 12$$
$$= 450\,000(元)$$

借：贷款损失准备 450 000
　　贷：利息收入 450 000

3个月减值贷款的应收利息收入共计1 350 000元。

（6）2×19年3月31日,从客户处收到利息时：

借：吸收存款——单位活期存款——××户 500 000
　　贷：贷款——房地产开发贷款——××户（已减值） 500 000

此时,贷款的摊余成本＝45 000 000－500 000＋1 350 000＝45 850 000（元）

（7）2×19年4月1日,收到抵债资产时：

借：抵债资产 42 500 000
　　贷款损失准备 3 550 000
　　贷：贷款——房地产开发贷款——××户（已减值） 45 850 000
　　　应交税费 100 000
　　　营业外收入 100 000

（8）2×19年6月30日,确认抵债资产跌价准备时：

$$抵债资产跌价准备 = 425\,000\,000 - 42\,000\,000 = 500\,000(元)$$

借：其他资产减值损失——抵债资产准备支出 500 000
　　贷：抵债资产跌价准备 500 000

（9）2×19年12月31日,收到上述房地产租金时：

借：存放中央银行款项等 800 000
　　贷：其他业务收入 800 000

确认发生的维修费用时：

借：其他业务成本 100 000
　　贷：存放中央银行款项等 100 000

(10) 2×19年12月31日,确认抵债资产跌价准备时:

抵债资产跌价准备=42 000 000-41 500 000=500 000(元)

借:其他资产减值损失——抵债资产准备支出　　　　　500 000
　　贷:抵债资产跌价准备　　　　　　　　　　　　　　　　500 000

(11) 2×20年1月1日,处置该房地产时:

借:抵债资产　　　　　　　　　　　　　　　　　　　41 500 000
　　抵债资产跌价准备　　　　　　　　　　　　　　　　1 000 000
　　营业外支出　　　　　　　　　　　　　　　　　　　　　750 000
　　贷:抵债资产　　　　　　　　　　　　　　　　　　　42 500 000
　　　　应交税费　　　　　　　　　　　　　　　　　　　　750 000

第三节　票据贴现业务的核算

一、票据贴现概述

票据贴现是指商业汇票的持票人在票据到期前,为取得资金,向银行贴付利息而将票据转让给银行,以此融通资金的行为。通过票据贴现,持票人可提前收回垫支于商业信用的资金,贴现银行通过买入未到期票据的债权,使商业信用转化为银行信用。除另有规定外,商业汇票的贴现银行必须是贴现申请人的开户银行。

票据贴现是商业银行的资产业务。在贴现业务中,商业银行所预扣的利息,称贴现利息;商业银行计算贴现利息使用的利率,称贴现率;商业银行支付的票据到期价值扣除贴现利息后的货币资金称为实付贴现金额。贴现利息与实付贴现金额的计算公式为:

票据到期价值=商业汇票面值×(1+汇票到期天数×年利率÷360)
　　　　　　=商业汇票面值×(1+汇票到期月数×年利率÷12)
贴现利息=票据到期价值×贴现天数×(年贴现率÷360)
实付贴现金额=票据到期价值-贴现利息

上述公式中的"贴现天数"按实际天数计算,从贴现之日起算至汇票到期的前1日止,承兑人在异地的,贴现期的计算应另加3天的划款时间。

【例4-5】　2×19年3月10日,某商业银行为其开户单位甲公司办理银行承兑汇票贴现,该银行承兑汇票为无息汇票,于2×19年3月5日签发并承兑,票面金额600 000元,期限3个月。贴现利率为6%,承兑银行在异地,银行到期收回票款。

2×19年3月10日,该银行办理贴现时:

贴现天数应从2×19年3月10日算至6月4日,再另加3天的划款期,共90天。

贴现利息=600 000×90×6%÷360=9 000(元)
实付贴现金额=600 000-9 000=591 000(元)

二、票据贴现的账务处理

商业银行办理票据贴现业务,通过"贴现资产"等科目进行核算。该科目为资产类科目,核算银行办理商业票据的贴现、转贴现等业务所融出的资金。该科目可按贴现类别和贴现申请人,分别"面值""利息调整"进行明细核算。该科目期末借方余额,反映商业银行办理的贴现、转贴现等业务融出的资金。

(一)办理票据贴现

柜员收到业务部门传递的票据授权书、贴现票据信息清单及商业汇票等,经审核无误,按规定的贴现利率计算贴现利息和实付贴现金额,使用相关交易进行贴现放款,打印贴现凭证,贴现凭证第一联作记账凭证,第二联交申请人作收账通知,第三联和商业汇票专夹保管。编制会计分录为:

借:贴现资产——××汇票贴现——××户(面值)　　　　(贴现票面金额)
　　贷:吸收存款——单位或个人活期存款——××贴现申请人　(实际支付的金额)
　　　　贴现资产——××汇票贴现——××户(利息调整)　　(借贷方差额)

(二)资产负债表日贴现利息调整摊销

贴现利息调整采用直线法与每月月末摊销,计算公式为:

$$当月摊销金额 = 贴现利息 \div 票据贴现天数 \times 本月应摊销天数$$

资产负债表日,按计算确定的贴现利息收入,编制会计分录为:

借:贴现资产——××票据贴现——××户(利息调整)
　　贷:利息收入——票据贴现利息收入

商业银行办理贴现业务,应以其实际持有票据期间取得的利息收入作为贷款服务销售额计算增值税,即还应贷记"应交税费——应交增值税(销项税额)"科目。但为了简化,本书后文举例省略了相关增值税销项税额的核算。

(三)票据贴现到期收回

1. 商业承兑汇票贴现到期收回

贴现银行作为收款人,应在汇票到期前匡算至付款行的邮程,提前填制托收凭证,将托收凭证第三、第四、第五联连同汇票一并寄往付款人开户行,第二联专夹保管。

(1)付款人开户行的处理。付款人开户行收到托收凭证和汇票后,应于汇票到期日将票款从付款人账户划出。编制会计分录为:

借:吸收存款——单位活期存款——××付款人
　　贷:待清算辖内往来(或清算资金往来)

若付款人账户无款支付或不足支付,付款人开户行应填制付款人未付款项通知书,连同汇票、托收凭证等退回贴现银行;若付款人拒绝付款,付款人开户行应将拒付理由书、汇票及托收凭证等退回贴现银行。

(2)贴现银行的处理。贴现银行收到划回的票款,使用相关交易结清贴现款项,打印记

账凭证,贴现凭证第三联和托收凭证第一、第二联作记账凭证附件。编制会计分录为:

借:待清算辖内往来(或清算资金往来)
　　贷:贴现资产——商业承兑汇票贴现——××户　　　　　　　　　　(面值)
借:贴现资产——商业承兑汇票贴现——××户　　　　　　　　　　　(利息调整)
　　贷:利息收入——贴现利息收入

贴现银行收到付款人开户行寄来的付款人未付款项通知书或拒付理由书,以及退回的托收凭证、汇票时,对已贴现的票款应从贴现申请人账户中收取。若贴现申请人账户不足支付票款,则不足部分作为逾期贷款。编制会计分录为:

借:吸收存款——单位活期存款——××贴现申请人
　　贷款——逾期贷款——××贴现申请人
　　贷:贴现资产——商业承兑汇票贴现——××户　　　　　　　　　　(面值)
借:贴现资产——商业承兑汇票贴现——××户　　　　　　　　　　　(利息调整)
　　贷:利息收入——贴现利息收入

2. 银行承兑汇票贴现到期收回

贴现银行在汇票到期前匡算至承兑行的邮程,提前填制托收凭证,将托收凭证第三、第四、第五联连同汇票一并寄往承兑行,第二联专夹保管。

(1) 承兑银行的处理。汇票到期日,承兑行应向承兑申请人收取票款并专户储存。若承兑申请人账户不足支付,则不足部分作为逾期贷款。编制会计分录为:

借:吸收存款——单位活期存款——××承兑申请人
　　贷款——逾期贷款——××承兑申请人
　　贷:吸收存款——应解汇款——××承兑申请人

承兑行收到贴现银行寄来的托收凭证和汇票后,应于汇票到期日或到期日后的见票当日将票款划出。编制会计分录为:

借:吸收存款——应解汇款——××承兑申请人
　　贷:待清算辖内往来(或清算资金往来)

(2) 贴现银行的处理。贴现银行收到划回的票款,使用相关交易结清贴现款项,打印记账凭证,贴现凭证第三联和托收凭证第一、第二联作记账凭证附件。编制会计分录为:

借:待清算辖内往来(或清算资金往来)
　　贷:贴现资产——银行承兑汇票贴现——××户　　　　　　　　　　(面值)
借:贴现资产——银行承兑汇票贴现——××户　　　　　　　　　　　(利息调整)
　　贷:利息收入——贴现利息收入

【例4-6】 承[例4-5],商业银行编制会计分录为:
(1) 2×19年3月10日,该银行办理贴现时:

借：贴现资产——银行承兑汇票贴现——甲公司(面值)　　　　　　　　600 000
　　贷：吸收存款——单位活期存款——甲公司　　　　　　　　　　　591 000
　　　　贴现资产——银行承兑汇票贴现——甲公司(利息调整)　　　9 000

(2) 2×19年3月31日,商业银行摊销贴现利息调整时：

$$当月摊销金额＝9\ 000÷90×22＝2\ 200(元)$$

借：贴现资产——银行承兑汇票贴现——甲公司(利息调整)　　　　　2 200
　　贷：利息收入——贴现利息收入　　　　　　　　　　　　　　　　2 200

(3) 2×19年4月30日,商业银行当月摊销贴现利息调整的金额＝9 000÷90×30＝3 000(元)

2×19年5月31日,商业银行摊销贴现利息调整的金额＝9 000÷90×31＝3 100(元)

摊销贴现利息调整的会计分录同(2)。

(4) 2×19年6月8日,商业银行收到划回的票款时：

借：待清算辖内往来　　　　　　　　　　　　　　　　　　　　　　600 000
　　贷：贴现资产——银行承兑汇票贴现——甲公司(面值)　　　　　600 000

同时,摊销贴现利息调整：

$$当月摊销金额＝9\ 000÷90×7＝700(元)$$

借：贴现资产——银行承兑汇票贴现——甲公司(利息调整)　　　　　700
　　贷：利息收入——贴现利息收入　　　　　　　　　　　　　　　　700

思 考 题

1. 简述贷款五级分类管理的具体做法。
2. 商业银行现有哪几种贷款核算方式？
3. 逐笔核贷贷款方式的处理手续是什么？
4. 商业银行贷款如何计息？如何账务处理？
5. 贷款损失准备如何进行核算？
6. 票据贴现实付贴现金额如何计算？
7. "贴现资产"科目如何具体运用？

练 习 题

【选择题】

1. 下列各项关于贷款展期期限的说法中,正确的是(　　)。
　　A. 短期贷款不得超过原贷款期限的一半

B. 中期贷款不得超过原贷款期限

C. 长期贷款不得超过3年

D. 长期贷款不得超过5年

2. 抵押贷款逾期1个月不能归还贷款本息的,银行可以按合同规定作价变卖处理抵押品,抵押品处理后取得的净收入低于贷款本息的,不足的部分(　　)。

  A. 由贷款损失准备抵补   B. 列作银行的损失

  C. 由借款人偿还   D. 转入逾期贷款

3. 质押贷款的质权人是(　　)。

  A. 借款人   B. 发放贷款银行

  C. 借款人、贷款人以外的第三人 D. 保证人

4. 下列资产项目中,不计提损失准备的是(　　)。

  A. 拆出资金 B. 抵押贷款 C. 银行卡透支 D. 委托贷款

5. 抵押品的价值不能低于贷款数额,一般可按抵押品现值的(　　)确定贷款数额。

  A. 30%~50%   B. 60%~80%

  C. 50%~70%   D. 50%~80%

6. 下列选项中,不属于商业银行担保贷款的是(　　)。

  A. 信用贷款 B. 保证贷款 C. 抵押贷款 D. 质押贷款

7. 下列选项中,属于贷款利息结计方法的是(　　)。

  A. 每月结息 B. 每年结息 C. 6月30日结息 D. 利随本清

8. 下列选项中,属于商业银行担保贷款的是(　　)。

  A. 信用贷款 B. 保证贷款 C. 抵押贷款 D. 质押贷款

9. 下列贷款中,可以计提贷款损失准备的有(　　)。

  A. 委托贷款和代理贷款   B. 银行卡透支

  C. 银行承兑汇票垫款及担保垫款 D. 拆出资金

10. 下列选项中,不能作为贷款抵押物的有(　　)。

  A. 集体土地使用权

  B. 抵押人依法承包并经发包方同意抵押的荒山的土地使用权

  C. 学校的房屋及设施

  D. 抵押人依法有权处分的国有土地使用权

【业务题】

1. 某商业银行于2×18年6月21日向A公司发放一笔信用贷款,金额为500 000元,期限为1年,年利率为6%,按季付息,A公司按时支付利息。2×19年6月21日贷款到期时,A公司按时还本。

  要求:请编制该商业银行发放贷款、每季计提与收到利息、到期收回贷款的会计处理。

2. 2×19年12月31日,中国工商银行亚运村支行向其开户单位甲公司发放1年

期贷款,合同本金为100万元,合同规定的年复利率12%,到期一次还本付息,同时在发放贷款时一次性按本金的3.047%扣除手续费。中国工商银行亚运村支行于每季季末计提利息,并于2×20年12月31日到期收回本息。假设不考虑其他因素。

要求:

(1) 编制发放贷款的会计分录。

(2) 编制每季季末确认利息收入的会计分录。

(3) 编制到期收回本息的会计分录。

3. 2×18年1月1日,中国建设银行马连道支行向其开户单位乙公司发放一笔贷款20 000 000元,期限2年,合同利率10%,按季结息。假定该贷款发放无交易费用,实际利率与合同利率相同,每半年对贷款进行减值测试一次。其他资料如下:

(1) 2×18年3月31日、6月30日、9月30日和12月31日,分别确认贷款利息500 000元。

(2) 2×18年12月31日,综合分析与该贷款有关的因素,发现该贷款存在减值迹象,采用单项计提减值准备的方式确认减值损失2 000 000元。

(3) 2×19年3月31日,从客户处收到利息200 000元,且预期2×19年度第二季度末和第三季度末很可能收不到利息。

(4) 2×19年4月1日,经协商,中国建设银行马连道支行从乙公司处取得一项房地产(固定资产)充作抵债资产,该房地产的公允价值为17 000 000元,自此中国建设银行马连道支行与乙公司的债权债务关系了结;相关手续办理过程中发生税费40 000元。中国建设银行马连道支行拟将其处置,不转作自用固定资产;在实际处置前暂时对外出租。

(5) 2×19年6月30日,从租户处收到上述房地产的租金160 000元。当日,该房地产的可变现净值为16 800 000元。

(6) 2×19年12月31日,从租户处收到上述房地产租金320 000元。中国建设银行马连道支行当年为该房地产发生维修费用40 000元,并不打算再出租。

(7) 2×19年12月31日,该房地产的可变现净值为16 600 000元。

(8) 2×20年1月1日,中国建设银行马连道支行将该房地产处置,取得价款16 600 000元,发生相关税费300 000元。

要求:根据上述资料编制有关会计分录。

4. 2×19年5月10日,甲商业银行为其开户单位兰陵公司办理银行承兑汇票贴现,该银行承兑汇票为无息票据,于2×19年4月10日签发并承兑,票面金额为100万元,期限为3个月。贴现利率为6%,承兑银行在异地,甲银行到期收回票款。

要求:作出甲商业银行办理贴现、摊销贴现利息及到期收回票款的账务处理。

第五章 商业银行系统内往来的核算

第一节 商业银行系统内往来核算概述

一、商业银行系统内往来的含义

同一商业银行系统(即共同隶属于一个总行)内各行处之间因办理支付结算、内部资金调拨等业务而引起的相互代收、代付而发生的资金账务往来,称为系统内往来。系统内往来是商业银行不同行处之间资金账务往来的基础,各商业银行之间的跨系统往来往往借助系统内往来实现。

由于同一商业银行系统内各行处之间彼此互称联行,故商业银行系统内往来又称联行往来。与联行往来相对,人们习惯上把不同系统的金融机构之间的往来称为同业往来。

二、商业银行系统内资金清算

商业银行系统内不同行处之间发生系统内往来业务时,往来资金并没有实际划拨,而是通过相互记往来账以反映往来行处间应收、应付资金的方式来实现收付款方资金的划拨。然而,尽管各分支行处属于同一系统,但各分支行处都是独立核算单位,故因系统内往来而导致的相互资金存欠必须及时清算。

系统内资金清算是指系统内资金调拨、划拨支付结算款项等业务引起的系统内行处间的资金往来按照一定的清算模式进行实际资金划转的过程。系统内资金清算通过各级行处在上级管辖行开立的备付金存款账户办理。

目前,我国各商业银行系统内往来与资金清算通常都使用各行自己开发的系统内资金汇划与清算系统,尚未建立系统内资金汇划清算系统的商业银行和非银行金融机构的资金汇划,通过中国人民银行现代化支付系统或委托上述商业银行转汇办理。商业银行系统内资金汇划与清算系统在支付清算体系中处于基础地位,是银行业金融机构办理结算资金和银行内部资金往来清算的渠道,是集汇划业务、清算业务、结算业务等功能于一体的综合性应用系统。

第二节　系统内资金汇划与清算的核算

一、系统内资金汇划与清算系统概述

(一) 系统内资金汇划与清算系统的构成

系统内资金汇划与清算系统一般由汇划业务经办行(简称经办行)、清算行、省区分行及总行清算中心组成,各行间通过计算机网络连接。其构成及流程如图5-1所示。

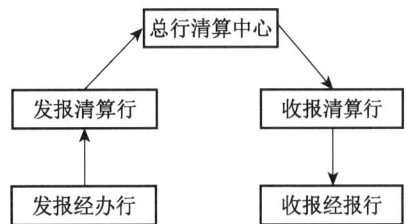

图 5-1　系统内资金汇划与清算系统的构成及流程

(1) 经办行就是办理结算和资金汇划业务的行处。汇划业务的发生行为发报经办行,汇划业务的接收行为收报经办行。

(2) 清算行就是在总行清算中心开立备付金存款账户的行处,各直辖市分行和二级分行(包括省区分行营业部)均为清算行,清算行负责办理辖属行处汇划款项的清算。

省区分行也在总行清算中心开立备付金户,但不用于汇划款项的清算,只用于办理系统内资金调拨和内部资金利息的汇划。

清算行及经办行的设立、撤销,应由主管分行向总行提出书面申请,总行核准同意后颁发或撤销电子汇划联行号。电子汇划联行号是参加电子汇划系统的专用标识,经办行凭依电子汇划联行号办理资金发报和收报。

(3) 总行清算中心主要是办理系统内各经办行之间的资金汇划、各清算行之间的资金清算及资金拆借、账户对账等账务的核算与管理。

(二) 系统内资金汇划与清算业务的基本做法

系统内资金汇划与清算业务的基本做法是"实存资金,同步清算,头寸控制,集中监督"。

(1) "实存资金"是指以清算行为单位在总行清算中心开立备付金存款账户,用于汇划款项时资金清算。

(2) "同步清算"是指发报经办行通过其清算行经总行清算中心将款项汇划至收报经办行,同时,总行清算中心办理清算行之间的资金清算,清算行办理经办行之间的资金清算。

(3) "头寸控制"是指各清算行在总行清算中心行开立的备付金存款账户,必须保证有足够的存款,总行清算中心对各行汇划资金实行集中清算。清算行备付金存款不足,二级分行可向管辖省区分行借款,省区分行和直辖市分行、直属分行头寸不足可向总行借款。

(4) "集中监督"是指总行清算中心对汇划往来数据发送、资金清算、备付金存款账户资信情况和行际间查询查复情况进行管理和监督。

系统内资金汇划通过计算机网络系统,采取"汇划数据实时发送,各清算行控制进出,总行清算中心即时处理,汇划资金按时到达"的办法。

(1) "汇划数据实时发送"是指发报经办行录入汇划数据后,全部即时发送到发报清算行。

(2) "各清算行控制进出"是指清算行辖属所有经办行的资金汇划、查询查复等事宜全部通过清算行进出,清算行控制所属经办行内资金清算。

(3) "总行清算中心即时处理"是指总行清算中心对发报清算行传输来的汇划数据即时传输到收报清算行。实时业务由收报清算行即时传输到收报经办行,批量业务由收报清算行次日传输到收报经办行,总行清算中心当日更新各清算行备付金存款。

(4) "汇划资金按时到达"是指实时业务即时到达,批量业务次日到达收报经办行。为了区分轻重缓急,实时业务实时处理,对紧急款项和查询查复事项即时处理,即时到达收报经办行;批量业务批量处理,可次日到达收报经办行。

(三) 系统内资金汇划业务的基本程序

系统内资金汇划的运作流程是:发报行将汇划信息经计算机加密处理后,形成加密数据,通过通信专用线路传输至发报清算行,后经发报清算行传送至总行清算中心;总行清算中心将整理后的加密数据,再通过通信专用线路传输至收报清算行,后经收报清算行传送至收报经办行。

(1) 发报经办行根据发生的结算等资金汇划业务录入数据,全部及时发送至发报清算行。

(2) 发报清算行将辖属各发报经办行的资金汇划信息传输给总行清算中心;所有经办行的资金汇划、查询查复全部通过清算行进出,清算行管理监督辖属经办行的资金清算。

(3) 总行清算中心将发报清算行传输来的汇划数据即时传输给收报清算行;并当日更新各分中心清算账户备付金存款。

(4) 收报清算行当天或次日将汇划信息传输给收报经办行,办理资金收付,从而实现资金汇划业务。

在这里,清算行处在信息中转站的地位,既要向总行清算中心传输发报经办行的汇划信息,又要向收报经办行传输总行清算中心发来的汇划业务信息,资金汇划的出口、入口均反映在分中心。清算行受理的电子汇划业务,除辖内业务外,只能直接发送总行。各清算行之间不发生直接的横向关系,由总中心负责各清算行之间汇划业务的转收转发。在每日营业终了前的规定对账时间,从上到下,由总行清算中心和各清算行(分中心)、各清算行(分中心)和经办行核对当日往来账的笔数、金额无误后,结出当日汇划往来账务余额。

二、系统内资金汇划与清算核算应设置的会计科目

为了核算系统内资金汇划业务应设置以下会计科目:

(1) "存放系统内款项"科目。该科目为资产类科目,用来核算和反映下级行处存

放在上级行的清算(调拨)备付金。该科目为省分行、直辖市分行、总行直属分行、二级分行(清算行)使用。省分行、直辖市分行、总行直属分行和清算行在该科目下设置"上存总行备付金"科目,用来核算资金调拨和清算辖属行处的汇划款项;二级分行还需在该科目设置"上存省区分行调拨资金",用以核算在辖内集中调拨资金。商业银行存放于系统之外的其他金融机构的存款在"存放同业"科目中核算。

(2)"系统内款项存放"科目。该科目属于负债类科目,与"存放系统内款项"科目相对应,是上级行用来核算和反映下级行备付金存款和调拨资金的科目,该科目为总行、各省分行使用。总行该科目下按清算行和省分行设置"××行备付金"明细科目,用以核算各清算行和省分行在总行的备付金存款的增减变动情况;省区分行在该科目下按二级分行设置"××行调拨资金"明细科目。用以核算二级分行调拨资金存款的增减变动情况。商业银行系统之外的其他金融机构存放于本行、处的存款在"同业存放"科目中核算。

(3)"存放辖内款项"科目。该科目为资产类科目,辖内各支行或网点用于核算和反映存放在上级行的备付金存款。

(4)"辖内款项存放"科目。该科目为负债类科目,各分行或支行用于核算和反映下级或网点存放的备付金存款。

(5)"待清算辖内往来"科目。该科目属于资产负债共同类科目,用来核算各发报经办行、收报经办行与清算行之间的资金汇划往来与清算情况,余额轧差反映。该科目按资金往来银行等进行明细核算。

除此之外还需要用到的科目有"其他应收款——待处理汇划款项""其他应付款——待处理汇划款项"等科目。

三、备付金存款账户开立的核算

系统内资金汇划清算系统是以清算行为单位在总行清算中心开立备付金存款账户,以便用于汇划款项时的资金清算。当发报经办行通过其清算行经总行清算中心将款项汇划给收报经办行的同时,总行清算中心每天根据各行汇出汇入资金情况,从各该清算行备付金存款账户付出或存入资金,从而实现各清算行之间的资金清算。各清算行在总行清算中心开立的备付金存款账户,是实际资金划拨和清算的基础,各清算行必须保证该备付金存款户有足额的存款。同样,各支行或网点也应该在上级管辖分行开立备付金存款账户,用于经办行与清算行或清算行辖内其他支行之间的资金清算。

1. 清算行在总行清算中心开立备付金存款账户的核算

清算行以及省分行、直辖市分行和总行直属分行等在总行清算中心开立备付金存款账户时,可通过其在中国人民银行的备付金存款账户,以实汇资金的方式将款项存入总行清算中心。上存时,相应的账务处理如下:

(1)清算行应编制的会计分录为:

借:其他应收款——待处理汇划款项
　　贷:存放中央银行款项——备付金存款

清算行收到总行清算中心返回的信息后,由系统自动进行账务处理,编制会计分录为:

借:存放系统内款项——上存总行备付金
　　贷:其他应收款——待处理汇划款项

(2) 总行清算中心收到清算行上存的备付金时,编制会计分录为:

借:存放中央银行款项——备付金存款
　　贷:系统内款项存放——××分行备付金

2. 各支行或网点在上级管辖分行开立备付金存款户的核算

通过中国人民银行将款项汇入上级管辖分行,其具体的处理手续同上。相应的账务处理如下:

(1) 各支行或网点的会计分录为:

借:其他应收款——待处理汇划款项
　　贷:存放中央银行款项——备付金存款

待上级管辖分行收到后,系统自动进行账务处理,编制会计分录为:

借:存放辖内款项——上存分行备付金
　　贷:其他应收款——待处理汇划款项

(2) 上级管辖分行在收到各支行或网点上存的备付金后,编制会计分录为:

借:存放中央银行款项——备付金存款户
　　贷:辖内款项存放——××支行或网点备付金户

各清算行或省区分行、各支行或营业网点备付金存款不足时,应通过中国人民银行汇款补足,处理同上。

四、系统内资金汇划业务的具体核算

系统内汇划业务是由社会支付及银行内部资金划拨引起的,具体包括汇兑、托收承付、委托收款、商业汇票、银行汇票、银行卡、内部资金划拨以及其他款项汇划及其资金清算,对公、储蓄、银行卡异地通存通兑业务的资金清算以及其他经总行批准的汇划业务,同时办理有关的查询、查复。上述汇划业务分为两大类:划出款项业务和划入款项业务。

划出款项业务是指发报经办行发起的代收报经办行向付款客户收款而引起的款项划出业务,主要包括汇兑、委托收款划回、托收承付划回等结算业务以及系统内资金划拨等。发报经办行发起划出款业务,应记入"待清算辖内往来"科目的贷方,因此也称为贷方报单业务(简称贷报业务)。此时,发报经办行为付款行,收报经办行为收款行。

划入款项业务是指发报经办行发起的代收报经办行向收款客户付款而引起的款项划入业务,主要包括银行汇票的解付、信用卡的解付以及定期借记业务等。发报经

办行发起划入款业务,应记入"待清算辖内往来"科目的借方,因此也称为借方报单业务(简称借报业务)。此时,发报经办行为收款行,收报经办行为付款行。

在商业银行经营过程中,一般采取由县(市)支行集中记账的方式,所以营业网点一般不进行会计核算。下面主要介绍发报行支行(集中汇划点)、发报行清算行、总行清算中心、收报行清算行以及收报行支行(集中汇划点)的会计处理。

(一) 发报经办行的处理

发报经办行根据客户提交的原始凭证,将业务数据录入计算机,经复核、授权后实时或批量发送至发报清算行。如为贷报业务,则会计分录为:

借:吸收存款——个人或单位活期存款——××户
　　贷:待清算辖内往来——××行户

如为借报业务,则会计分录相反。

日终,对"待清算辖内往来"科目轧差,若为贷方余额(贷差),则为本行应付汇差,日终清算时,应减少本行在上级清算行的备付金存款。编制会计分录为:

借:待清算辖内往来——××行户
　　贷:上存辖内款项——存××行备付金户

若"待清算辖内往来"科目为借方余额(借差),则为本行应收汇差,日终清算时,应增加本行在上级清算行的备付金存款。编制会计分录为:

借:上存辖内款项——存××行备付金户
　　贷:待清算辖内往来——××行户

每日营业终了,发报经办行根据当天向发报清算行发出的汇划业务信息打印辖内往来汇总记账凭证、资金汇划业务清单,资金汇划业务清单及有关原始凭证作汇总记账凭证的附件。

(二) 发报清算行的处理

1. 同一清算行辖内汇划业务的处理

若发报清算行收到发报经办行传输来的本清算行辖内汇划业务报文,系统直接将汇划数据加押后传输至收报经办行,并分别更新发报经办行和收报经办行在本行清算中心的备付金存款。如为贷报业务,编制会计分录为:

借:辖内款项存放——发报经办行户
　　贷:辖内款项存放——收报经办行户

如为借报业务,则会计分录相反。

每日营业终了,发报清算行打印清算行辖内往来汇总记账凭证、清算行备付金汇总记账凭证、资金汇划业务清单等,并核对有关数据。

2. 跨清算行汇划业务的处理

发报清算行收到发报经办行传输来的跨清算行汇划业务报文,系统自动进行账务处理,更新在总行清算中心的备付金存款账户,并将汇划数据加押后传输至总行清算

中心。如为贷报业务,则会计分录为:

借:待清算辖内往来——××行户
  贷:存放系统内款项——上存总行备付金户

如为借报业务,则会计分录相反。

日终,对"待清算辖内往来"科目按经办行轧差,若为借方余额(借差),则为本行应收汇差,日终清算时,应减少该经办行在本行的备付金存款。编制会计分录为:

借:辖内款项存放——××行户
  贷:待清算辖内往来——××行户

若为贷方余额(贷差),则为本行应付汇差,日终清算时,应增加该经办行在本行的备付金存款。编制会计分录为:

借:待清算辖内往来——××行户
  贷:辖内款项存放——××行户

(三)总行清算中心的处理

总行清算中心收到各发报清算行上送的汇划业务报文,系统自动登记后,传输至收报清算行。日终,系统自动更新各清算行在总行的备付金存款账户。如为贷报业务,则会计分录为:

借:系统内款项存放——××发报清算行备付金户
  贷:系统内款项存放——××收报清算行备付金户

如为借报业务,则会计分录相反。

每日营业终了,系统自动生成总中心的资金汇划日报表和相应的对账信息,下发清算行和经办行对账。

(四)收报清算行的处理

收报清算行收到总行清算中心传来的汇划业务报文,系统自动更新在总行清算中心的备付金存款账户,并根据集中式、分散式管理模式(确定后在汇划系统中设定)自动进行账务处理。实时业务即时处理并传输至收报经办行,批量业务处理后次日传输至收报经办行。

1. 集中式

集中式是指收报清算行作为业务处理中心,负责全辖汇划收报的集中处理及汇出汇款等内部账务的集中管理。

(1)实时汇划业务核押无误后,由收报清算行一并处理本行及收报经办行的账务,记账信息传至收报经办行。如为贷报业务,则会计分录为:

借:存放系统内款项——上存总行备付金户
  贷:待清算辖内往来——××行户

同时,代理收报经办行记账,编制会计分录为:

借：待清算辖内往来——××行户
　　　　贷：吸收存款——个人或单位活期存款——××户

　　如为借报业务，则会计分录相反。

　　（2）批量业务核押无误后，收报清算行当日进行挂账处理。如为贷报业务，则会计分录为：

　　借：存放系统内款项——上存总行备付金户
　　　　贷：其他应付款——待处理汇划款项户

　　如为借报业务，则会计分录为：

　　借：其他应收款——待处理汇划款项户
　　　　贷：存放系统内款项——上存总行备付金户

　　次日，由清算行代收报经办行逐笔确认后冲销"其他应付款"和"其他应收款"。如为贷报业务，则会计分录为：

　　借：其他应付款——待处理汇划款项户
　　　　贷：待清算辖内往来——××行户

　　如为借报业务，则会计分录为：

　　借：待清算辖内往来——××行户
　　　　贷：其他应收款——待处理汇划款项户

　　同时，代理收报经办行记账。如为贷报业务，则会计分录为：

　　借：待清算辖内往来——××行户
　　　　贷：吸收存款——个人或单位活期存款——××户

　　如为借报业务，则会计分录相反。

　　2．分散式

　　分散式是指收报清算行收到总行清算中心传来的汇划数据后均传至收报经办行处理。

　　（1）实时汇划业务核押无误后，收报清算行及时传至收报经办行。如为贷报业务，则会计分录为：

　　借：存放系统内款项——上存总行备付金户
　　　　贷：待清算辖内往来——××行户

　　如为借报业务，则会计分录相反。

　　（2）批量业务核押无误后，收报清算行当日先转入"其他应付款"和"其他应收款"进行挂账处理；次日，由收报经办行逐笔确认后冲销"其他应付款"和"其他应收款"，并通过"待清算辖内往来"科目传至收报经办行记账。会计分录与集中式批量处理相同。

　　3．日终清算的处理

　　日终，对"待清算辖内往来"科目按经办行轧差，若为贷方余额（贷差），则为本行应

付汇差,日终清算时,应增加该经办行在本行的备付金存款。编制会计分录为:

借:待清算辖内往来——××行户
　　贷:辖内款项存放——××行户

若为借方余额(借差),则为本行应收汇差,日终清算时,应减少该经办行在本行的备付金存款。编制会计分录为:

借:辖内款项存放——××行户
　　贷:待清算辖内往来——××行户

每日营业终了,收报清算行打印清算行辖内往来汇总记账凭证、清算行备付金汇总记账凭证、资金汇划业务清单等,并核对有关数据。

(五) 收报经办行的处理

1. 分散式

分散管理模式下,收报经办行收到收报清算行传来的批量、实时汇划报文,经确认无误后,由系统自动记账,打印资金汇划补充凭证。如为贷报业务,编制会计分录为:

借:待清算辖内往来——××行户
　　贷:吸收存款——个人或单位活期存款——××户

如为借报业务,则会计分录相反。

日终,对"待清算辖内往来"科目轧差,若为借方余额(借差),则为本行应收汇差,日终清算时,应增加本行在上级清算行的备付金存款。编制会计分录为:

借:存放辖内款项——存××行备付金户
　　贷:待清算辖内往来——××行户

若为贷方余额(贷差),则为本行应付汇差,日终清算时,应减少本行在上级清算行的备付金存款。编制会计分录为:

借:待清算辖内往来——××行户
　　贷:存放辖内款项——存××行备付金户

每日营业终了,收报经办行打印辖内往来汇总记账凭证、资金汇划业务清单,并进行数据核对。

2. 集中式

集中管理模式下,收报业务均由收报清算行代理记账,收报经办行只需于日终打印资金汇划补充凭证和有关记账凭证及清单,用于账务核对。集中模式下收报经办行日终清算的会计分录与分散模式相同。

【例 5-1】 假定中国工商银行上海分行所辖徐汇支行开户单位甲公司提交电汇凭证一份,要求向中国工商银行北京分行所辖海淀支行开户单位乙公司汇出货款 200 000 元人民币。假定当日只发生上述一笔业务。

要求:请编制付款行、收款行、总行以及清算中心的会计分录。

(1) 徐汇支行(发报行)的会计分录为：

借：吸收存款——单位活期存款——甲公司　　　　　　　　　　200 000
　　贷：待清算辖内往来——上海分行　　　　　　　　　　　　　　200 000

(2) 上海分行(发报行清算中心)的会计分录为：

借：待清算辖内往来——徐汇支行　　　　　　　　　　　　　　200 000
　　贷：存放系统内款项——存放工商银行总行备付金　　　　　　　200 000

(3) 工商银行总行清算中心于日终营业终了时进行轧差转账的会计分录为：

借：系统内款项存放——上海分行清算备付金　　　　　　　　　200 000
　　贷：系统内款项存放——北京分行清算备付金　　　　　　　　　200 000

(4) 北京分行(收报行清算中心)的会计分录为：

借：存放系统内款项——存放工商银行总行备付金　　　　　　　200 000
　　贷：待清算辖内往来——海淀支行　　　　　　　　　　　　　　200 000

(5) 海淀支行(收报行)编制的会计分录为：

借：待清算辖内往来——北京分行　　　　　　　　　　　　　　200 000
　　贷：吸收存款——单位活期存款——乙公司　　　　　　　　　　200 000

中国工商银行上海分行和徐汇支行、北京分行和海淀支行收到总行清算中心的处理信息后，进行账务处理为：

(7) 上海分行的会计分录为：

借：辖内款项存放——徐汇支行清算备付金　　　　　　　　　　200 000
　　贷：待清算辖内往来——徐汇支行　　　　　　　　　　　　　　200 000

(8) 徐汇支行的会计分录为：

借：待清算辖内往来——上海分行　　　　　　　　　　　　　　200 000
　　贷：存放辖内款项——存放上海分行清算备付金　　　　　　　　200 000

(9) 北京分行的会计分录为：

借：待清算辖内往来——海淀支行　　　　　　　　　　　　　　200 000
　　贷：辖内款项存放——海淀支行清算备付金　　　　　　　　　　200 000

(10) 海淀支行的会计分录为：

借：存放辖内款项——存放北京分行清算备付金　　　　　　　　200 000
　　贷：待清算辖内往来——北京分行　　　　　　　　　　　　　　200 000

（六）资金汇划清算的对账

对账是保证总行、清算行、经办行之间资金汇划及时、准确、安全的主要手段，是会计监督体系的重要组成部分。

各清算行每日营业终了自动将汇划及资金清算明细数据逐级上传进行明细对账。

省区分行收到上传的明细数据后与辖属各清算行汇划业务明细数据及清算信息配对对账。

总行收到传来的明细数据后与各行在总行的"系统内款项存放"科目有关账户汇划业务明细数据及清算信息配对对账,并将对账结果逐级下传,发现疑问要发出对账差错信息,同时,登记"对账差错登记簿"。

各清算行每日接收总行发出的对账差错信息后,打印差错清单,在5个工作日内必须查清原因,并按规定处理完毕,保证做到上日明细账务在5个工作日内查清的要求。

如发出的对账差错信息在5个工作日后尚未查清,总行重新发出第二次对账差错信息。查询期满仍未查清的,总行予以通报批评。

(七) 资金汇划清算的查询查复

查询查复是保证银行资金汇划清算系统安全运行、防范案件事故的重要手段,各级行处必须予以高度重视。

1. 查询查复的基本规定

(1) 查询、查复时要根据原始凭证填写和录入查询查复书,经会计主管人员签章和授权方可发出。

(2) 查询书于当日最迟次日发出,收到查询书后于2个工作日内查清并答复查询行。

(3) 处理完毕的查询查复书与有关资料配套专夹装订保管。

(4) 查询查复事项必须通过资金汇划系统进行。

(5) 各级行根据管理需要,定期或不定期打印查询查复登记簿,以备考查。

2. 查询的处理

(1) 录入查询书必须根据手工填制的查询书,对押不符收报清算行自动产生查询书的,必须打印出查询书。

(2) 授权人员按规定就录入内容与查询书及原始资料进行核对,确认后授权发送。如果录入内容有误,将查询书交由原经办人员修改。

3. 查复的处理

(1) 收到发来的查询报文后、打印查询书。

(2) 根据查询书认真核对有关原始凭证,查清原因后填制和输入查复书。

(3) 授权人员按规定就查复书有关内容与查询书及原始资料进行核对,确认后授权发送。如果录入内容有误,将查复书交由原经办人员修改。

4. 日终处理

营业终了系统统一打印"查询业务清单"和"查复业务清单"以备查考。

第三节 系统内资金拆借及利息的核算

在资金汇划与清算过程中,系统内商业银行之间如果出现资金头寸不足,可按规定在系统内进行借款。一般来讲，系统内借款是指下级行向上级行借入资金，即若清算行备付金存款不足，二级分行可向管辖省区分行借款，省区分行和直辖市分行、直属分行头寸不足可向总行借款。系统内借款分为一般借款和强行借款两种。

一、一般借款的处理

如清算行在总行清算中心头寸不足，可通过中央银行汇款补足在总行清算中心的头寸。如果在中央银行的备付金存款金额不足，可向管辖行发出借款申请，要求通过系统内借款补充在总行或分行的备付金存款。为此，应设置"系统内借入"和"系统内借出"两个科目，分别核算借入与借出资金情况，并按借款性质或种类进行明细核算。

（一）清算行（二级分行）向管辖行（省区分行）借款的核算

清算行如不能通过中国人民银行汇款补足在总行清算中心的备付金存款，经批准可向管辖行申请借入资金。

（1）管辖行（省区分行）资金清算中心收到清算行（二级分行）借款的申请后，进行账务处理，编制会计分录为：

借：系统内借出——一般借出
  贷：存放系统内款项——上存总行备付金

（2）总行清算中心收到省区分行同意借出资金的信息后，当日自动进行账务处理，编制会计分录为：

借：系统内款项存放——××省区分行备付金
  贷：系统内款项存放——××清算行备付金

（3）清算行（或二级分行）收到借款信息后，自动进行账务处理，编制会计分录为：

借：存放系统内款项——上存总行备付金
  贷：系统内借入——一般借入

（二）省区分行向总行借款的核算

（1）总行接到直辖市分行或省分行资金借款申请书后，总行清算中心根据调拨通知书办理借出资金手续。编制会计分录为：

借：系统内借出——一般借出
  贷：系统内款项存放——××省区分行备付金

（2）省区分行收到借款信息后，自动进行账务处理。编制会计分录为：

借：存放系统内款项——上存总行备付金
  贷：系统内借入——一般借入

二、强行借款的处理

强行借款是指在二级分行、省区分行能及时补足在总行的结算备付金时，由总行强行向其借出的资金。具体来讲，如果二级分行在总行备付金不足，日终又不能立即借入资金补足,总行清算中心有权主动代省区分行强行借出资金,弥补二级分行备付金存款,同时通知二级分行和省区分行。强行借款要与一般借款分别核算。强行借款处理手续与上述一般借款相同。具体分为以下两种情况:

(一) 省区分行在总行的备付金存款账户有足够余额

(1) 如果省区分行在总行备付金账户有足够余额,总行清算中心日终批量处理时,系统自动带省区分行强拆二级分行,进行账务处理,编制的会计分录为:

借:系统内款项存放——××省区分行备付金
　　贷:系统内款项存放——××清算行(二级分行)备付金

(2) 省区分行清算中心次日收到总行清算中心代本行强行拆借给辖属二级分行的强行借款通知后,系统自动进行账务处理,编制的会计分录为:

借:系统内借出——强行借出
　　贷:存放系统内款项——上存总行备付金

(3) 二级分行次日收到总行代省区分行强拆借款信息后,进行相应的账务处理,编制的会计分录为:

借:存放系统内款项——上存总行备付金
　　贷:系统内借入——强行借入

(二) 省区分行在总行的备付金存款户余额不足

(1) 如果省区分行在总行备付金存款余额不足以向二级分行借出资金的情况下,总行清算中心先向省分行强行借出资金,然后再由省分行向二级分行借出资金,编制的会计分录为:

借:系统内借出——强行借出户
　　贷:系统内款项存放——××省分行备付金

借:系统内款项存放——××省分行备付金
　　贷:系统内款项存放——××清算行(二级分行)备付金

(2) 省区分行清算中心次日收到总行清算中心代本行强行拆借给辖属二级分行的强行借款通知后,系统自动进行账务处理,编制的会计分录为:

借:存放系统内款项——上存总行备付金
　　贷:系统内借入——强行借入

借:系统内借出——强行借出
　　贷:存放系统内款项——上存总行备付金

(3) 二级分行次日收到总行清算中心通知后,系统自动进行账务处理,编制的会计分录为:

借:存放系统内款项——上存总行备付金
　　贷:系统内借入——强行借入

三、归还借款资金的处理

(一) 二级分行归还省区分行借款的处理

(1) 二级分行在总行清算中心备付金存款足以归还向省区分行借款时,经有关部门批准,向总行清算中心发出还款通知,系统自动进行账务处理,编制的会计分录为:

借:系统内借入——一般借入(或强行借入)户
　　贷:存放系统内款项——上存总行备付金户

(2) 总行清算中心收到还款信息后,系统自动更新总行清算中心和省区分行有关账户。总行清算中心进行账务处理时,编制的会计分录为:

借:系统内款项存放——××清算行备付金
　　贷:系统内款项存放——××省分行备付金

(3) 省区分行清算中心收到还款信息后,系统自动进行账务处理,编制的会计分录为:

借:存放系统内款项——上存总行备付金
　　贷:系统内借出——一般借出(或强行借出)

(二) 省区分行归还总行借款的处理

(1) 省区分行在总行清算中心备付金存款足以归还向总行的借款时,经批准向总行清算中心发出还款通知,系统自动进行账务处理,编制的会计分录为:

借:系统内借入——一般借入(或强行借入)
　　贷:存放系统内款项——上存总行备付金

(2) 总行清算中心收到还款信息后,系统自动进行账务处理,编制的会计分录为:

借:系统内款项存放——××省分行备付金
　　贷:系统内借出——一般借出(或强行借出)

二级分行或省区分行由于备付金头寸不足而发生的借款,如到期不能归还,至到期日营业终了时,自动转入有关科目逾期贷款户,并自转入日起按规定的贷款利率计息。

四、利息的处理

(一) 总行清算中心与清算行及省区分行发生利息的处理

总行清算中心按季计算各清算行及省区分行存入总行的备付金存款和借款利息,按季计付利息时,由系统自动生成各清算行和省区分行利息报文,于次日营业开始时下划各行。

1. 系统内备付金存款利息

(1) 总行清算中心下划备付金存款利息时,编制的会计分录为:

  借：利息支出——金融企业往来支出——系统内往来支出户
    贷：系统内款项存放——××分行备付金户

（2）清算行和省区分行次日收到下划存款利息的报文后，系统自动进行相应的账务处理，编制的会计分录为：

  借：存放系统内款项——上存总行备付金存款
    贷：利息收入——金融企业往来收入——系统内往来收入

2. 系统内借款利息的处理

（1）总行清算中心收取借款利息时，编制的会计分录为：

  借：系统内款项存放——××分行备付金存款
    贷：利息收入——金融企业往来收入——系统内往来收入

（2）清算行和省区分行次日收到总行的利息报文后，系统自动进行相应的账务处理，编制的会计分录为：

  借：利息支出——金融企业往来支出——系统内往来支出
    贷：存放系统内款项——上存总行备付金

各清算行和省区分行在总行清算中心的备付金存款不足支付借款利息的，总行先做强行借款处理，然后再按前述账务处理进行利息扣除。

（二）省区分行与辖属清算行发生的利息处理

省区分行按季向辖属清算行计收借款利息及计付调拨资金存款利息时的账务处理如下。

（1）省区分行按季向辖属清算行计收借款利息时，系统自动进行账务处理，编制的会计分录为：

  借：系统内款项存放——××二级分行调拨资金存款户
    贷：利息收入——金融企业往来收入——系统内往来收入户

（2）二级分行收到省区分行计收借款利息信息后，系统自动进行账务处理，编制的会计分录为：

  借：利息支出——金融企业往来支出——系统内往来支出
    贷：存放系统内款项——上存省分行调拨资金存款

（3）省区分行按季向辖属清算行计付调拨资金存款利息时，系统自动进行账务处理，编制的会计分录为：

  借：利息支出——金融企业往来支出——××系统内往来支出户
    贷：系统内存放款项——××二级分行调拨资金存款户

（4）二级分行收到省区分行调拨资金存款利息时，系统自动进行账务处理，编制的会计分录为：

  借：存放系统内款项——上存省分行调拨资金
    贷：利息收入——金融企业往来收入——系统内往来收入

思 考 题

1. 什么是系统内往来?
2. 系统内资金汇划系统的组成如何?
3. 简述系统内资金汇划业务的基本做法和程序。
4. 汇划款项与资金清算核算内容包括哪些?
5. 简述资金汇划清算查询查复的有关规定。
6. 系统内资金拆借如何进行核算?

练 习 题

【业务题】

1. 中国建设银行北京亚运村支行收到开户单位甲公司提交的银行汇票,金额50 000元,实际结算金额与出票金额相同。该汇票系中国建设银行石家庄桥东支行签发,经审核无误后,通过资金汇划清算系统办理款项汇划(批量)。中国建设银行石家庄桥东支行收到银行汇票已兑付的电子汇划信息,经确认无误办理转账。中国建设银行石家庄桥东支行采取集中管理模式。

要求:编制各经办行、清算行及总行的会计分录。

2. 中国工商银行北京海淀支行收到中国工商银行天津八里台支行寄来的委托收款凭证和商业承兑汇票,金额30 000元,系本行开户单位乙公司向天津M公司支付的货款,经乙公司同意,通过资金汇划清算系统办理款项汇划(实时)。中国工商银行天津八里台支行收到电子汇划信息,确认无误后,将划回的货款收入开户单位M公司账户。中国工商银行八里台分行采取集中管理模式。

要求:编制各经办行、清算行及总行的会计分录。

3. 2×19年11月2日,中国工商银行北京分行通过中国人民银行向中国工商银行总行存入备付金10 000 000元;2×19年12月8日,中国工商银行北京分行通过中国人民银行从中国工商银行总行调回备付金2 000 000元。

要求:编制中国工商银行北京分行和中国工商银行总行的会计分录。

4. 2×19年11月11日,中国建设银行石家庄分行因其在总行清算中心的备付金存款不足,向中国建设银行河北省分行申请借入资金2 000 000元。中国建设银行河北省分行接到借款申请后,经批准向中国建设银行总行清算中心办理资金借出手续。

要求:编制中国建设银行石家庄分行、中国建设银行河北省分行及中国建设银行总行的会计分录。

第六章 金融机构往来业务的核算

第一节 商业银行与中央银行往来的核算

我国的金融机构是以中央银行为核心,商业银行为主体,其他非银行金融机构并存的金融机构体系。金融机构业务往来是指由于资金调拨、缴存存款、汇划款项和办理结算等业务而引起的各金融机构之间相互代收、代付款项所发生的资金业务往来。

金融机构往来包括商业银行与中央银行的往来,跨系统的商业银行之间的往来、商业银行与非银行金融机构的往来、中央银行与非银行金融机构的往来、非银行金融机构之间的往来等。本章主要介绍商业银行与中央银行间的业务往来、跨系统的商业银行之间的业务往来。下面先介绍商业银行与中央银行间的往来业务。

一、商业银行与中央银行往来的主要内容

中国人民银行是我国的中央银行,是管理全国金融工作的国家机关,专门行使中央银行的职能,是"发行的银行""银行的银行"。中央银行职能的发挥必然要求商业银行与中央银行发生业务往来。简单来讲,商业银行与中央银行往来是指两者之间由于存取现金、缴存存款、融通资金、汇划款项,以及通过中央银行存款账户进行资金清算等业务而引起的资金往来。它主要包括如下内容:

(1) 向中国人民银行存取现金。
(2) 向中国人民银行缴存存款。
(3) 向中国人民银行借款。
(4) 向中国人民银行办理再贴现。
(5) 同城票据交换。
(6) 通过中国人民银行办理汇划款项。

二、商业银行与中央银行往来核算使用的主要会计科目

商业银行应设置"存放中央银行款项"科目,该科目是资产类科目,用于核算商业银行存放中央银行的各种款项,包括业务资金的调拨、办理同城票据交换和异地跨系统资金汇划、提取或缴存现金等。当在中央银行的存款增加时记在该科目的借方,存款减少时记在该科目的贷方;余额在借方,表明商业银行在中央银行存款的结余数。该科目按照存放款项的性质可以设置下列两个明细科目:

(1)"存款准备金"科目。该科目用于核算商业银行按规定缴存中央银行一般性存款的法定存款准备金和超额存款准备金的增减变动情况。商业银行增加在中央银行的准备金时记在该科目的借方；减少在中央银行的存款准备金时记在该科目的贷方；期末余额在借方，表明商业银行在中央银行存款准备金的结余数。

由于商业银行的法定存款准备金由其总行（法人）统一向中央银行缴存，中央银行按法人统一考核商业银行法定存款准备金的缴存情况。因此，商业银行总行在中央银行开立的准备金存款户，属于法定准备金存款与超额准备金存款合一的账户，除用以考核法定存款准备金以外，还用于向中央银行存取现金、调拨资金、清算资金，以及其他日常支付款项。该科目余额最低应大于等于规定的法定存款准备金余额。商业银行分支机构在中央银行开立的准备金存款户，为超额准备金存款账户，不用于考核法定存款准备金，仅用于向中央银行存取现金、调拨资金、清算资金和其他日常支付款项，不允许透支，如果账户资金不足，可以通过向上级行调入资金或向同业拆借补充。"存款准备金"科目是核算商业银行与中央银行往来业务的基本科目。

(2)"缴存财政性存款"科目。该科目用于核算商业银行按规定缴存中央银行的财政性存款的增减变动情况。凡商业银行按规定向中央银行缴存或调增财政性存款时记在该科目借方，调减财政性存款时记在该科目的贷方，余额在借方，表明商业银行在中央银行财政存款的结余数。

三、向中国人民银行存取现金的核算

根据货币发行制度的规定，商业银行需核定各行处业务库必须保留的现金限额，并报开户中央银行发行库备案。当商业银行业务库的现金超过规定的库存限额时，应缴存开户的中国人民银行发行库，作为货币回笼；相反，当商业银行库存现金不足限额时，可以签发现金支票向中国人民银行发行库提取现金，作为货币发行。

(一) 向中国人民银行提取现金

商业银行向中国人民银行发行库提取现金时，签发中国人民银行"现金支票"，经出纳负责人和主管行长审批同意，在现金支票存根联上签字，由会计主管人员审核，加盖预留中国人民银行印鉴，交提款人向中国人民银行发行库提取现金。

商业银行提回现金后，使用相关交易进行处理，打印记账凭证，现金支票存根作记账凭证附件，编制的会计分录为：

借：库存现金
　　贷：存放中央银行款项——备付金存款

(二) 向中国人民银行缴存现金

商业银行向中国人民银行发行库缴存现金时，填制中国人民银行"现金缴款单"一式两联，根据缴款单填制"现金出库票"一式两联，经出纳负责人和主管行长审查同意，在出库票上签章，据以办理现金出库手续。现金和两联现金缴款单一并交缴款人。缴款人持单押款到中国人民银行发行库办理现金缴存手续。

现金缴存后,商业银行根据中国人民银行退回的现金缴款回单,使用相关交易进行处理,打印记账凭证,现金缴款单回单作记账凭证附件。编制会计分录为:

借:存放中央银行款项——备付金存款
  贷:库存现金

四、向中央银行缴存存款的核算

缴存存款是指商业银行和其他金融机构将吸收的存款全部或按规定的比例缴存中央银行。商业银行缴存的存款包括缴存财政性存款和一般存款的存款准备金,两者的性质不同,应注意严格区分,不得混淆。

(一)缴存财政性存款的核算

1. 缴存财政性存款的一般规定

财政性存款是商业银行代中央银行吸收的存款,属于中央银行的信贷资金来源。财政性存款主要有中央预算收入、地方财政金库存款和代理发行国债款项等。商业银行吸收的财政性存款应全额即按100%比例缴存当地中央银行。

2. 缴存财政性存款

(1)首次缴存。商业银行第一次向中央银行缴存财政性存款时,应根据有关科目余额,填制"缴存财政性存款科目余额表"一式两份,然后按照规定比例(100%)计算出应缴存金额,填制"缴存财政性存款划拨凭证",向中央银行申请缴存。待收到中央银行回单后使用相关交易进行记账,打印记账凭证,中央银行退回的回单作记账凭证附件,退回的一份缴存财政性存款科目余额表专夹保管。编制的会计分录为:

借:存放中央银行款项——缴存财政性存款
  贷:存放中央银行款项——准备金存款

(2)调整缴存财政性存款。商业银行初次缴存财政性存款后,还应根据其吸收的财政性存款余额的增减变动,对缴存中央银行的财政性存款按旬调整。每旬末对已缴存的财政性存款进行调整时,也应填制"缴存财政性存款科目余额表"一式两份,根据缴存科目余额按比例(100%)计算出应缴金额,然后与缴存财政性存款账户余额进行比较。若应缴余额大于缴存财政性存款账户余额,则应按差额调增补缴;反之,则应调减退回。上缴(调增)存款时,会计分录同首次缴存,退回(调减)存款时,会计分录相反。其余手续同首次缴存。

严格说来,商业银行向中央银行缴存存款,只有第一次才称为缴存;以后再缴,均称调整缴存款。初次缴存金额及调整缴算金额均以千元为单位,千元以下四舍五入。调整缴存应于旬后5日内办理,如遇调整日最后一天为节假日,可顺延。

【例6-1】 中国工商银行北京分行5月10日财政性存款科目余额为89 236 000元。经查,该行5月10日的"存放中央银行款项——缴存财政性存款"科目的余额为88 925 000元。则:

本旬应缴的财政性存款金额=89 236 000-88 925 000=311 000(元)

补缴财政性存款时,编制的会计分录为:

借:存放中央银行款项——缴存财政性存款　　　　　　　　　　311 000
　　贷:存放中央银行款项——准备金存款　　　　　　　　　　　　311 000

(3) 欠缴财政性存款。商业银行调增补缴财政性存款时,若其准备金存款账户余额不足又没有按规定及时调入资金,其不足部分即为欠款。

对欠缴存款应按如下规定处理:商业银行对本次能实缴的金额和欠缴的款项要分开填列凭证;中国人民银行对欠缴的存款待商业银行调入资金后,应一次性全额收回,不予分次扣收。商业银行应积极筹集调度资金,及时补缴;中国人民银行对欠缴的金额每日按规定比例计收罚款,随同扣收缴存款时一并收取。罚款的计算是从旬后第5天起至欠缴款项收回日的前一日止。

上缴欠缴的财政性存款时,中央银行按日计收罚息,随同欠缴存款一并扣收。商业银行收到中央银行的扣款通知后,办理转账手续,编制的会计分录为:

借:存放中央银行款项——缴存财政性存款
　　营业外支出——罚款支出
　　贷:存放中央银行款项——准备金存款

(二) 一般性存款缴存法定准备金存款的核算

1. 一般性存款缴存法定准备金的一般规定

一般性存款的范围是:各商业银行吸收的企业存款、储蓄存款、农村存款、部队存款、基建单位存款、机关团体存款、委托存款轧减委托贷款和委托投资后的贷方余额及其他一般存款等。

一般性存款属于商业银行的信贷资金来源,缴存一般性存款也称缴存法定存款准备金。中央银行为了控制贷款规模和限制派生存款,规定商业银行应将吸收的一般性存款按规定的比例,即法定存款准备金率,向中央银行缴存法定存款准备金。法定存款准备金率由中央银行规定,并根据放松或紧缩银根的需要进行调整。

2. 缴存法定存款准备金

根据有关规定,中国人民银行对各商业银行的法定准备金按法人、按旬统一考核,按规定比例上缴法定准备金。具体操作是:法定准备金由各分行按规定比例逐级汇总到总行,再由总行统一划缴中国人民银行。当旬第5日至下旬第4日每日营业终了时,各行按统一法人存入的法定准备金余额,与上旬末该行全行一般存款余额之比,不得低于法定准备金率。商业银行分支机构在中央银行的存款,中央银行不考核存款准备金率,只控制其存款账户的透支行为。

由于商业银行总行的法定存款准备金与超额准备金同存放于"存放中央银行款项——准备金存款"科目,因此,商业银行总行旬末只要确保"存放中央银行款项——准备金存款"科目的余额高于旬末应缴的法定存款准备金金额即可,不必进行账务处理。

商业银行各分行逐级向上级行缴存存款的核算手续及账务处理参照第五章,这里不再赘述。

3. 法定准备金存款少缴

中央银行根据商业银行按统一法人报送的有关日、旬报表，经核对，如果实际缴存款小于应缴存款，即为少缴。对少缴的金额，应从最后调整日起至补缴日止按日6‰计收罚息，连同少缴存款一并上缴中央银行。

商业银行总行收到中央银行转来的扣收罚款的特种转账凭证，办理转账，编制的会计分录为：

借：营业外支出——罚款支出
　　贷：存放中央银行款项——存款准备金

【例6-2】 某商业银行2×19年6月末一般性存款为8 000 000 000元，根据中国人民银行规定，假定按17.5%缴存法定存款准备金，该行在中国人民银行存款为1 050 000 000元。则：

$$应补缴法定存款准备金 = 8\,000\,000\,000 \times 17.5\% - 1\,050\,000\,000$$
$$= 350\,000\,000(元)$$

假定少缴的日数为2天，日罚息率为0.06‰，则：

$$应缴的罚息 = 350\,000\,000 \times 0.06‰ \times 2 = 420\,000(元)$$

商业银行根据罚息单，编制会计分录为：

借：营业外支出——罚款支出　　　　　　　　　　　　　　　420 000
　　贷：存放中央银行款项——准备金存款　　　　　　　　　　420 000

五、向中央银行借款的核算

前已述及，商业银行资金头寸不足时可向中央银行借款。从中央银行来讲，其对商业银行的贷款，习惯称为再贷款。再贷款是中央银行重要的货币政策工具之一。

再贷款由中央银行总行直接向商业银行总行办理，由商业银行总行集中管理，统借统还，在系统内统一使用。按时间的不同，再贷款分为年度性贷款、季节性贷款、日拆性贷款。年度性贷款是指中央银行用于解决因经济合理增长引起的商业银行年度性资金不足，而发放给商业银行在年度周转使用的贷款。此种贷款期限一般为1年，最长不超过2年。季节性贷款是指中央银行为解决商业银行因信贷资金先放后收和贷款季节性上升、存款季节性下降等情况引起暂时资金不足而发放给商业银行的贷款，期限一般为2个月，最长不超过4个月。日拆性贷款是指中央银行为解决商业银行因汇划款未达和清算资金不足等因素造成临时性资金短缺，而发放给商业银行的贷款，贷款期限一般为10天，最长不超过20天。

（一）会计科目的设置

商业银行应设置"向中央银行借款"科目。该科目是负债类科目，用于反映商业银行向中央银行借入款项的增减变化情况。当向中央银行借入款项时记在科目及相关明细科目的贷方,当向中央银行归还借款时记在科目及相关明细科目的借方;余额在贷方,表明商业银行向中央银行借入而尚未归还的借款余额。该科目按照借款的性质,下设"年度性借款户""季节性借款户""日拆性借款户"等明细科目。

(二) 向中央银行借款的账务处理

1. 借入款项

商业银行向中央银行申请贷款时,应向中央银行提交再贷款申请书。经中央银行批准后,填制借款凭证提交中央银行。待收到中央银行退回的借款凭证回单及收账通知后,使用相关交易进行记账,打印记账凭证,中央银行退回的借款凭证回单及收账通知作记账凭证附件。编制的会计分录为:

借：存放中央银行款项——准备金存款
　　贷：向中央银行借款——××借款

2. 资产负债表日计提利息

资产负债表日,商业银行应按计算确定的向中央银行再贷款的利息费用计提利息支出。编制会计分录为:

借：利息支出——××借款利息支出
　　贷：应付利息——××借款应付利息

中央银行对借款一般按季结息,每季收到中央银行的利息回单时,使用相关记账,打印记账凭证,利息回单作记账凭证附件。编制的会计分录为:

借：应付利息——××借款应付利息
　　贷：存放中央银行款项——准备金存款

3. 归还借款

贷款到期,商业银行归还时,应填制转账支票或当地中央银行规定的转账凭证,加盖预留银行印鉴交中央银行主动办理还款手续。待收到中央银行退回的借款凭证及还款证明后,使用相关交易进行记账,打印记账凭证,中央银行退回的借款凭证及还款证明和转账支票存根等作记账凭证附件。编制的会计分录为:

借：向中央银行借款——××借款
　　应付利息——××借款应付利息
　　贷：存放中央银行款项——准备金存款

如果商业银行在贷款到期后无款偿还,中央银行应于到期日将该笔贷款转入逾期贷款账户,并按规定标准计收逾期贷款利息,待商业银行存款账户有款支付时再一并扣收。

六、向中央银行再贴现的核算

再贴现是指商业银行以未到期的已贴现票据,向中央银行办理的贴现。再贴现是商业银行对票据债权的再转让,是中央银行对商业银行贷款的形式之一。商业银行因办理票据贴现而引起资金不足，可以向中央银行申请再贴现。

中央银行办理再贴现的对象，是在中央银行开立账户的商业银行。再贴现金额以再贴现的票据金额为准，扣除再贴现利息后，将其差额作为实付再贴现额支付给申请再贴现的商业银行。再贴现期限从再贴现之日起至汇票到期日止，一般不超过6个月。

（一）会计科目的设置

商业银行应设置"贴现负债"科目。该科目是负债类科目，用于核算银行办理商业票据的转（再）贴现融入资金等业务的款项。该科目应当按照贴现类别和贴现金融机构，分别"面值""利息调整"进行明细核算。该科目期末贷方余额，反映商业银行办理的转贴现融入资金等业务的款项余额。

（二）再贴现的账务处理

1. 办理再贴现

商业银行持未到期的商业汇票向中央银行申请再贴现时，应填制再贴现凭证，连同汇票一并交中央银行。经中央银行审查后，使用相关交易进行记账，打印记账凭证，中央银行退回的再贴现凭证作记账凭证附件。编制的会计分录为：

借：存放中央银行款项——准备金存款（实际收到的金额）
　　贴现负债——××行再贴现（利息调整）
　贷：贴现负债——××行再贴现（面值）

这里需要指出的是，商业银行将商业汇票再贴现，并未转嫁票据到期不能收回票款的风险，商业银行因背书而在法律上负有连带偿还责任，并且直至中央银行收到票款后方可解除。因此商业汇票再贴现不符合金融资产终止确认的条件，会计上不应终止确认贴现资产，而是将实际收到的再贴现款确认为一项负债。

2. 资产负债表日再贴现利息调整

商业银行应于资产负债表日，按计算本期再贴现利息调整应摊销的金额确认为再贴现利息支出。编制的会计分录为：

借：利息支出——再贴现利息支出
　贷：贴现负债——××行再贴现（利息调整）

其中，再贴现利息调整采用直线法与每月月末摊销，计算公式为：

$$当月摊销金额 = 再贴现利息 \div 再贴现天数 \times 本月应摊销天数$$

3. 再贴现到期

再贴现商业汇票到期，再贴现中央银行作为持票人填制委托收款凭证连同再贴现的票据直接向付款人办理收款。再贴现商业汇票到期，商业银行应根据不同情况进行账务处理。

（1）再贴现商业汇票到期票据的付款人如期付款。票据的付款人于汇票到期日将票款足额付给再贴现中央银行，则商业银行因票据再贴现而产生的负债责任解除，应将贴现负债和与之对应的贴现资产对冲。编制的会计分录为：

借：贴现负债——××再贴现(面值) （票面金额）
　　贷：贴现资产——××汇票贴现——××户(面值) （票面金额）

如存在利息调整的,也应同时结转,编制的会计分录为：

借：利息支出——再贴现利息支出
　　贷：贴现负债——××行再贴现(利息调整)

【例6-3】 某商业银行2×19年6月2日持已贴现尚未到期不带息的面额为600 000元的商业汇票向中央银行办理再贴现,汇票8月2日到期,再贴现率为3.60%。则：

再贴现天数应从2×19年6月2日算至8月1日,再另加3天的划款期,共64天。

$$再贴现利息 = 再贴现汇票到期值 \times 再贴现天数 \times (年贴现率 \div 360)$$
$$= 600\,000 \times 64 \times 3.60\% \div 360 = 3\,840(元)$$

$$实付再贴现额 = 再贴现汇票到期值 - 再贴现利息$$
$$= 600\,000 - 3\,840 = 596\,160(元)$$

2×19年6月2日,商业银行向中央银行办理再贴现时,编制会计分录为：

借：存放中央银行款项——备付金存款户　　　　596 160
　　贴现负债——××再贴现负债(利息调整)　　 3 840
　　贷：贴现负债——××再贴现负债(面值)　　　　　600 000

2×19年6月30日,商业银行摊销再贴现利息调整时,编制会计分录为：

$$当月摊销金额 = 3\,840 \div 64 \times 29 = 1\,740(元)$$

借：利息支出——再贴现利息支出　　　　　　　1 740
　　贷：贴现负债——××行再贴现(利息调整)　　　　1 740

2×19年7月31日,商业银行摊销再贴现利息调整时,编制会计分录为：

$$当月摊销金额 = 3\,840 \div 64 \times 31 = 1\,860(元)$$

借：利息支出——再贴现利息支出　　　　　　　1 860
　　贷：贴现负债——××行再贴现(利息调整)　　　　1 860

2×19年8月5日,票据的付款人将票款足额付给再贴现中央银行,则商业银行因票据再贴现而产生的负债责任解除,应将贴现负债和与之对应的贴现资产对冲。编制的会计分录为：

借：贴现负债——××再贴现(面值)　　　　　600 000
　　贷：贴现资产——××汇票贴现——××户(面值)　　600 000

同时结转再贴现利息调整,编制会计分录为：

$$当月摊销金额 = 3\,840 \div 64 \times 4 = 240(元)$$

借：利息支出——再贴现利息支出　　　　　　　240
　　贷：贴现负债——××行再贴现(利息调整)　　　　240

(2) 再贴现商业汇票到期票据的付款人未能如期付款。若票据的付款人于汇票到期日未能将票款足额付给再贴现中央银行,再贴现中央银行收到付款人开户行或承兑银行退回的委托收款凭证、汇票和拒绝付款理由书或付款人未付票款通知书,可以向再贴现的申请银行追索票款。中央银行可直接从申请再贴现的商业银行存款账户中扣收再贴现款项,并通知商业银行。商业银行收到中央银行从其存款账户中收取再贴现票款的通知,审核无误后进行账务处理。编制会计分录为:

借:贴现负债——××再贴现(面值)
　　贷:存放中央银行款项——备付金存款户

如存在利息调整的,也应同时结转,编制会计分录为:

借:利息支出——再贴现利息支出
　　贷:贴现负债——××行再贴现(利息调整)

如果商业银行到期存款账户不足支付再贴现款,应由中央银行转入逾期贷款账户,并按规定标准计收罚息。编制会计分录为:

借:贴现负债——××再贴现　　　　　　　　　　　　　　　(面值)
　　贷:存放中央银行款项——备付金存款户　　　　　　　　(可支取部分)
　　　　向中央银行借款——逾期贷款　　　　　　　　　　　(不足支取的部分)

如存在利息调整的,也应同时结转,会计分录同上。

商业银行对中央银行退回的再贴现票据,向贴现申请人追索票款的处理可参阅第四章票据贴现的相关内容。

【例 6-4】 承[例 6-3],假定 2×19 年 8 月 5 日,中央银行收到付款人开户银行寄来的付款人未付款项通知书及退回的托收凭证、汇票,从再贴现申请银行账户收取票款,但该银行准备金存款账户仅有 500 000 元。其他资料不变。则:

2×19 年 8 月 5 日,再贴现申请银行收到中央银行从其存款账户中收取再贴现票款的通知时,编制会计分录为:

借:贴现负债——××再贴现　　　　　　　　　　　　　600 000
　　贷:存放中央银行款项——备付金存款户　　　　　　500 000
　　　　向中央银行借款——逾期贷款　　　　　　　　　100 000

同时,结转再贴现利息调整,编制会计分录为:

当月摊销金额 = 3 840÷64×4 = 240(元)

借:利息支出——再贴现利息支出　　　　　　　　　　　240
　　贷:贴现负债——××行再贴现(利息调整)　　　　　240

第二节　商业银行与其他金融机构往来的核算

商业银行与其他金融机构之间的往来又称同业往来,是指商业银行与其他金融机构之间由于办理汇划款项、相互融通资金和代理货币结算等业务所引起的资金账务往来,包括商业银行与跨系统其他商业银行之间的往来,以及商业银行与其他非银行金融机构之间的往来。主要包括同业间存放款项、同业拆借、跨系统资金汇划以及跨系统转贴现。

中央银行是金融机构之间资金清算的中介,商业银行与其他金融机构之间往来的资金清算,要通过各自在中央银行开立的准备金存款账户办理。

一、同业间存放款项的核算

(一) 会计科目的设置

(1)"存放同业"科目。该科目属于资产类科目,用以核算商业银行存放于境内、境外银行和非银行金融机构的款项。该科目按存放款项的性质和存放的金融机构进行明细核算。企业增加在同业的存款,借记该科目,减少在同业的存款,贷记该科目。该科目期末余额在借方,反映银行存放在同业的各种款项。

(2)"同业存放"科目。该科目属于负债类科目,用来核算银行吸收的境内、境外金融机构的存款。该科目可按存放金融机构进行明细核算,其他金融机构增加在本行的存款时,应按实际收到的金额,贷记该科目,减少存款时,借记该科目。该科目贷方余额,反映企业吸收的同业存放款项。

(二) 存放同业款项的核算

存放同业款项是指商业银行因办理跨系统资金结算、理财投资或其他资金往来等业务需要,而存入境内、境外其他银行和非银行金融机构的款项。

1. 存出款项

商业银行存出款项,在资金划拨后进行账务处理。其会计分录为:

借:存放同业——存放××行××款项
    贷:存放中央银行款项——准备金存款

2. 计提利息收入

资产负债表日、结息日及销户时,商业银行按计算确定的利息金额计提利息收入。其会计分录为:

借:应收利息——××行户
    贷:利息收入——存放同业利息收入户

结息日次日及销户时,实际收到存放同业款项利息的会计分录为:

借:存放同业——存放××行××款项户
    贷:应收利息——××行户

3. 支取款项

商业银行支取款项,在收到划来的资金后进行账务处理。其会计分录为:

借:存放中央银行款项——准备金存款
    贷:存放同业——存放××行××款项

(三) 同业存放款项的核算

同业存放款项是指境内、境外其他银行和非银行金融机构,因办理跨系统资金结算、理财投资或其他资金往来等业务需要,而存入商业银行的款项。

1. 同业存入款项

同业存入款项,商业银行在收到划来的资金后进行账务处理,编制的会计分录为:

借:存放中央银行款项——准备金存款
　　贷:同业存放——××行存放××款项

2. 计提利息费用

资产负债表日、结息日及销户时,商业银行按计算确定的利息金额计提利息支出,编制的会计分录为:

借:利息支出——同业存放利息支出
　　贷:应付利息——××行

结息日次日及销户时,实际支付同业存放款项利息,编制的会计分录为:

借:应付利息——××行
　　贷:同业存放——××行存放××款项

3. 同业支取款项

同业支取款项,商业银行在资金划拨后进行账务处理,编制的会计分录为:

借:同业存放——××行存放××款项
　　贷:存放中央银行款项——准备金存款

二、同业拆借的核算

同业拆借是商业银行之间临时融通资金的一种借贷行为,是解决商业银行短期资金不足的一种有效方法。同业之间的借出限于交足存款准备金和归还中国人民银行到期贷款之后的闲置资金;借入也仅用于弥补票据清算、联行汇差头寸不足和解决临时性周转资金的需要,不得将拆借资金用于弥补信贷收支缺口,扩大贷款规模和直接投资。

同业拆借分同业头寸拆借和同业短期拆借。参加同城票据交换的金融机构可通过同业头寸拆借调剂头寸余缺,头寸拆借以无形市场为主,拆借期限不得超过7天。同业短期拆借应通过融资中介机构办理,只限于没有向中国人民银行借款的商业银行之间的资金融通,向中国人民银行借款的商业银行,在同业短期拆借市场上只能借入而不得借出,同业短期拆借的期限为7天以上、4个月以内。

同业拆借可在同城商业银行之间进行,也可在异地商业银行之间进行,但异地商业银行间的拆借必须通过中国人民银行的融资中心机构办理,双方行处在商定了拆借条件并签订拆借协议后,通过中国人民银行划拨资金。

(一) 会计科目的设置

(1) "拆出资金"科目。该科目属于资产类科目,核算商业银行拆借给境内、境外其他金融机构的款项。该科目可按拆放的金融机构进行明细核算。商业银行借出时,借记"拆出资金"科目;收回资金时,贷记"拆出资金"科目。该科目期末余额在借方,反映商业银行按规定拆放给其他金融机构的款项。

(2) "拆入资金"科目。该科目属于负债类科目,核算商业银行从境内、境外金融机构拆入的款项。该科目可按借入的金融机构进行明细核算。商业银行借入时,应按实际收到的金额,贷记"拆入资金"科目;归还借入时,借记"拆入资金"科目。该科目期末余额在贷方,反映商业银行尚未归还的借入余额。

(二) 同业拆借的账务处理

1. 拆出行的处理

(1) 拆出资金。拆借双方签订拆借合同后,拆出行根据拆借合同签发转账支票并填制进账单提交开户中央银行,将拆借资金划转汇入中央银行存款户。编制的会计分录为:

借:拆出资金——××行
　　贷:存放中央银行款项——备付金存款

(2) 资产负债表日计提利息收入。资产负债表日,拆出行应按计算确定的拆出资金的利息收入。编制的会计分录为:

借:应收利息——同业拆借应收利息——××行
　　贷:利息收入——同业拆借利息收入

(3) 收回拆出资金。拆出行收到中央银行的收账通知后,办理转账。编制会计分录为:

借:存放中央银行款项——备付金存款
　　贷:拆出资金——××行
　　　　利息收入——同业拆借利息收入

2. 拆入行的处理

(1) 拆入资金。拆入行收到中央银行的收账通知,另填制特种转账借、贷方传票办理转账。编制的会计分录为:

借:存放中央银行款项——备付金存款
　　贷:拆入资金——××行

(2) 资产负债表日计提利息费用。拆入行应按计算确定的拆入资金的利息费用,编制的会计分录为:

借:利息支出——同业拆借利息支出
　　贷:应付利息——同业拆借应付利息——××行

(3) 归还拆入资金。商业银行之间的资金拆借,应恪守信用,履约还款。拆入行归还借款时,应按事先规定的利率,计算应付利息,将本息一并通过中国人民银行划转拆出行。

拆借资金到期,拆入行需主动填制转账支票,送交中央银行办理还本付息手续,办理转账。编制的会计分录为:

借:拆入资金——××行　　　　　　　　　　　　　　（拆入资金的本金）
　　应付利息——同业拆借应付利息——××行　　　　（已计提的应付利息）
　　利息支出——同业拆借利息支出　　　　　　　　　（借贷方的差额）
　贷:存放中央银行款项——备付金存款　　　　　　　（实际归还的金额）

三、转贴现的核算

转贴现是指商业银行持已贴现、未到期的商业汇票向其他商业银行办理的贴现。转贴现是商业银行之间相互融通资金的一种方式。

在转贴现核算中,申请转贴现银行的账务处理可参阅本章商业银行"向中央银行再贴现的核算"进行处理;转贴现银行的账务处理可比照第五章中"票据贴现的核算"进行处理。下面简要介绍。

(一)转贴现时的账务处理

1. 申请转贴现银行的处理

申请转贴现银行收到转贴现银行交给的转贴现收账通知后,使用相关交易进行记账,打印记账凭证,将收账通知作为记账凭证附件。编制的会计分录为:

借:存放中央银行款项——准备金存款
　　贴现负债——转贴现——××行(利息调整)
　贷:贴现负债——转贴现——××行(面值)

2. 转贴现银行的处理

转贴现银行会计部门接到信贷部门转来审批同意的转贴现凭证和作成背书转让的商业汇票,经审查确认无误后,其余手续比照一般票据贴现办理。编制的会计分录为:

借:贴现资产——转贴现——××行(面值)
　贷:存放中央银行款项——准备金存款
　　　贴现资产——转贴现——××行(利息调整)

(二)资产负债表日的账务处理

1. 申请转贴现银行的处理

资产负债表日,申请转贴现银行按计算确定的利息费用,编制的会计分录为:

借:利息支出——转贴现利息支出
　贷:贴现负债——转贴现——××行(利息调整)

2. 转贴现银行的处理

资产负债表日,转贴现银行按计算确定的贴现利息收入,编制的会计分录为:

借：贴现资产——转贴现——××行(利息调整)
　　贷：利息收入——转贴现利息收入

(三) 转贴现到期的账务处理

1. 申请转贴现银行的处理

借：贴现负债——转贴现——××行(面值)　　　　　　　　　　(票面金额)
　　贷：贴现资产——××票据贴现——××户(面值)　　　　　　　(票面金额)

存在利息调整的,也应同时结转：

借：利息支出——转贴现利息支出
　　贷：贴现负债——转贴现——××行(利息调整)

2. 转贴现银行的处理

借：存放中央银行款项——准备金存款
　　贷：贴现资产——转贴现——××行(面值)

存在利息调整的,也应同时结转：

借：贴现资产——转贴现——××行(利息调整)
　　贷：利息收入——转贴现利息收入

四、跨系统汇划资金的核算

如前所述,单位、个人通过银行办理结算,有的在同一系统银行开户,有的不在同一系统银行开户,这样就会引起商业银行之间的资金汇划业务有的是系统内的,有的是跨系统的。商业银行系统内的资金汇划与清算已在第五章介绍。跨系统资金汇划与清算应按照第七章中国现代化支付清算系统的核算有关内容,通过中央银行办理。

思 考 题

1. 什么是金融机构往来？金融机构往来的内容包括哪些？
2. 商业银行与中央银行往来业务包括哪些内容？
3. 商业银行之间往来包括哪些内容？
4. 什么是再贴现？如何核算？
5. 什么是同业存放？如何核算？
6. 什么是同业拆借？如何核算？
7. 什么是转贴现？如何核算？

练 习 题

【选择题】

1. 商业银行拆入资金的应计利息应记入(　　)科目。
   A. "利息收入"　　　　　　　　B. "利息支出"
   C. "金融企业往来收入"　　　　D. "金融企业往来支出"
2. 同业拆借一般不允许超过(　　)天。
   A. 1　　　　B. 7　　　　C. 30　　　　D. 180
3. 商业银行在中央银行开立的存款账户,其中可以用来办理清算的账户是(　　)。
   A. 法定存款准备金　　　　　　B. 缴存财政性存款户
   C. 备付金账户　　　　　　　　D. 再贷款户
4. 财政性存款的缴存比例为(　　)。
   A. 6%　　　B. 10%　　　C. 50%　　　D. 100%
5. 商业银行同业拆入的资金可以用于(　　)。
   A. 弥补信贷收支缺口　　　　　B. 扩大信贷规模
   C. 投资债券　　　　　　　　　D. 弥补清算头寸缺口
6. 下列各项中,属于商业银行同中国人民银行往来业务的有(　　)。
   A. 缴存存款　　　　　　　　　B. 提取现金
   C. 借入长期借款　　　　　　　D. 借入短期借款

【业务题】

1. 中国工商银行北京分行2×19年6月10日财政性存款科目余额为99 385 000元,经查,该行6月10日在中央银行的缴存财政性存款账户余额为61 975 000元。6月15日,该行在中央银行的准备金存款账户余额为35 610 000元。中国工商银行北京分行于6月15日实缴35 610 000元,欠缴存款于6月19日补缴,并按规定支付罚款。

要求:根据上述资料编制中国工商银行北京分行有关的会计分录。

2. 2×19年9月1日,中国农业银行北京分行向中国人民银行申请季节性贷款1 000 000元,期限3个月,经审查同意办理;12月1日到期时办理贷款归还手续;利率4.32%,假设利息随本金一并归还。

要求:

(1) 编制中国农业银行北京分行借入款项的会计分录。
(2) 编制中国农业银行北京分行资产负债表日计提利息的会计分录。
(3) 编制中国农业银行北京分行到期归还借款的会计分录。

3. 中国建设银行石家庄市桥西支行2×19年2月25日持银行承兑汇票一份向中国人民银行申请再贴现,汇票面额640 000元,该汇票1月15日签发,2月5日贴现。

5月15日到期时,中国人民银行向承兑银行收款,并按时收到划回款项,再贴现率假设为3.6%。

要求:根据上述资料编制中国建设银行石家庄桥西支行有关的会计分录。

第七章 中国现代化支付清算系统的核算

第一节 中国现代化支付清算系统概述

一、支付清算的含义与种类

(一) 支付清算的含义

通常,我们把单位以及个人之间通过银行进行的资金收付往来称为支付结算。在办理支付结算业务中,如果收付款人在同一行处开户,那么资金划拨在一个行处内即可以完成;如果收付款人在不同的行处开户,资金则需要在两个行处之间划拨。我们把由于支付结算业务引起的银行之间的资金划拨称作支付清算。因此,支付结算与支付清算两者紧密联系,支付清算是支付结算业务的延伸。比如,中国农业银行北京甲支行的一个客户欲将10 000元款项通过银行资金汇划业务汇往在中国工商银行上海乙支行开户的某客户(其实是支付信息报文到达中国工商银行上海乙支行,该行就可以记账了),这时候办理的业务称为支付结算;然后,中国农业银行北京甲支行通过支付清算系统将10 000元划给中国工商银行上海乙支行,这时候的业务处理就是支付清算。某种意义上可以认为,客户来银行办理业务,往往集支付结算与支付清算为一体,通过支付清算系统将银行遍布全国各地的网点联成一个整体,实现资金往来及时到账。

(二) 支付清算的种类

支付清算按不同的分类标准可以划分为不同的种类。按是否跨行分为系统内清算和跨系统清算,按清算区域划分为同城清算和异地清算,按照清算信息传递手段划分为手工清算和电子汇划清算,按清算资金划拨方式分为全额实时清算和差额定时清算等。

1. 系统内清算和跨系统清算

系统内清算是指支付结算涉及的收、付款人在同一银行系统内不同行处开户,结算款项需在系统内行处之间划拨并对由此引起的资金存欠进行的清算。系统内资金清算主要是通过商业银行系统内电子汇划系统来实现。

跨系统清算是指支付结算涉及的收、付款人在不同银行系统开户。结算款项需在跨系统行处间划拨并对由此引起的资金存欠进行的清算。跨系统资金清算一般通过中国人民银行构建的现代支付清算系统来办理。

2. 同城清算和异地清算

同城清算是在同一城市不同商业银行之间的资金往来,如中国工商银行上海市分行将款项划拨到中国建设银行上海市分行即为同城清算。随着经济发展和资金往来频繁,同城的概念逐步扩大,已经突破同一城市的狭隘定义,产生了"大同城"和"小同城"之说。同处于一个经济带的若干城市群,如珠江三角洲、京津塘之间不同银行和同银行的清算,属于"大同城",而"小同城"是狭义上的同一城市,如北京市、上海市。同城清算一般通过中国人民银行设置的同城票据交换所来进行。

异地清算是不同地区之间的银行资金往来,如中国工商银行上海市分行向中国建设银行天津市分行调拨款项,异地清算一般通过中国人民银行来办理。更广义的异地清算还包括与国外银行之间的资金往来。

3. 手工清算和电子清算

手工清算是指在电子计算机网络技术普及之前,清算主要是通过邮局的信件和电报来实现往来银行之间的信息连接的,账务往来的核算主要以手工记账为主。

电子清算是以电子计算机网络或者卫星传输系统作为银行之间的通信和连接工具的,通过电子计算机网络和卫星通信技术进行异地资金划拨的账务往来。电子清算系统简化了资金清算的手续,大大缩短了资金在途时间,加速了资金周转。目前的资金汇划业务,基本上全部纳入电子清算的各个支付清算体系。

4. 全额实时清算和差额定时清算

全额实时清算是指参加支付清算的各商业银行,采用实时处理方式,对每一笔付款(借记)或收款(贷记)业务实时转发,并对其清算户实时清算。

定时差额清算是指参加支付清算的各商业银行将各自应付应收款项的金额进行轧差,得到应贷差额或应借差额,然后在固定时间通过中国人民银行的存款账户进行资金划拨。

二、我国支付清算系统的构成体系简介

支付清算系统是支撑各种支付工具应用、实现资金清算并完成资金最终结算划拨的通道。目前,我国已建成以中国人民银行现代化支付系统为核心,商业银行系统内支付系统为基础,同城票据交换系统和全国支票影像交换系统、银行卡跨行支付系统等为重要组成部分,行业清算组织和互联网支付服务组织业务系统为补充的支付清算框架体系。我国支付清算体系的整体框架如图 7-1 所示。

上述各类跨行支付清算系统的建成运行,为银行业金融机构和金融市场参与者构建了跨行清算的高速公路,对提高支付清算效率,加快社会资金周转,促进国民经济健康发展,发挥着越来越重要的作用。

三、我国支付清算系统支撑的支付结算工具

支付结算工具是资金转移的载体。中国现代化支付清算系统在全国的推广应用,搭建了银行间跨行资金清算的"高速公路",而支付结算工具就是这条高速公路上的

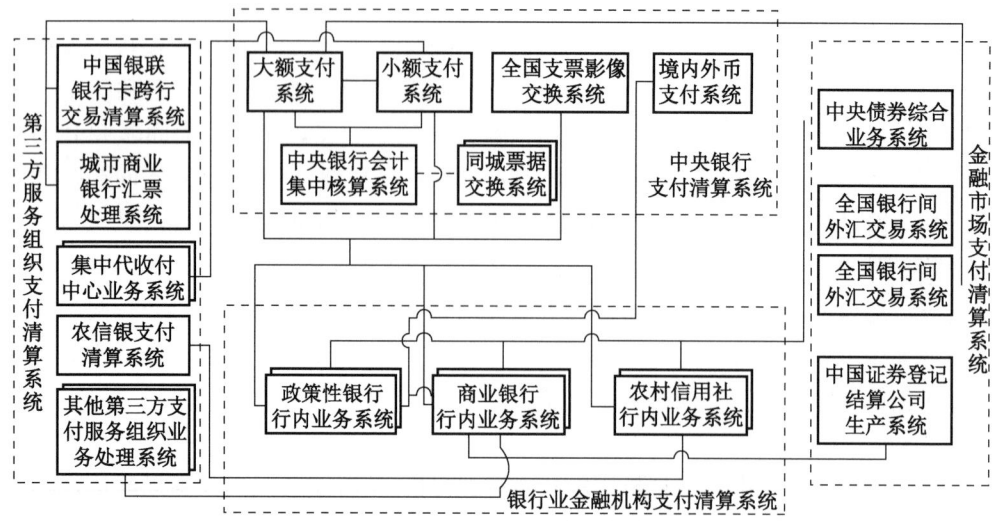

图 7-1 我国支付清算体系的整体框架

"车"。目前,我国已基本形成了以支票、汇票、本票和银行卡等非现金支付工具为主体,汇兑、托收承付、委托收款、定期借记、定期贷记等结算方式为补充的非现金支付工具体系。我国支付系统支撑的国内使用的支付结算工具主要有贷记支付工具、借记支付工具和其他支付工具,具体如表 7-1 所示。

表 7-1 我国支付清算系统支撑的支付结算工具(国内)分类表

类别	支付工具名称	使用范围与特点
贷记支付	汇兑	用于企业、政府银行间及个人消费异地、同城资金划拨和支付
	委托收款	用于同城、异地的商业性支付,资金划回收款人时通过支付系统处理
	托收承付	用于异地的商业性支付,资金划回收款人时通过支付系统处理
	定期贷记	用于同城、异地的定期支付,如个人支付、保险金发放的支付
	实时贷记	用于同城、异地通存业务、代收付中心发起的实时代付业务等
借记支付	银行汇票	用于异地的商业、个人消费或其他支付
	国内信用证	用于异地的商业性支付
	银行本票	用于票据交换区域内的商业和个人消费性支付
	支票	用于全国范围内的商业和个人消费性支付
	定期借记	用于同城、异地的支付,如房租、水电费、电话费、税款的收取
	实时借记	用于同城、异地通兑业务、代收付中心发起的实时代收业务等
其他工具	商业汇票	用于同城、异地的商业性支付,通过银行委托收款,资金划回时通过支付系统处理
	银行卡	用于同城、异地的小额商业、消费性支付

第二节　中国人民银行大额实时支付系统的核算

中国现代化支付系统是中国人民银行利用现代计算机技术和通信网络开发建设的,能够高效、安全地处理各银行办理的异地、同城各种支付业务及其资金清算和货币市场交易资金清算的应用系统,主要包括大额实时支付系统和小额批量支付系统,下面先介绍前者。

一、大额实时支付系统概述

(一) 大额实时支付系统及其体系结构

大额实时支付系统(以下简称大额支付系统)主要处理同城和异地商业银行跨行之间和行内的每笔金额在规定起点以上的大额贷记支付业务和紧急的小额贷记支付业务。该系统采取逐笔实时发送支付指令,全额清算资金。中国人民银行于2000年10月启动大额支付系统的建设,2005年6月完成了在全国的推广使用。该支付系统的建成运行,实现了异地跨行资金的实时到账,提高了资金的周转速度。

大额支付系统采取"两级两层"结构,第一层为国家处理中心(NPC),第二层为城市处理中心(CCPC),NPC分别与各CCPC连接。商业银行行内业务系统由商业银行根据业务发展和系统数据集中情况,选择由其法人(总行、总部)一点接入大额支付系统NPC或所在地CCPC,也可由其分支机构分散接入所在地CCPC。商业银行以其法人一点接入大额支付系统NPC或所在地CCPC的,其跨行业务统一通过总行(总部)提交NPC或CCPC处理;以分支机构分散接入所在地CCPC的,其跨行业务通过分支机构提交CCPC处理。

商业银行行内支付清算业务既可通过本行行内业务系统处理,也可比照跨行业务处理流程统一提交大额支付系统处理。

(二) 大额支付系统的参与者

办理支付结算业务的银行、城市信用社、农村信用社以及其他特许机构,经中央银行批准并申请支付系统行号后(大额支付系统行号与小额支付系统行号为同一行号),可以作为大额支付系统的参与者,通过该系统进行款项划拨与清算。大额实时支付系统的参与者根据其参与支付系统的身份不同,分为直接参与者、间接参与者和特许参与者。

直接参与者是中国人民银行总行(库)、中国人民银行地市级(含)以上中心支行(库),以及在中国人民银行开设清算账户的银行业金融机构。

间接参与者是中国人民银行县(市)分支行(库)和未在中国人民银行开设清算账户而委托直接参与者办理资金清算的银行业金融机构。

特许参与者是经中国人民银行批准通过大额支付系统办理特定业务的机构。如中国银联股份有限公司、中央国债登记结算有限责任公司、公开市场操作室、电子商业汇票运营机构、中国外汇交易中心、城市商业银行资金清算中心等。

直接参与者和特许参与者在当地中国人民银行会计营业部门开设的清算账户物理上均集中摆放在清算账户管理系统(SAPS)集中存储管理和处理大额支付系统、小额支付系统等业务系统的资金清算,逻辑上仍由当地中国人民银行会计营业部门进行管理。SAPS 日终后将各清算账户处理的账务数据下载至中国人民银行会计营业部门,将其纳入日终的平账和核算。

(三)大额支付系统的业务范围

大额支付系统的支付业务范围包括普通贷记业务和即时转账业务。这里主要介绍普通贷记业务。普通贷记业务是指付款行向收款行主动发起的付款业务,包括汇兑、委托收款划回、托收承付划回等。大额支付系统处理的普通贷记业务主要包括:规定金额起点以上的跨行贷记支付业务、规定金额起点以下的紧急跨行贷记支付业务、各银行行内需要通过大额支付系统处理的贷记支付业务。

目前,大额支付系统规定的金额起点为 0 元,即所有的贷记支付业务都可以通过大额支付系统处理。

二、大额支付系统的核算使用的主要会计科目

(一)清算账户行(商业银行机构)应设置的会计科目

商业银行分支机构在同城当地中国人民银行分支行合并开设一个统一的清算账户,即"存放中央银行款项——准备金户",用于实时清算大额支付往来资金。

(二)城市处理中心和国家处理中心(中国人民银行机构)应设置的会计科目

1. 存款类科目

城市处理中心和国家处理中心按参与大额实时支付系统的金融机构类别,分别设置"政策性银行存款""商业银行存款""信用社存款"及"其他金融机构存款"科目。该类科目属于负债类科目,用于核算银行业金融机构存放在中国人民银行的准备金和经批准后存放在中国人民银行的款项。银行业金融机构在中国人民银行的存款增加时贷记该存款类科目,减少时借记该存款类科目,期末余额在贷方。

2. 结算类科目

(1)"大额支付往来"科目。该科目属于资产负债共同类科目,用于核算支付系统发起清算行和接收清算行通过大额支付系统办理的支付结算往来款项。余额轧差在借方时表示本行的债权,在贷方时表示本行的债务。年终,该科目余额全额由 SAPS 自动转入"支付清算资金往来"科目,结转后余额为零。该科目可按中国人民银行分支行的会计营业部门等机构分设账户进行明细核算。

(2)"支付清算资金往来"科目。该科目属于资产负债共同类科目,用于核算支付系统发起清算行和接收清算行通过大额支付系统办理的支付结算汇差款项。年终,"大额支付往来"科目余额核对准确后,由 SAPS 全额自动结转至该科目,余额轧差反映。该科目可按中国人民银行分支行的会计营业部门等机构分设账户进行明细核算。

3. "汇总平衡"科目

"汇总平衡"科目(SAPS 专用会计科目)是为平衡 SAPS 代理中国人民银行分支行

(库)账务处理而设置的,为 SAPS 所专用,不纳入中国人民银行(库)的核算。该科目用于核算三类业务:第一类为发起行或接收行为中国人民银行的不通过清算账户核算的支付清算业务,如国库资金汇划业务、中国人民银行会计营业部门自身汇划业务等;第二类为中国人民银行会计营业部门发起的只涉及一个清算账户的单边业务,如现金存取、缴存款、再贷款业务等;第三类为同城票据交换轧差净额的清算等业务。该科目可按中国人民银行分支行的会计营业部门、国库部门等机构分设账户进行明细核算。本书不介绍这类业务。

三、大额实时支付系统的业务处理流程与核算

(一) 大额支付系统基本业务处理流程

这里以从 CCPC 接入的银行业金融机构发起的普通贷记业务为例。大额支付系统处理的普通贷记业务,其信息从发起行发起,经发起清算行、发报中心、国家处理中心、收报中心、接收清算行,至接收行止。其中:发起行是向发起清算行提交支付业务的参与者;发起清算行是向支付系统提交支付信息并开设清算账户的直接参与者,发起清算行也可以作为发起行直接向支付系统发起支付业务;发报中心是向国家处理中心转发发起清算行支付信息的城市处理中心;国家处理中心是接收、转发支付信息,并提交 SAPS 进行资金清算的机构;收报中心是向接收清算行转发国家处理中心支付信息的城市处理中心;接收清算行是向接收行转发支付信息并开设清算账户的直接参与者,接收清算行也可以作为接收行接收支付信息;接收行是从接收清算行接收支付信息的参与者。

大额支付系统普通贷记业务处理流程如图 7-2 所示。

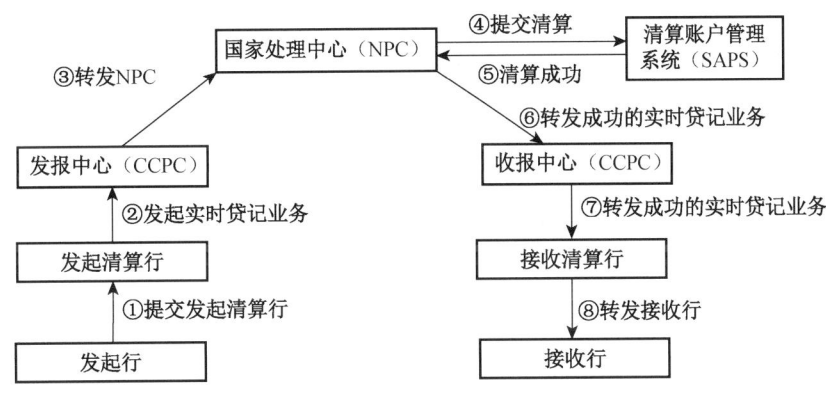

图 7-2 大额支付系统普通贷记业务处理流程

(1) 发起行对发生的普通贷记业务进行账务处理后,将支付信息通过行内系统提交发起清算行。

(2) 发起清算行逐笔实时发起贷记业务至其接入的 CCPC(即发报中心)。

(3) 发报中心将贷记业务实时转发 NPC。

(4) NPC 将贷记业务实时提交 SAPS 进行资金清算。

(5) SAPS 清算成功后向 NPC 返回清算回执报文,若发起清算行为银行业金融机

构,SAPS对清算账户余额不足或超过日间透支限额的进行排队处理。

(6) NPC 收到后,将清算成功的贷记业务实时转发接收行所接入的 CCPC(即收报中心)。

(7) 收报中心收到后实时转发接收清算行。

(8) 接收清算行收到后,将清算成功的贷记业务通过行内系统转发接收行进行账务处理。

(二) 大额实时支付系统的核算

1. 发起行的处理

发起行受理客户提交的普通贷记业务,审核无误进行账务处理后,将支付信息通过行内系统发送发起清算行。发起行的账务处理按各银行系统内往来的规定办理。其会计分录为:

借:吸收存款——××存款——××
　　贷:待清算辖内往来——××行

2. 发起清算行的处理

发起清算行收到后,审核无误,按系统内往来进行账务处理。其会计分录为:

借:待清算辖内往来——××行
　　贷:存放中央银行款项——准备金存款

若发起清算行本身就是发起行,则其对自身发起的普通贷记业务进行账务处理。其会计分录为:

借:××科目
　　贷:存放中央银行款项——准备金存款

完成账务处理后,发起清算行行内业务处理系统与前置机(是指将银行业金融机构行内系统接入现代化支付系统的计算机系统)直联的,根据发起人提交的原始凭证和要求,行内业务处理系统将规定格式标准的支付报文发送前置机系统,系统自动逐笔加编地方密押后发送发报中心。待 SAPS 清算资金后接收回执。

根据大额支付系统"委托日期必须为当日"的要求,所有往账支付业务,应当全部在当日营业终了之前发出。系统在营业时间结束后,将不再允许进行录入、发报的处理。因此,在营业终了前15分钟,应停止向系统内录入往账支付的业务。对于此后客户申请办理的汇兑等支付业务,应向客户说明该笔汇款将于下一个工作日发出,并在原始凭证上加盖"轧次日"戳记。大额支付系统的运行时序如图7-3所示。

3. 发报中心(CCPC)的处理

发报中心收到发起清算行发来的支付信息,确认无误后,逐笔加编全国密押,实时发送国家处理中心。

4. 国家处理中心(NPC)的处理

国家处理中心收到发报中心发来的支付报文,逐笔确认无误后,提交 SAPS 进行

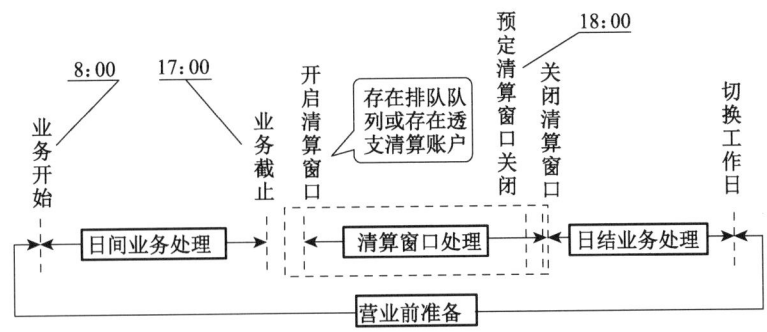

图 7-3 大额支付系统运行时序图

资金清算。SAPS 分不同情况进行账务处理。若发起清算行、接收清算行均为银行业金融机构。其会计分录为：

借：商业银行存款——××行
　　贷：大额支付往来——中国人民银行××行（即发起清算行所在地人行户）

借：大额支付往来——中国人民银行××行（即接收清算行所在地人行户）
　　贷：商业银行存款——××行

发起清算行清算账户头寸不足时，SAPS 将该笔支付业务进行排队处理。SAPS 账务处理完成后，将支付信息转发国家处理中心。国家处理中心收到后转发收报中心。

对于发起清算行和接收清算行中有一方为中国人民银行或双方均为中国人民银行机构的账务处理，这里不做介绍。

5．收报中心（CCPC）的处理

收报中心接收国家处理中心发来的支付信息，确认无误后，逐笔加编地方密押，实时发送接收清算行。

6．接收清算行的处理

银行行内业务处理系统与前置机直联的，前置机收到收报中心发来的支付信息，逐笔确认后发送至行内系统进行账务处理。其会计分录为：

借：存放中央银行款项——准备金存款
　　贷：待清算辖内往来——××行

若接收清算行本身就是接收行，其会计分录为：

借：存放中央银行款项——准备金存款
　　贷：××科目

7．接收行的处理

接收行收到接收清算行通过行内系统发来的支付信息，逐笔确认无误后，按各银行系统内往来的规定进行账务处理并通知接收人。其会计分录为：

借：待清算辖内往来——××行
　　贷：吸收存款——××存款——××户

8. 国家处理中心年终账务结转

(1) "大额支付往来"科目的结转。年度最后一个工作日,国家处理中心完成日终试算平衡,并将日终账务信息下载后,系统自动将"大额支付往来"科目余额以"中国人民银行××行(库)"为单位,结转到"支付清算资金往来"科目。如"大额支付往来"科目为借方余额,则其会计分录为:

借：支付清算资金往来——中国人民银行××行(库)户
　　贷：大额支付往来——中国人民银行××行(库)户

如"大额支付往来"科目为贷方余额,则会计分录相反。

国家处理中心将各行(库)"支付清算资金往来"科目的余额保留,纳入下一年度每一营业日的账务平衡。

(2) 清算账户的结转。年终总的试算平衡结束后,国家处理中心分别将每一个清算账户的借方或贷方余额结转为下年度的期初余额。

(3) "支付清算资金往来"科目余额的核对。国家处理中心账务结转后,将"支付清算资金往来"科目余额下载至中国人民银行会计营业部门和国库部门。各中国人民银行(库)收到下载的"支付清算资金往来"科目余额,与自身结转存档的"支付清算资金往来"科目的余额进行核对。核对不符的,以国家处理中心下载的余额进行账务调整,纳入暂收(付)款项科目核算,查明原因后,进行相应的处理。

【例 7-1】 2×19 年 10 月 1 日,民生银行深圳甲支行(间接参与者)收到中国建设银行北京分行(直接参与者)寄来的委托收款凭证,金额 100 000 元,向本行开户单位丽华服装厂收取货款,承付期已到,经审核无误将支付信息经行内系统发往其所属的民生银行深圳分行(直接参与者),民生银行深圳分行收到后通过大额支付系统办理划款。中国建设银行北京分行收到划回的托收款,经确认无误收入开户单位红太阳纺织厂账户。根据上述资料,民生银行深圳甲支行及深圳分行、SAPS、中国建设银行北京分行的会计分录为:

(1) 民生银行甲支行：

借：吸收存款——单位活期存款——丽华服装厂　　　　100 000
　　贷：待清算辖内往来——民生银行深圳分行　　　　　　　100 000

(2) 民生银行深圳分行：

借：待清算辖内往来——民生银行深圳甲支行　　　　100 000
　　贷：存放中央银行款项——准备金存款　　　　　　　　　100 000

(3) SAPS：

借：商业银行存款——民生银行深圳分行　　　　　　100 000
　　贷：大额支付往来——中国人民银行深圳分行　　　　　100 000

借：大额支付往来——中国人民银行北京分行　　　　　　　　100 000
　　　　贷：商业银行存款——中国建设银行北京分行　　　　　　　　　100 000

（4）中国建设银行北京分行：

　　借：存放中央银行款项——准备金存款　　　　　　　　　　　　100 000
　　　　贷：吸收存款——单位活期存款——红太阳纺织厂　　　　　　　100 000

第三节　中国人民银行小额批量支付系统的核算

一、小额批量支付系统概述

（一）小额批量支付系统的特点

小额批量支付系统（以下简称小额支付系统）主要处理同城和异地纸质凭证截留的商业银行跨行之间的借记支付业务，以及每笔金额在规定起点以下的小额贷记支付业务。该系统实行 7×24 小时不间断运行，采取批量发送支付指令，轧差净额清算资金。其中，同城业务是指同一城市处理中心的参与者相互间发生的支付业务；异地业务是指不同城市处理中心的参与者相互间发生的支付业务。小额支付系统支撑各种支付工具的应用，主要为社会提供低成本、大业务量的支付清算服务。银行业金融机构行内直接参与者之间的支付业务也可以通过小额支付系统办理。

小额批量支付系统与大额实时支付系统均属于中国人民银行现代化支付系统的应用系统，两者运作原理相同、参与者相同、运用的清算账户管理系统相同，并共享在中国人民银行清算账户的清算资金。两者的区别体现在以下方面：

（1）清算的金额起点不同。目前，大额支付系统规定的金额起点为 0 元；小额支付系统为 100 万元以下。

（2）业务范围不同。大额支付系统处理的是大额贷记支付业务和紧急的小额贷记支付业务；小额支付系统则处理银行业金融机构行内直接参与者之间的支付业务以及跨行普通、定期和实时的贷记和借记业务。

（3）处理模式不同。大额支付系统实时处理支付指令，全额清算资金；小额支付系统一般批量发送支付指令，轧差净额清算资金。

（二）小额支付系统的参与者和业务范围

1. 小额支付系统的参与者

小额批量支付系统的参与者分为直接参与者、间接参与者和特许参与者。直接参与者和间接参与者定义与大额实时支付系统参与者的定义相同。而小额批量支付系统的特许参与者是经中国人民银行批准通过小额支付系统办理特定支付业务的机构，如集中代收付中心。目前，全国很多省（市）都成立了集中代收付中心。集中代收付中心作为非金融支付服务组织，通过其所运营的集中代收付系统与小额支付系统 CCPC 的接口办理集中代收付业务。

2. 小额支付系统的业务范围

小额批量支付系统处理的业务类型分为贷记业务和借记业务两类,具体有以下业务:

(1) 普通贷记业务。它是指付款行向收款行主动发起的付款业务。包括规定金额起点以下(目前为 100 万元及以下)的汇兑、委托收款(划回)、托收承付(划回)等。

(2) 定期贷记业务。它是指付款行依据当事各方事先签订的协议,定期向指定收款行发起的批量付款业务。包括规定金额起点以下(目前为 100 万元及以下)的代付工资业务、代付保险金及养老金业务等。其特点是单个付款人同时向多个收款人发起付款指令。

(3) 实时贷记业务。它是指付款行接受付款人委托发起的、将确定款项实时贷记指定收款人账户的业务。如个人储蓄通存业务。

(4) 普通借记业务。它是指收款行向付款行主动发起的收款业务。包括中国人民银行机构间的借记业务、国库借记汇划业务、支票截留业务和中国人民银行规定的其他普通借记支付业务。其中,支票截留业务是指持票人开户行收到客户提交的纸质支票后,不再将支票提出交换至出票人开户行,而是通过小额支付系统向出票人开户行发起一笔借记业务,出票人开户行根据借记业务指令中提供的支票信息、支付密码、支票影像等确认支票的真实性,并通过小额支付系统完成跨行资金清算的业务。

(5) 定期借记业务。它是指收款行依据当事各方事先签订的协议,定期向指定付款行发起的批量收款业务。包括代收水、电、煤气等公用事业费业务,国库批量扣税业务,中国人民银行规定的其他定期借记支付业务。其特点是单个收款人同时向多个付款人发起收款指令。

(6) 实时借记业务。它是指收款行接受收款人委托发起的,将确定款项实时借记指定付款人账户的业务。包括个人储蓄通兑业务、对公通兑业务、国库实时扣税业务及中国人民银行规定的其他实时借记支付业务。

(7) 非金融支付服务组织发起的代收付业务。收付款单位通过集中代收付中心等非金融支付服务组织办理代收付业务时,需将收付款业务清单提交集中代收付中心业务处理系统;系统将代收、代付信息按收付款单位开户银行清分后,通过小额支付系统发送各收付款单位开户银行;开户银行根据业务要求通过小额支付系统分别发起定期、实时借贷记支付业务,待资金清算完成后,开户银行将收付款单位收、付款结果通过小额支付系统通知集中代收付中心。集中代收付中心不在支付系统开立清算账户,代收付业务的资金清算通过各收付款单位的开户行办理。

二、小额支付系统的核算使用的主要会计科目

小额支付系统的核算使用的主要会计科目与大额支付系统基本相同。另设置"小额支付往来"科目,该科目属于资产负债共同类科目,用于核算支付系统发起清算行和接收清算行通过小额支付系统办理的支付结算往来款项。余额轧差反映,余额在借方

时表示本行的债权,余额在贷方时表示本行的债务。年终,该科目余额全额由 SAPS 自动转入"支付清算资金往来"科目,结转后余额为零。该科目可按中国人民银行分支行的会计营业部门等机构分设账户进行明细核算。

三、小额支付系统的核算

(一) 普通贷记业务处理流程与核算

1. 普通贷记业务处理流程

普通贷记业务处理流程如图 7-4 所示。

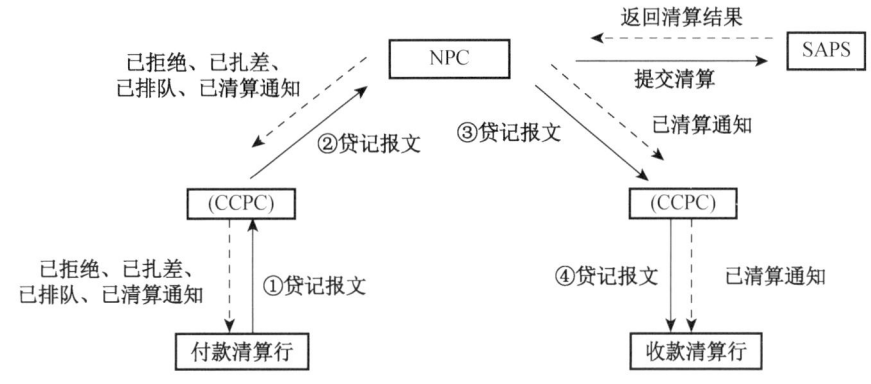

图 7-4 普通贷记业务处理流程图

(1) 付款(清算)行对普通、定期贷记业务进行账务处理后,批量组包并发送贷记报文至其接入的 CCPC。

(2) 付款清算行的 CCPC 将贷记报文实时转发 NPC。

(3) NPC 收到后提交 SAPS 进行净借记限额检查,将检查通过的进行轧差处理,并标记"已轧差"状态后转发收款清算行接入的 CCPC,同时向付款清算行的 CCPC 返回已轧差信息;检查未通过的,作排队处理并向付款清算行的 CCPC 返回已排队信息。

(4) 收款(清算)行的 CCPC 收到后转发收款(清算)行,收款(清算)行接收已轧差贷记支付报文后进行账务处理。① NPC 在设定的清算时点生成本场轧差净额清算报文提交 SAPS 进行资金清算。② SAPS 清算成功后向 NPC 返回轧差净额清算回执报文,对清算账户余额不足或超过日间透支限额的进行排队处理。③ NPC 收到轧差净额清算回执报文后,转发至付款清算行和收款(清算)行的 CCPC。④ 付款清算行和收款清算行的 CCPC 收到后,分别向付款清算行、收款清算行发送已清算通知。⑤ 付款(清算)行、收款(清算)行收到已清算通知后进行相应的账务处理。

2. 普通贷记业务的核算

(1) 付款(清算)行的处理。

① 付款行的处理。付款行受理客户提交的普通贷记业务,审核无误进行账务处理后,将支付信息通过行内系统发送付款(清算)行。付款行的账务处理按各银行系统内往来的规定办理。其会计分录为:

借：吸收存款——××存款——××户
　　贷：待清算辖内往来——××行

② 付款清算行的处理。付款清算行收到后，审核无误，按系统内往来进行账务处理。其会计分录为：

借：待清算辖内往来——××行
　　贷：待清算支付款项

若付款清算行本身就是发起行，则其对自身发起的普通贷记业务进行账务处理的会计分录为：

借：××科目
　　贷：待清算支付款项

完成账务处理后，付款清算行行内业务处理系统与前置机直联的，行内系统按收款（清算）行组包后发送前置机，前置机收到业务包审核无误后，逐包加编地方密押发送CCPC。

小额支付系统采取"实时双边轧差，定时清算"的资金清算模式。清算行将业务包发送小额支付系统后，小额支付系统并不实时提交SAPS进行资金清算，而是由SAPS进行付款清算行的净借记限额检查后，NPC将检查通过的业务包进行轧差处理并转发给收款（清算）行。待每一个清算时点，小额支付系统按照直接参与者（即清算银行）计算上一清算时点至本清算时点的轧差净额后，提交SAPS进行资金清算。由于小额支付系统业务转发在前、资金清算在后，因此，清算行需设置"待清算支付款项"科目，用于核算通过小额支付系统办理支付业务尚未提交SAPS进行清算的资金。

待付款（清算）行收到已清算通知，进行相应的账务处理。其会计分录为：

借：待清算支付款项
　　贷：存放中央银行款项——准备金存款

（2）付款（清算）行CCPC的处理。CCPC收到业务包，检查核押无误后，加编全国密押后转发国家处理中心。

（3）NPC的处理。NPC收到业务包后，对检查核押无误的业务包提交SAPS进行净借记限额检查。将检查通过的纳入轧差处理并对业务包标记"已轧差"状态，转发收款（清算）行的CCPC，同时向付款（清算）行的CCPC返回已轧差信息；检查未通过的，将业务包作排队处理并向付款（清算）行的CCPC返回已排队信息。

（4）收款（清算）行的CCPC的处理。CCPC收到NPC发来的业务包，核验全国密押无误后，加编地方密押转发收款（清算）行。

（5）收款（清算）行的处理。

① 收款清算行的处理。银行行内业务处理系统与前置机直联的，前置机收到CCPC发来的业务包，逐包确认并核押无误后，发送至行内系统拆包并进行账务处理。其会计分录为：

借：待清算支付款项
　　贷：待清算辖内往来——××行

若收款清算行本身就是收款行,其会计分录为:

借:待清算支付款项
　　贷:××科目

待收款清算行收到已清算通知,进行相应的账务处理。其会计分录为:

借:存放中央银行款项——准备金存款
　　贷:待清算支付款项

② 收款行的处理。收款行收到收款清算行通过行内系统发来的支付信息,确认无误后,按各银行系统内往来的规定进行账务处理并通知收款人。其会计分录为:

借:待清算辖内往来——××行
　　贷:吸收存款——××存款——××户

若为定期贷记业务,办理定期贷记业务前,付款(清算)行需要与企业签订双方合同或协议。付款(清算)行办理定期贷记业务时,受理企事业单位以联机或磁介质方式提交的业务数据,依据合同审核无误后作相应账务处理。付款(清算)行、收款(清算)行的其他业务处理手续比照普通贷记业务办理。

(二) 普通借记业务的处理流程与核算

1. 普通借记业务的处理流程

普通借记业务处理流程分为发起借记业务和处理借记回执两个阶段。

1) 发起借记业务阶段

(1) 收款清算行将普通、定期借记业务批量组包后,发送借记报文至 CCPC。
(2) 收款清算行的 CCPC 接收借记报文后转发 NPC。
(3) NPC 接收借记报文转发付款清算行的 CCPC。
(4) 付款清算行的 CCPC 收到后转发付款清算行。

2) 处理借记回执阶段

(5) 付款(清算)行收到借记报文后执行扣款,对扣款成功的进行账务处理,并在规定时间内对扣款成功或失败的返回受理成功或拒绝受理借记回执。
(6) 付款(清算)行的 CCPC 收到借记回执后转发 NPC。
(7) NPC 收到后,对借记回执中成功金额提交 SAPS 进行付款清算行的净借记限额检查;检查通过的实时纳入轧差处理,并标记"已轧差"状态后转发收款清算行的 CCPC;检查未通过的进行排队处理,并向付款清算行的 CCPC 返回已排队信息。
(8) 收款(清算)行的 CCPC 收到已轧差借记回执后转发收款清算行。收款(清算)行收到已轧差借记回执后进行相应的账务处理。

NPC 在设定的清算时点,提交 SAPS 进行资金清算,清算成功后将已清算信息转发付款清算行和收款清算行,付款(清算)行和收款(清算)行收到已清算通知后进行相应的账务处理。

普通借记业务的流程如图 7-5 所示。

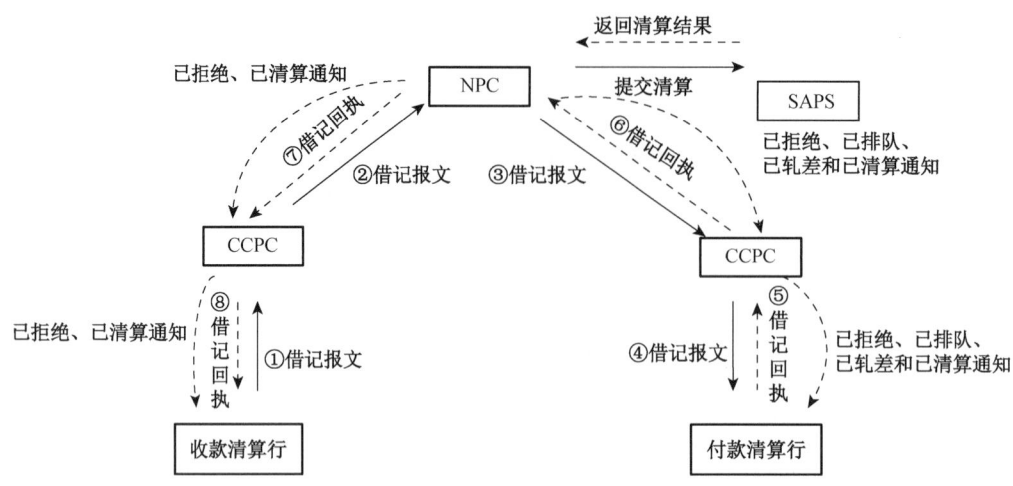

图 7-5 普通借记业务的流程图

2. 普通借记业务的核算

1) 发起借记业务的处理

（1）收款（清算）行的处理。收款（清算）行行内业务处理系统与前置机直联的，根据客户提交的普通借记业务，确定每笔业务的借记回执信息最长返回时间 N 日（借记回执信息返回基准时间≤N≤5），按规定组包后发送前置机。前置机对业务包进行检查核对后，登记借记业务登记簿并加编地方密押后发送 CCPC。

（2）收款（清算）行 CCPC 的处理。CCPC 收到业务包，检查核押无误，加编全国密押后发送 NPC。

（3）NPC 的处理。NPC 收到业务包，检查核押无误后，登记借记业务登记簿并将业务包转发付款（清算）行 CCPC。

（4）付款"清算"行 CCPC 的处理。CCPC 收到业务包，检查核押无误，加编地方密押后转发付款（清算）行。

（5）付款（清算）行的处理。付款（清算）行前置机收到业务包，逐包确认并核押无误后，登记借记业务登记簿并发送至行内系统拆包和处理。

2) 借记业务回执的处理

（1）付款（清算）行的处理。付款（清算）行收到借记业务后执行扣款，对扣款成功的进行账务处理。其会计分录为：

借：吸收存款——××存款——××户
　　贷：待清算支付款项

付款（清算）行应在规定时间内，对扣款成功或失败的形成受理成功或拒绝受理借记业务回执包发送前置机。前置机收到后，检查核对无误，加编地方密押发送 CCPC。

待付款清算行收到已清算通知时，进行相应的账务处理。其会计分录为：

借：待清算支付款项
　　贷：存放中央银行款项——准备金存款

若付款清算行收到已拒绝通知，其会计分录为：

借：吸收存款——××存款——××户　　　　　　　　　　　　　　　（红字）
　　贷：待清算支付款项　　　　　　　　　　　　　　　　　　　　　（红字）

（2）付款清算行 CCPC 的处理。CCPC 收到回执包，检查核押无误，加编全国密押后发往 NPC。

（3）NPC 的处理。NPC 收到回执包，对检查核押无误的回执包中成功金额提交 SAPS 进行净借记限额检查。检查通过的实时纳入轧差处理，销记登记簿，并对包标记"已轧差"状态后转发收款清算行的 CCPC；检查未通过的，进行排队处理并向付款清算行的 CCPC 返回已排队信息。

（4）收款清算行 CCPC 的处理。CCPC 收到回执包，核验全国密押无误，加编地方密押后转发收款清算行。

（5）收款（清算）行的处理。收款（清算）行前置机收到回执包，逐包确认并核押无误后销记登记簿，发送行内系统拆包并进行账务处理。其会计分录为：

借：待清算支付款项
　　贷：吸收存款——××存款——××户

待收款（清算）行收到已清算通知，进行相应的账务处理。其会计分录为：

借：存放中央银行款项——准备金存款
　　贷：待清算支付款项

若为定期借记业务，办理定期借记业务前，付款（清算）行、付款人、收费单位需要签订办理代扣某类费用的三方合同或协议。定期借记业务分为发起业务阶段和处理借记回执阶段。在发起业务阶段，收款（清算）行收到收费单位以联机或磁介质方式提交的业务数据，检查无误后按规定组包。收款（清算）行、付款（清算）行的其他业务处理手续比照普通借记业务办理。

（三）轧差和资金清算的处理

1. 净借记限额检查的处理

小额支付系统对收到的贷记支付指令和借记及实时贷记业务回执，均需以付款（清算）行为对象提交 SAPS 进行净借记限额检查。SAPS 将贷记支付指令、借记及实时贷记业务回执中的成功金额与付款（清算）行的净借记限额可用额度进行比较。贷记支付指令、借记业务回执或实时贷记业务回执金额小于等于净借记限额可用额度的，该业务通过净借记限额检查，实时纳入轧差并转发；大于净借记限额可用额度的，净借记限额检查失败，该业务作排队或退回处理。

其中，净借记限额是指为开立清算账户的直接参与者设定的、对其发生支付业务的净借记差额进行控制的最高额度。净借记限额为直接参与者提供质押品所获取的质押额度、中国人民银行授予的信用额度和为保证支付业务的清算而在其清算账户中圈存的作为担保的资金之和。其计算公式为：

$$\begin{pmatrix} 付款(清算)行 \\ 净借记限额 \\ 可用额度 \end{pmatrix} = \begin{pmatrix} 付款 \\ (清算)行 \\ 净借记限额 \end{pmatrix} - \begin{pmatrix} 付款(清算)行已 \\ 提交未清算业务 \\ 净借记差额 \end{pmatrix} - \begin{pmatrix} 付款(清算)行本 \\ 场轧差场次的 \\ 当前净借记差额 \end{pmatrix} + \begin{pmatrix} 付款(清算)行本 \\ 场轧差场次的 \\ 当前净贷记差额 \end{pmatrix}$$

2. 国家处理中心轧差处理

NPC 对支付业务进行轧差时，普通贷记、定期贷记支付业务以贷记批量包为轧差依据，实时贷记、借记支付业务以回执包中的成功交易为轧差依据。NPC 对通过净借记限额检查的贷记支付指令和借记及实时贷记业务回执，按付款（清算）行和收款（清算）行双边实时轧差。轧差公式为：

$$\begin{bmatrix} 某清算行提交清算的贷方净额(+) \\ [或借方净额(-)] \end{bmatrix} = \begin{pmatrix} 贷记来账 \\ 金额 \end{pmatrix} + \begin{pmatrix} 他行返回借记回执 \\ 成功交易金额 \end{pmatrix} - \begin{pmatrix} 贷记往账 \\ 金额 \end{pmatrix} - \begin{pmatrix} 发出借记回执 \\ 成功交易金额 \end{pmatrix}$$

小额支付系统处理的支付业务一经轧差即具有支付最终性，不可撤销。银行业金融机构收到已轧差的贷记支付业务信息或已轧差的借记支付业务回执信息时，应当贷记确定收款人账户。

3. 资金清算的处理

根据中国人民银行的规定，NPC 设置日间轧差净额提交清算的场次和时间，在提交时点对本场轧差净额进行试算平衡检查，检查无误后自动提交 SAPS 进行资金清算。SAPS 收到轧差净额清算报文，进行试算平衡检查无误后，自动完成相关账务处理。属于清算行轧差净额的处理如下：

属于清算行贷方差额的，其会计分录为：

借：小额支付往来——中国人民银行××行
　　贷：商业银行存款——××行

属于清算行借方差额的，如清算账户可用头寸足以支付，则会计分录相反；如清算账户可用头寸不足支付，作排队处理。

完成账务处理后，小额支付系统自动生成清算通知发送至各参与者。各参与者根据清算通知变更业务状态，完成相应的账务处理。

（四）国家处理中心年终账务结转

1. "小额支付往来"科目的结转

年度最后一个工作日，国家处理中心完成日终试算平衡，并将日终账务信息下载后，系统自动将"小额支付往来"科目余额以"中国人民银行××行（库）"为单位，结转到"支付清算资金往来"科目。如"小额支付往来"科目为借方余额的，其会计分录为：

借：支付清算资金往来——中国人民银行××行（库）户
　　贷：小额支付往来——中国人民银行××行（库）户

如"小额支付往来"科目为贷方余额的，其会计分录相反。

国家处理中心将各行(库)"支付清算资金往来"科目的余额保留,纳入下一年度每一营业日的账务平衡。

2. 清算账户的结转与支付清算资金往来科目余额的核对

清算账户的结转与支付清算资金往来科目余额的核对与大额支付系统的处理方式相同,这里不再赘述。

【例7-2】 8月5日,小额支付系统NPC的一场轧差净额为:中国工商银行深圳分行贷方差额1 000 000元,中国农业银行北京分行借方差额500 000元,中国建设银行上海分行借方差额700 000元。NPC进行试算平衡检查无误,生成轧差净额清算报文,提交SAPS进行资金清算。

SAPS的账务处理如下:

(1) 对中国工商银行深圳分行贷方差额进行处理的会计分录为:

借:小额支付往来——中国人民银行深圳中心支行　　　　1 000 000
　　贷:商业银行存款——中国工商银行深圳分行　　　　　　　1 000 000

(2) 对中国农业银行北京分行借方差额进行处理的会计分录为:

借:商业银行存款——中国农业银行北京分行　　　　　　500 000
　　贷:小额支付往来——中国人民银行北京营业管理部　　　　500 000

(3) 对中国建设银行上海分行借方差额进行处理的会计分录为:

借:商业银行存款——中国建设银行上海分行　　　　　　700 000
　　贷:小额支付往来——中国人民银行上海分行　　　　　　　700 000

第四节　同城票据交换系统的核算

一、同城票据交换的有关规定

同城票据交换是指同一城市或同一票据交换区内各商业银行将相互代收、代付的票据,在规定时间内(每日定时定点)集中在票据交换场所进行交换,当场轧差清算资金的一种方式。

同城票据交换系统是我国支付清算体系的重要组成部分,是指由中国人民银行当地分支行组织的,在指定区域内遵循"先付后收、收妥抵用、差额清算、银行不垫款"的原则,定时定点集中交换、清分中国人民银行和银行业金融机构提出的结算票据的跨行支付清算系统。同城票据交换系统主要处理纸票据不能截留的支票、本票、跨行银行汇票,以及跨行代收、代付纸质凭证。其运行的主要机构是各地的票据交换所,为促进区域经济发展,北京和天津、上海和南京、广州和深圳等地票据交换所联合建成了区域性票据交换中心。

同城票据交换一般由当地中央银行统一组织实施与管理,制定票据交换的具体办法,设立票据交换所集中进行票据交换,并根据当地实际情况确定同城票据交换的场次,一般每日设置两场交换,上午和下午各一场,并规定具体的交换时间。参加票据交换的商业银行各行处必须取得当地中央银行同城票据交换号,方可按规定时间参加交换。

同城票据交换的资金清算,可由参加票据交换的商业银行各行处分别在当地中央银行开立清算账户,分别与中央银行进行资金清算;也可以其管辖行作为清算行在中央银行开立清算账户,统一与中央银行进行资金清算,然后管辖行再通过系统内往来与辖属各行处进行二次清算。

二、同城票据交换的基本原理

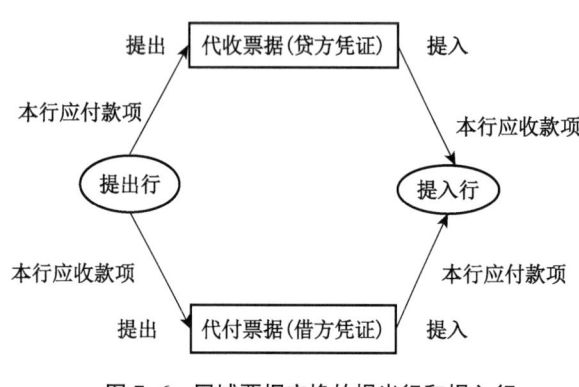

图 7-6 同城票据交换的提出行和提入行

票据交换分为提出行和提入行两个系统。在票据交换中,凡是提出票据给他行的银行叫提出行;凡是通过票据交换从他行提入票据的银行叫提入行。参加票据交换的每个银行,一般既是提出行又是提入行。

同城票据交换的提出行和提入行提出提入票据的情况如图 7-6 所示。

商业银行提出交换的票据可分为以下两类:

(1) 代收票据也称贷方凭证,是指以本行开户单位为付款人,委托本行向他行开户单位付款的各种结算凭证,如由签发人提交的支票、代发工资凭证、划转税款凭证等。

(2) 代付票据也称借方凭证,是指以本行开户单位为收款人,向他行开户单位收款的各种结算凭证,如以本行开户单位为收款人解入的支票、银行本票、商业汇票等。

提出行提出代收票据(贷方凭证)则表示为本行应付款项,提出贷方票据(借方凭证)则表示为本行应收款项;提入行提入代收票据(贷方凭证)则表示为本行应收款项,提入借方票据(借方凭证)则表示为本行应付款项。由于参加票据交换的商业银行一般既是提出行又是提入行,因此,在每场票据交换中,各行应收和应付金额合计分别为:

应收金额合计=提出的借方凭证金额+提入的贷方凭证金额
应付金额合计=提出的贷方凭证金额+提入的借方凭证金额

各行在每次交换中当场加计应收和应付金额合计,并轧计出应收或应付差额。具体讲,将应收金额合计与应付金额合计进行比较,如应收金额合计大于应付金额合计,即为应收差额;如果应付金额合计大于应收金额合计,即为应付差额。最后由票据交换所汇总轧平各行处的应收、应付差额,由中央银行办理转账,清算差额。

同城票据交换差额的轧计计算程序如图7-7所示。

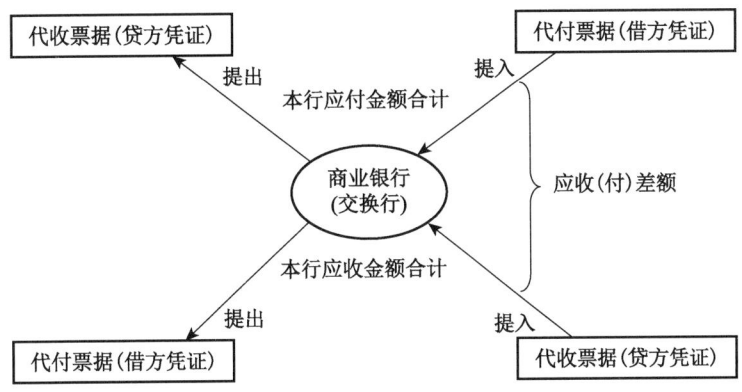

图7-7　同城票据交换差额的轧计程序

三、同城票据交换的账务处理

商业银行应设置"清算资金往来"科目，该科目属于资产负债共同类科目，核算商业银行间业务往来的资金清算款项。该科目可按资金往来单位，分别设置"同城票据清算"和"信用卡清算"等明细科目进行明细核算。该科目期末借方余额反映商业银行应收的清算资金，期末贷方余额反映商业银行应付的清算资金。

1．提入票据

票据交换员提回交换包，将提入的各项单证和票据、交换差额报告单及清单等移交柜员。柜员审核无误后，使用相关交易进行处理，打印记账凭证，系统自动登记同城票据提入登记簿。具体账务处理如下：

（1）提入贷方凭证。提入贷方凭证时，如审核提入凭证正确无误，则办理转账。编制的会计分录为：

借：清算资金往来——同城票据清算
　　贷：吸收存款——单位(或个人)活期存款(收款人户)

（2）提入借方凭证。提入借方凭证时，如提入凭证正确无误，并经审核可以付款，则办理转账。编制的会计分录为：

借：吸收存款——单位(或个人)活期存款(付款人户)
　　贷：清算资金往来——同城票据清算

（3）提入票据退票。当提入的票据由于各种原因不能办理转账，需要退票时，应在规定的退票时间内打电话通知原提出行，并将待退票据视同提出票据列入下次清算。由于待退票据款项已列入本次清算差额，为保持本次"清算资金往来"余额与清算差额一致，便于账务平衡和核查，对待退票款项应列入应收或应付科目核算。退票时，填制"退票理由书"一式三联。一联留存本行作应收或应付科目的转账凭证，另两联附退票票据，于下次票据交换时退回原提出行。

① 提入的贷方票据（如进账单）需要退票时，编制的会计分录为：

借：清算资金往来——同城票据清算
　　贷：其他应付款——托收票据退票户

下次交换提出退票时，编制的会计分录为：

借：其他应付款——托收票据退票户
　　贷：清算资金往来——同城票据清算

② 对提入的借方票据（如空头支票）需要退票时，编制的会计分录为：

借：其他应收款——托收票据退票户
　　贷：清算资金往来——同城票据清算

下次交换提出退票时，编制的会计分录为：

借：清算资金往来——同城票据清算
　　贷：其他应收款——托收票据退票户

2. 提出票据

提出行将提出的票据，先按贷方票据、借方票据清分，分别登记"贷方票据交换登记簿"和"借方票据交换登记簿"，并结出金额合计数；然后按贷方、借方票据所属行别的交换号（即提入行的交换代号）整理、汇总，加计票据的张数、金额，填制"提出交换借、贷方凭证计算表"并将贷方、借方票据附在后面；再根据计算表登记"清算总数表"，由交换员将清算总数表，连同计算表和提出的贷方、借方票据带到票据交换所进行交换。

（1）提出贷方凭证。提出贷方凭证时，编制的会计分录为：

借：吸收存款——单位（或个人）活期存款（付款人户）
　　贷：清算资金往来——同城票据清算

（2）提出借方凭证。提出借方凭证时，根据"收妥入账"的原则，分不同情况进行处理。

对于即时抵用的票据，如本票等，应及时将资金划入客户账内。编制的会计分录为：

借：清算资金往来——同城票据清算
　　贷：吸收存款——单位（或个人）活期存款（收款人户）

对于收妥抵用的票据，如转账支票等，先将应收票款记入"其他应付款"科目。编制的会计分录为：

借：清算资金往来——同城票据清算
　　贷：其他应付款——××户（收款人户）

若超过规定的退票时间，未发生退票，再将资金划入客户存款账内：

借：其他应付款——××户（收款人户）
　　贷：吸收存款——单位（或个人）活期存款（收款人户）

（3）提出票据退票。提出行接到退票行的电话通知后，根据票据交换登记簿查明确属本行提出的票据，在登记簿中注明退票的理由和时间，再作账务处理。

① 提出的贷方票据发生退票时，编制的会计分录为：

借：清算资金往来——同城票据清算
  贷：吸收存款——单位（或个人）活期存款（各付款人户）

② 提出的借方票据发生退票时，编制的会计分录为：

借：其他应付款——××户（收款人户）
  贷：清算资金往来——同城票据清算

退回的票据视同提入票据处理。根据退票行提交的"退票理由书"填制特种转账凭证办理转账。在下次票据交换前通过"其他应收款"或"其他应付款"科目核算。

3. 票据交换差额的处理

各行票据交换员将提出的票据在规定时间内提交给票据交换所，并在票据交换所提回本行票据时，分别代收、代付汇总加计票据笔数和金额，经核对相符，登记"清算总数表"相关栏后，结出应收金额合计和应付金额合计，然后计算出应收差额或应付差额。

票据交换员应根据清算总数表中的应收、应付差额填制"票据清算差额专用凭证"将资金差额向当地中央银行当场清算。

若本次交换为应收差额，应向票据交换所填制中央银行存款账户送款单。编制的会计分录为：

借：存放中央银行款项——备付金存款户
  贷：清算资金往来——同城票据清算

若本次交换为应付差额，应向票据交换所填制中央银行转账支票。编制的会计分录为：

借：清算资金往来——同城票据清算
  贷：存放中央银行款项——备付金存款户

【例 7-3】 9月15日，中国银行北京某支行票据交换清算总数表如表 7-2 所示。

表 7-2　　　　　　　　　　票据交换清算总数表　　　　　　　　　单位：元

借方			贷方		
项目	笔数	金额	项目	笔数	金额
提出借方票据	15	1 360 000	提出贷方票据	10	654 000
提入贷方票据	6	686 000	提入借方票据	13	1 677 000
合计	21	2 046 000	合计	23	2 331 000
应收差额			应付差额		285 000

根据票据交换清算总数表，中国银行北京某支行账务处理如下：

1. 提出票据的核算

(1) 根据提出借方票据的金额,编制的会计分录为:

借:清算资金往来——同城票据清算　　　　　　　　　　　　　1 360 000
　　贷:吸收存款——单位(或个人)活期存款(各收款人户)　　　　1 360 000

(2) 根据提出贷方票据的金额,编制的会计分录为:

借:吸收存款——单位(或个人)活期存款(各收款人户)　　　　　654 000
　　贷:清算资金往来——同城票据清算　　　　　　　　　　　　　654 000

2. 提入票据的核算

(1) 根据提入贷方票据的金额,编制的会计分录为:

借:清算资金往来——同城票据清算　　　　　　　　　　　　　　686 000
　　贷:吸收存款——单位(或个人)活期存款(各收款人户)　　　　　686 000

(2) 根据提入借方票据的金额,编制的会计分录为:

借:吸收存款——单位(或个人)活期存款(各收款人户)　　　　　1 677 000
　　贷:清算资金往来——同城票据清算　　　　　　　　　　　　　1 677 000

3. 资金清算的核算

应收金额合计＝1 360 000＋686 000＝2 046 000(元)
应付金额合计＝654 000＋1 677 000＝2 331 000(元)
应付差额＝2 331 000－2 046 000＝285 000(元)

编制的会计分录为:

借:清算资金往来——同城票据清算　　　　　　　　　　　　　　285 000
　　贷:存放中央银行款项——备付金存款户　　　　　　　　　　　285 000

第五节　全国支票影像交换系统的核算

一、支票影像交换系统概述

长期以来,我国支票主要在同一票据交换区域内使用,并通过同城票据交换系统进行资金清算;2007年全国支票影像交换系统(CIS)建成运行后,改变了传统的实物票据交换模式,使支票的使用范围扩大到全国。银行业金融机构处理异地、同城跨行和行内支票业务,都可以通过支票影像交换系统进行支票影像信息交换。

支票影像交换系统综合运用影像技术和支付密码等技术,将实物支票转换为支票影像信息(即支票影像及其电子清算信息),实现实物支票截留,通过计算机及网络将支票影像信息传递至出票人开户行提示付款,付款回执通过小额支付系统返回,由小额支付系统统一纳入轧差并提交清算,实现支票的全国通用。

1. 支票影像交换系统的体系结构

支票影像交换系统采取"两级两层"结构：第一层为全国支票影像交换中心（简称CIS总中心），与支付系统国家处理中心（NPC）同位摆放，负责接收、转发跨分中心的支票影像信息；第二层为支票影像交换分中心（省中心或区域中心，简称CIS分中心），与支付系统城市处理中心（CCPC）同位摆放，负责接收、转发同一分中心内的支票影像信息，并向总中心发送和从总中心接收跨分中心的支票影像信息。

2. 支票影像交换系统的参与者与接入模式

支票影像交换系统的参与者包括办理支票结算业务的银行业金融机构和票据交换所。

银行业金融机构可以采用分散接入模式或集中接入模式通过影像交换系统处理支票业务。在分散接入模式下，银行业金融机构委托票据交换所提交和接收支票影像信息；在集中接入模式下，银行业金融机构与影像交换系统联网，通过省级机构或法人机构集中提交和接收支票影像信息。

二、支票影像交换系统的业务处理流程

影像交换系统处理的支票业务分为区域业务和全国业务。区域业务是指支票的提出行和提入行均属同一分中心并由分中心转发的业务；全国业务是指支票的提出行和提入行分属不同分中心并由总中心负责转发的业务。

1. 提出行的业务处理流程

提出行（持票人开户的银行业金融机构）前置机或所在地票据交换所前置机将采集的支票影像和电子清算信息提交支票影像交换系统，分中心接收支票影像和电子清算信息后，属于区域业务的，转发至提入行前置机或所在地票据交换所前置机，属于全国业务的，经总中心、提入分中心，转发至提入行前置机或所在地票据交换所前置机。

2. 提入行的业务处理流程

提入行（出票人开户的银行业金融机构）在规定的回执返回期限内，根据小额支付系统组包规则，通过行内系统或小额支付系统客户端，按照同一收款清算行组支票业务回执包（含付款确认回执和退票回执）并送交小额支付系统处理。具体比照小额支付系统借记业务回执的手续进行处理。

三、支票影像交换系统处理支票业务的核算

下面以商业银行采用集中接入模式处理影像支票业务为例，阐述通过支票影像交换系统处理支票业务的核算。

1. 提出行发起支票影像信息的处理

持票人开户行收到持票人送交的支票和三联进账单时，应认真审查。经审查拒绝受理的，开户行制作一式二联拒绝受理通知书，加盖业务公章后一联连同支票和进账单一并退票人，一联留存定期归档；经审查无误受理的，开户行在第一联进账单上签章作为回单退给持票人，第二联进账单加盖"收妥后入账"的戳记。

提出行采用集中接入直联方式的,在支票上加盖票据交换专用章;按规定采集支票影像;通过行内系统录入、复核支票电子清算信息;将电子清算信息与影像匹配无误后,登记"提出支票业务登记簿";按规定格式生成支票影像业务报文,经数字签名后,发送影像交换系统。

2. 提出行分中心的处理

提出行分中心收到提出行前置机的支票影像业务报文后,进行合法性检查并对数字签名进行验证。检查和验证通过的,登记支票业务登记簿,对区域内支票业务,设置支票回执期限日期(T+N)(T是指总中心转发全国业务或分中心转发区域业务的影像交换系统日期;N是指支票业务回执返回最长期限,遇节假日和小额支付系统停运日顺延。N由中国人民银行确定并授权CIS总中心统一设置,下同),将支票影像业务报文直接发送提入行前置机;对全国支票业务,将支票影像业务报文转发总中心。

检查和验证未通过的,返回拒绝回执至提出行前置机。

3. 总中心的处理

总中心收到提出行分中心的支票影像业务报文后,进行合法性检查并对数字签名进行验证。检查和验证通过的,登记支票业务登记簿,设置支票回执期限日期(T+N),将支票影像业务报文转发提入行分中心。

检查和验证未通过的,返回拒绝回执至提出行分中心。

4. 提入行分中心的处理

提入行分中心收到总中心的支票影像业务报文后,对数字签名进行验证。验证通过的,登记支票业务登记簿,将支票影像业务报文转发提入行前置机;数字签名验证未通过的,将错误信息写入支票影像业务报文并转发提入行前置机。

5. 提入行接收核验支票的处理

提入行行内系统收到分中心发来的支票影像业务报文后,进行解析处理,登记"提入支票业务登记簿",并对接收的支票影像业务报文进行印鉴核验或支付密码核验处理。审核无误的,进行确认付款处理;审核有误的,进行拒绝付款(退票)处理。

6. 提入行发起回执的处理

提入行确认付款的,立即进行账务处理。其会计分录为:

借:吸收存款——××存款——××户
　　贷:待清算支付款项

扣款成功后,提入行应在规定期限(T+N)内,通过小额支付系统发起支票影像业务确认付款回执。

待提入行收到小额支付系统发来的已清算通知,进行相应的账务处理。其会计分录为:

借:待清算支付款项
　　贷:存放中央银行款项——准备金存款

提入行拒绝付款(退票)的,应在规定期限(T+N)内,通过小额支付系统发起支票影像业务拒绝付款回执。未参加小额支付系统的提入行,委托其代理行通过小额支付系统发送拒绝付款回执。

7. 提出行收到小额支付系统支票业务回执的处理

提出行小额支付系统前置机收到城市处理中心(CCPC)发来的支票回执业务包,核验地方押无误后向CCPC返回确认信息,若核押错误,则作拒绝处理。

在直联方式下,提出行小额支付系统前置机将支票回执业务包直接发送至行内系统进行处理,打印来账清单。

(1)记持票人账户的处理。提出行对收到的确认付款回执,匹配并销记"提出支票业务登记簿"后,进行账务处理。其会计分录为:

借:待清算支付款项
　　贷:吸收存款——××存款——××户

来账清单或来账凭证作记账凭证,第二联进账单及支票作记账凭证附件,第三联进账单交持票人。

待提出行收到小额支付系统发来的已清算通知,进行相应的账务处理。其会计分录为:

借:存放中央银行款项——准备金存款
　　贷:待清算支付款项

(2)退票的处理。提出行对收到的拒绝付款回执,匹配并销记"提出支票业务登记簿"后,经行内系统或提出行小额支付系统前置机客户端打印退票理由书一式二联,一联加盖业务公章连同支票和进账单一并退还持票人,并办理签收手续,一联留存归档。

8. 提出行逾期未收到小额支付系统支票业务回执的处理

提出行在规定时间内未收到支票业务回执的,应主动通过影像交换系统向提入行发出查询;支票提示付款期届满仍未收到支票业务回执的,提出行可将实物支票退还持票人并办理签收登记。

支票退还持票人后收到支票业务回执,回执确认付款的,按来账贷记收款人账户,并通知持票人交回退还的支票;回执拒绝付款的,打印退票理由书交持票人。

思　考　题

1. 什么是中国现代化支付系统?它包括几个主要应用系统?其结构如何?
2. 大、小额支付系统的参与者分为哪几类?
3. 什么是全国支票影像交换系统?
4. 大、小额支付系统的业务种类和处理方式有何不同?

练 习 题

【业务题】

1. 2×19 年 10 月 10 日,中国工商银行天津分行(直接参与者)收到开户单位友谊商场提交的电汇凭证,要求向交通银行上海分行(直接参与者)开户单位光明乳业公司汇出货款 600 000 元。中国工商银行天津分行审核无误办理转账后,行内系统按收款清算行组包,通过小额支付系统汇出资金。交通银行上海分行收到业务包,经确认无误,由行内系统拆包,将货款收入开户单位光明乳业公司的账户。中国工商银行天津分行和交通银行上海分行均收到了小额支付系统发来的已清算通知。

要求:编制中国工商银行天津分行、交通银行上海分行的会计分录。

2. 中国工商银行北京大望路分理处 12 月 9 日第一场交换提出、提回票据情况如下:提出应借票据 76 张,金额为 314 657.38 元;提出应贷票据 47 张,金额为 162 469.52 元;提回应借票据 68 张,金额为 230 365.27 元;提回应贷票据 34 张,金额为 184 358.30 元。

要求:计算同城票据清算差额并编制会计分录。

第八章 国内支付结算的核算

第一节 国内支付结算概述

一、国内支付结算的含义

(一) 国内支付结算的概念与种类

国内支付结算即国内转账结算,是指商业银行通过提供结算工具,对国内单位、个人在社会经济活动中因商品交易、劳务供应、资金调拨及其他款项往来而产生的债权债务进行清偿的行为。支付结算源于银行结算,是银行代客户清偿债权债务、收付款项的一种传统中间业务。

按支付结算业务实现的方式不同,支付结算分为现金结算和转账结算。发生经济活动的双方,以现金方式完成货币给付及其资金清算的,称为现金结算。发生经济活动的双方,以信用方式代替现金支付,通过在银行账户间划转款项,完成货币给付及其资金清算的,称为转账结算。

按支付结算工具的不同,支付结算分为票据结算、银行卡结算、结算方式结算和国内信用证结算,简称"三票三式一卡一证"。其中,"三票",即支票、汇票(银行汇票、商业汇票)、银行本票;"三式",即汇兑、托收承付、委托收款;"一卡",即信用卡;"一证",即国内信用证。

按适用的区域范围不同,支付结算分为同城支付结算和异地支付结算。同城与异地一般以当地中国人民银行票据交换所的服务区域来界定。属于同一票据交换区域的货币收付为同城支付结算;否则,为异地支付结算。其中,银行本票用于同城支付结算;银行汇票、托收承付、国内信用证用于异地支付结算;商业汇票、支票、银行卡、汇票和委托收款既可用于同城支付结算,又可用于异地支付结算。

(二) 支付结算与资金清算的关系

支付结算是商业银行客户之间的资金往来通过商业银行进行的划转;资金清算是商业银行之间将由客户资金划转所引起的相互资金账务往来和资金存欠进行的结清。也就是说,商业银行在为客户办理资金划转及支付结算业务的同时,也引起了商业银行之间资金账务往来和资金存欠的清算。支付结算在前,资金清算在后,两者紧密联系、相辅相成。

支付结算的资金划转及其引起的资金清算需要借助支付清算系统来实现。目前，我国商业银行办理支付结算与资金清算业务，主要是通过中国现代化支付系统、商业银行行内汇划系统及同城票据交换系统等进行。在具体选择支付清算系统时，商业银行应根据结算对方银行所在地、是否为同系统银行、汇款金额大小、时限要求及资费高低等因素决定。当结算对方商业银行为同一系统银行时，可选择行内汇划系统。当结算对方商业银行为跨系统银行时，若在同城，可选择现代化支付系统或同城票据交换系统；若在异地，可选择现代化支付系统来实现。

二、支付结算的原则

支付结算原则是银行、单位和个人在办理支付结算时都必须遵守的行为准则。根据《支付结算办法》的规定，主要包括以下原则：

（1）恪守信用，履约付款。结算当事人应严格遵守信用，付款人必须按照约定的付款金额和付款日期进行付款，收款按照规定进行收款，银行作为资金清算的中介帮助收付双方划转款项。这是维护经济合同秩序，保障当事人经济利益的重要原则。

（2）谁的钱进谁的账，由谁支配。存款人对其存入银行的资金拥有所有权和自主支配权。支付结算的发生取决于委托人的意志，银行在支付结算中只是充当中介机构的角色，不能干涉当事人对其存款的自主支配权。银行不得截留和挪用客户资金，应依法为单位、个人的存款保密。除国家法律、法规规定的有关监督项目外，银行不代任何单位查询、扣款，不得停止单位、个人存款的正常支付。

（3）银行不垫款。银行在支付结算业务中，只充当资金清算的信用中介，不为任何一方垫付资金。要划清银行资金和存款人资金的界限，从而保证银行资金的安全，促使单位和个人以自己所有或经营管理的财产直接对自己的债务承担责任。在实际操作中，要贯彻"先付后收，收妥抵用"的原则，不得套取银行信用。

上述三个原则既可单独发挥作用，又是一个有机的整体，分别从不同角度强调了付款人、收款人和银行在支付结算中的权利义务，从而切实保障了结算活动的正常进行。

三、支付结算纪律

单位、个人和银行办理结算，必须依法进行。我国《票据法》《支付结算办法》等对支付结算纪律和违反支付结算纪律的相应处罚作出了详细的规定。

（一）单位和个人的结算纪律

（1）不准签发空头支票或印章与预留银行印鉴不符的支票、远期支票以及没有资金保证的票据，套取银行信用。

（2）不准签发、取得和转让没有真实交易和债权债务的票据，套取他人和银行资金。

(3) 不准无理拒付、任意占用他人资金。
(4) 不准违反规定开立和使用账户。

(二) 银行的结算纪律

(1) 不准以任何理由压票、任意退票、截留挪用客户和他行资金。
(2) 不准受理无理拒付、不扣或少扣滞纳金。
(3) 不准违章签发、承兑、贴现票据,套取银行资金。
(4) 不准签发空头银行汇票、银行本票和办理空头汇款。
(5) 不准无理拒绝支付应由银行支付的票据款项。
(6) 不准在结算制度之外规定附加条件,影响汇路畅通。
(7) 不准违反规定为单位和个人开立账户。
(8) 不准拒绝受理、代理他行正常结算业务。
(9) 不准放弃对企事业单位和个人违反结算纪律的制裁。

对于违反结算纪律的行为,要分清责任,按规定给予相应的经济和行政处罚,造成重大损失,构成犯罪的,还要依法追究刑事责任。

第二节 票据结算的核算

一、支票的核算

(一) 支票的概念及有关规定

1. 支票的概念

支票是指出票人签发的,委托办理支票存款业务的银行或者其他金融机构在见票时无条件支付确定的金额给收款人或者持票人的票据。支票为即期票据,收妥抵用,主要用于单位和个人在同一票据交换区域的各种款项结算。2007年,全国支票影像交换系统建成后,支票成为全国通用的支付结算工具。

我国《票据法》规定,支票可分为现金支票、转账支票和普通支票。票面上印有"现金"字样的为现金支票,现金支票只能用于支取现金;票面上印有"转账"字样的为转账支票,转账支票只能用于转账;票面上未印有"现金"或"转账"字样的为普通支票,普通支票可以用于支取现金,也可以用于转账;在普通支票左上角画两条平行线的,为画线支票,画线支票只能用于转账,不得支取现金。但值得注意的是,目前在我国实践中一般只有现金支票和转账支票,没有普通支票。

2. 支票结算的有关规定

(1) 支票的出票人,是在经中国人民银行当地分支行批准办理支票业务的银行机构开立使用支票的存款账户的单位和个人。
(2) 支票一律记名;现金支票不得背书转让;转账支票可背书转让。
(3) 支票的金额、收款人名称,可以由出票人授权补记。未补记前不得背书转让和提示付款。

（4）支票金额无起点限制，提示付款期为 10 天，自出票之日算起，到期日遇例假日顺延。超过提示付款期限的支票，持票人开户行不予受理，付款人不予付款。

（5）出票人不得签发空头或印章与预留银行印鉴不符的支票。否则，银行应予退票，并处以按票面金额 5% 但不低于 1 000 元的罚款；持票人有权要求出票人赔偿支票金额 2% 的赔偿金。对屡次签发空头或印章与预留银行印鉴不符的支票的，银行应停止其签发支票。

（6）签发支票应使用碳素墨水或墨汁填写，大小写金额、日期和收款人不能更改，否则支票无效，对于票据上记载的其他事项，原记载人可以更改，但必须签章证明。

（7）转账支票持票人可以委托开户银行收款（称为顺进账）或直接向付款人提示付款（称为到进账）。现金支票持有人只能直接向付款人提示付款。转账支票持票人委托开户银行收款时，应作委托收款背书，银行应通过票据交换系统收妥后入账。

（8）支票丧失，失票人可以向付款行挂失止付。挂失前已经支付的，银行不予受理。

支票结算流转程序如图 8-1 所示。

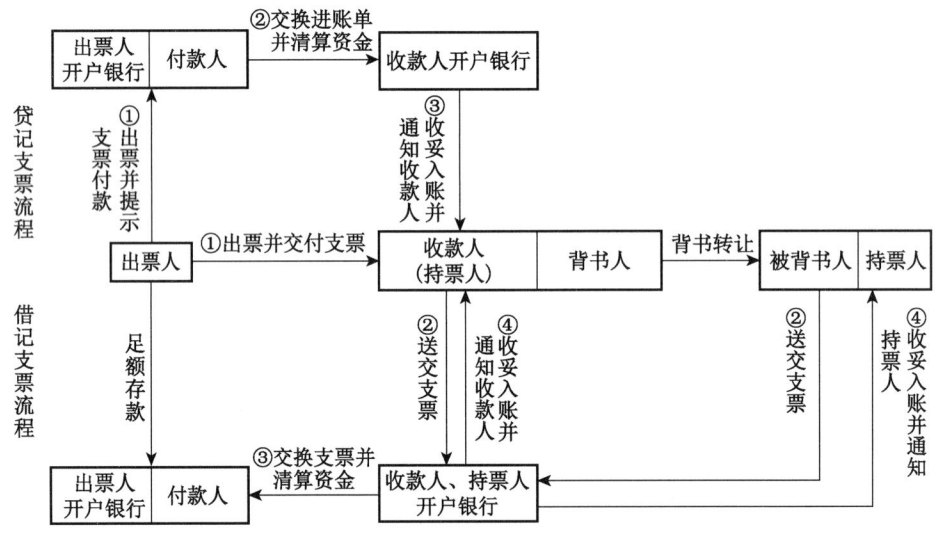

图 8-1　支票结算流转程序图

（二）转账支票的会计核算

1. 出票人、持票人在同一行开户

转账支票签发后，一般由持票人（或收款人，下同）在提示付款期内连同两联进账单一并提交银行。第一联收账通知，第二联贷方凭证，连同支票一并提交商业银行。转账支票和进账单第二联的样式分别如图 8-2 和图 8-3 所示。

第八章 国内支付结算的核算

```
┌─────────────────────────┬──────────────────────────────────────────────┐
│       ××银行            │   ××银行  现金支票    地  支票号码：         │
│     现金支票存根         │                        名                     │
│      支票号码            │   出票日期(大写)  年 月 日  付款行名称：     │
│   科   目                │   收款人：           出票人账号：             │
│   对方科目               │   人民币         千百十万千百十元角分         │
│   出票日期：  年 月 日   │   (大写)                                      │
│  ┌───────────────────┐  │   用途        科目(借)                        │
│  │ 收款人：          │  │   上列款项请从  对方科目(贷)                  │
│  │ 金  额：          │  │   我账户内支付  转账日期  年 月 日            │
│  │ 用  途：          │  │   出票人签章      复核       记账              │
│  └───────────────────┘  │   --------------------------------            │
│   单位主管    会计       │   (使用清分机的,此区域供打印磁性字码)         │
└─────────────────────────┴──────────────────────────────────────────────┘
```

8×22.5厘米,正联第17厘米(底纹按行别分色,大写金额栏加红水纹)

图 8-2 转账支票

```
              ××银行 进 账 单 (贷方凭证) 2
                    年 月 日              第   号
┌────┬──────────────┬────┬──────────────────────┐
│ 出 │ 全  称       │ 持 │ 全  称               │此
│ 票 │ 账  号       │ 票 │ 账  号               │联
│ 人 │ 开户银行     │ 人 │ 开户银行             │由
├────┼──────────────┴────┴──┬───────────────────┤持
│ 金 │ 人民币                │千百十万千百十元角分│票
│ 额 │ (大写)                │                   │人
├────┼──────────────────────┴───┬───────────────┤开
│票据种类│                      │科目(贷)         │户
├────────┤                      │对方科目(借)     │银
│票据号码│                      │转账日期 年 月 日│行
├────────┤                      │                 │作
│备  注  │                      │  复核     记账  │贷
│        │                      │                 │方
│        │                      │                 │凭
│        │                      │                 │证
└────────┴──────────────────────┴─────────────────┘
```

8.5×17.5厘米(白纸红油墨)

图 8-3 进账单

商业银行审核无误后,进行相关交易处理,打印记账凭证,支票、第二联进账单作记账凭证附件,第一联进账单交持票人。编制的会计分录为:

借：吸收存款——××存款——××户(出票人户)
　　贷：吸收存款——××存款——××户(持票人户)

若由出票人将自己签发的支票和三联进账单直接送交银行。银行受理后,第一联进账单(回单联)交给出票人;第二联进账单(贷方凭证联)、支票作记账凭证附件,第三联进账单(收账通知联)交给收款人。编制的会计分录同上。

2. 出票人、持票人在系统内不同行处开户

(1) 持票人开户行受理持票人送交支票的核算。持票人开户行收到持票人送交的支票和两联进账单时,应按规定认真审核,无误后,直接通过系统转账通兑,进行单位活期存款转账存入交易处理,录入支票相关信息,交易成功打印记账凭证,支票、第二联进账单作记账凭证附件,第一联进账单交持票人。编制的会计分录为:

借:待清算辖内往来——××行
　　贷:吸收存款——××存款——××持票人

持票人开户行受理持票人送交支票和进账单付款后,系统联动出票人开户行对出票人账户扣款转账。编制的会计分录为:

借:吸收存款——××存款——××出票人
　　贷:待清算辖内往来——××行

(2) 出票人开户行受理出票人送交支票的核算。出票人开户行接到出票人交来的支票和三联进账单,审核无误后,直接通过系统转账通兑,进行单位活期存款转账扣款交易处理,录入支票相关信息,交易成功打印记账凭证,支票、第二、第三联进账单作记账凭证附件,第一联进账单交出票人。编制的会计分录为:

借:吸收存款——××存款——××出票人
　　贷:待清算辖内往来——××行

出票人开户行受理出票人送交支票和进账单付款后,系统联动收款人开户行为收款人收款入账。编制的会计分录为:

借:待清算辖内往来——××行
　　贷:吸收存款——××存款——××收款人

3. 持票人与出票人在跨系统行处开户

持票人与出票人在跨系统行处开户的,可以通过小额支付系统或同城票据交换办理划款。这里仅介绍通过同城票据交换办理划款的处理。

第一种情况:持票人开户行受理持票人送交支票的处理。

(1) 持票人开户行的处理。持票人开户行接到持票人送交的支票和两联进账单,审核无误后,进行相关交易处理,汇划渠道选择"交换提出",交易成功打印记账凭证,将支票按票据交换规定及时提出交换。编制的会计分录为:

借:清算资金往来——同城票据清算
　　贷:其他应付款——同城清算提出

待退票时间过后,将款项划入持票人账内,第二联进账单作记账凭证附件,第一联进账单交持票人。编制的会计分录为:

借:其他应付款——同城清算提出
　　贷:吸收存款——××存款——××持票人

退票时间内,若收到对方银行的退票通知,下次交换提入退票时,其会计分录为:

借:其他应付款——同城清算提出
　　贷:清算资金往来——同城票据清算

同时,在第二联进账单上注明退票原因,连同支票一起退还收款人。

(2) 出票人开户行的处理。出票人开户行收到交换提入的支票,审核无误不予退票的,进行相关交易处理,打印记账凭证,支票作记账凭证附件。编制的会计分录为:

借:吸收存款——××存款——××出票人
　　贷:清算资金往来——同城票据清算

若审核发现支票透支、支票签章与其预留银行印鉴不符、支付密码错误等均应退票,出票人开户行应在规定的退票时间内电话通知持票人开户行。编制的会计分录为:

借:其他应收款——同城清算退票
　　贷:清算资金往来——同城票据清算

下次交换出票人开户行将支票提出退还持票人开户行时,编制的会计分录为:

借:清算资金往来——同城票据清算
　　贷:其他应收款——同城清算退票

出票人开户行对出票人签发的空头支票、签章与预留银行印鉴不符的支票或支付密码错误的支票,除办理退票外,还应按规定对出票人处以罚款。编制的会计分录为:

借:吸收存款——××存款——××出票人
　　贷:营业外收入——结算罚金收入

第二种情况:出票人开户行受理出票人送交支票的处理。

(1) 出票人开户行的处理。出票人开户行接到出票人交来的支票和三联进账单,审核无误后,进行相关交易处理,汇划渠道选择"交换提出",交易成功打印记账凭证,支票作记账凭证附件,第一联进账单交出票人,第二、第三联进账单按票据交换规定及时提出交换。编制的会计分录为:

借:吸收存款——××存款——××出票人
　　贷:清算资金往来——同城票据清算

(2) 收款人开户行的处理。收款人开户行收到交换提入的第二、第三联进账单,审核无误后进行相关交易处理,打印记账凭证,第二联进账单作记账凭证附件,第三联进账单交收款人。编制的会计分录为:

借:清算资金往来——同城票据清算
　　贷:吸收存款——××存款——××收款人

如收款人不在本行开户或进账单上的账号、户名不符等需要退票的,应通过"其他应付款"科目核算,待下次交换时将第二、第三联进账单提出退还出票人开户行。

【例 8-1】 2020 年 1 月 20 日，中国工商银行北京亚运村支行收到开户单位甲公司提交的转账支票和进账单，金额为 5 000 元，该支票的签发人在同城海淀支行开户。中国工商银行亚运村支行审查无误后，将转账支票提出交换，超过退票时间未收到退票通知。

中国工商银行亚运村支行编制的会计分录为：

（1）提出支票时：

借：清算资金往来——同城票据清算　　　　　　　　　　　　15 000
　　贷：其他应付款——同城清算提出　　　　　　　　　　　　　　15 000

（2）超过退票时间未发生退票时：

借：其他应付款——同城清算提出　　　　　　　　　　　　　15 000
　　贷：吸收存款——单位活期存款——甲公司　　　　　　　　　　15 000

4. 支票的领购和挂失

银行的存款人领购支票时，必须填写"票据和结算凭证领用单"并签章，签章应与预留银行的签章相符。银行审核后，收取支票工本费和手续费，在"重要空白凭证领用登记簿"上注明领用日期、存款人名称、支票起止号码等以备核查，然后将支票交存款人。存款账户结清时，必须将全部剩余空白支票交回银行注销。

支票丧失，失票人到付款行挂失时，应提交两联"挂失止付通知书"。付款行按规定审核无误并确定未付款的，方可受理。第一联挂失止付通知书加盖业务公章，作为受理回单交给失票人，第二联挂失止付通知书登记"支票挂失登记簿"后专夹保管。并在出票人账户明显处用红笔注明"××××年×月×日第×号支票挂失止付"字样，凭以控制付款。

二、银行本票的核算

（一）银行本票的概念及其有关规定

1. 银行本票的概念

银行本票是指由银行签发的，承诺自己在见票时无条件支付确定的金额给收款人或持票人的票据。银行本票是银行出票，银行付款，见票即付，不存在委托收款过程，即使跨行转账，也可即时抵用，基本等同现金使用。单位和个人在同一票据交换区域需要支付各种款项，均可使用银行本票。银行本票为不定额本票，无金额起点限制。银行本票的式样如图 8-4 所示。

2. 银行本票结算的有关规定

（1）银行本票的出票人，为经中国人民银行当地分支行批准办理银行本票业务的银行机构；银行本票的代理付款人，为代理出票银行审核支付银行本票款项的银行。

（2）银行本票见票即付。跨系统银行本票的兑付，持票人开户银行可根据中国人民银行规定的金融机构同业往来利率，按实际垫付资金天数，向出票银行收取垫付资金利息。

（3）银行本票可用于转账；注明"现金"字样的银行本票可用于支取现金，但申请

××银行

本　票　2

付款期限 贰个月	出票日期（大写）	年　月　日		本票号码 第　号
收款人					
凭票即付	人民币（大写）			
转账	现金			
备注：		出票行签章	出纳　复核　经办	

图 8-4　银行本票

人和收款人必须均为个人，且仅限系统内银行兑付，并应在银行本票上注明系统内代理付款人名称；申请人或收款人为单位的，不得申请签发现金银行本票。

（4）银行本票的提示付款期自出票日起最长不超过 2 个月。持票人超过提示付款期限提示付款的，代理付款人不予受理。但持票人可在票据权利时效内（自出票日起 2 年）向出票行请求付款。

（5）注明"现金"字样的银行本票不得背书转让，但可以挂失；注明"转账"字样银行本票可以背书转让，但不得挂失。

（6）银行本票丧失，失票人可以凭人民法院出具的证明其享有票据权利证明，向出票人请求付款或退款。

2008 年之前，银行本票业务主要通过同城票据交换系统、各行行内系统办理。2008 年之后，依托小额支付系统办理银行本票业务（简称小额本票业务）在全国正式开通后，跨系统银行本票和系统内银行本票均可通过小额支付系统办理。

银行本票结算流转程序如图 8-5 所示。

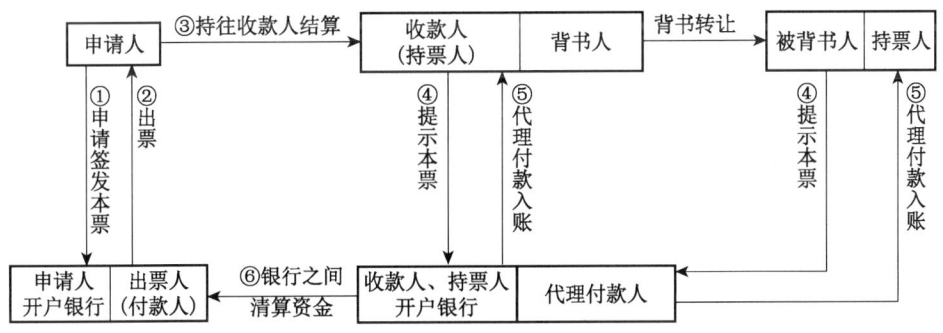

图 8-5　银行本票结算流转程序图

（二）银行本票业务的处理

银行本票业务的处理程序分为出票、付款和结清三个阶段，下面分别介绍。

1. 银行本票出票的核算

申请人办理银行本票,应向银行填写一式三联"银行本票申请书"。第一联申请人留作存根。出票行受理申请人提交的银行本票申请书,并经审核无误后,进行银行本票出票交易处理,录入本票信息,交易成功打印银行本票、记账凭证。银行本票凭证一式两联,第一联为卡片,第二联为银行本票。用于转账的,在银行本票上划去"现金"字样;用于支取现金的,在银行本票上划去"转账"字样,并在"人民币大写"栏大写金额前打印"现金"字样。本票上未划去"现金"或"转账"字样的,一律按转账办理。

出票行将银行本票申请书第一、第二联作记账凭证附件,银行本票第一联卡片专夹保管,第二联银行本票加盖本票专用章和经办人名章后,连同银行本票申请书第三联一并交给申请人。编制会计分录为:

借:库存现金(或吸收存款)——××存款——××申请人
　　贷:吸收存款——开出本票——××银行本票

2. 银行本票付款的核算

1) 代理付款行兑付银行本票的处理

现金银行本票的代理付款行应为出票行系统内营业机构,转账银行本票的代理付款行可为任一银行营业机构。

(1) 代理付款行兑付转账银行本票的处理。具体分为以下两种情况:

第一种情况:代理付款行接到在本行开户的单位持票人直接交来的转账银行本票和两联进账单,审核无误后,进行银行本票付款交易处理,打印记账凭证,进账单贷方凭证联、银行本票(同城交换时须提出)作记账凭证附件,进账单收账通知联退持票人。

若通过行内汇划渠道解付时,编制的会计分录为:

借:待清算辖内往来——××行(行内汇划解付,本票截留)
　　贷:吸收存款——××存款——××持票人

若通过同城交换渠道解付时,编制的会计分录为:

借:清算资金往来——同城票据清算(同城交换解付,本票提出)
　　贷:吸收存款——××存款——××持票人

第二种情况:代理付款行接到个人持票人交来的转账银行本票时,还应审查持票人的身份证件等内容;持票人委托他人提示付款的,还应审查被委托人的身份证件等。审核无误后,选择相应汇划渠道办理解付。编制的会计分录为:

借:待清算辖内往来或清算资金往来
　　贷:吸收存款——××存款——××持票人(持票人在本行开户)
或　贷:吸收存款——应解汇款——持票人(持票人未在本行开户)

(2) 代理付款行兑付现金银行本票。

代理付款行接到持票人为个人交来的现金银行本票时,对本票的真实性及持票人

的身份证件等内容审核无误后,通过行内汇划渠道办理解付时,编制的会计分录为:

　　借:待清算辖内往来——××行
　　　　贷:库存现金

2) 出票行兑付本行签发的银行本票的处理

出票行接到持票人交来的本行签发的银行本票时,抽出专夹保管的本票卡片进行核对,对个人持票人还应审查其身份证件等。审核无误后,办理解付。

(1) 出票行兑付本行签发的转账银行本票时,编制的会计分录为:

　　借:吸收存款——开出本票——××银行本票
　　　　贷:吸收存款——××存款——××持票人
或　　　贷:吸收存款——应解汇款——××持票人(个人持票人未在本行开户)

(2) 出票行兑付本行签发的现金银行本票时,编制的会计分录为:

　　借:吸收存款——开出本票——××银行本票
　　　　贷:库存现金

出票行兑付本行签发的银行本票亦即结清银行本票。

3. 银行本票结清的核算

出票行收到行内系统发来的解付成功信息,系统自动做结清处理,次日营业开始直接打印银行本票结清汇总凭证,本票卡片作汇总凭证附件。编制的会计分录为:

　　借:吸收存款——开出本票——××银行本票
　　　　贷:待清算辖内往来——××行

出票行收到通过票据交换提入的银行本票,抽出专夹保管的本票卡片进行核对,无误后,进行银行本票结清处理,打印记账凭证,银行本票、本票卡片作记账凭证附件。编制的会计分录为:

　　借:吸收存款——开出本票——××银行本票
　　　　贷:清算资金往来——同城票据清算

(三) 银行本票其他特殊情况的处理

1. 银行本票退款的处理

申请人因银行本票超过提示付款期限或其他原因要求退款时,应填制两联进账单(现金本票要求退款免填),连同银行本票提交出票行。出票行审核并抽卡核对无误后,在本票上注明"未用退回"字样,然后进行银行本票退款交易处理,打印记账凭证,进账单贷方凭证联、银行本票及本票卡片作记账凭证附件,进账单收账通知联退申请人。编制的会计分录为:

　　借:吸收存款——开出本票——××银行本票
　　　　贷:吸收存款——××存款——××申请人(转账退款)
或　　　贷:库存现金(现金退款)

2. 超过提示付款期付款的处理

持票人超过提示付款期限不获付款的,在票据权利时效内请求付款时,应将银行本票提交出票行。出票行审核并抽卡核对无误后,在本票上注明"逾期付款"字样,并按不同情况分别进行处理。

(1) 持票人在本行开户的,应填制两联进账单,进账单贷方凭证联、银行本票及本票卡片作记账凭证附件,进账单收账通知联退持票人。编制的会计分录为:

借:吸收存款——开出本票——××银行本票
　　贷:吸收存款——××存款——××持票人

(2) 持票人未在本行开户的,出票行根据持票人的要求,选择相应汇划渠道,将本票款项划至持票人开户行。编制的会计分录为:

借:吸收存款——开出本票——××银行本票
　　贷:待清算辖内往来(或清算资金往来)

(3) 持票人提交现金银行本票的,将银行本票、本票卡片作记账凭证附件。编制的会计分录为:

借:吸收存款——开出本票——××银行本票
　　贷:库存现金

3. 丧失银行本票付款或退款的处理

银行本票丧失,失票人可凭人民法院出具的其享有该本票票据权利的证明,向出票行请求付款或退款。出票行经审查确未支付的,方可办理付款或退款手续。出票行向丧失本票的持票人付款时,比照超过提示付款期付款的手续进行处理;出票行向丧失本票的申请人退款时,比照银行本票退款的手续进行处理。

【例8-2】 2019年10月15日,中国工商银行北京分行收到开户单位甲公司提交的银行本票和进账单,金额为100 000元,审查无误后,通过系统内支付系统向出票行中国工商银行上海分行发送实时借记业务包,在规定时间内收到了中国工商银行上海分行返还的确认付款回执。

中国工商银行北京分行编制的会计分录为:

借:待清算辖内往来　　　　　　　　　　　　　　　　　　　100 000
　　贷:吸收存款——单位活期存款——甲公司　　　　　　　　　　100 000

三、银行汇票的核算

(一) 银行汇票的概念及其有关规定

1. 银行汇票的概念

银行汇票是出票银行签发的,由其在见票时按照实际结算金额无条件支付给收款人或持票人的票据。银行汇票建立在银行信用的基础上,为即期票据,其出票银行即为银行汇票的付款人。系统内银行汇票可即时抵用,跨系统银行汇票须收妥抵用。单位和个人各种款项结算,均可使用银行汇票。

2. 银行汇票结算的有关规定

(1) 银行汇票的出票和付款,全国范围只限于中国人民银行批准具有办理银行汇票业务资格的银行机构。

(2) 银行汇票的代理付款人是代理本系统出票银行或跨系统签约银行审核支付汇票款项的银行。

(3) 银行汇票可以用于转账,填明"现金"字样的银行汇票也可以支取现金,但申请人和收款人必须均为个人,且银行汇票上必须注明代理付款人名称。申请人或收款人为单位的,银行不得为其签发现金银行汇票。

(4) 银行汇票的提示付款期限自出票日起 1 个月。持票人超过付款期限提示付款的,代理付款人不予受理,但持票人可在票据权利时效内(自出票日起 2 年)向出票行请求付款。

(5) 银行汇票的实际结算金额不得更改,否则银行汇票无效。

(6) 转账银行汇票允许背书转让,但不得挂失;现金银行汇票不得背书转让,但可以挂失。银行汇票的背书转让以不超过出票金额的实际结算金额为准,未填写实际结算金额或实际结算金额超过出票金额的银行汇票不得背书转让。

(7) 银行汇票丧失,失票人可以凭人民法院出具的、证明其享有票据权利的证明,向出票银行请求付款或退款。

银行汇票结算流转程序如图 8-6 所示。

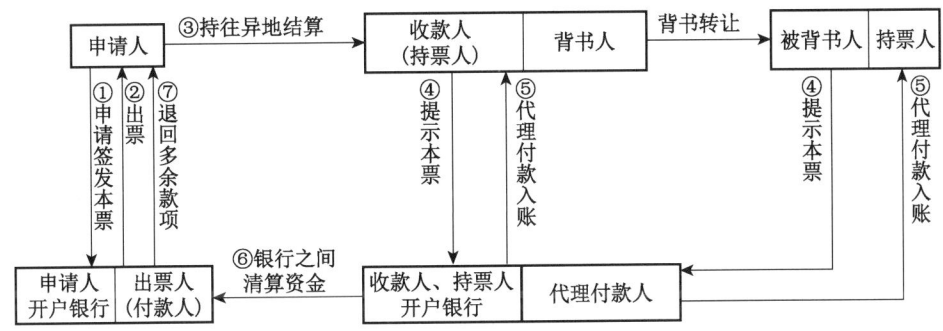

图 8-6　银行汇票结算流转程序图

(二) 银行汇票业务的核算

银行汇票业务的核算包括出票、付款和结清三个阶段,下面分别介绍。

1. 银行汇票出票的核算

申请人办理银行汇票,应向银行填写"银行汇票申请书",详细填明申请书内所列各项内容。申请人和收款人都是个人,而且收款人需要在代理付款行支取现金,可以签发现金汇票,并注明代理付款行具体的行名、地址。申请人或收款人为单位的,不得申请签发现金汇票。银行汇票申请书一式三联。第一联申请人留作存根,第二、第三联送交银行。"银行汇票申请书"的式样如图 8-7 所示。

××银行汇票申请书（借方凭证）2

申请日期　年　月　日　　　　　　　第　号

申　请　人		收　款　人	
账号或住址		账号或住址	
用　　　途		代理付款行	
汇票金额	人民币（大写）	千百十万千百十元角分	

上列款项请从我账户支付

科目（贷）
对方科目（借）
转账日期　　年　月　日

申请人盖章　　　　　　　复核　　　　　记账

此联出票行作借方凭证

8.5×17.5厘米（白纸红油墨）

图 8-7　银行汇票申请书

经审核无误后，进行银行汇票签发交易处理，录入汇票信息，交易成功打印银行汇票、记账凭证。编制会计分录为：

借：库存现金（或吸收存款）——××存款——××申请人
　贷：吸收存款——汇出汇款——××银行汇票

银行汇票凭证一式四联，银行汇票的式样如图8-8所示。

××银行　银行汇票　2

付款期限　壹个月　　　　　　　　　　　　汇票号码　第　号

出票日期（大写）　年　月　日　　代理付款行：　　行号：

收款人：		账号：	
出票金额	人民币（大写）		
实际结算金额	人民币（大写）	千百十万千百十元角分	

申请人：_____　　账号：_____
出票行：_____
行　号：_____

备注：_____

多余金额　千百十万千百十元角分

科目（借）
对方科目（贷）
兑付日期　　年　月　日
复核　　　记账

凭票付款

出票行签章

此联代理付款行付款后作联行往账借方凭证附件

10×17.5厘米（专用水印纸蓝油墨，出票金额栏加红水纹）

注：汇票号码前加印省别代号。

图 8-8　银行汇票

第一联为汇出汇款卡片,第二联为银行汇票,第三联为解讫通知,第四联为多余款收账通知。对需要支取现金的汇票,应在"出票金额"栏大写金额前打印"现金"字样。出票行将第二联银行汇票加盖汇票专用章和经办人名章后,连同第三联解讫通知和银行汇票申请书第三联一并交给申请人,银行汇票申请书第一、第二联作记账凭证附件,银行汇票第一、第四联专夹保管。

收款人受理申请人交付的银行汇票时,应在出票金额以内,根据实际发生的金额办理结算,并将实际结算金额和多余金额填入银行汇票和解讫通知的有关栏内。未填明实际结算金额和多余金额或实际结算金额超过出票金额的,银行不予受理。

2. 银行汇票付款的核算

1) 本系统银行汇票付款的处理

(1) 持票人在代理付款行开有账户的核算。代理付款行接到在本行开立账户的持票人直接交来的汇票、解讫通知和两联进账单,审核无误后,进行银行汇票解付交易处理,通过行内系统向出票行发起划付款业务,交易成功打印记账凭证。代理付款行将银行汇票和解讫通知及进账单贷方凭证联作记账凭证附件,进账单回单(即收账通知联)退持票人。编制的会计分录为:

借:待清算辖内往来——××行　　　　　　　　(实际结算金额)
　　贷:吸收存款——××存款——××持票人　　(实际结算金额)

(2) 持票人未在代理付款行开立账户的核算。代理付款行接到未在本行开户的持票人为个人交来的汇票和解讫通知及两联进账单时,除按上述有关规定认真审查外,还必须审查持票人的身份证件等内容。审查无误后,以持票人姓名开立应解汇款账户,该账户只付不收,付完清户,不计付利息。代理付款行办理银行汇票解付的处理同上,银行汇票、解讫通知、进账单贷方凭证联及持票人身份证复印件作记账凭证附件。编制的会计分录为:

借:待清算辖内往来——××行
　　贷:吸收存款——应解汇款——××持票人

持票人需要一次或分次转账支付的,代理付款行根据持票人选择的支付结算方式和汇划渠道办理转账。编制的会计分录为:

借:吸收存款——应解汇款——××持票人
　　贷:待清算辖内往来(或清算资金往来等)

持票人需要支取现金的,代理付款行对填明"现金"字样的银行汇票进行审查后办理现金支付;对未填明"现金"字样的银行汇票,按国家现金管理规定审查后办理现金支付。编制的会计分录为:

借:吸收存款——应解汇款——××持票人
　　贷:库存现金

2) 跨系统银行汇票付款的处理

银行接到在本行开户的持票人或未在本行开户的为个人的持票人交来的跨系统

银行签发的汇票、解讫通知及两联进账单,按有关规定审查无误后,应通过同城票据交换将汇票和解讫通知提交同城有关的代理付款行审核支付后抵用。提出汇票和解讫通知时,编制的会计分录为:

借:清算资金往来——同城票据清算
　　贷:其他应付款——同城清算提出

超过退票期未发生退票,将提出票据转销入账时,编制的会计分录为:

借:其他应付款——同城清算提出
　　贷:吸收存款——××存款——××持票人　　　　（持票人在本行开户）
或　贷:吸收存款——应解汇款——××持票人　　　　（持票人未在本行开户）

3. 银行汇票结清的核算

代理付款行付款后,行内系统自动作结清处理,次日营业开始直接打印银行汇票结清汇总凭证。具体分以下几种情况。

1) 汇票全额付款的处理

汇票全额付款的,在汇票卡片的实际结算金额栏填入全部金额,在多余款收账通知的多余金额栏填写"-0-",汇票卡片、多余款收账通知作汇总凭证附件。编制的会计分录为:

借:吸收存款——汇出汇款——××银行汇票
　　贷:待清算辖内往来——××行

2) 汇票有多余款的处理

(1) 申请人在本行开户的处理。申请人在本行开户的,在汇票卡片和多余款收账通知上填写实际结算金额,结出多余金额,汇票卡片作汇总凭证附件,多余款收账通知交申请人。编制的会计分录为:

借:吸收存款——汇出汇款——××银行汇票　　　　（出票金额）
　　贷:待清算辖内往来——××行　　　　　　　　　（实际结算金额）
　　　　吸收存款——××存款——××申请人　　　　（多余金额）

(2) 申请人未在本行开户的处理。申请人未在本行开户的,多余金额先转入"其他应付款"科目,编制的会计分录为:

借:吸收存款——汇出汇款——××银行汇票　　　　（出票金额）
　　贷:待清算辖内往来——××行　　　　　　　　　（实际结算金额）
　　　　其他应付款——××申请人　　　　　　　　　（多余金额）

同时,通知申请人持申请书存根及本人身份证件来行办理领取手续。申请人来行领取时,编制的会计分录为:

借:其他应付款——××申请人
　　贷:库存现金

（三）银行汇票的退款处理

1. 申请人要求退款的处理

申请人因银行汇票超过提示付款期限或其他原因要求退款时，应将银行汇票和解讫通知同时提交出票行。单位客户还应出具证明说明原因，个人客户应出示身份证件。出票行审核并抽卡核对无误后，在汇票和解讫通知实际结算金额大写栏注明"未用退回"字样，多余金额栏填写原出票金额，然后进行银行汇票退票交易处理，打印记账凭证，汇票卡片、银行汇票和解讫通知作记账凭证附件，多余款收账通知退申请人。若为现金银行汇票，还应留存申请人身份证复印件。编制会计分录为：

借：吸收存款——汇出汇款——××银行汇票
　　贷：吸收存款——××存款——××申请人　　　　　　　（转账退款）
或　　　贷：库存现金　　　　　　　　　　　　　　　　　　（现金退款）

2. 持票人超过提示付款期限请求付款的处理

票据的收款人或持票人必须按我国《票据法》规定的期限提示付款。持票人超过期限向代理付款银行提示付款不获付款的，须在票据权利时效内向出票银行作出说明，并提供本人身份证件或单位证明，持银行汇票和解讫通知向出票银行请求付款。出票行经与原专夹保管的汇票卡片核对无误后，在汇票和解讫通知的备注栏内填写"逾期付款"字样，然后通过"吸收存款——应解汇款"科目进行核算。

（1）汇票全额解付。在汇票卡片的实际结算金额栏填入全部金额，在多余款收账通知的多余金额栏填写"-0-"，汇票卡片、银行汇票、解讫通知及多余款收账通知作汇总凭证附件。编制会计分录为：

借：吸收存款——汇出汇款——××银行汇票
　　贷：吸收存款——应解汇款——××持票人

同时，根据持票人选择的支付结算方式和汇划渠道办理转账。若持票人委托银行签发银行汇票的，则编制会计分录为：

借：吸收存款——应解汇款——持票人
　　贷：吸收存款——汇出汇款——××银行汇票

（2）汇票有多余款。在汇票卡片和多余款收账通知上填写实际结算金额，结出多余金额，汇票卡片、银行汇票和解讫通知作汇总凭证附件，多余款收账通知交申请人。编制会计分录为：

借：吸收存款——汇出汇款——××银行汇票　　　　　　　（出票金额）
　　贷：吸收存款——应解汇款——××持票人　　　　　　（实际结算金额）
　　　　——××存款——××申请人　　　　　　　　　　（多余金额）

向持票人办理付款的其余手续与汇票全额付款的处理相同。

若持票人提交的是现金汇票，可比照上述手续进行处理，只是持票人在填写银行汇票申请书或汇兑凭证时应注明"现金"字样。汇票有多余款的，应将多余金额转入

"其他应付款——××申请人"科目,及时通知申请人来行办理取款手续。

3. 持票人丧失银行汇票申请付款或退款的处理

银行汇票丧失,失票人可凭人民法院出具的其享有该汇票票据权利以及实际结算金额的证明,向出票行请求付款或退款。出票行经审查确未支付的,方可办理付款或退款手续。出票行向丧失汇票的持票人付款时,比照超过提示付款期付款的手续进行处理;出票行向丧失汇票的申请人退款时,比照银行汇票退款的手续进行处理。

四、商业汇票的核算

(一) 商业汇票的概念及其有关规定

1. 商业汇票的概念

商业汇票是出票人签发的,委托付款人在指定日期无条件支付确定的金额给收款人或持票人的票据。在银行开立存款账户的法人以及其他组织之间,必须具有真实的交易关系或债权债务关系,才能使用商业汇票。商业汇票为远期票据,收妥抵用,适用于同城或异地结算,只能转账,不能支取现金。

商业汇票签发后,必须经过承兑。承兑就是承兑人同意按汇票载明事项到期付款而在票据上作文字记载或签章的票据行为。商业汇票的付款人为承兑人。按承兑人的不同,商业汇票分为商业承兑汇票和银行承兑汇票。前者由银行以外的付款人承兑,以商业信用为基础;后者由银行承兑,以银行信用为基础。

2. 商业汇票的有关规定

(1) 商业承兑汇票可以由付款人签发并承兑,也可以由收款人签发交由付款人承兑;银行承兑汇票应由在承兑银行开立存款账户的存款人签发,交由其开户银行承兑。

(2) 银行承兑汇票承兑行承兑时,应按票面金额向出票人收取5‰的手续费。

(3) 商业汇票的提示付款期限,自汇票到期日起10日。持票人超过提示付款期限提示付款的,持票人开户银行不予受理。商业汇票的权利时效自汇票到期日起2年。

(4) 商业承兑汇票的付款人开户银行收到通过委托收款寄来的商业承兑汇票,将商业承兑汇票留存,并及时通知付款人,付款人收到开户银行的付款通知,应在当日通知银行付款。付款人在接到通知日的次日起3日内(遇法定休假日顺延)未通知银行付款的,视同付款人承诺付款,银行应于付款人接到通知日的次日起第4日(法定休假日顺延)上午开始营业时,将票款划给持票人。付款人若提前收到由其承兑的商业汇票,并同意付款的,银行应于汇票到期日将票款划给持票人。

(5) 商业汇票的付款期限,最长不超过6个月。定日付款的汇票,付款期限自出票日起计算,并在汇票上记载具体的到期日;出票后定期付款的汇票,付款期限自出票日起按月计算,并在汇票上记载;见票后定期付款的汇票,付款期限自承兑或拒绝承兑日起按月计算,并在汇票上记载。

(6) 商业汇票可以在出票时向付款人提示承兑后使用,也可以在出票后先使用再向付款人提示承兑。定日付款或者出票后定期付款的商业汇票,持票人应当在汇票到期日前向付款人提示承兑。见票后定期付款的汇票,持票人应当自出票日起1个月内向付款人提示承兑。汇票未按照规定期限提示承兑的,持票人丧失对其前手的追索权。

（7）商业汇票的付款人接到提示承兑的汇票时,应当在自收到提示承兑的汇票之日起3日内承兑或者拒绝承兑。付款人承兑商业汇票,不得附有条件,并应在汇票正面记载"承兑"字样和承兑日期并签章；承兑附有条件的,视为拒绝承兑。

（8）商业汇票允许背书转让,持票人也可以在汇票到期前向银行申请贴现。

商业承兑汇票流转程序和银行承兑汇票流转程序如图8-9和图8-10所示。

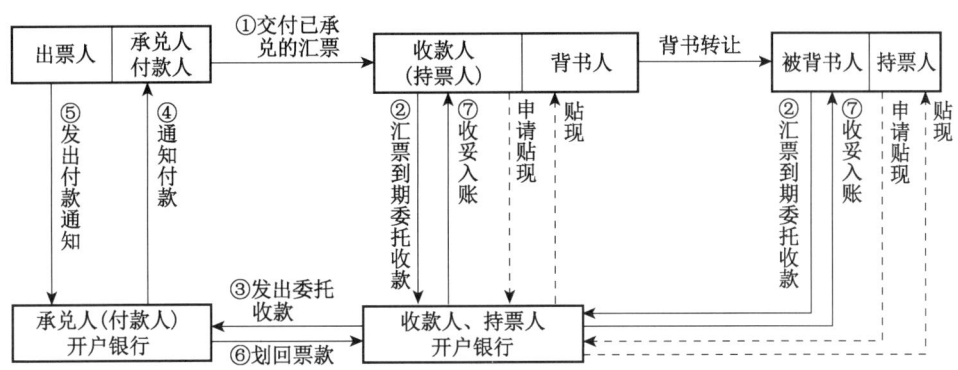

图8-9　商业承兑汇票流转程序图

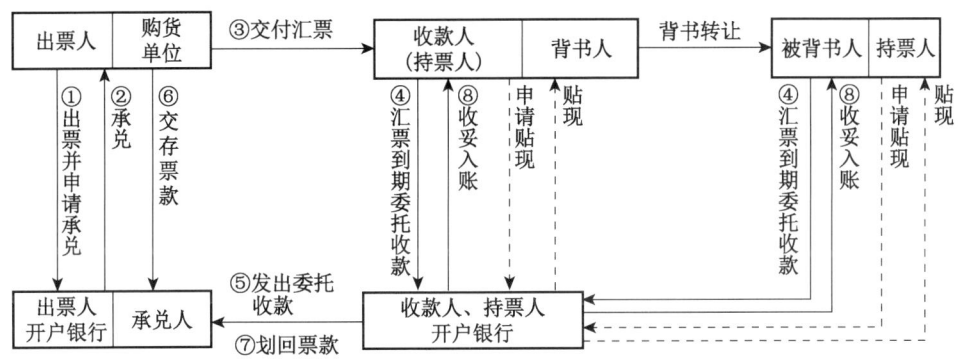

图8-10　银行承兑汇票流转程序图

(二) 商业承兑汇票的会计核算手续

1. 持票人开户行受理汇票的处理

商业承兑汇票一式三联,第一联卡片,由承兑人留存;第二联汇票,由持票人保管,第三联存根,由出票人存查。持票人应在提示付款期限内通过开户银行委托收款（或直接向付款人提示付款）,对异地委托收款的,持票人可匡算邮程,提前通过开户银行委托收款。商业承兑汇票的样式如图8-11所示。

```
          出票日期        商业承兑汇票  2           汇票号码
          （大写）          年 月 日                第  号
```

付款人	全称				收款人	全称				开此户联行持作票借人方开凭户证随附委件托收款凭证寄付款人
	账号					账号				
	开户银行		行号			开户银行		行号		
出票金额	人民币（大写）				千 百 十 万 千 百 十 元 角 分					
汇票到期日			交易合同号码							
本汇票已经承兑,到期无条件支付票款 承兑人签章 承兑日期 年 月 日			本汇票请予以承兑于到期日付款 出票人签章							

8.5×17.5厘米（专用水印纸蓝油墨,出票金额栏加红水纹）

图 8-11　商业承兑汇票

持票人凭商业承兑汇票委托开户行收款时,应填制一式五联委托收款凭证,并在"委托收款凭据名称"栏注明"商业承兑汇票"及汇票号码,连同汇票一并送交开户行。审核无误后,在委托收款凭证各联加盖"商业承兑汇票"戳记并登记"发出委托收款凭证登记簿"后,将第一联委托收款凭证加盖业务公章作回单给持票人;第二联银行留存保管;将其他有关联连同商业承兑汇票邮寄付款人开户行。

2. 付款人开户行收到汇票的处理

付款人开户行收到寄来的委托收款凭证及商业承兑汇票,审查无误后,登记"收到委托收款凭证登记簿",将第五联委托收款凭证交付款人通知其付款。

付款人接到开户银行的付款通知,应在当日通知银行付款。付款人在接到通知的次日起 3 日内(遇法定节假日顺延)未通知银行付款的,银行应于付款人接到通知日的次日起第 4 日(法定节假日顺延)上午开始营业时,将票款划给持票人。付款人若提前收到由其承兑的商业汇票,并同意付款的,银行应于汇票到期日将票款划给持票人。

(1)付款人账户有足够款项支付的处理。付款人开户行进行委托收款到期付款交易处理,打印记账凭证,将商业承兑汇票、委托收款凭证第三、第四(同城交换时此联须提出)联作记账凭证附件,同时销记"收到委托收款凭证登记簿"。

若通过行内系统划款时,付款人开户行向持票人开户行发起划收款(贷记)业务,编制的会计分录为:

借:吸收存款——单位活期存款——××付款人
　　贷:待清算辖内往来——××行

若通过同城票据交换划款时,付款人开户行将委托收款凭证第四联提出给持票人

开户行,编制的会计分录为:

借:吸收存款——单位活期存款——××付款人
　　贷:清算资金往来——同城票据清算

（2）付款人账户无款支付或不足支付的处理。付款人开户行划款时,付款人账户无款支付或不足支付的,银行在委托收款凭证上注明"无款支付"字样,并填制三联"付款人未付款项通知书",将第二、第三联通知书连同第四联委托收款凭证及汇票一并寄持票人开户行转交持票人。

（3）付款人拒绝付款的处理。付款人对已承兑的商业汇票,如果存在合法抗辩事由,应自接到通知的次日起3日内向银行提交四联拒付理由书,连同第五联委托收款凭证一起交开户行。银行收到并审核无误后,在委托收款凭证上注明"拒绝付款"字样,将第一联拒付理由书作回单退还付款人,第二联拒付理由书与第三联委托收款凭证一并留存备查,第三、第四联拒付理由书连同第四、第五联委托收款凭证及汇票一并寄持票人开户行转交持票人。

3. 持票人开户行收到划回票款或退回凭证的处理

持票人开户行收到通过同城票据交换提入的第四联委托收款凭证,或根据接收的行内系统、大小额支付系统的支付信息打印汇款来账专用凭证,与留存的第二联委托收款凭证进行核对,第二联委托收款凭证作来账凭证附件,来账凭证收账通知联交收款人。同时,持票人开户行进行委托收款销记交易处理,录入相关信息,系统自动销记"发出委托收款登记簿"。

（1）若收到通过行内系统划回的票款时,编制的会计分录为:

借:待清算辖内往来——××行
　　贷:吸收存款——单位活期存款——××持票人

（2）若收到通过同城票据交换划回的票款时,编制的会计分录为:

借:清算资金往来——同城票据清算
　　贷:吸收存款——单位活期存款——××持票人

持票人开户行收到"付款人未付款项通知书"或拒付理由书和汇票及委托收款凭证,与留存的第二联委托收款凭证核对无误后,系统自动销记"发出委托收款凭证登记簿",并将委托收款凭证、汇票及未付票款通知书第二联或拒付理由书第四联退给持票人,并由持票人签收。交易纠纷由持票人与付款人自行解决。

（三）银行承兑汇票的会计核算手续

1. 承兑银行办理汇票承兑的处理

银行信贷部门与承兑申请人签署承兑协议后,将承兑协议等相关资料交经办柜员。经办柜员审核无误后,售出银行承兑汇票,并填制"重要空白凭证"表外科目付出传票。编制的会计分录为:

付:重要空白凭证银行承兑汇票——××承兑申请人

如根据承兑协议约定，需要承兑申请人存入一定比例的保证金作为银行承兑汇票到期付款保证的，经办柜员根据与承兑申请人约定的期限，为其开立活期或定期保证金账户，办理保证金存入手续。编制的会计分录为：

借：吸收存款——单位活期存款——××承兑申请人
　　贷：存入保证金——银行承兑汇票保证金——××承兑申请人

经办柜员受理承兑申请人签发的一式三联银行承兑汇票，审核无误后，进行银行承兑汇票承兑交易处理，系统自动冻结对应的保证金账户，并打印记账凭证。经办柜员在第二联汇票“承兑行签章”处加盖汇票专用章和个人名章，将第一联卡片和承兑协议副本等专夹保管，第二联汇票和第三联存根连同第一联承兑协议交承兑申请人。同时，按票面金额向承兑申请人收取5‰的承兑手续费。编制的会计分录为：

借：库存现金（或吸收存款）——单位活期存款——××承兑申请人
　　贷：手续费及佣金收入——银行承兑业务收入

收：银行承兑汇票——××承兑申请人

银行承兑汇票图式如图 8-12 所示。

商业承兑汇票 2

出票日期（大写）　壹玫　年　月　日　　　　汇票号码　第　号

出票人全称			收款人	全　称		
出票人账号				账　号		
付款行全额		行号		开户行		行号
汇票金额	人民币（大写）				千 百 十 万 千 百 十 元 角 分	
汇票到期日		本汇票已经承兑，到期日由本行付款 承兑人签章 承兑日期　年　月　日		承兑协议编号		
本汇票请你行承兑，到期无条件付款 出票人签章 年　月　日		备注：		科目（借） 对方科目（贷） 转账　年　月　日 复核　记账		

此联收款人开户行随委托收款凭证寄付款行作借方凭证附件

10×17.5厘米（专用水印纸蓝油墨）

图 8-12　银行承兑汇票

2. 持票人开户行受理汇票的处理

持票人凭汇票委托开户行向承兑银行收取票款时，应填制一式五联委托收款凭证，并在有关栏注明“银行承兑汇票”及汇票号码，连同汇票一并交开户行。银行按规定审核盖章并登记“发出委托收款凭证登记簿”后，将第一联委托收款凭证作回单退交持票人，第二联专夹保管，第三、第四、第五联连同银行承兑汇票寄承兑银行。

3. 汇票到期，承兑银行收取票款的处理

承兑银行应每天查看汇票到期情况，对到期的汇票，应于到期日（法定节假日顺延)向承兑申请人收取票款。

在银行承兑汇票到期日,承兑银行进行银行承兑汇票到期收款交易处理,系统自动按承兑申请人基本存款账户、保证金账户顺序扣款,如基本存款账户、保证金账户不足支付,系统自动进行垫款处理,交易成功打印记账凭证。具体账务处理分以下几种情况:

(1) 承兑申请人账户有足够款项支付的处理。承兑申请人基本存款账户和保证金存款账户有足够款项支付的,承兑银行先从其基本存款账户扣收票款,不足部分再从保证金账户扣收。编制的会计分录为:

借:吸收存款——单位活期存款——××承兑申请人
　　存入保证金——银行承兑汇票保证金——××承兑申请人
　贷:吸收存款——应解汇款——××承兑申请人

保证金账户扣收后尚有多余存款的,应转入承兑申请人基本存款账户。

(2) 承兑申请人账户不足支付的处理。承兑申请人基本存款账户和保证金存款账户不足支付的,承兑银行按上述顺序扣款后,将不足支付的金额转入该承兑申请人的逾期贷款户,并按每日 5‰ 计收利息。编制的会计分录为:

借:吸收存款——单位活期存款——××承兑申请人
　　存入保证金——银行承兑汇票保证金——××承兑申请人
　　贷款——逾期贷款——承兑垫款(××承兑申请人)
　贷:吸收存款——应解汇款——××承兑申请人

(3) 承兑申请人账户无款支付的处理。承兑申请人账户无款支付的,承兑银行将承兑金额全额转入该承兑申请人的逾期贷款户,并按每日 5‰ 计收利息。编制的会计分录为:

借:贷款——逾期贷款——承兑垫款(××承兑申请人)
　贷:吸收存款——应解汇款——××承兑申请人

4. 承兑银行支付票款的处理

承兑银行收到持票人开户行寄来的第三、第四、第五联委托收款凭证及银行承兑汇票,登记"收到委托收款凭证登记簿",并抽出专夹保管的汇票卡片和承兑协议副本,按规定认真审查。若审查不符或存在合法抗辩事由的,应自接到银行承兑汇票的次日起 3 日内,将拒绝付款证明,连同第三、第四、第五联委托收款凭证及汇票寄持票人开户行转交持票人。

若审查无误,承兑银行应于汇票到期日或到期日之后的见票当日将票款划给持票人。承兑银行进行委托收款到期付款交易处理,根据情况选择"行内汇划、同城交换"等汇划渠道进行划款,交易成功打印记账凭证,将银行承兑汇票、银行承兑汇票卡片联、委托收款凭证第三、第四(同城交换时此联须提出)、第五联作记账凭证附件,同时销记"收到委托收款凭证登记簿"。编制的会计分录为:

借：吸收存款——应解汇款——××承兑申请人
　　贷：待清算辖内往来（或清算资金往来）

付：银行承兑汇票——××承兑申请人

5. 持票人开户行收到划回款项的处理

持票人开户行收到通过同城票据交换提入的第四联委托收款凭证，或根据接收的行内系统的支付信息打印汇款来账专用凭证，与留存的第二联委托收款凭证进行核对，第二联委托收款凭证作来账凭证附件，来账凭证收账通知联交收款人。同时，持票人开户行进行委托收款销记交易处理，录入相关信息，系统自动销记"发出委托收款登记簿"。编制的会计分录为：

借：待清算辖内往来（或清算资金往来）
　　贷：吸收存款——单位活期存款——××持票人

第三节　不同结算方式的核算

结算方式是指单位或个人填写结算凭证，直接提交银行委托收款或付款的结算手段。《支付结算办法》所称的结算方式是指汇兑、托收承付和委托收款这三种，下面分别介绍。

一、汇兑的核算

（一）汇兑的概念及其有关规定

汇兑是指汇款人委托银行将其款项支付给收款人的结算方式。单位和个人各种款项的结算，均可使用汇兑结算方式。汇兑分为信汇和电汇两种，由汇款人选择使用。

汇兑结算的有关规定如下：

（1）汇兑无金额起点限制，同城异地均可使用。

（2）汇兑凭证上记载收款人为个人的，收款人需要到汇入银行领取汇款，汇款人应在汇兑凭证上注明"留行待取"字样。

（3）汇款人和收款人均为个人，需要在汇入银行支取现金的，应在信汇、电汇凭证的"汇款金额"大写栏，先填写"现金"字样，后填写汇款金额。

（4）汇款人确定不得转汇的，应在汇兑凭证备注栏注明"不得转汇"字样。

（5）汇款人对汇出银行已经汇出的款项可以申请退汇。对在汇入银行开立存款账户的收款人，由汇款人和收款人自行联系退汇；对未在汇入银行开立存款账户的收款人，由汇出银行通知汇入银行，经汇入银行核实汇款确未支付，并将款项汇回汇出银行，方可办理退汇。

（6）汇款人对汇出行尚未汇出的款项可以申请撤销。汇出银行查明确未汇出款项的，方可办理撤销。

(7) 汇入银行对于收款人拒绝接受的汇款,应即办理退汇。汇入银行对于向收款人发出取款通知,2个月无法交付的汇款,应主动办理退汇。

汇兑结算流转程序如图 8-13 所示。

(二) 电汇的核算

电汇是汇款人委托银行以发送电子汇划信息的方式,通知汇入行解付汇款的一种结算方式。

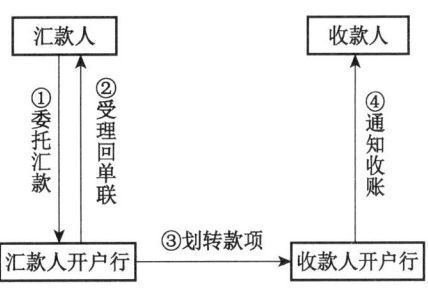

图 8-13 汇兑结算流转程序图

1. 汇出行的处理

汇款人委托银行办理电汇时,应填制一式三联电汇凭证。汇出行接到电汇凭证按规定审核无误后,分以下情况进行处理:

(1) 转账汇款的处理。汇出行进行汇兑汇出交易处理,根据情况选择"行内汇划""大额支付"或"小额支付"等渠道办理资金汇划,打印记账凭证,将第二、第三联电汇凭证(借方凭证联和汇款依据联)作记账凭证附件,第一联电汇凭证(回单联)退汇款人。编制的会计分录为:

借:吸收存款——××存款——××汇款人
　　贷:待清算辖内往来——××行

(2) 现金汇款的处理。汇出行收妥现金清点无误后,将实物券别录入系统现金箱,其他处理手续与转账汇款相同。编制的会计分录为:

借:库存现金
　　贷:吸收存款——应解汇款——××汇款人

借:吸收存款——应解汇款——××汇款人
　　贷:待清算辖内往来——××行

2. 汇入行的处理

汇入行收到通过行内系统、大小额支付系统发来的支付信息,经审核无误后,打印来账凭证。若来账的账号和户名与本行开户客户的账号和户名一致,则系统自动入账。

(1) 收款人在汇入行开有账户。收款人在汇入行开有存款账户的,汇入行应将款项直接转入收款人账户。编制的会计分录为:

借:待清算辖内往来——××行
　　贷:吸收存款——××存款——××收款人

转账后,将来账凭证收账通知联交给收款人。

(2) 收款人未在汇入行开立账户。收款人未在汇入行开立存款账户的情况一般属于个人收款或留行待取等,汇入行应将款项解入以收款人姓名开立的应解汇款账户。编制的会计分录为:

借：待清算辖内往来——××行
　　贷：吸收存款——应解汇款——××收款人

收款人来行取款时，根据以下不同情况办理付款手续：

一是需要支取现金的，若汇入行按规定审核予以支付，应一次办理现金支付手续。编制的会计分录为：

借：吸收存款——应解汇款——××收款人
　　贷：库存现金

二是需要分次转账支付的，由原收款人填制支款单，并由本人交验身份证件在其应解汇款账户中办理分次转账支付手续。

三是需要转汇的，由原收款人填制汇兑凭证，并由本人交验其身份证件重新办理汇款手续。转汇的收款人必须是原收款人，原汇入行必须在汇兑凭证上加盖"转汇"戳记。汇入行对收到的来账信息注明"不得转汇"的，不予办理转汇。

汇入行收到通过行内系统发来的支付信息，经审核若来账账号和户名与本行开户客户的账号和户名不符，则系统自动转入"其他应付款"挂账。经查询确认后，进行手工入账或退汇处理。

（三）信汇的核算

信汇是汇款人委托银行以邮寄凭证的方式，通知汇入行解付汇款的一种结算方式。与电汇相比，信汇结算方式手续费低，但汇款到账速度慢，现在在实务中较少采用。

汇款人委托银行办理信汇时，应填制一式四联信汇凭证：第一联回单；第二联借方凭证，汇出行凭以办理信汇转账付款；第三联贷方凭证，汇入行凭以将汇款收入收款人账户；第四联收账通知或代取款收据，即汇入行直接记入收款人账户后通知收款人的收款通知，或不直接记入收款人账户时收款人凭以领取款项的取款收据。汇款人派人到汇入行领取汇款，应在信汇凭证各联的"收款人账号或住址"栏注明"留行待取"字样。凭签章支取的，应在第四联凭证上加盖预留的收款人签章。汇出行审核无误后，办理汇款手续。

汇入行接到汇出行寄来的第三、第四联信汇凭证，若收款人在本行开有账户，汇入行直接为收款人入账；收款人未在本行开立账户持便条来行取款或留行待取的，汇入行抽出第四联信汇凭证，审查收款人的身份证件等内容，凭签章付款的，收款人签章必须同预留签章相符。汇入行审核无误后，办理付款手续。

（四）退汇的核算

退汇的原因主要有：汇款人因故要求退汇，收款人拒收汇款以及超过规定的期限无法支付的汇款。

1. 汇款人要求退汇

汇款人要求退汇，只限于收款人未在汇入行开立账户的情况，对收款人在汇入行开有账户的，由汇款人与收款人自行联系退汇。

对收款人未在汇入行开立账户的，汇款人因故要求退汇时，应备函或本人身份证，连同原汇兑凭证回单交汇出行。汇出行收到审核无误后,通过支付系统向汇入行发出退回请求。汇入行经核实汇款确未支付的,向汇出行发出退回应答,并作汇款退回处理。编制的会计分录为:

借:吸收存款——应解汇款——××收款人
　　贷:待清算辖内往来——××行

汇出行收到汇入行通过支付系统划来的退汇款,审核无误后办理转账,并通知原汇款人。编制的会计分录为:

借:待清算辖内往来——××行
　　贷:吸收存款——××存款——××原汇款人
或　贷:其他应付款——××原汇款人(汇款人未在汇出行开立账户)

2. 汇入行主动退汇

汇入行对收到的来账账号和户名与本行开户客户的账号和户名不符需退汇的汇款、收款人已销户或收款人拒绝接受的汇款,应即办理退汇;对向收款人发出取款通知,经过2个月无法交付的汇款,应主动办理退汇。汇入行办理退汇的核算同上。

二、托收承付的核算

(一) 托收承付的概念及其有关规定

托收承付,也称异地托收承付,是指根据购销合同由收款人发货后委托银行向异地付款人收取款项,付款人验单或验货后,向银行承认付款的结算方式。它是过去计划经济下最主要的异地结算方式,但现在的使用范围已大大缩小了。

托收承付的有关规定如下:

(1) 收款单位和付款单位必须是国有企业、供销合作社以及经营管理较好,并经开户银行审查同意的城乡集体所有制工业企业。

(2) 办理结算的款项必须是商品交易,以及因商品交易而产生的劳务供应的款项。代销、寄销、赊销商品的款项,不得办理托收承付结算。

(3) 收付双方必须签有符合我国《合同法》的购销合同,并在合同上注明使用托收承付结算方式。

(4) 托收承付每笔的金额起点为10 000元,新华书店系统每笔的金额起点为1 000元。

(5) 收款人办理托收,必须具有商品确已发运的证件(包括铁路、航运、公路等运输部门签发运单、运单副本和邮局包裹回执)。没有发运证件,根据《支付结算办法》的有关具体规定,可凭其他有关证件办理托收。

托收承付结算流转程序如图8-14所示。

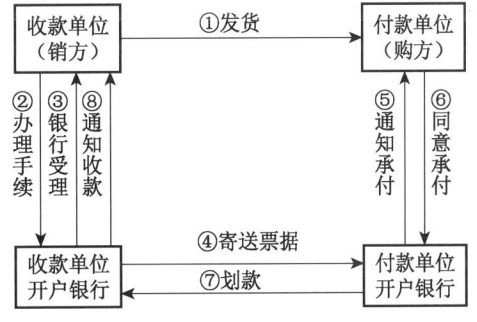

图8-14 托收承付结算流转程序图

(二) 托收承付的会计核算手续

1. 托收

托收是收款人根据购销合同发货后委托银行向付款人收取款项的行为。收款人办理托收时,采取邮寄划款的,应填制邮划托收承付凭证。邮划托收承付凭证一式五联,第一联回单,第二联贷方凭证,第三联借方凭证,第四联收账通知,第五联承付通知。

收款人在第二联托收凭证上签章后,连同有关发运证件和其他单证一并提交开户行。开户行审查无误后,在第一联托收凭证上加盖业务公章退还收款人,表示受理;第二联据以登记"发出托收结算凭证登记簿"后专夹保管;第三、第四、第五联连同有关单证一并寄付款人开户行。

2. 承付

(1) 通知付款的处理。承付是由付款人向银行承付款的行为。付款人开户行收到收款人开户行寄来的有关凭证时,应认真审查,无误后,要在凭证上填写收到日期和承付期,进行收到托收承付登记交易处理,录入有关信息,系统自动登记"收到托收承付登记簿",第三、第四联托收凭证专夹保管,将第五联加盖业务公章,连同交易单证一并及时交给付款人。

付款人承付货款分为验单付款和验货付款两种。其中,验单付款的承付期为3天,从银行对付款人发出承付通知的次日算起(承付期内遇法定休假日顺延),必须邮寄的,应加邮寄时间;验货付款的承付期为10天,从运输部门向付款人发出提货通知的次日算起,对收付双方在合同中明确规定,并在托收凭证上注明验货付款期限的,银行从其规定。

不论验单付款还是验货付款,付款人都可以在承付期内提前向银行表示承付,并通知银行提前付款,银行应立即办理划款。

(2) 划款的处理。每日开机时付款人开户行业务系统自动生成"收到托收承付到期清单",包括已到期未承付和未全额承付的交易信息。付款人开户行根据清单信息,分不同情况进行处理。

付款人在承付期满前通知银行全额付款或在承付期满日开户行营业终了前,账户有足够资金支付全部款项的,付款人开户行应在次日上午(遇法定休假日顺延)办理划款手续。

付款人开户行进行托收承付到期付款交易处理,交易成功打印记账凭证,系统自动核销"收到托收承付登记簿",第三、第四联托收凭证作记账凭证附件。编制的会计分录为:

借:吸收存款——单位活期存款——××付款人
　　贷:待清算辖内往来——××行

提前承付、多承付、部分承付的处理手续与全额付款相同。但是,对于部分付款处理的交易成功后,系统自动登记"收到托收承付登记簿",记录相关信息,并注明"已承付金额和未承付金额"。

3. 托收款划回的处理

收款人开户行收到行内系统发来的托收承付划回信息,若收到的信息与发出托收承付相符,则系统自动入账,打印汇款来账专用凭证,并与留存的第二联托收凭证进行核对,第二联托收凭证作来账凭证附件,来账凭证收账通知联交收款人。同时,收款人开户行进行托收承付销记交易处理,录入相关信息,系统自动销记"发出托收承付登记簿"。编制的会计分录为:

借:待清算辖内往来——××行
　　贷:吸收存款——单位活期存款——××收款人

收款人开户行收到多承付款划回、部分划回的处理,可比照上述全额划回的手续进行。

三、委托收款的核算

(一) 委托收款的概念及其有关规定

委托收款是收款人委托银行向付款人收取款项的结算方式。单位和个人凭已承兑的商业汇票、债券、存单等付款人债务证明办理款项的结算,均可使用委托收款结算方式。委托收款不受金额起点的限制。同城、异地均可使用。

(二) 委托收款的会计核算手续

1. 收款人开户行受理委托收款的处理

收款人办理委托收款时,应填制一式五联电划委托收款凭证,第一联回单,第二联贷方凭证,第三联借方凭证,第四联收账通知(电划依据),第五联付款通知。收款人在第二联上签章后连同有关债务证明提交开户行。

开户行审查无误后,进行发出委托收款登记交易处理,录入有关信息,系统自动登记"发出委托收款登记簿",第一联加盖业务公章退给收款人,第二联专夹保管,第三联加盖结算专用章连同第四、第五联及有关债务证明一并寄付款人开户行。

2. 付款人开户行的处理

付款人开户行收到收款人开户行寄来的第三、第四、第五联委托收款凭证及有关债务证明时,应认真审查,无误后,在凭证上注明收到日期,进行收到委托收款登记交易处理,录入有关信息,系统自动登记"收到委托收款登记簿",然后分别情况进行处理。

(1) 付款人为银行的处理。付款人为银行的,银行应在当日将款项主动支付给收款人。

一是全额付款的处理。银行接到委托收款凭证和有关债务证明,按规定付款时,进行委托收款到期付款交易处理,交易成功打印记账凭证,系统自动核销"收到委托收款登记簿",第三、第四(同城交换时此联需提出)、第五联托收凭证及有关债务证明作记账凭证附件。编制的会计分录为:

借:××科目
　　贷:待清算辖内往来(或清算资金往来)

二是拒绝付款的处理。银行接到委托收款凭证和有关债务证明,经审查需要拒绝付款的(委托收款只能办理全部拒绝付款),应自收到委托收款凭证及债务证明的次日起 3 日内填制拒付理由书。

银行进行委托收款到期付款交易处理,系统自动核销"收到委托收款登记簿"。一联拒付理由书和第三联托收凭证留存备查,另两联拒付理由书连同债务证明和第四、第五联托收凭证一并寄收款人开户行转交收款人。

(2) 付款人为单位的处理。银行应将第五联委托收款凭证加盖业务公章连同有关债务证明及时送交付款人,并由付款人签收。付款人应于接到通知的次日起 3 日内通知银行付款,付款期内未提出异议的,视为同意付款。银行应于付款期满次日上午开始营业时,将款项划给收款人。

一是全额付款的处理。银行按规定付款时,付款人账户有足够款项支付的,其办理划款的手续与前述付款人为银行的全额付款的处理相同。第三、第四联(同城交换时此联需提出)托收凭证、有关债务证明和付款通知书作记账凭证附件。编制的会计分录为:

借:吸收存款——××存款——××付款人
  贷:待清算辖内往来(或清算资金往来)

二是无款支付、拒绝付款的处理。如果付款人账户不足支付或付款人拒绝付款时,银行不负责扣款,直接将付款人未付款项通知书、拒付理由书连同有关凭证寄回收款人开户行,由其通知收款人。其处理手续与托收承付类似,此处不再赘述。

3. 收款人开户行办理委托收款划回的处理

(1) 款项划回的处理。收款人开户行接到通过同城票据交换提入的第四联托收凭证,或根据接收的行内系统、大小额支付系统的支付信息打印汇款来账专用凭证,与留存的第二联托收凭证进行核对,第二联托收凭证作来账凭证附件,来账凭证收账通知联交收款人。同时,收款人开户行进行委托收款销记交易处理,录入相关信息,系统自动销记"发出委托收款登记簿"。编制的会计分录为:

借:待清算辖内往来(或清算资金往来)
  贷:吸收存款——××存款——××收款人

(2) 无款支付的处理。收款人开户行接到无款支付而退回的第四联托收凭证和第二、第三联付款人未付款项通知书以及有关债务证明,核对无误后,在第二联托收凭证上注明"无款支付"字样。

收款人开户行进行委托收款销记交易处理,录入相关信息,系统自动销记"发出委托收款登记簿"。然后将第四联托收凭证及一联未付款项通知书和有关债务证明退收款人,另一联未付款项通知书与第二联托收凭证一并保管。

(3) 拒绝付款的处理。收款人开户行接到第四、第五联托收凭证及有关债务证明和第三、第四联拒付理由书,核对无误后,在第二联托收凭证上注明"拒绝付款"字样。

收款人开户行进行委托收款销记交易处理,录入相关信息,系统自动销记"发出委托收款登记簿"。然后将第四、第五联托收凭证及有关债务证明和第四联拒付理由书一并退收款人,第三联拒付理由书与第二联托收凭证一并保管。

4. 同城特约委托收款业务的核算

在同城范围内,收款人收取公用事业费采用委托收款结算的,收付双方必须事先签订经济合同,由付款人向开户银行授权,经开户银行同意,并报当地中国人民银行批准才能办理,因此,称为同城特约委托收款。

小额支付系统上线后,同城特约委托收款业务不再通过同城票据交换处理,统一通过小额支付系统的定期借记业务办理。即收费单位提交同城特约委托收款业务数据至收款行,收款行通过小额支付系统定期借记业务包处理;付款行收到定期借记业务包后,进行定期借记业务合同号、付款人账号等要素的校验,并扣款成功后,于次日小额支付系统日切前通过小额支付系统定期借记业务回执包发送回执至收款行。这种处理方式下无须使用和传递同城特约委托收款纸基凭证。

第四节　银行卡结算的核算

一、银行卡的概念与种类

银行卡是指银行业金融机构经批准向社会发行的具有消费信用、转账结算、存取现金等全部或部分功能的信用支付工具。银行卡按是否具有信用透支功能,分为信用卡和借记卡。

(一) 信用卡

信用卡是银行业金融机构经批准向个人和单位发行的,凭以向特约购物、消费和向银行存取款项,并且具有消费信用的支付工具。

信用卡按是否向发卡银行交存备用金,分为贷记卡和准贷记卡。贷记卡是指发卡银行给予持卡人一定的信用额度,持卡人可在信用额度内"先消费、后还款"的信用卡;准贷记卡是指持卡人须先按发卡银行要求交存一定金额的备用金,当备用金账户余额不足支付时,可在发卡银行规定的信用额度内透支的信用卡。

(二) 借记卡

借记卡须先交存一定备用金,按"先存款、后消费"原则使用,不具备透支功能。借记卡按功能不同,分为转账卡(含储蓄卡)、专用卡和储值卡。转账卡是实时扣账的借记卡,具有转账结算、存取现金和消费功能;专用卡是具有专门用途(指在百货、餐饮和娱乐行业以外用途)、在特定区域使用的借记卡,具有转账结算、存取现金功能;储值卡是发卡银行根据持卡人要求将其资金转至卡内储存,交易时直接从卡内扣款的预付钱包式借记卡。

另外,银行卡按信息载体不同,可分为磁条卡和芯片(IC)卡;按发行对象不同,可分为单位卡和个人卡;按流通范围不同,可分为国际卡和地区卡等。

发卡银行对准贷记卡和借记卡(不含储值卡)账户内的存款,按照中国人民银行规定的同期同档次存款利率及计息办法计付利息；发卡银行对贷记卡账户内的存款、储值卡(含 IC 卡的电子钱包)内的币值不计付利息。下面主要介绍信用卡。

二、信用卡结算的有关规定

信用卡按使用对象分为单位卡和个人卡，单位卡的发行对象是企业、机关、团体、部队、学校等单位组织，个人卡的发行对象是个人。按信誉等级分为金卡和普通卡，金卡发给经济实力强、社会地位高、信誉良好的持卡人使用，普通卡则发给一般资信的持卡人使用。其有关规定如下：

(1) 个人申领信用卡，应向发卡银行提供本人有效身份证件，经发卡银行审查合格后，为其开立记名账户；凡在中国境内金融机构开立基本存款账户的单位，应凭中国人民银行核发的开户许可证申领单位卡。

(2) 单位卡账户的资金一律从其基本存款账户转账存入，不得存取现金，不得将销货收入存入单位卡账户。单位卡可办理商品交易和劳务供应款项的结算。

(3) 个人卡账户的资金以其持有的现金存入或以其工资性款项及属于个人的劳务报酬等收入转账存入。严禁将单位的款项存入个人卡账户。

(4) 同一持卡人单笔透支发生额个人卡不得超过 2 万元(含等值外币)、单位卡不得超过 5 万元(含等值外币)。同一账户月透支余额个人卡不得超过 5 万元(含等值外币)，单位卡不得超过发卡银行对该单位综合授信额度的 3%，无综合授信额度可参照的单位，其月透支余额不得超过 10 万元(含等值外币)。

(5) 贷记卡透支按月计收复利，准贷记卡透支按月计收单利，透支利率为日利率 5‰，并根据中国人民银行的此项利率调整而调整。

(6) 贷记卡持卡人非现金交易享受如下优惠条件：

第一，免息还款期待遇。银行记账日至发卡银行规定的到期还款日之间为免息还款期。免息还款期最长为 60 天。持卡人在到期还款日前偿还所使用全部银行款项即可享受免息还款期待遇，无须支付非现金交易的利息。

第二，最低还款额待遇。持卡人在到期还款日前偿还所使用全部银行款项有困难的，可按照发卡银行规定的最低还款额还款。贷记卡的首月最低还款额不得低于其当月透支余额的 10%。

贷记卡持卡人选择最低还款额方式或超过发卡银行批准的信用额度用卡时，不再享受免息还款期待遇，应当支付未偿还部分自银行记账日起按规定利率计算的透支利息。

贷记卡持卡人支取现金、准贷记卡透支，不享受免息还款期和最低还款额待遇，应当支付现金交易额或透支额自银行记账日起按规定利率计算的透支利息。准贷记卡的透支期限最长为 60 天，超过 60 天未能偿还透支款项的，发卡行有权取消其使用信用卡的资格，并依法追回所欠本息。

(7) 发卡银行对贷记卡持卡人未偿还最低还款额和超信用额度用卡的行为，应当分别按最低还款额未还部分、超过信用额度部分的 5% 收取滞纳金和超限费。

（8）持卡人使用信用卡不得发生恶意透支。恶意透支是指持卡人超过规定限额或规定期限，并且经发卡银行催收无效的透支行为。恶意透支或利用信用卡进行诈骗的，发卡行将提请司法机关追究其刑事责任。

（9）信用卡丧失，持卡人应及时办理电话挂失或书面挂失。持卡人办理电话挂失后，应及时补办书面挂失手续。办妥书面挂失手续后，持卡人方可补领新卡。

（10）持卡人在还清全部交易款项、透支本息和有关费用后，可申请办理销户。销户时，单位人民币卡账户的资金应当转入其基本存款账户，单位外币卡账户的资金应当转回相应的外汇账户，不得提取现金。

三、信用卡业务核算设置的主要会计科目

1. "贷款——其他贷款"科目

该科目属于资产类科目，在该科目下分设"信用卡透支"和"贷记卡实际使用额度"两个明细科目。其中，"信用卡透支"明细科目核算准贷记卡发生的透支，该科目下按持卡人分设明细科目，准贷记卡存款账户发生透支时记该科目的借方，持卡人归还透支时记该科目的贷方；"贷记卡实际使用额度"明细科目核算贷记卡实际使用的额度，该科目下按持卡人分设账户，持卡人使用额度时记借方，持卡人归还使用额度时记贷方。

2. "吸收存款——信用卡存款"科目

该科目属于负债类科目，在该科目下设置"单位卡存款""个人卡存款""单位贷记卡存款""个人贷记卡存款"四个明细科目。其中，"单位卡存款"和"个人卡存款"明细科目核算单位、个人准贷记卡存入的备用金，其下按持卡人分设账户，持卡人存入款项时记贷方，持卡人支取款项时记借方；"单位贷记卡存款"和"个人贷记卡存款"明细科目核算单位、个人贷记卡多余还款时转入的款项，其下按持卡人分设账户，持卡人偿还使用额度后的多余款项转入该账户时记贷方，支取该款项时记借方。

四、信用卡发卡的处理

（一）准贷记卡发卡的处理

1. 单位卡发卡的处理

单位申领准贷记卡应按规定填写申请表，连同有关资料一并交发卡行。发卡行审查同意后，按规定向申请人收取备用金和手续费，办理开户手续。

（1）申请人在发卡行开户的处理。发卡行接到申请人送来的支票和进账单，审查无误后进行相关交易处理，打印记账凭证，编制的会计分录为：

借：吸收存款——单位活期存款——××申请人
　　贷：吸收存款——信用卡存款——单位卡存款（××持卡人）

按规定收取年费的，打印结算业务收费凭证，收费凭证回单交申请人。编制的会计分录为：

借：吸收存款——信用卡存款——单位卡存款（××持卡人）
　　贷：手续费及佣金收入——银行卡年费收入

（2）申请人不在发卡行开户的处理。发卡行接到申请人送来的支票和进账单，经审查无误，选择相应汇划渠道办理转账，交易成功打印记账凭证，编制的会计分录为：

借：待清算辖内往来（或清算资金往来等）
　　贷：吸收存款——信用卡存款——单位卡存款（××持卡人）

收取年费的会计处理与前述相同。

2. 个人卡发卡的处理

个人申领信用卡，还需向发卡行交验身份证件，申领手续同单位卡。申请人交存现金的，发卡行收到清点无误后，将实物券别录入系统现金箱，然后使用相关交易进行处理，打印个人业务存款凭证。发卡行将个人业务存款凭证交申请人签字确认后收回，将回单及身份证件交申请人。编制的会计分录为：

借：库存现金
　　贷：吸收存款——信用卡存款——个人卡存款（××持卡人）

收取年费的会计处理与前述相同。

申请人转账存入的，银行收到申请人交来的转账支票及进账单，审核无误后，比照单位卡的有关手续处理。

(二) 贷记卡发卡的处理

单位申领信用卡，应按规定填写申请表，连同有关资料一并交发卡行。发卡行审查同意后，办理开户手续，在"贷款——其他贷款——贷记卡实际使用额度"科目下为持卡人开立账户，登记"信用卡账户开销户登记簿"和发卡清单，并在发卡清单上记载领卡人身份证件号码，并由领卡人签收。个人申领信用卡，还需向发卡行交验身份证件，申领手续同单位卡。贷记卡发卡的处理比照准贷记卡进行。

五、信用卡购物消费的处理

持卡人可持信用卡到接受信用卡付款的商场、酒店等特约商户POS机上刷卡购物消费。特约商户受理信用卡，经审查无误，在POS机上刷卡并打印签购单交持卡人签名确认后，将第一联签购单交持卡人。

(一) 特约商户开户行处理

每日营业终了，特约单位根据签购单汇总表填制汇计单，计算手续费和净计金额，连同签购单和进账单一并送交开户行办理转账。

特约单位开户行收到特约单位送交的按净计金额填制的三联进账单、按发卡行分别填制的三联汇计单和两联签购单，或收到POS交易信息并打印POS交易流水清单后，经审查无误后，区别情况进行处理：

（1）发卡行为本行的，直接办理转账，并收取手续费。编制的会计分录为：

借：吸收存款——信用卡存款——单位(个人)卡存款(××户)
　　贷：吸收存款——单位活期存款——××户(特约单位户)　　　　　(净计金额)
　　　　手续费及佣金收入——结算手续费收入——××特约单位

（2）发卡行为他行的，根据情况选择相应渠道办理转账。编制的会计分录为：

借：待清算辖内往来或清算资金往来(或存放中央银行款项——备付金存款户)
　　贷：吸收存款——单位活期存款——××户(特约单位户)
　　　　手续费及佣金收入——结算手续费收入——××特约单位

（二）发卡行的处理

发卡行收到交易信息，实时进行账务处理，打印记账凭证和交易流水清单，交易流水清单作记账凭证附件。编制的会计分录为：

借：吸收存款——信用卡存款——单位(个人)卡存款(××户)
　　贷：待清算辖内往来(或清算资金往来，或存放中央银行款项——备付金存款户)

六、信用卡存取现金的处理

（一）信用卡存入现金的处理

1. 在发卡行存入现金

发卡行接到持卡人的信用卡和现金，审核无误后刷卡，打印个人业务存款凭证交持卡人签字确认后收回，将回单及信用卡交持卡人。编制的会计分录为：

借：库存现金
　　贷：吸收存款——信用卡存款——个人卡存款(××持卡人)

2. 在非发卡行存入现金

受理行接到持卡人的信用卡和现金，比照前述手续进行处理，并根据情况选择相应渠道办理划款。在异地非发卡行存入现金的，还应按规定收取手续费。编制的会计分录为：

借：库存现金
　　贷：待清算辖内往来(或其他科目)
　　　　手续费及佣金收入——信用卡手续费收入(异地非发卡行存现)

发卡行收到交易信息，实时进行账务处理，打印记账凭证和交易流水清单，交易流水清单作记账凭证附件。编制的会计分录为：

借：待清算辖内往来(或其他科目)
　　贷：吸收存款——信用卡存款——个人卡存款(××持卡人)

（二）信用卡支取现金的处理

1. 在发卡行支取现金

发卡行接到持卡人的信用卡和身份证(凭个人密码支取的免验身份证)，审查无误后，打印个人业务取款凭证交取款人签字确认后收回，将现金、回单、信用卡及身份证交持卡人。编制的会计分录为：

借：吸收存款——信用卡存款——个人卡存款（××持卡人）
　　贷：库存现金

2．在非发卡行支取现金

受理行接到持卡人的信用卡，比照前述手续进行处理，并根据情况选择相应渠道办理转账。在异地非发卡行支取现金的，还应按规定收取手续费。编制的会计分录为：

借：待清算辖内往来（或其他科目）
　　贷：库存现金
　　　　手续费及佣金收入——信用卡手续费收入（异地非发卡行取现）

发卡行收到交易信息，实时进行账务处理，打印记账凭证和交易流水清单，交易流水清单作记账凭证附件。编制的会计分录为：

借：吸收存款——信用卡存款——个人卡存款（××持卡人）
　　贷：待清算辖内往来（或其他科目）

七、贷记卡使用额度及准贷记卡透支本金的处理

（一）贷记卡使用额度的处理

1．持卡人使用额度

持卡人使用贷记卡额度时比照前述有关取现（单位卡除外）、POS消费等手续处理，编制的会计分录为：

借：贷款——其他贷款——贷记卡实际使用额度（××持卡人）
　　贷：××科目

2．持卡人还款的处理

持卡人还款时，发卡行按各种费用、利息、取现金额、消费额的顺序扣款。扣除各种费用、利息后的剩余款项，分以下两种情况进行处理：

若剩余款项小于或等于实际使用额度时，编制的会计分录为：

借：××科目
　　贷：贷款——其他贷款——贷记卡实际使用额度（××持卡人）

若剩余款项大于实际使用额度时，编制的会计分录为：

借：××科目
　　贷：贷款——其他贷款——贷记卡实际使用额度（××持卡人）
　　　　吸收存款——信用卡存款——单位（个人）贷记卡存款（××持卡人）

3．收取滞纳金、超限费

收取滞纳金或超限费时，打印业务收费凭证，收费凭证回单交持卡人。编制的会计分录为：

借：库存现金（或其他科目）
　　贷：营业外收入——罚款收入

（二）准贷记卡透支的处理

1. 透支

具体分为以下两种情况：

（1）若信用卡存款账户为贷方余额，则透支时，编制的会计分录为：

借：吸收存款——信用卡存款——单位（个人）卡存款（××持卡人）
　　贷款——其他贷款——信用卡透支（××持卡人）
　　贷：库存现金（或其他科目）

（2）若信用卡存款账户为借方余额，或其余额为零，则透支时，编制的会计分录为：

借：贷款——其他贷款——信用卡透支（××持卡人）
　　贷：库存现金（或其他科目）

2. 偿还透支

持卡人归还透支时，发卡行扣除应收利息、催收贷款利息和当期利息后，剩余款项偿还透支本金。编制的会计分录为：

借：库存现金（或其他科目）
　　贷：贷款——其他贷款——信用卡透支（××持卡人）
　　　　吸收存款——信用卡存款——单位（个人）卡存款（××持卡人）

由于储蓄卡等借记卡可视同为存款卡，其核算可比照存款业务和信用卡业务的有关手续进行处理，这里不再赘述。

八、信用卡挂失的处理

持卡人信用卡遗失，可向就近的本系统信用卡部申请办理挂失，属异地挂失的，还须经原发卡行核准后，挂失方可生效。持卡人应填制三联银行卡挂失申请书，连同挂失手续费、有效身份证交柜台经办人员。经审查后办理挂失并收取挂失手续费，编制的会计分录为：

借：库存现金
　　贷：手续费及佣金收入——信用卡手续费收入

九、信用卡注销的处理

持卡人不需要继续使用信用卡的，应持信用卡主动到发卡银行办理销户。其中，个人卡销户，可以转账结清，也可以提取现金；单位卡销户，信用卡账户余额必须转入其基本存款账户，不得提取现金，发卡银行在确认持卡人具备销户条件时，应为持卡人办理销户手续，按规定计付利息，并收回信用卡。发卡银行核对账务无误后，分别情况进行处理。

(1) 转账结清的,编制的会计分录为:

借:吸收存款——信用卡存款——单位(个人)卡存款(××持卡人)
　　贷:吸收存款——单位(个人)活期(定期)存款——××户

(2) 退付现金的,编制的会计分录为:

借:吸收存款——信用卡存款——个人卡存款(××持卡人)
　　贷:库存现金

第五节　国内信用证结算的核算

一、国内信用证的概念及有关规定

(一) 国内信用证的概念

信用证是指开证行依照申请人的申请开出的,凭符合信用证条款的单据支付的付款承诺。信用证属于银行信用,开证行为信用证的主债务人。

采用信用证结算,主要涉及以下当事人:

(1) 开证申请人,购销合同中的买方(购货方)。
(2) 开证行,买方的开户银行。
(3) 受益人,购销合同中的卖方(供货方)。
(4) 通知行,受开证行委托向受益人发出信用证通知书的银行。
(5) 委托收款行,按照受益人委托,向开证行办理委托收款的银行。
(6) 议付行,根据开证行在议付信用证中的授权,接受受益人议付申请,买进受益人提交的汇票和单据的银行。

(二) 国内信用证的有关规定

(1) 办理信用证结算业务的机构是指经中国人民银行批准的商业银行总行以及经商业银行总行批准的分支机构。未经批准的银行机构和城市信用合作社、农村信用合作社及其他非银行金融机构不得办理信用证结算业务。
(2) 仅适用于国内企业之间商品交易的结算。
(3) 为不可撤销、不可转让的跟单信用证。
(4) 只限于转账结算,不得支取现金。
(5) 受益人采用委托收款和申请议付两种方式收取信用证款项。
(6) 在信用证结算中,各有关当事人处理的只是单据,而不是与单据有关的货物及劳务。
(7) 信用证与作为其依据的购销合同相互独立,银行在处理信用证业务时,不受购销合同的约束。

二、国内信用证的种类

国内信用证分为三种:一是不可撤销、不可转让的即期付款的跟单信用证;二是不可撤销、不可转让的延期付款的跟单信用证;三是不可撤销、不可转让的延期付款的可议付跟单信用证。

所谓"不可撤销",是指信用证一经开出,在有效期内,未经受益人、开证人等有关当事人同意,开证行不得片面修改或撤销信用证的规定和承诺;所谓"不可转让",是指受益人不能将信用证的权利转让给他人;所谓"跟单信用证",是指开证行凭跟单汇票或仅凭单据付款的信用证。单据是指代表货物所有权的单据(如海运提单等),或证明货物已交运的单据(如铁路运单、航空运单、邮包收据)。与跟单信用证相对应的是光票信用证,即开证行仅凭不随附货运单据的汇票付款的信用证。汇票如附有不包括货运单据的发票、货物清单等,仍属光票。

国内信用证按付款方式分为即期付款、延期付款或议付(议付方式仅限于延期付款信用证)。即期付款是指开证行收到信用证项下的合格单据后,即期履行付款责任;延期付款是指开证行收到合格单据后,依据信用证规定的延付期限从运输单据显示的装运日后或货物收据签发日后起算(不含装运日或签发日),确定在未来某一日承担付款责任;若延期付款信用证开证行指定受益人开户行为议付行向受益人议付货款的,则为可议付信用证。

国内信用证业务的处理流程如图8-15所示。

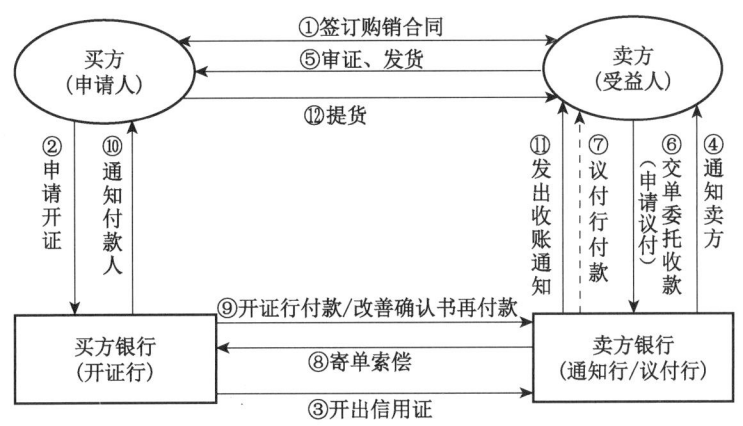

图8-15　国内信用证业务的处理流程

(1) 买卖双方签订商品购销合同,合同订明采用信用证结算方式。
(2) 买方向开户行申请开立信用证。
(3) 开证行开立信用证并发送给通知行。
(4) 通知行核对后,向受益人(卖方)通知信用证。
(5) 卖方委托承运人向买方发货。
(6) 发货后,受益人向开户行交单,委托开户行向开证行收款(或受益人向开户行交单并申请议付)。
(7) 若受益人向开户行交单并申请议付的,议付行审查单证无误后付款。
(8) 议付行或受益人开户行向开证行交付单据,索要货款。

(9) 若为即期付款信用证,则开证行审查单证无误后付款;若为延期付款或议付信用证,则开证行先向受益人开户行(或议付行)发送到期付款确认书,于到期日再付款。

(10) 开证行向开证申请人交付单据,并发送付款通知。

(11) 受益人开户行为受益人收款入账,并向其发出收账通知(或议付行办理转账)。

(12) 买方凭收到的单据向承运人提货。

三、国内信用证的核算

(一) 开证行开立信用证

(1) 受理开证申请。申请人申请开立信用证,应填制一式三联开证申请书并按规定签章后,连同有关购销合同交其开户行。开证行收到后,第一联申请书加盖业务公章后交申请人;第二联开证依据,会计部门留存;第三联开证存查,信贷部门留存。

(2) 收取保证金。开证行审核无误后,同意开证的,应根据申请人的资信情况,确定向其收取保证金的比例,或同时要求申请人提供抵押、质押或保函等其他担保。开证行收到申请人缴纳的保证金时,编制的会计分录为:

借:吸收存款——单位活期存款——××申请人
　　贷:存入保证金——信用证保证金——××申请人

(3) 开证并表外登记。开证行缮制一式两联信用证,加编密押并核对无误后,以电子方式向通知行发送信用证信息。第一联信用证副本留存,第二联开证通知加盖业务公章交申请人。开证行开立信用证后,根据第一联信用证作表外科目核算,编制的会计分录为:

收:开出国内信用证——××申请人

(4) 收取手续费。开证行应向申请人收取开证金额的 0.15% 但不低于 100 元的开证手续费及电子汇划费。编制的会计分录为:

借:吸收存款——单位活期存款——××申请人
　　贷:手续费及佣金收入——国内信用证开证手续费收入

(二) 通知行通知信用证

通知行收到开证行发来的信用证信息,核押无误后,系统自动打印信用证正本(其复印联为信用证副本),打印成功后,系统自动按每笔 50 元收取通知手续费。编制的会计分录为:

借:吸收存款——单位活期存款——××受益人
　　贷:手续费及佣金收入——国内信用证通知手续费收入

通知行核验信用证无误后,缮制一式两联信用证通知书。第一联加盖业务公章连同信用证正本交受益人;第二联连同信用证副本留存,专夹保管。

(三) 受益人开户行对来单的处理

1. 议付来单

(1) 受理来单及审核。受益人向开户行申请议付时,应填制一式两联信用证议付/委托收款申请书和一式五联议付凭证,并在第一联信用证议付/委托收款申请书和第一联议付凭证上加盖预留银行签章后连同信用证通知书、信用证正本及单据一并提交议付行。议付行应认真审核。

(2) 议付行对单证相符同意议付的处理。经议付行审查后,若单证相符同意议付的,按规定计算议付利息、实付议付金额,打印记账凭证,办理转账,第一、第二、第三联议付凭证作记账凭证附件。编制的会计分录为:

借:议付信用证款项
　　贷:吸收存款——单位活期存款——××受益人
　　　　利息收入

同时,按议付单据金额的0.1%向受益人收取议付手续费,编制的会计分录为:

借:吸收存款——单位活期存款——××受益人
　　贷:手续费及佣金收入——国内信用证议付手续费收入

议付行办理转账后,第五联议付凭证和第一联信用证议付/委托收款申请书专夹保管;第二联信用证议付/委托收款申请书、第四联议付凭证连同信用证通知书和信用证正本一并退受益人。

同时,议付行填制一式两联寄单通知书和一式五联委托收款凭证。第一联寄单通知书和第三、第四、第五联委托收款凭证及有关单据一并寄开证行办理收款;第二联寄单通知书和第一、第二联委托收款凭证议付行留存,并按照前述发出委托收款的手续处理。

(3) 议付行对单证不符的处理。议付行经审查,若单证不符的,商洽受益人修改后相符,同意议付的,比照前述手续处理;商洽受益人修改后仍不符,拒绝议付的,制作一式两联拒绝议付/不符点通知书,一联留存,另一联加盖业务公章连同有关单证退受益人。

2. 委托收款来单的处理

受益人委托开户行向开证行提交单证的,应填制委托收款凭证和信用证议付/委托收款申请书,连同信用证正本及有关单据提交开户行。开户行审查无误后,第一联信用证议付/委托收款申请书随委托收款凭证,连同有关单证一并寄开证行,并按照前述发出委托收款的手续处理。

(四) 开证行对来单的处理

1. 单据相符足额付款

开证行收到议付行寄来的委托收款凭证、单据及寄单通知书或受益人开户行寄来的委托收款凭证、信用证正本、单据及信用证议付/委托收款申请书,经审查单证相符的,分不同情况进行处理。

（1）即期信用证付款。开证行应从开证申请人存款账户中支付，不足部分从其保证金账户中支付，若保证金账户仍不足支付的，则对开证申请人作逾期贷款处理，并根据情况选择行内汇划（或大额支付或小额支付等）渠道办理划款。编制的会计分录为：

借：吸收存款——单位活期存款——××申请人
　　存入保证金——信用证保证金——××申请人
　　贷款——逾期贷款——信用证垫款（××申请人）
　贷：待清算辖内往来——××行

对申请人提供抵押、质押的，开证行按规定处理抵押物和质押物；提供保函的，向担保人收取款项。

开证行办妥付款手续后，填制一式两联信用证来单通知书，第一联加盖业务公章连同有关单据交开证申请人，第二联留存，并进行表外科目核算。编制的会计分录为：

付：开出国内信用证——××申请人

有抵押物、质押物或保函的，应予以退还。

（2）延期信用证付款的处理。开证行应在规定的时间内向受益人开户行（含议付行）发电，未议付的由其转告受益人，确认到期付款。开证行到期日付款比照上述即期信用证付款的手续进行处理。

2. 单证不符的处理

开证行收到来单后，经审查单证不符的，应制作一式两联拒绝议付/不符点通知书，一联留存，另一联加盖业务公章，凭以在规定时间内向受益人开户银行（含议付行）发送电子信息，告知单证不符，拒绝付款。受益人开户行未议付的，由该行转告受益人。同时，开证行保留单据并商洽开证申请人，若开证申请人同意付款，则开证行按前述单证相符时付款的手续进行处理；若开证申请人不同意付款，则开证行将单据退议付行或将信用证正本和单据退交受益人。

（五）受益人开户行（含议付行）收到划来款项的处理

受益人开户行（含议付行）收到开证行通过行内系统（或大小额支付系统等）渠道划来的款项后，按照委托收款划回的手续处理。编制的会计分录为：

借：待清算辖内往来——××行
　贷：议付信用证款项
或　贷：吸收存款——单位活期存款——××受益人

属于受益人通过其开户行委托收款的，开户行应在委托收款收账通知联加盖转讫章通知受益人。

（六）信用证注销的处理

在信用证有效期内，开证行未收到任何单据，在信用证有效期满1个月后，应解除开证申请人的信用证担保，即退还保证金、抵押物、质押物或保函，并注销信用证。退还保证金，应编制的会计分录为：

借：存入保证金——信用证保证金——××申请人
　　贷：吸收存款——单位活期存款——××申请人

退还抵押物、质押物或保函等其他担保，应销记备忘科目登记簿。

开证申请人提出对未逾有效期信用证的注销申请和信用证正本时，开证行应审查开证申请人与受益人同意注销的证明，无误后，解除开证申请人的信用证担保，并注销信用证。

思 考 题

1. 什么是支付结算？支付结算工具主要有哪几种？
2. 什么是银行汇票？它有什么规定？其核算程序如何？
3. 什么是支票结算？它有什么规定？其核算手续如何？
4. 什么是银行本票？它有什么规定？其核算手续如何？
5. 商业承兑汇票与银行承兑汇票有什么区别？
6. 托收承付与委托收款有什么异同点？
7. 什么是国内信用证？它有哪几种？如何核算？

练 习 题

【选择题】

1. 下列各项中，属于我国《票据法》中所指票据的是（　　）。
   A. 汇票、本票　　　　　　　　B. 本票、支票
   C. 汇票、本票、支票　　　　　D. 汇票、本票、支票及其他有价证
2. 支票的提示付款期限为自出票日起（　　）天。
   A. 10　　　B. 15　　　C. 20　　　D. 30
3. 银行承兑汇票到期出票人不能足额付款，其不足款项记入"贷款"科目所属的（　　）明细科目。
   A. "短期贷款"　　　　　　　　B. "其他应收款"
   C. "逾期贷款"　　　　　　　　D. "营业外支出"
4. 出票人签发，委托付款人在见票时或者在指定日期无条件支付确定的金额给收款人或者持票人的票据是（　　）。
   A. 商业汇票　　B. 本票　　C. 支票　　D. 银行汇票
5. 下列各项中，属于银行汇票付款人的是（　　）。
   A. 汇票申请人　　B. 出票银行　　C. 承兑人　　D. 持票人
6. 下列各项中，属于银行承兑汇票的承兑人的是（　　）。
   A. 付款人　　B. 收款人　　C. 持票人　　D. 银行
7. 商业承兑汇票的付款人在接到通知的次日起（　　）日内未通知银行付款视为

默认。

A. 1　　　　　B. 3　　　　　C. 5　　　　　D. 10

8. 银行汇票的提示付款期限为自出票日起(　　)个月。

A. 1　　　　　B. 2　　　　　C. 3　　　　　D. 6

9. 商业汇票的提示付款期限为汇票到期日起(　　)天。

A. 10　　　　B. 30　　　　C. 60　　　　D. 90

10. 商业汇票的付款期限最长不得超过(　　)个月。

A. 3　　　　　B. 6　　　　　C. 9　　　　　D. 12

11. 下列各项中,属于签发现金银行汇票基本要求的是(　　)。

A. 收款人为个人　　　　　　B. 申请人为个人
C. 收款人和申请人均为个人　D. 收款人和申请人有一人为个人

12. 出票银行签发银行汇票时,使用(　　)科目核算。

A. "吸收存款——应解汇款"　B. "吸收存款——汇出汇款"
C. "定期存款"　　　　　　　D. "短期贷款"

13. 下列各项中,属于票据权利的有(　　)。

A. 付款请求权　　　　　　　B. 背书转让权
C. 承兑权　　　　　　　　　D. 追索权

14. 下列各项中,属于票据行为的有(　　)。

A. 出票　　　B. 背书　　　C. 保证　　　D. 付款

15. 下列关于支票的说法中,银行应退票的有(　　)。

A. 出票人签发空头支票　　　B. 签章与预留银行签章不符的支票
C. 支付密码错误的支票　　　D. 受理出票人送交的支票

16. 在汇兑结算方式中,汇入行对留行待取的款项,应先转入(　　)科目。

A. "其他应付款"　　　　　　B. "其他应收款"
C. "汇出汇款"　　　　　　　D. "吸收存款——应解汇款"

17. 下列单据中,可以据此办理委托收款的是(　　)。

A. 发票　　　　　　　　　　B. 已承兑的商业汇票
C. 发货单　　　　　　　　　D. 出库单

18. 托收承付结算方式中规定,验单付款的承付期为(　　)。

A. 3天　　　B. 5天　　　C. 10天　　　D. 接到通知的当天

19. 托收承付的金额起点为(　　)元。

A. 1 000　　B. 5 000　　C. 10 000　　D. 50 000

20. 托收承付结算中,验单付款和验货付款的承付期分别为(　　)天。

A. 3,7　　　B. 7,3　　　C. 3,10　　　D. 10,3

21. 可以"先消费,后还款"和"先存款,后消费"的银行卡分别属于(　　)。

A. 借记卡,贷记卡　　　　　B. 贷记卡,借记卡
C. 金卡,普通卡　　　　　　D. 普通卡,金卡

22. 汇入行主动办理退汇的原因有( )。
    A. 经过2个月无法交付的汇款   B. 收款人为不在本行开户的个人
    C. 汇款人申请退汇   D. 收款人拒收汇款
23. 委托收款必须凭( )办理款项的结算。
    A. 已承兑的商业汇票   B. 发票
    C. 存单   D. 债券

【业务题】

1. 开户单位华丽公司提交银行汇票申请书,金额为85 000元,委托中国工商银行某支行签发银行汇票,持往异地购货,经审核无误后签发银行汇票。

   要求:根据上述资料,编制有关会计分录。

2. 承业务题1,华丽公司申请签发的银行汇票,代理付款行已付款,金额为79 600元,多余金额为5 400元,办理转账并结清该笔银行汇票。

   要求:根据上述资料,编制有关会计分录。

3. 开户单位市供电局有委托收款三笔,系向用户收取电费。付款人分别为在本行开户的胜利商场,金额为32 300元;红塔集团,金额为38 700元;三联食品厂,金额为60 120元。三笔收款当日转账。

   要求:根据上述资料,编制有关会计分录。

4. 开户单位甲公司送存同一行处开户单位乙公司签发的转账支票一张,金额为11 350元,审查无误后转账。

   要求:根据上述资料,编制有关会计分录。

5. 2×19年10月10日,丽华大酒店向中国建设银行某支行提交进账单、汇计单及签购单各一份,净计金额14 860元,经审查无误后为丽华大酒店入账,并按0.5%向收款人收取手续费,有关凭证提出交换给同城系统内的某分理处(发卡行),信用卡的持卡人为大华实业公司法人。

   要求:根据上述资料,编制有关会计分录。

6. 中国工商银行北京马连道支行收到李华提交的电汇凭证和现金10 000元,要求汇给异地中国农业银行石家庄桥西支行,用于归还王宏欠款。中国工商银行北京马连道支行审查无误后,选择小额支付渠道办理资金汇划。中国农业银行石家庄桥西支行收到划来的款项,审查无误后,通知收款人王宏来行取款。

   要求:根据上述资料,编制有关会计分录。

第九章 外汇业务的核算

第一节 外汇业务概述

一、外汇的概念与种类

外汇是指以外国货币或以外国货币表示的用于国际结算的支付手段和资产。在我国,根据《外汇管理条例》规定,外汇的具体内容包括:

(1) 外币现钞,包括纸币和铸币。
(2) 外币支付凭证或者支付工具,包括票据、银行存款凭证、银行卡等。
(3) 外币有价证券,包括政府债券、公司债券、股票等。
(4) 特别提款权、欧洲货币单位(欧元现已取代欧洲货币单位)。
(5) 其他外汇资产。

作为外汇必须符合两个条件:一是以外国货币表示;二是可自由兑换。目前最常用的可自由兑换的货币有美元(货币符号US$,简写代码USD)、英镑(货币符号£,简写代码GBP)、欧元(货币符号€,简写代码EUR)、日元(货币符号J¥,简写代码JPY)、加拿大元(货币符号CAN$,简写代码CAD)、澳大利亚元(货币符号A$,简写代码AUD)等。

按照形态外汇可分为现汇和现钞。现汇又称转账外汇,是用于国际汇兑和国际非现金结算的、用以清偿国际债权债务的外汇。现钞是指各种外币钞票、铸币等。

二、汇率的概念与种类

(一) 汇率的概念与标价方法

外汇业务必然涉及汇率。汇率也称外汇牌价或汇价,是指一个国家的货币折算成另一个国家货币的比率。

折算两种货币的比率,先要确定以哪一国货币作为标准,这称为汇率的标价方法。通常,汇率有直接标价法与间接标价法两种标价方法。其中,直接标价法是以一定单位的外国货币为标准,折算为若干单位本国货币的表示方法,如 USD 1 = RMB 6.255 0;间接标价法则是以一定单位的本国货币为标准,折算为若干单位外国货币的表示方法,如 RMB 1 = USD 0.159 9。目前除美国和英国外,世界上绝大部分国家都采用直接标价法,我国人民币汇率也采用这种方法。

（二）汇率的种类

汇率可从不同的角度进行分类：按制定汇率方法划分，汇率可分为基本汇率与套算汇率；按汇率制度划分，汇率可分为固定汇率和浮动汇率；按国家对外汇管制的宽严程度划分，汇率可分为官方汇率与市场汇率；按银行买卖外汇的角度划分，汇率可分为买入价（汇买价、钞买价）、卖出价（汇卖价、钞卖价）及中间价（平均价）；按外汇买卖交割时间来划分，汇率可分为即期汇率和远期汇率等。

汇买价是指银行买入外汇现汇的价格；汇卖价是指银行卖出外汇现汇的价格；钞买价是指银行买入外币现钞的价格；钞卖价是指银行卖出外币现钞的价格；中间价是指汇买价与汇卖价的平均价，在银行内部结算或套汇时使用。

现钞汇率与现汇汇率理论上存在差额，因为银行买入现汇即为买入客户在国外银行的外汇存款，银行可以直接将买进的外汇划拨到其国外银行的账户中并开始计息，而买进外币现钞时，由于外币现钞在本国不流通，银行买进后需库存保留一段时间，待达到一定的金额后，将其运往货币发行国，变成在国外银行的外币存款即现汇后才开始计息和用于国际结算支付，在此期间，银行要承担汇率风险、资金占用利息及现钞管理费等，支付包装费、运输费及保险费等，将这些费用转嫁给外币现钞的卖主，所以钞买价要低于汇买价。相反，国内不发行外币现钞，银行要卖出外币现钞就必须从货币发行国运进来，同样会发生一些费用，因此理论上钞卖价要高于汇卖价。

在银行买卖外汇的实务中，钞买价低于汇买价，而钞卖价与汇卖价相同。

即期汇率也称现汇汇率，是买卖双方成交后，在两个营业日之内办理外汇交割时所用的汇率。远期汇率也称期汇汇率，是买卖双方事先约定的，并在未来的一定日期进行外汇交割的汇率。

三、外汇业务的主要内容

根据国家外汇管理局发布的《银行外汇业务管理规定》，我国外汇指定银行可以经营的外汇业务包括外汇存款、外汇汇款、外汇贷款、外汇借款、外币兑换、外汇投资、发行或代理发行股票以外的外币有价证券、买卖或代理买卖股票以外的外币有价证券、自行或代客外汇买卖、外汇担保、贸易和非贸易结算等业务、资信调查和咨询及签证业务、国家外汇管理局批准的其他外汇业务。本章将主要介绍外币兑换、外汇存款、外汇贷款和外汇结算业务。

四、商业银行外汇业务的核算方法

目前，各家商业银行经营的外汇业务通常采用外汇分账制。外汇分账制又叫原币记账法，即在业务发生时，对有人民币外汇汇率的外币都直接按原币核算，以全面反映各种外币资金增减变化情况的一种方法。外汇分账制的具体做法如下所述。

（一）人民币与外币分账

在外汇分账制下，对各种外币（凡有本位币牌价的货币）的收支，平时都以原币为记账货币、填制凭证、登记账簿、编制报表，各种货币各自成立账务系统，各有一整套会计账簿和会计报表。各种货币分账核算,账务互不混淆。通过这种方法,银行能够全面了解各种外币资金活动情况及其头寸的余缺。

(二) 专门设置"货币兑换"科目

在外汇分账制下,需要设置"货币兑换"科目,该科目属于资产负债共同类科目,该科目应按币种进行明细核算。该科目既是连接外币和人民币账务系统的桥梁,又起着平衡外币和人民币账务系统的作用。

当商业银行买入外汇时,借记"库存现金"等有关科目(外币),贷记"货币兑换"科目(外币);相应付出人民币时,借记"货币兑换"科目(人民币),贷记"库存现金"等有关科目(人民币)。当商业银行卖出外汇时,借记"货币兑换"科目(外币),贷记"库存现金"等有关科目(外币);相应收到人民币时,借记"库存现金"等有关科目(人民币),贷记"货币兑换"科目(人民币)。

需要说明的是,"货币兑换"科目的分户账具有一定的特殊性,它把人民币和外币金额记在同一个账页上,账簿格式由买入、卖出、结余三栏组成,买入、卖出栏内又各由外币、汇价和人民币三栏组成。买入栏外币为贷方,人民币为借方;卖出栏外币为借方,人民币为贷方,结余栏则设借或贷外币、借或贷人民币两栏。其格式如图 9-1 所示。

××银行
"货币兑换"科目分户账

货币: 账户:

年		摘要	买入			卖出			借/贷	结余	借/贷	
月	日		外币(贷)(十亿位)	汇价	人民币(借)(十亿位)	外币(借)(十亿位)	汇价	人民币(贷)(十亿位)		外币(贷)(十亿位)		人民币(十亿位)

注:买入外币(贷)×汇价=人民币(借);卖出外币(借)×汇价=人民币(贷)。

图 9-1 "货币兑换"科目分户账

如果买入外币数大于卖出外币数,外币结余则以买入外币(贷)项数减去卖出外币(借)项数,余额为外币贷方结余数。人民币结余则将买入外币人民币(借)项数减去卖出外币人民币(贷)项数,余额为人民币借方结余数。结余额以外币与人民币同时反映。

资产负债表日,应将所有以外币表示的"货币兑换"科目余额按期末汇率折算为记账本位币金额,并与"货币兑换"科目(记账本位币)余额相比较,其差额转入"汇兑损益"科目。如为借方差额,借记"汇兑损益"科目,贷记"货币兑换"科目(记账本位币);如为贷方差额,借记"货币兑换"科目(记账本位币),贷记"汇兑损益"科目。"货币兑换"科目期末无余额。

上述"汇兑损益"科目,是用以核算商业银行外币货币性项目因汇率变动而形成的收益或损失的科目。该科目借方反映因汇率变动而产生的汇兑损失,贷方反映因汇率变动而产生的汇兑收益。期末,应将该科目的余额转入"本年利润"科目,结转后该科目没有余额。

第二节 外汇兑换业务的核算

商业银行的货币兑换业务包括结汇业务、售汇业务及套汇业务等形式。下面分别介绍。

一、结汇业务的核算

结汇即买入外汇,是指境内企事业单位、机关和社会团体按国家外汇政策的规定,将各类外汇收入按银行挂牌汇率结售给外汇指定银行。外汇指定银行在受理客户结汇业务时,应按结汇外币金额和当天本行挂牌汇率(即汇买价或钞买价)计算的人民币金额填制货币兑换相关凭证,编制的会计分录为:

借:库存现金(或吸收存款)　　　　　　　　　　　　　　　(外币)
　　贷:货币兑换(汇买价或钞买价)　　　　　　　　　　　　(外币)
借:货币兑换(汇买价或钞买价)　　　　　　　　　　　　　　(人民币)
　　贷:库存现金(或吸收存款)　　　　　　　　　　　　　　(人民币)

【例 9-1】 2×19 年 1 月 5 日,客户李林持现钞 USD 1 000 到中国工商银行亚运村支行兑换人民币现金,当日美元钞买价为 USD 1＝RMB 6.242 5。编制会计分录为:

借:库存现金　　　　　　　　　　　　　　　　　　　　　USD 1 000
　　贷:货币兑换(钞买价 6.242 5)　　　　　　　　　　　　USD 1 000
借:货币兑换(钞买价 6.242 5)　　　　　　　　　　　　　　RMB 6 242.50
　　贷:库存现金　　　　　　　　　　　　　　　　　　　RMB 6 242.50

二、售汇业务的核算

售汇即卖出外汇,是指境内企事业单位、机关和社会团体持有关有效凭证,用人民币到外汇指定银行办理兑换外汇。外汇指定银行在按规定售汇时,应填制外汇买卖借方凭证,按规定收妥人民币金额,配售外币后,办理转账。编制的会计分录为:

借:库存现金(或吸收存款)　　　　　　　　　　　　　　　(人民币)
　　贷:货币兑换(汇卖价)　　　　　　　　　　　　　　　(人民币)
借:货币兑换(汇卖价)　　　　　　　　　　　　　　　　　(外币)
　　贷:库存现金(或吸收存款)　　　　　　　　　　　　　(外币)

【例 9-2】 2×19 年 3 月 1 日,科达公司需电付境外一笔货款 50 万美元。持有关有效凭证,到中国银行某分行申请用人民币办理兑付。经该行审查,符合外汇管理规定,同意售汇。当日的美元卖出价为:USD 1＝RMB 6.271 9。编制的会计分录为:

借：吸收存款——单位活期存款——科达公司　　　　　　　RMB 3 135 950
　　贷：货币兑换（汇卖价 6.271 9）　　　　　　　　　　　RMB 3 135 950
借：货币兑换（汇卖价 6.271 9）　　　　　　　　　　　　　USD 500 000
　　贷：吸收存款——汇出汇款——科达公司　　　　　　　USD 500 000

三、套汇业务的核算

套汇是以一种货币兑换成另一种外汇的外汇买卖行为。根据我国外汇管理法规的规定，对于一般套汇业务，应通过人民币进行核算，即对收入的一种外币按买入价折成人民币，然后将折合的人民币按另一种外币的卖出价折算出另一种外汇金额，并填制外汇买卖套汇传票。套汇的会计分录为：

（1）买入 A 种外汇：

借：库存现金（或吸收存款）　　　　　　　　　　　　　　（A 种外币）
　　贷：货币兑换（汇买价或钞买价）　　　　　　　　　　（A 种外币）

（2）通过人民币套换：

借：货币兑换（汇买价或钞买价）　　　　　　　　　　　　（人民币）
　　贷：货币兑换（汇卖价）　　　　　　　　　　　　　　（人民币）

（3）卖出 B 种外汇：

借：货币兑换（汇卖价）　　　　　　　　　　　　　　　　（B 种外币）
　　贷：库存现金（或吸收存款）　　　　　　　　　　　　（B 种外币）

套汇业务具体包括两种类型：

第一类，两种外汇之间的套汇。两种外汇之间的套汇，即以一种货币兑换成另一种外汇。银行在进行会计核算时，必须先套算出卖出币种的金额，计算公式为：

卖出币种套汇金额＝买入币种金额×买入币种汇买价÷卖出币种汇卖价

【例 9-3】 某外商投资企业拥有现汇活期存款 USD 100 000，要求兑换成港元现汇，存入港元现汇活期存款户以备支付货款。银行按美元买入价买入美元，按港元汇买价卖出港元。当天的外汇牌价为：美元买入价 USD 1＝RMB 6.255 0，港元卖出价 HKD 1＝RMB 0.920 0。编制的会计分录为：

借：吸收存款——单位活期存款——某外商投资企业　　　USD 100 000
　　贷：货币兑换（汇买价 6.255 0）　　　　　　　　　　USD 100 000
借：货币兑换（汇买价 6.255 0）　　　　　　　　　　　　RMB 625 500
　　贷：货币兑换（汇卖价 0.920 0）　　　　　　　　　　RMB 625 500
借：货币兑换（汇卖价 0.920 0）　　　　　　　　　　　　HKD 788 586.96
　　贷：吸收存款——单位活期存款——某外商投资企业　　HKD 788 586.96

第二类，现钞与现汇之间的套汇。银行为客户办理现汇和现钞之间的套汇业务，在进行会计核算时,必须先套算出卖出币种的金额。

汇买钞卖的计算公式为:

$$卖出币种现汇金额 = 买进币种现汇金额 \times 汇买价 \div 汇卖价$$

钞买汇卖的计算公式为:

$$卖出币种现汇金额 = 买进币种现钞金额 \times 钞买价 \div 汇卖价$$

【例 9-4】 某外商投资企业拿来美元现钞 USD 100 000,该款项系出售样品款,已经外汇管理部门批准,要求银行兑换成美元现汇存入该公司美元现汇活期户。银行按美元现钞买入价买入美元现钞,按美元现汇价卖出美元现汇。当天的人民币外汇牌价是:美元现汇卖出价 USD 1= RMB 6.271 9,美元现钞买入价 USD 1= RMB 6.242 5。编制的会计分录为:

借:库存现金 USD 100 000
 贷:货币兑换(钞买价 6.242 5) USD 100 000

借:货币兑换(钞买价 6.242 5) RMB 624 250
 贷:货币兑换(汇卖价 6.271 9) RMB 624 250

借:货币兑换(汇卖价 6.271 9) RMB 99 531.24
 贷:吸收存款——单位活期外汇存款——某外商投资企业 RMB 99 531.24

每天交易结束后,商业银行分货币将"货币兑换"科目的余额按当天中间价折成人民币,与该货币人民币余额的差额即为该货币当日的汇兑损益。损益的具体计算为:

"货币兑换"科目外币余额在贷方的,若外币贷方余额×该种外币中间价>该种外币的人民币借方余额,即为贷方差额,该差额为汇兑收益;反之,若是借方差额,该差额为汇兑损失。

"货币兑换"科目外币余额在借方的,若外币借方余额×该种外币中间价<该种外币的人民币贷方余额,即为贷方差额,该差额为汇兑收益;反之,若是借方差额,该差额为汇兑损失。

第三节 外汇存款业务的核算

外汇存款是指单位或个人将其所有的外汇资金(国外汇入汇款、外币、外币票据等),以外国货币为计量单位存放在商业银行,并于以后随时或按约定期限支取的存款。外汇存款按存款对象,可分为单位外汇存款和个人外汇存款;按存款期限,可分为活期存款、定期存款和通知存款;按存取方式,可分为支票户存款和存折户存款;按存入资金形态,可分为现汇存款和现钞存款。

外汇存款的币种有美元、英镑、欧元、日元、港元、瑞士法郎、加拿大元、澳大利亚元和新加坡元等。

一、单位外汇存款的核算

单位外汇存款又称甲种外汇存款,是指我国境内的机关、团体、企事业单位、外国驻华机构及境外的中资企业、团体等存放在商业银行的各项外汇资金。

单位外汇存款均为现汇账户,包括活期存款、定期存款和通知存款。银行不得为单位开立外币现钞账户。单位可将现钞存入现汇账户和经银行同意按规定支取少量外币现钞,但应按同种货币钞汇之间的套汇进行处理。

(一) 单位外汇活期存款的核算

单位外汇活期存款分为支票户和存折户,起存金额为人民币1 000元的等值外汇。

1. 存入款项

(1) 以外币现钞存入。以外币现钞存入时,支票户应填制交款单,存折户应填写存款凭条。若以同币种外币现钞存入时,按前述同种货币钞兑汇即钞买汇卖业务处理;若以不同币种外币现钞存入时,按前述两种货币之间的套汇业务处理。

(2) 以汇入现汇存入。以汇入现汇存入时,商业银行应根据收到的报文、收妥的外币票据等办理存入手续。若以汇入同币种现汇存入时,其会计分录为:

借:××科目(外币)
  贷:吸收存款——单位定期存款——××单位(外币)

若以汇入不同币种现汇存入时,按前述两种货币之间的套汇业务处理。

2. 支取款项

(1) 支取外币现钞。支取外币现钞时,支票户应签发现金支票并加盖预留银行印鉴,存折户应填写取款凭条。若支取同币种外币现钞时,按前述同种货币汇兑钞即汇买钞卖业务处理;若支取不同币种外币现钞时,按前述两种货币之间的套汇业务处理。

(2) 以汇出现汇方式支取。以汇出现汇方式支取时,商业银行应根据有关结算凭证办理支取手续。

若汇出同币种现汇时,编制的会计分录为:

借:吸收存款——单位活期存款——××单位　　　　　　　　　　(外币)
  贷:××科目　　　　　　　　　　　　　　　　　　　　　　　(外币)

另收汇费,原则上收取人民币,也可以是等值外币。编制的会计分录为:

借:库存现金(或吸收存款)　　　　　　　　　　　　　　　　　(人民币)
  贷:手续费及佣金收入——汇款手续费收入　　　　　　　　　　(人民币)

若汇出不同币种现汇时,按前述两种货币之间的套汇业务处理。

3. 利息的处理

单位外汇活期存款的计结息规则、资产负债表日计提利息的核算、结息日结计利息的核算,与单位人民币活期存款相同,不再赘述。

(二) 单位外汇定期存款的核算

单位外汇定期存款为记名式存单,整存整取,起存金额为人民币 10 000 元的等值外汇,存期分为 1 个月、3 个月、6 个月、1 年、2 年五个档次。

1. 开户存入

(1) 活期存款转定期存款。若商业银行办理同币种外币活期存款转存定期时,会计分录与人民币活期存款转定期存款相同;若商业银行办理不同币种外币活期存款转存定期时,按前述两种货币之间的套汇业务处理。

(2) 以汇入现汇存定期。单位要求以汇入现汇存定期时,商业银行应根据收到的报文、收妥的外币票据等办理定期存款开户存入手续。若以汇入同币种现汇存定期时,会计分录与前述外汇活期存款基本相同;若以汇入不同币种现汇存定期时,按前述两种货币之间的套汇业务处理。

(3) 以外币现钞存定期。若以同币种外币现钞存定期时,按前述同种货币钞兑汇即钞买汇卖业务处理;若以不同币种外币现钞存入时,按前述两种货币之间的套汇业务处理。

2. 资产负债表日计提利息

资产负债表日,对约定存期内的单位外汇定期存款,商业银行按存入日挂牌公告的同币种及相应档次定期存款利率计提利息。会计分录从略。

3. 到期转出

单位外汇定期存款利息的计算采用逐笔计息法,到期时按存入日挂牌公告的同币种及相应档次定期存款利率计息,利随本清,存期内如遇利率调整,不分段计息。

单位外汇定期存款到期后,不能直接从定期户中支取现金,而应以转账方式转入存款单位的活期存款账户。若商业银行办理同币种外币定期存款到期转入活期时,其会计分录与人民币相同;若商业银行办理不同币种外币定期存款到期转入活期时,按前述两种货币之间的套汇业务处理。

二、个人外汇存款的核算

(一) 个人外汇存款及其种类

个人外汇存款是指商业银行吸收自然人的外汇资金而形成的存款。个人外汇存款可以采用不同的标准进行分类。

1. 乙种外汇存款和丙种外汇存款

按存款对象不同,个人外汇存款分为乙种外汇存款和丙种外汇存款。其中,乙种外汇存款的存款对象是居住在国外或我国港澳台地区的外国人、外籍华人、华侨、港澳台同胞和短期来华人员,以及居住在中国境内的外国人。其外汇的使用可以汇往中国境内外,可兑换人民币,在存款人出境时,根据存款人的要求,可支取外钞或直接汇出。丙种外汇存款的存款对象是中国境内的居民,包括归侨、侨眷和港澳台同胞的亲属。该种存款汇往境外的金额较大时,须经国家外汇管理部门批准后方可汇出。

2. 现汇存款和现钞存款

按存入资金形态不同,个人外汇存款分为现汇存款和现钞存款。个人既可以在银行开立现汇账户存入现汇,也可以在银行开立现钞账户存入外币现钞。现汇户可直接支取汇出,现钞户须经钞买汇卖处理方可支取汇出;现钞户可直接支取现钞。

此外,按存取方式不同,个人外汇存款分为活期储蓄存款、定期储蓄存款、定活两便储蓄存款和个人通知存款。

外币活期储蓄存款的起存金额,乙种存款为不低于人民币 100 元的等值外币,丙种存款为不低于人民币 20 元的等值外币;外币定期储蓄存款的起存金额,乙种存款为不低于人民币 500 元的等值外币,丙种存款为不低于人民币 50 元的等值外币;定活两便储蓄存款的起存金额为不低于人民币 50 元的等值外币;个人 7 天通知存款的起存金额为不低于人民币 50 000 元的等值外币。

外币活期储蓄存款为存折户;外币定期储蓄存款为记名式存单,整存整取,存期分为 1 个月、3 个月、6 个月、1 年、2 年五个档次。

(二) 外币活期储蓄存款的核算

1. 开户存入

(1) 以外币现钞存入。以外币现钞存入时,存款人应填写存款凭条,连同外币现钞及有效身份证件(护照、身份证等)一同提交银行。银行审查存款凭条、证件并清点外币现钞无误后,进行现金开户交易处理。交易成功后,打印存折和存款凭证,将存折盖章后连同身份证件交给存款人。会计分录与人民币存款开户相同。

(2) 以汇入现汇存入。以汇入现汇存入时,商业银行应根据收到的报文、收妥的外币票据等办理开户存入手续。编制的会计分录为:

借:有关科目　　　　　　　　　　　　　　　　　　　　(外币)
　　贷:吸收存款——活期储蓄存款——现汇　　　　　　　(外币)

2. 续存

存款人续存时,将存折、外币票据或外币现钞交银行。银行审核无误后,打印存款凭条交存款人签字确认办理续存手续。

(1) 以外币现钞续存。若以同币种外币现钞存入现钞户时,会计分录与开户相同;若以同币种外币现钞存入现汇户时,应按中间价折算计收人民币手续费;以不同币种外币现钞存入现钞户或现汇户时,按前述两种货币之间的套汇业务进行处理。

(2) 以汇入现汇续存。若以同币种汇入现汇存入现钞户或现汇户时,会计分录同开户;若以不同币种汇入现汇存入现钞户或现汇户时,按前述两种货币之间的套汇业务进行处理。

3. 支取款项

(1) 支取外币现钞。存款人支取外币现钞时,将存折交银行并告知取款金额。银行审核无误后,打印取款凭条交存款人签字确认办理取款手续。

若从现钞户或现汇户支取同币种外币现钞时,会计分录与前述支取人民币相同;

若从现钞户或现汇户支取不同币种外币现钞时,按前述两种货币之间的套汇业务进行处理。

(2) 以汇出现汇方式支取。以汇出现汇方式支取时,商业银行应根据有关结算凭证办理支取手续。

若从现汇户汇出同币种现汇时,会计分录参阅单位活期存款;若从现钞户汇出同币种现汇时,应按中间价折算计收人民币手续费,同时另收汇费;若从现钞户或现汇户汇出不同币种现汇时,按前述两种货币之间的套汇业务进行处理。

4. 利息的处理

外币活期储蓄存款按季结息,每季末月 20 日为结息日,具体规定及会计分录与人民币活期存款相同,不再赘述。

(三) 外币定期储蓄存款的核算

外币定期储蓄存款可比照人民币整存整取定期储蓄存款及前述外汇存款业务进行核算,这里也不再赘述。

第四节 外汇贷款业务的核算

一、外汇贷款的种类

外汇贷款是商业银行发放的以外币为计量单位的贷款,是商业银行外汇资金运用的主要形式。外汇贷款按照不同标准划分,可以分为不同种类:

(1) 按照期限划分,外汇贷款可分为短期外汇贷款、中期外汇贷款和长期外汇贷款。短期外汇贷款的期限一般为 1 年(含 1 年)以下,中期外汇贷款的期限一般为 1~5 年(含 5 年),5 年以上的为长期外汇贷款。

(2) 按资金来源不同划分,外汇贷款可分为现汇贷款、买方信贷、银团贷款和转贷款。现汇贷款又称自由外汇贷款,是商业银行以吸收的外汇存款或其他自营业务方式吸收的外汇资金对外发放的贷款。买方信贷贷款是指出口国政府为了支持该国商品的出口,通过出口方银行直接向进口商或进口方银行提供的一种信贷贷款。银团贷款是一种由一家或几家银行牵头,多家国际商业银行或商业银行作为贷款人,向某个企业或政府提供一笔较大金额的贷款。转贷款是指利用境外借入的资金而发放的贷款。

(3) 按保障条件划分,外汇贷款可以分为信用贷款与担保贷款。

商业银行发放的外汇贷款有多种,这里仅介绍现汇贷款、买方信贷外汇贷款和贸易融资。

二、现汇贷款的核算

这里以商业银行发放的短期现汇贷款为例,阐述贷款的发放、计息和收回的核算。

(一) 发放贷款

借款单位申请现汇贷款时,应填具借款申请书。银行审查同意后,与借款单位订立借款合同,并开立外汇贷款专户。

借款单位根据借款合同在核定的借款额度内,一次或分次使用借款时,应逐笔订立借据,填具借款凭证。银行审核借款凭证有关内容与借款合同规定相符后,根据不同情况进行账务处理。

(1) 若直接转入借款单位的外汇存款账户时,编制的会计分录为:

借:贷款——短期外汇贷款——××单位　　　　　　　　　　　　　　(外币)
　　贷:吸收存款——单位活期存款——××单位　　　　　　　　　　(外币)

(2) 若直接使用贷款对外付汇时,编制会计分录为:

借:贷款——短期外汇贷款——××单位　　　　　　　　　　　　　　(外币)
　　贷:存放同业(或其他科目)　　　　　　　　　　　　　　　　　　(外币)

(3) 若借款单位以非贷款外币对外付汇,则需按前述两种货币之间的套汇业务进行处理。编制的会计分录为:

借:贷款——短期外汇贷款——××单位　　　　　　　　　　　　　　(贷款外币)
　　贷:货币兑换——汇买价　　　　　　　　　　　　　　　　　　　(贷款外币)
借:货币兑换——汇买价　　　　　　　　　　　　　　　　　　　　　(人民币)
　　贷:货币兑换——汇卖价　　　　　　　　　　　　　　　　　　　(人民币)
借:贷款——短期外汇贷款——××单位　　　　　　　　　　　　　　(支付货币)
　　贷:存放同业(或其他科目)　　　　　　　　　　　　　　　　　　(支付货币)

(二) 现汇贷款利息

1. 资产负债表日计提利息

资产负债表日,商业银行对发放的短期现汇贷款应按规定计提利息。计提时的会计分录与人民币贷款相同。

2. 结息日结计利息

短期现汇贷款于每季末月 20 日结息。结息日,采用积数计息法计算出本计息期间的利息后,应先将上一计提日至结息日的利息补提,然后将本计息期间所有应收利息于次日以原币向借款单位计收。结息日补提利息的会计分录,与资产负债表日计提利息的会计分录相同。

(1) 以原币计收利息时,若以外汇存款偿还利息时,编制的会计分录为:

借:吸收存款——单位活期存款——××单位　　　　　　　　　　　(外币)
　　贷:应收利息——短期现汇贷款应收利息　　　　　　　　　　　　(外币)

(2) 若按合同约定将利息转为贷款本金时,编制的会计分录为:

借:贷款——短期外汇贷款——××单位　　　　　　　　　　　　　　(外币)
　　贷:应收利息——短期现汇贷款应收利息　　　　　　　　　　　　(外币)

(三) 现汇贷款收回

现汇贷款到期,银行收回贷款时,按规定计算出利息后,应先将上一计提日至到期日的利息补提,然后办理本息收回手续。补提利息的会计分录与资产负债表日计提利息的会计分录相同。

(1) 以外汇存款偿还。收回贷款本息时,若以外汇存款偿还贷款本息时,编制的会计分录为:

借:吸收存款——单位活期存款——××单位　　　　　　　　　　　　(外币)
　　贷:贷款——短期外汇贷款——××单位　　　　　　　　　　　　　(外币)
　　　　应收利息——短期现汇贷款应收利息　　　　　　　　　　　　　(外币)

(2) 用人民币购汇偿还。若以人民币购汇偿还贷款本息时,编制会计分录为:

借:吸收存款——单位活期存款——××单位　　　　　　　　　　　　(人民币)
　　贷:货币兑换　　　　　　　　　　　　　　　　　　　　　　　　　(人民币)

借:货币兑换　　　　　　　　　　　　　　　　　　　　　　　　　　　(外币)
　　贷:贷款——短期外汇贷款——××单位　　　　　　　　　　　　　(外币)
　　　　应收利息——短期现汇贷款应收利息　　　　　　　　　　　　　(外币)

(3) 用非原贷款货币偿还。若借款单位以非贷款外币偿还贷款本息,则需按前述两种货币之间的套汇业务进行处理(会计分录从略)。

【例9-5】 2×19年4月25日,甲企业向银行申请一笔金额为USD 800 000,期限为半年的信用贷款,利率采用3个月浮动利率,利息转入贷款本金。借款日,美元3个月浮动利率为6.15%;7月25日,美元3个月浮动利率为6.43%。该企业于贷款到期日从其美元存款账户偿还全部贷款本息(假设不考虑利息调整,资产负债表日不计提利息)。

(1) 4月25日,贷款直接转入该企业的外汇存款账户,编制的会计分录为:

借:贷款——短期外汇贷款——甲企业　　　　　　　　　　　　　　800 000
　　贷:吸收存款——单位活期存款——甲企业　　　　　　　　　　800 000

(2) 4月25日至6月20日,计算的利息为:

$$USD\ 800\ 000 \times 57 \times (6.15\% \div 360) = USD\ 7\ 790$$

6月21日办理利息转账,编制会计分录为:

借:贷款——短期外汇贷款——甲企业　　　　　　　　　　　　　USD 7 790
　　贷:利息收入——短期现汇贷款利息收入户　　　　　　　　　USD 7 790

(3) 9月20日计算利息时,由于利率变化,需分段计息。

6月21日至7月24日,计算的利息为:

$$(USD\ 800\ 000 + USD\ 7\ 790) \times 34 \times (6.15\% \div 360) = USD\ 4\ 691.91$$

7月25日至9月20日,计算的利息为:

$$(USD\ 800\ 000 + USD\ 7\ 790) \times 58 \times (6.43\% \div 360) = USD\ 8\ 368.26$$

9月20日利息合计为：

$$USD\ 4\ 691.91 + USD\ 8\ 368.26 = USD\ 13\ 060.17$$

(4) 9月21日办理利息转账，编制的会计分录为：

借：贷款——短期外汇贷款——甲企业　　　　　　　　　USD 13 060.17
　　贷：利息收入——短期现汇贷款利息收入入户　　　　USD 13 060.17

(5) 10月25日还款，计算的利息为：

$$(USD\ 800\ 000 + USD\ 7\ 790 + USD\ 13\ 060.17) \times 34 \times 6.43\% \div 360 = USD\ 4\ 984.84$$

补提贷款利息，编制的会计分录为：

借：贷款——短期外汇贷款——甲企业　　　　　　　　　USD 4 984.84
　　贷：利息收入——短期现汇贷款利息收入入户　　　　USD 4 984.84

收回贷款本息的会计分录为：

借：吸收存款——单位活期外汇存款——甲企业　　　　USD 825 835.01
　　贷：贷款——短期外汇贷款——甲企业　　　　　　　USD 825 835.01

三、买方信贷外汇贷款的核算

(一) 买方信贷外汇贷款的含义

买方信贷外汇贷款是指出口方银行直接向进口商或进口国银行提供信贷，以便进口商利用这项贷款向出口国购买技术设备和支付劳务费用，从而扩大出口国的商品出口。买方信贷分为出口买方信贷和进口买方信贷，目前，我国商业银行办理的主要是进口买方信贷，即进口国银行从出口国银行取得并按需要转贷给国内进口单位使用的信贷。买方信贷外汇贷款必须经过出口国政府批准，签订贸易合同和贷款合同，用于购买或支付出口国的货物、技术或劳务。按照国际惯例，买方信贷的贷款额度一般约为贸易合同总额的85%，其余15%要由进口商以现汇支付定金，支付定金后才能使用贷款。该种贷款期限较长，利率一般低于短期外汇贷款利率。

(二) 买方信贷外汇贷款的科目

买方信贷项下向国外银行的借入款，由各银行总行集中开户，并由总行负责偿还借入的本息。各分行对使用贷款的单位发放买方信贷外汇贷款，由有关分行开户，并由分行负责按期收回贷款的本息。其核算主要使用以下两个科目：

(1) "买方信贷用款限额"科目。该科目用于核算由总行对外签订协议确定买方信贷总额度。该科目为表外科目。

(2) "借入买方信贷款"科目。买方信贷项下向国外银行的借入款，由总行集中开户，集中记账核算。总行设置"借入买方信贷款"科目，用于核算买方信贷的借入、偿还和结存情况，它是与"贷款——买方信贷外汇贷款"相对应的科目。该科目属于负债类科目，贷方反映借入买方信贷的情况，借方反映到期归还买方信贷的情况，余额在贷方,反映借入但尚未归还的买方信贷情况。买方信贷项下向国外借入款的本息,由总行负责偿还。故该科目是总行的专用科目。

(3)"买方信贷外汇贷款"科目。各分行对国内进口单位发放买方信贷外汇贷款,由各分行开户,在"贷款"总分类科目下设置"买方信贷外汇贷款"明细科目,核算买方信贷外汇贷款的发放和收回情况。该科目属于资产类科目,发放贷款时记入该科目借方,收回贷款时记入该科目贷方,期末借方余额反映尚未收回的贷款余额。各分行发放的买方信贷外汇贷款的本息,由各分行负责按期收回。总行、分行之间款项的划转,通过行内系统处理。

(三) 买方信贷外汇贷款账务处理

买方信贷外汇贷款的账务处理主要有对外签订信贷协议、进口商支付定金、使用贷款、计提利息和偿还贷款本息五个程序。

1. 对外签订信贷协议

买方信贷总协议由总行统一对外签订,总协议下每个项目的具体协议按贸易合同逐笔申请的贷款,可由总行或总行授权分行对外签订。协议签订后,均由总行按协议商定的金额,用"买方信贷用款限额"表外科目进行核算,并登记"买方信贷用款限额登记簿"。编制会计分录为:

收:买方信贷用款限额　　　　　　　　　　　　　　　　　　　　　(外币)

使用贷款时,按使用金额逐笔转销表外科目。编制的会计分录为:

付:买方信贷用款限额　　　　　　　　　　　　　　　　　　　　　(外币)

2. 进口商支付定金

根据买方信贷协议的规定,进口商申请买方信贷之前,需对外预付一定比例的定金。一般是商务合同金额的5%,最高不超过15%,按照不同情况进行核算。

(1) 若进口商用现汇支付定金时,编制的会计分录为:

借:吸收存款——单位活期外汇存款——××户
　　贷:存放同业(或其他科目)

(2) 若进口商向银行申请现汇外汇贷款支付定金,编制的会计分录为:

借:贷款——短期外汇贷款——××进口单位
　　贷:存放同业(或其他科目)

(3) 若进口商以人民币购入外汇支付定金,编制的会计分录为:

借:吸收存款——单位活期外汇存款——××户　　　　　　　(人民币)
　　贷:货币兑换(汇卖价)　　　　　　　　　　　　　　　　(人民币)
借:货币兑换(汇卖价)　　　　　　　　　　　　　　　　　　(外币)
　　贷:存放同业(或其他科目)　　　　　　　　　　　　　　(外币)

(4) 若进口商用与贷款币种不同的现汇支付定金时,需按前述两种货币之间的套汇进行处理，会计分录略。

3. 使用贷款

买方信贷项下的进口支付方式，一般使用信用证，商业银行接到国外银行寄来信用证项下有关单据，经审核无误，对外办理支付时，应分别按不同的情况进行处理。

第一种情况：进口单位无现汇，需向银行取得买方信贷外汇贷款，到期时进口单位偿还贷款本息。

（1）若进口单位在总行营业部开户时，由总行直接发放买方信贷外汇贷款。总行编制的会计分录为：

借：贷款——买方信贷外汇贷款——××进口单位　　　　　　　　（外币）
　　贷：借入买方信贷款——××国外银行　　　　　　　　　　　　（外币）

同时，转销表外买方信贷用款限额，编制的会计分录为：

付：买方信贷用款限额　　　　　　　　　　　　　　　　　　　　（外币）

（2）若进口单位在异地分行开户时，由分行发放买方信贷外汇贷款，并通过行内系统发送报文划收总行。分行编制的会计分录为：

借：贷款——买方信贷外汇贷款——××进口单位　　　　　　　　（外币）
　　贷：上存系统内款项——上存总行备付金　　　　　　　　　　　（外币）

（3）总行收到异地分行上划报文后，编制的会计分录为：

借：系统内款项存放——××分行备付金　　　　　　　　　　　　（外币）
　　贷：借入买方信贷款——××国外银行　　　　　　　　　　　　（外币）

付：买方信贷用款限额　　　　　　　　　　　　　　　　　　　　（外币）

第二种情况：进口单位有现汇，也可以办理买方信贷，进口单位用现汇办理付汇手续；买方信贷资金归银行使用，由银行承担相应的利息。

（1）若进口单位在总行营业部开户时，总行编制的会计分录为：

借：吸收存款——单位活期存款——××进口单位　　　　　　　　（外币）
　　贷：借入买方信贷款——××国外银行　　　　　　　　　　　　（外币）

付：买方信贷用款限额　　　　　　　　　　　　　　　　　　　　（外币）

（2）若进口单位在异地分行开户时，分行编制的会计分录为：

借：吸收存款——单位活期存款——××进口单位　　　　　　　　（外币）
　　贷：上存系统内款项——上存总行备付金　　　　　　　　　　　（外币）

（3）总行收到异地分行上划报文后，编制的会计分录为：

借：系统内款项存放——××分行备付金　　　　　　　　　　　　（外币）
　　贷：借入买方信贷款——××国外银行　　　　　　　　　　　　（外币）

付：买方信贷用款限额　　　　　　　　　　　　　　　　　　　　（外币）

4. 计提利息

资产负债表日,商业银行总行计提利息支出时,编制的会计分录为:

借:利息支出——买方信贷利息支出　　　　　　　　　　　　　　　　(外币)
　　贷:应付利息——买方信贷应付利息　　　　　　　　　　　　　　(外币)

资产负债表日,发放买方信贷外汇贷款的银行(商业银行总行或分行)计提利息收入时,编制的会计分录为:

借:应收利息——买方信贷应收利息　　　　　　　　　　　　　　　　(外币)
　　贷:利息收入——买方信贷利息收入　　　　　　　　　　　　　　(外币)

5. 偿还贷款本息

在资金来源上,商业银行总行是买方信贷外汇贷款的债务人,借入国外同业的贷款,由商业银行总行统一偿还本息;在资金运用上,若进口单位向商业银行取得了买方信贷外汇贷款,则商业银行总行是债权人,应按期收回本息。

(1) 对外偿还贷款本息。商业银行总行对买方信贷项下,借入国外同业的贷款,应按协议规定计算利息,并补提上一计提日至偿还日的利息后,办理偿付贷款本息手续。补提利息的会计分录与资产负债表日计提利息的会计分录相同。

商业银行总行对外偿还贷款本息时,编制的会计分录为:

借:借入买方信贷款——××国外银行　　　　　　　　　　　　　　(外币)
　　应付利息——买方信贷应付利息　　　　　　　　　　　　　　　(外币)
　　贷:存放同业(或其他科目)　　　　　　　　　　　　　　　　　(外币)

(2) 对内收回贷款本息。若进口单位向商业银行取得了买方信贷外汇贷款,商业银行应按借款合同的规定计算利息,并补提上一计提日至收回贷款本息日的利息后,办理收回贷款本息手续。补提利息的会计分录与资产负债表日计提利息的会计分录相同。

商业银行对内收回贷款本息,若进口单位直接以现汇偿还时,编制的会计分录为:

借:吸收存款——单位活期外汇存款——××进口单位　　　　　　　(外币)
　　贷:贷款——买方信贷外汇贷款——××进口单位　　　　　　　(外币)
　　　　应收利息——买方信贷应收利息　　　　　　　　　　　　　(外币)

若进口单位以人民币购汇偿还时,编制的会计分录为:

借:吸收存款——单位活期存款——××进口单位　　　　　　　　　(人民币)
　　贷:货币兑换　　　　　　　　　　　　　　　　　　　　　　　(人民币)

借:货币兑换　　　　　　　　　　　　　　　　　　　　　　　　　(外币)
　　贷:贷款——买方信贷外汇贷款——××进口单位　　　　　　　(外币)
　　　　应收利息——买方信贷应收利息　　　　　　　　　　　　　(外币)

如借款单位不能按期归还贷款本息,应于到期日将贷款本息转入"贷款——短期外汇贷款"明细科目核算,并按短期外汇贷款利率计息。

四、国际贸易融资的核算

国际贸易融资是指商业银行结合进出口贸易结算业务,对进口商、出口商和中间商提供融通资金的便利,是外贸、外贸结算和资金融通三者有机的结合。针对国际贸易的不同种类和业务的不同处理环节,商业银行提供的国际贸易融资有多种形式。这里主要介绍进出口押汇。

所谓押汇,是商业银行凭进出口商提供的进出口货物单据向其提供的短期资金融通。押汇实质上是一种短期贷款,分为进口押汇和出口押汇。

(一)进口押汇的核算

进口押汇是指商业银行以接受包括货运单据在内的全套进口单据作为抵押,为进口商对外垫付进口款项的短期融资业务。根据国际结算方式的不同,进口押汇分为信用证项下进口押汇和进口代收项下进口押汇。

进口押汇的基本做法是:首先,商业银行收到有关单据后,根据进口商的押汇申请,先行为进口商垫款对外支付;其次,进口商在规定的时间内付款赎单,商业银行收回垫款本息,释放单据;或进口商出具信托收据借出货运单提货,以出售进口货物后所得货款归还商业银行垫款本息。因此,进口押汇的会计核算主要包括承做进口押汇与收回押汇本息两个环节。

1. 承做进口押汇

进口商申请进口押汇时,必须填制进口押汇申请书,并提供信托收据、贸易合同和其他有关资料。经商业银行审核同意后,办理进口押汇对外付款手续。编制的会计分录为:

借:贷款——进口押汇——××进口商　　　　　　　　　　　　(外币)
　　贷:存放同业(或其他科目)　　　　　　　　　　　　　　　(外币)

资产负债表日,计提进口押汇利息收入的会计分录从略。

2. 收回押汇本息

进口商向商业银行偿还进口押汇本息,赎取单据时,商业银行应计算自进口押汇日起至进口商赎单还款日止的利息,并补提上一计提日至收回押汇本息日的利息后,办理收回押汇本息手续。

商业银行收回押汇本息时,编制的会计分录为:

借:吸收存款——单位活期存款——××进口商　　　　　　　　(外币)
　　贷:贷款——进口押汇——××进口商　　　　　　　　　　　(外币)
　　　　应收利息——押汇应收利息　　　　　　　　　　　　　　(外币)

(二)出口押汇的核算

出口押汇是指出口商发运货物后,将全套出口单据提交商业银行,由银行买入单据并按票面金额扣除从出口押汇日起至预计收汇日止的利息及有关手续费,将净额预先付给出口商,然后凭全套出口单据向进口商收回垫款本息的短期融资业务。根据国际结算方式的不同,出口押汇也分为信用证项下出口押汇和托收项下出口押汇。

1. 承做出口押汇

出口商申请出口押汇时,必须填制"出口押汇申请书",并与商业银行签订"出口押汇总质权书",明确双方的权利和义务。商业银行审核同意后,计算从出口押汇日起至预计收汇日止的利息,办理出口押汇手续,编制的会计分录为:

借:贷款——出口押汇——××出口商(本金) （外币）
　贷:贷款——出口押汇——××出口商(利息调整) （外币）
　　手续费及佣金收入——出口押汇手续费收入 （外币）
　　吸收存款——单位活期存款——××出口商 （外币）

其中:出口押汇的利率,按同档次流动资金贷款利率执行。

出口押汇利息＝押汇金额×预计押汇天数×年利率÷360
出口押汇贷款的实际入账金额＝本金－押汇利息－银行手续费

2. 确认出口押汇利息收入

资产负债表日,确认出口押汇利息收入时,编制的会计分录为:

借:贷款——出口押汇——××出口商(利息调整) （外币）
　贷:利息收入——押汇利息收入 （外币）

3. 收回押汇本息

商业银行收到国外联行或代理行发来的已收妥货款的报文时,先确认上一资产负债表日至收回押汇本息日的利息收入,然后办理收回押汇本息手续。

(1)收回押汇本息日,确认利息收入的处理。实际押汇天数少于或等于预计押汇天数,即实际押汇利息金额小于或等于押汇日扣收利息金额时,编制的会计分录为:

借:贷款——出口押汇——××出口商(利息调整) （外币）
　贷:利息收入——押汇利息收入 （外币）

(2)收回押汇本息的处理。实际押汇天数与预计押汇天数一致,实际押汇利息金额等于押汇日扣收利息金额时,编制会计分录为:

借:存放同业(或其他科目) （外币）
　贷:贷款——出口押汇——××出口商(本金) （外币）
　　手续费及佣金收入——国外银行代理收入

【例9-6】 乙进出口公司2×19年1月4日把即期信用证项下全套单据金额USD 50 000,连同押汇申请书交某银行,经审核单据符合押汇要求,该银行当天即按6.5%的利率扣除15天的利息,并将余额按当日汇价(美元买入价 USD 1＝RMB 7.689 5)折成人民币后,收入该公司人民币存款户,1月20日,该银行(议付行)收到开证行的贷记通知,金额 USD 50 100(其中 USD 100 为银行费用),审核后转账(设开证行与议付行有美元账户关系)。假定实际押汇天数与预计押汇天数相同。

(1)计算承做出口押汇时,计算应收的利息。

出口押汇利息＝USD 50 000×15×6.5%÷360＝USD 135.42

(2) 1月4日承做出口押汇时,编制的会计分录为:

借:贷款——出口押汇——乙进出口公司　　　　　　　　USD 50 000.00
　　贷:利息收入——押汇利息收入户　　　　　　　　　　USD 135.42
　　　　货币兑换(汇买价7.689 5)　　　　　　　　　　　 USD 49 864.58

借:货币兑换(汇买价7.689 5)　　　　　　　　　　　　　RMB 383 433.69
　　贷:吸收存款——单位活期外汇存款——某进出口公司　RMB 383 433.69

(3) 1月20日收回押汇本息时,编制的会计分录为:

借:存放同业——××境外行　　　　　　　　　　　　　 USD 50 100
　　贷:贷款——出口押汇——乙进出口公司　　　　　　　USD 50 000
　　　　手续费及佣金收入——结算手续费收入　　　　　　USD 100

期末,应对进出口押汇进行全面检查,并合理计提贷款损失准备。对于不能收回的进出口押汇应查明原因。确实无法收回的,经批准作为呆账损失的,应冲销提取的贷款损失准备,借记"贷款损失准备"科目,贷记"贷款——进口押汇"或"贷款——出口押汇"科目。

第五节　外汇结算业务的核算

我国商业银行在办理对外贸易或非贸易结算时,一般有两种结算方式:一是记账结算,二是现汇结算。记账结算是指贸易双方按照两国政府间签订的"贸易与支付协定"中的有关规定,各自以本国政府的名义在对方指定银行开立清算账户,两国平时发生贸易只在清算账户记账,不用自由外汇及时清算,到一定时期再用现汇清算。现汇结算是以两国贸易部门签订的贸易合同为依据,对发生每一笔贸易,均通过银行用现汇及时清算。

目前,现汇国际结算有信用证、托收、汇款三种具体结算方式。其中,信用证、托收为贸易结算,汇款为非贸易结算。

一、信用证结算业务的核算

(一) 信用证的概念和内容

信用证是开证申请人(进口商)向所在地银行(开证银行)提出申请,并交付一定数额的保证金后,请求开证银行给受益人(出口商)开立一定金额、在一定期限内凭议付行寄来规定的单据付款或承兑汇票的书面承诺,是银行有条件保证付款的凭证。信用证结算是当前国际贸易结算的主要方式。

信用证业务涉及多个当事人或关系人,多个环节,包括申请、开证、通知、交单、垫付、寄单、偿付、通知付款和付款赎单等。信用证结算程序如图9-2所示。

图9-2中,①是进口商申请开证。进出口双方签订贸易合同(证明采用信用证结算方式)后,进口商向开证银行申请开立信用证。

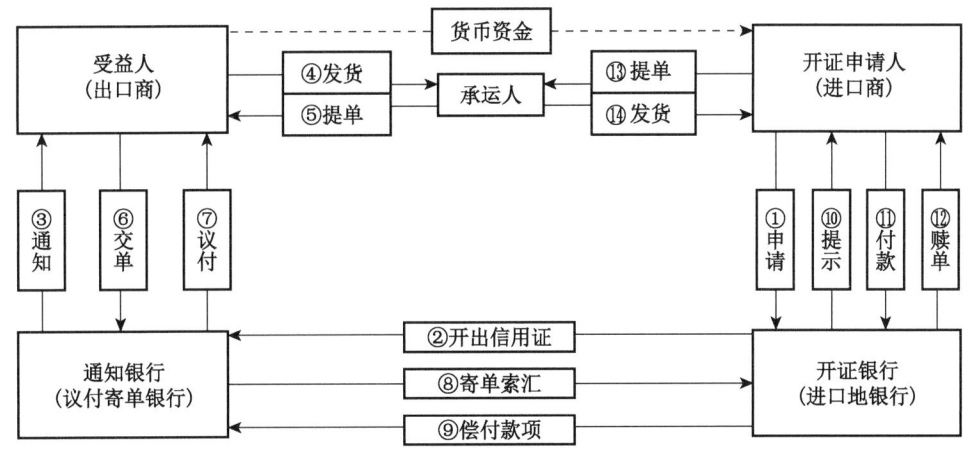

图 9-2 信用证结算程序图

图 9-2 中,②是开证行开出信用证。开证行审核同意后向受益人(出口商)开出信用证,并将信用证发送受益人所在地银行(通知行)。

图 9-2 中,③是通知行通知信用证。通知行收到并核对无误后,将信用证通知或转递给受益人。

图 9-2 中,④~⑥是受益人发货交单。受益人(出口商)接受信用证后,按规定装货,取得运输单据并备齐信用证所要求的其他单据,开出汇票,连同信用证正本等一并送交当地银行(议付寄单银行)。

图 9-2 中,⑦是议付行审单付款。议付行审查单证无误后,付款买入受益人提交的单据。

图 9-2 中,⑧是议付行寄单索汇。议付行将汇票和有关单据寄交开证行(或开证行指定的付款行),索取货款。

图 9-2 中,⑨是开证行偿付款项。开证行(或开证行指定的付款行)审核单据无误,即向议付行偿付款项。

图 9-2 中,⑩是开证行通知付款。开证行通知进口商向银行付款赎单。

图 9-2 中,⑪~⑭是进口商付款赎单提货。进口商付清款项赎回单据后,凭运输单据提货。

下面分别从进口方银行和出口方银行的角度介绍信用证业务的核算。

(二) 进口信用证业务的核算

进口信用证业务是指商业银行根据进口商的开证申请,向国外出口商开立信用证,凭国外银行寄来的信用证规定的单据,按照信用证条款规定对外付款并向进口商办理结汇的业务。

进口信用证业务的会计处理主要包括开立信用证、修改信用证、审单与付款三个环节。

1. **开立信用证**

(1) 审核开证申请并收取开证保证金。进口商与国外出口商签订采用信用证结算方式的贸易合同后,填具开证申请书,连同贸易合同及有关批文、证明一并交商业银行申请开立信用证。银行收到开证申请书后,应进行审核,根据不同情况收取开证保证金,并根据开证申请书的内容开立信用证。编制会计分录为:

借:吸收存款——单位活期存款——××申请人　　　　　(外币或人民币)
　　贷:存入保证金——信用证保证金——××申请人　　　　(外币或人民币)

(2) 开立信用证并收取开证手续费。开证行缮制一式两联信用证,以电信方式向通知行发送信用证信息。第一联信用证副本留存,第二联开证通知加盖业务公章交申请人。开证行开立信用证后,根据第一联信用证作表外科目核算,并向申请人收取开证金额的 0.15% 但不低于 RMB 300 的开证手续费。编制会计分录为:

借:吸收存款——单位活期存款——××申请人　　　　　(人民币或等值外币)
　　贷:手续费及佣金收入——信用证开证手续费收入　　　(人民币或等值外币)

信用证开出后,开证银行可直接寄给出口商,或经进口商寄给出口商,也可通过开证行的国外代理银行通知或转递信用证给出口商。

(3) 表外登记核算。开证银行开出信用证后,就意味着其对外承担了第一性付款责任,故开证时应以表外科目核算。商业银行对表外科目既可以采用单式记账(收、付),可以采用复式记账(借、贷)。若采用单式记账,则编制会计分录为:

收:开出信用证　　　　　　　　　　　　　　　　　　　　(外币)

若采用复式记账处理时,编制会计分录为:

借:应收开出信用证款项　　　　　　　　　　　　　　　　(外币)
　　贷:应付开出信用证款项　　　　　　　　　　　　　　　(外币)

"应收开出信用证款项"和"应付开出信用证款项"互为对转科目,开证行接受开证申请人申请对外签发信用证后,通过这两个科目核算。其中,"应收开出信用证款项"为或有资产表外科目,反映开证行对开证申请人拥有的收取信用证款项的权利;"应付开出信用证款项"为或有负债表外科目,反映开证行对受益人承担了保证付款的责任。

2. 修改信用证

银行开出信用卡后,进口商如需修改信用证,应向银行提出申请。银行应认真审核印鉴。经审核同意后,应即时将修改后的条款通知国外联行或代理行,转送出口商。

修改信用证如果涉及增减信用证金额,应通过"应收(应付)开出信用证"表外科目核算,并根据要求增加或减少保证金;如因减少信用证金额需要退还保证金,应在信用证修改书发出若干天(通常 30 天)国外尚无拒收表示时,方可退给部分保证金。同时,修改信用证时,还应按规定收取修改手续费。

3. 审单与付款

开证行收到国外议付行寄来的信用证项下的全套进口单据,与信用证的条款核对,符合"单证一致、单单一致"的要求,即送进口商审核。经审核无误,办理付款或承兑,并对进口商办理扣款。信用证付款分为即期信用证付款和远期信用证付款。

1) 即期信用证付款的核算

即期信用证是指受益人根据信用证的规定,可凭即期跟单汇票或仅凭单据收取货款的信用证。其特点是单证相符,见单即付。即期信用证付款可采用单到国内审单付款、国外审单主动借记付款、国外审单电汇索偿付款等方式。

(1) 单到国内审单付款。即开证行或其指定的付款行接到国外寄来即期信用证项下的相关单据后,立即送交进口商审核,并约定进口商在3个工作日内审核单据,向银行提交承付货款或拒付理由确认书。经国内进口商审查相符确认付款后,开证行或其指定的付款行按信用证条款向国外发出付汇通知,同时对进口商办理扣款转账手续。

若进口商以现汇付款,编制会计分录为:

借:吸收存款——单位活期存款——××申请人　　　　　　　　　　(外币)
　　存入保证金——信用证保证金——××申请人　　　　　　　　　(外币)
　贷:存放同业(或其他科目)　　　　　　　　　　　　　　　　　　　(外币)

若进口商以人民币购汇付款,编制会计分录为:

借:吸收存款——单位活期存款——××申请人　　　　　　　　　　(人民币)
　　存入保证金——信用证保证金——××申请人　　　　　　　　　(人民币)
　贷:货币兑换　　　　　　　　　　　　　　　　　　　　　　　　　(人民币)

借:货币兑换　　　　　　　　　　　　　　　　　　　　　　　　　　(外币)
　贷:存放同业(或其他科目)　　　　　　　　　　　　　　　　　　　(外币)

进口付汇后,开证行与进口商及境外银行的债权、债务已消除,应转销对应科目,编制会计分录为:

借:应付开出信用证款项　　　　　　　　　　　　　　　　　　　　(外币)
　贷:应收开出信用证款项　　　　　　　　　　　　　　　　　　　　(外币)

【例9-7】甲公司从美国M公司进口一批材料,委托中国银行北京分行于2×19年1月1日向美国M公司开出即期信用证一份,金额USD 50 000,银行收取开证手续费USD 75,并从其活期外汇存款账户支取USD 10 000,交存保证金,办理转账。信用证由美国富国银行通知,规定支付方式为"单到国内审单付款"。1月20日,开证行收到议付行寄来信用证项下USD 50 300汇票及单证,其中,货款USD 50 000,其他费用USD 300,审查合格通知甲公司。1月23日甲公司确认付款后,中国银行北京分行办理划款,从甲公司美元活期外汇存款账户中支付。

(1) 1月1日开出信用证,收取开证申请人保证金,编制的会计分录为:

借:吸收存款——单位活期存款——甲公司　　　　　　　　USD 10 000
　贷:存入保证金——甲公司　　　　　　　　　　　　　　　USD 10 000

收取开证手续费,编制的会计分录为:

借:吸收存款——单位活期存款——甲公司　　　　　　　　USD 75
　贷:手续费及佣金收入——信用证开证手续费收入　　　　USD 75

同时，登记表外对应科目：

借：应收开出信用证款项　　　　　　　　　　　　　USD 50 000
　　贷：应付开出信用证款项　　　　　　　　　　　　USD 50 000

(2) 1月23日办理划款，编制的会计分录为：

借：吸收存款——单位活期外汇存款——甲公司户　　USD 40 000
　　存入保证金——甲公司　　　　　　　　　　　　USD 10 000
　　贷：存放同业——美国富国银行　　　　　　　　　USD 50 000

同时，应转销表外对应科目：

借：应付开出信用证款项　　　　　　　　　　　　　USD 50 000
　　贷：应收开出信用证款项　　　　　　　　　　　　USD 50 000

(2) 国外审单主动借记付款。即出口商将有关单据交国外议付行审核，无误后，议付行主动将款项借记开证行在本行开立的账户，并将报单及相关单据一并寄送开证行。开证行收到国外寄来已借记报单及单据，经审核无误后，不需进口商承付即可凭此向进口商办理扣款转账。由于银行先垫款，进口商需承担国外议付行划款日至国内开证行收款日的垫款利息。编制的会计分录为：

借：吸收存款——单位活期存款——××申请人　　　（外币）
　　存入保证金——信用证保证金——××申请人　　（外币）
　　贷：存放同业(或其他科目)　　　　　　　　　　（外币）
　　　　利息收入——信用证垫款利息收入　　　　　（外币）

同时，进口付汇后，开证行与进口商及国外议付行的债权、债务已消除，应转销对应科目，编制的会计分录为：

借：应付开出信用证款项　　　　　　　　　　　　　（外币）
　　贷：应收开出信用证款项　　　　　　　　　　　　（外币）

若对进口商办理人民币扣款，则应进行货币兑换，按售汇业务处理。

(3) 国外审单电汇索偿付款。即由国外议付行审查单证无误后，并不立即借记开证行账户，而是以电子方式通知开证行，再由开证行通过电汇或信汇方式将款项汇交议付行。开证行收到议付行发来的电子信息，经审查单证相符并核押无误后办理付款的会计处理与单到国内审单付款方式相同。

2) 远期信用证付款的核算

远期信用证付款是指开证行收到受益人交来的远期汇票后，先承兑而不立即付款，至汇票到期再行付款的信用证。其特点是单证相符，到期付款。远期信用证付款包括承兑和到期付款两个环节。

(1) 承兑。开证行收到远期信用证项下进口单据后，应送交进口商确认到期付款。进口商确认后，开证行即办理汇票的承兑手续，并将已承兑汇票或承兑通知书寄国外议付行。汇票一经开证行承兑，开证行即承担对国外议付行到期付款的责任，同

时也拥有对国内进口商收取款项的权利,故开证行应对承兑的远期汇票进行表外的核算,编制会计分录为:

  借:应收承兑汇票款   (外币,到期值)
    贷:应付承兑汇票款   (外币,到期值)

"应收承兑汇票款"科目为或有资产表外科目,"应付承兑汇票款"科目为或有负债表外科目,它们是互为对转科目。

同时,

  借:应付开出信用证款项   (外币,开证金额)
    贷:应收开出信用证款项   (外币,开证金额)

(2)到期付款。承兑的远期汇票到期,开证行即办理对外付款和对进口商扣款转账手续。编制会计分录为:

  借:吸收存款——单位活期存款——××申请人   (外币)
    存入保证金——信用证保证金——××申请人   (外币)
    贷:存放同业(或其他科目)   (外币)

同时,

  借:应付承兑汇票款   (外币,到期值)
    贷:应收承兑汇票款   (外币,到期值)

【例9-8】 某分行受甲进口公司委托,于9月10日向美国富国银行开出不可撤销的远期信用证USD 120 000,开证条款规定"承兑后60天付款",银行收取开证手续费USD 180,并从其活期外汇存款账户支取USD 50 000,交存保证金,办理转账。9月25日,经有关方面同意,信用证修改减额USD 10 000。开证行收到单据经审核相符,送该公司确认到期付款。开证行于10月15日承兑远期汇票,并对议付行寄发"已承兑通知书",通知到期日全额付款。承兑到期,银行对公司办理结汇,对外付汇。

(1) 1月1日开出信用证,收取开证申请人保证金,编制的会计分录为:

  借:吸收存款——单位活期存款——甲公司   USD 50 000
    贷:存入保证金——甲公司   USD 50 000

收取开证手续费,编制的会计分录为:

  借:吸收存款——单位活期存款——甲公司   USD 180
    贷:手续费及佣金收入——信用证开证手续费收入   USD 180

同时,登记表外对应科目:

  借:应收开出信用证款项   USD 120 000
    贷:应付开出信用证款项   USD 120 000

(2) 9月25日修改信用证,编制的会计分录为:

  借:应付开出信用证款项   USD 10 000
    贷:应收开出信用证款项   USD 10 000

(3) 10月15日承兑远期信用证,编制的会计分录为:

借:应收承兑汇票款　　　　　　　　　　　　　　　　　　USD 110 000
　　贷:应付承兑汇票款　　　　　　　　　　　　　　　　　USD 110 000

同时,

借:应付开出信用证款项　　　　　　　　　　　　　　　　USD 110 000
　　贷:应收开出信用证款项　　　　　　　　　　　　　　　USD 110 000

(4) 12月15日到期付款,办理结汇,对外付款,编制的会计分录为:

借:吸收存款——单位活期存款——甲公司　　　　　　　USD 60 000
　　存入保证金——信用证保证金——甲公司　　　　　　USD 50 000
　　贷:存放同业——富国银行户　　　　　　　　　　　　USD 110 000

同时,

借:应付承兑汇票款　　　　　　　　　　　　　　　　　　USD 110 000
　　贷:应收承兑汇票款　　　　　　　　　　　　　　　　　USD 110 000

(三) 出口信用证业务的核算

出口信用证业务是指出口商根据国外进口商通过国外银行开来的信用证,按照规定的条款办妥出口业务后,将出口单据交送开户国内商业银行,由银行办理审单议付,在向国外进口商开户行收取外汇后,向国内出口商办理结汇的业务。

出口信用证业务的会计处理主要包括信用证的受证与通知、审单议付、收汇与结汇三个环节。

1. 受证与通知

商业银行(通知行)接到国外银行开来的信用证,对进口商的资信及信用证本身进行审查确认可接受后,即编制信用证通知流水号,将信用证正本通知国内出口商以便发货。同时,根据信用证副本缮制"国外开来保证凭信"记录卡后,将信用证副本妥善保管,并按规定收取通知手续费,编制的会计分录为:

借:吸收存款——单位活期存款——××受益人　　　　(人民币或等值外币)
　　贷:手续费及佣金收入——信用证通知手续费收入　　(人民币或等值外币)

上述过程业已在商业银行与进口商之间形成了一种潜在的权责关系,为明确责任,应同时进行表外科目记录:

收:国外开来保证凭信　　　　　　　　　　　　　　　　　(外币)

以后若接到开证行的信用证修改通知书,要求修改金额,或信用证受益人因故申请将信用证金额的一部分或全部转往其他行时,除按规定办理信用证修改和通知或转让手续外,其增减金额还应在表外科目"国外开来保证凭信"中核算。

若国外开证行在开证时已预先汇入信用证项下部分或全部保证金,授权出口地商业银行在议付单据后进行抵扣,则商业银行对收到的保证金应办理入账手续。编制会计分录为:

借：存放同业（或其他科目） （外币）
　　贷：存入保证金——信用证保证金——××户 （外币）

2. 审单议付

商业银行（议付行）收到出口商按信用证条款的要求交来全套出口单据后，应逐项审核，达到"单证相符，单单一致"的要求。审核无误后，应在信用证上批注议付日期并编制银行出口押汇编号，填制"出口寄单议付通知书"，按一定的索汇方法向国外银行寄单索汇。同时销记表外科目。

议付行寄出代表物权的出口单证后，即表明境外开来的信用证已经使用，银行即承担了双重的责任：对出口商付款责任和对开证行索取货款的责任。为了标明该权责关系，编制的会计分录为：

借：应收信用证出口款项 （外币）
　　贷：代收信用证出口款项 （外币）

同时，销记表外科目：

付：国外开来保证凭信 （外币）

同时，按议付单据金额的 0.125% 但每笔不低于 RMB 200 向受益人收取议付手续费，编制的会计分录为：

借：吸收存款——单位活期存款——××受益人 （人民币或等值外币）
　　贷：手续费及佣金收入——信用证议付手续费收入 （人民币或等值外币）

若在审单过程中发现单据不符，商业银行应及时向出口商反映，以便出口商与有关方面协商解决。

3. 收汇与结汇

出口收汇与结汇是指议付行在收妥出口外汇货款的同时对出口商办理人民币结汇，即议付行按当日现汇买入价买入外汇，再折算成相应的人民币转入出口商的人民币账户，以结清代收妥的出口外汇。编制的会计分录为：

借：存放同业（或其他科目） （外币）
　　贷：手续费及佣金收入——手续费收入 （外币）
　　　　货币兑换（汇买价） （外币）

借：货币兑换（汇买价） （人民币）
　　贷：吸收存款——单位活期存款——××出口商户 （人民币）

客户的账户若为货款币种，则货款可直接入账；若为货款不同币种，则货款需用套汇转为账户币种入账。

同时，销记"应收及代收信用证出口款项"科目，编制的会计分录为：

借：代收信用证出口款项 （外币）
　　贷：应收信用证出口款项 （外币）

【例 9-9】 中国银行某分行 2019 年 10 月 5 日接到伦敦渣打银行开来即期信用

证,金额为 GBP 20 000,受益人为中国五矿进出口公司,来证规定单到开证行验单付款。该行审证后当天通知受益人,并按规定向受益人收取议付费 RMB 150 元。10 月 31 日受益人中国五矿进出口公司备货出运后,送来全套出口单据及跟单汇票 GBP 20 000,该行审查合格,于 11 月 3 日寄单索汇。11 月 16 日该行收到伦敦渣打银行的已贷记通知货款及银行费用金额 GBP 20 100,并于当日上午对五矿进出口公司结汇入账。结汇日英镑汇买价为 GBP 1=RMB 12.891 8。编制的会计分录为:

(1) 10 月 5 日,受理和通知时:

收:国外开来保证凭信	GBP 20 000
借:吸收存款——单位活期存款——中国五矿进出口公司	GBP 25
贷:手续费及佣金收入——信用证通知手续费收入	GBP 25

(2) 11 月 13 日,议付时:

借:应收信用证出口款项	GBP 20 000
贷:代收信用证出口款项	GBP 20 000

同时,登记表外科目:

付:国外开来保证凭信	GBP 20 000
借:吸收存款——单位活期存款——中国五矿进出口公司	RMB 150
贷:手续费及佣金收入——信用证通知手续费收入	RMB 150

(3) 11 月 16 日,收托结汇时:

借:存放同业	GBP 20 100
贷:手续费及佣金收入——信用证通知手续费收入	GBP 100
外币兑换(汇买价 12.891 8)	GBP 20 000
借:外币兑换(汇买价 12.891 8)	RMB 257 836
贷:吸收存款——单位活期外汇存款——五矿进出口公司户	RMB 257 836

同时,销记"应收及代收信用证出口款项"科目,编制的会计分录为:

借:代收信用证出口款项	GBP 20 000
贷:应收信用证出口款项	GBP 20 000

二、托收结算业务的核算

(一) 托收的含义和种类

托收是指由债权人或收款人开立汇票或提供索汇凭据,委托银行通过其国外联行或代理行向债务人或付款人代为收取款项的一种结算方式。托收结算是在没有信用证的情况下办理的,属于商业信用。在托收结算中,委托人和托收行、托收行与代收行之间的关系均是委托代理关系,因此,托收行与代收行对托收的汇票能否付款不负责任,即按照"收妥付汇,实收实付"的原则办理。

根据汇票是否附有货运单证,托收可分为光票托收和跟单托收两种。

1. 光票托收

光票托收是指汇票不附带货运单据，仅凭汇票办理的托收。光票托收广泛运用于国际非贸易结算。在国际贸易结算中，光票托收仅用于收取出口货款尾款、样品款、佣金、代垫费用等各种贸易从属费用及进口索赔款等。

2. 跟单托收

跟单托收是指委托人(收款人)将汇票连同所附货运单据(如提单、保险单等)一并交托收银行办理托收。跟单托收主要用于国际贸易。跟单托收按交单的条件不同，分为付款交单和承兑交单两种。

（1）付款交单。是指委托人在委托银行办理托收时，指示被委托的托收银行必须在付款人付清票款之后，才能将货运单据交给付款人的一种方式。

（2）承兑交单。是指委托人开具远期汇票，连同货运单据交银行办理托收，通过银行向付款人提示，付款人承兑汇票之后，代收银行即将货运单据交给付款人，付款人即可凭此提取货物，并于汇票到期时履行付款义务的一种方式。

（二）托收业务的处理流程

托收业务主要涉及委托人、托收行、代收行和付款人四方当事人，其处理流程如图9-3所示。

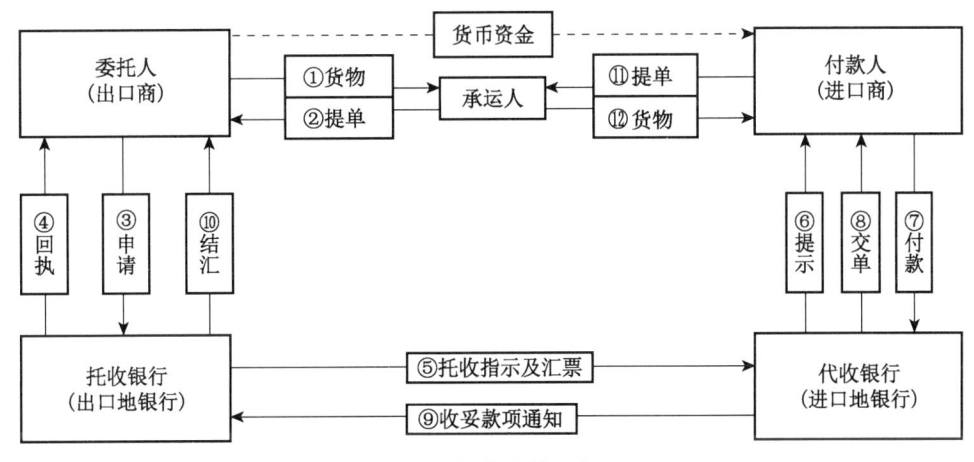

图9-3 托收结算程序图

图9-3中，①～④是委托人(出口商)备货发运后，填写托收委托书，开出汇票，连同全套货运单据送交托收行，委托银行代为收款。

图9-3中，⑤是托收行将汇票和货运单据以及委托人在委托书上的各项指示，交给代收行，委托其向付款人(进口商)代为收款。

图9-3中，⑥是代收行收到汇票及货运单据后，向付款人作付款或承兑提示。

图9-3中，⑦⑧是付款人向代收行付款或承兑后，代收行将货运单据交给付款人。

图9-3中，⑨是代收行将货款汇给托收行。承兑交单的，待汇票到期付款人付款后，代收行将货款汇给托收行。

图9-3中，⑩是托收行收妥代收行转来的款项后，将款项付给委托人。

图9-3中,⑪⑫是进口商提货。

托收业务的核算包括进口代收和出口托收两个方面,下面分别介绍。

(三)进口代收业务的核算

进口代收业务是指国外出口商根据贸易合同规定,于装运货物后,通过国外托收银行寄来单据,委托国内商业银行向国内进口商收取款项的业务。进口代收业务主要包括以下两个环节。

1. 收到进口代收单据

当代收商业银行收到国外托收行寄来的托收委托书和有关单据时,经审核无误后,应缮制"进口代收赎单通知书",连同主要单据复印件送交进口商,提示其来行办理付款或承兑赎单手续。同时,编制会计分录为:

借:应收进口代收款　　　　　　　　　　　　　　　　　　　　　　(外币)
　　贷:应付进口代收款　　　　　　　　　　　　　　　　　　　　　(外币)

"应收进口代收款"为或有资产表外科目,反映代收行对付款人拥有的收取托收款项的权利;"应付进口代收款"为或有负债表外科目,反映代收行对委托人承担了付款的责任。这两个科目互为对转科目。

进口商收到进口代收赎单通知后,应到商业银行办理付款或承兑赎单手续。在付款交单的条件下,进口商付款后,即可拿到正本单据,凭以提货;在承兑交单的条件下,进口商须按规定承兑远期汇票并提交银行,然后领取正本单据,凭以提货,并在承兑汇票到期日付款。

2. 进口商确认对外付款

进口商确认付款并将承付确认书提交商业银行,通知银行办理扣款并对外付款。远期票据经进口商承兑后,商业银行将已承兑汇票到期日通知国外托收行,待汇票到期日办理扣款并对外付款。

按照国际惯例,代收行应按规定计收费率计收进口代收手续费,此项费用若按规定由出口商负担,则直接从代收的款项中扣收等值外汇;若由进口商负担,则另行向进口商计收。

假定按规定计收的进口代收手续费由进口商负担,则商业银行办理对外付款时,应区分以下情况进行处理:

(1) 若进口商通过现汇账户付汇时,编制的会计分录为:

借:吸收存款——单位活期存款——××进口商　　　　　　　　　(外币)
　　贷:存放同业(或其他科目)　　　　　　　　　　　　　　　　(外币)

借:吸收存款——单位活期存款——××进口商　　　　　　(外币或人民币)
　　贷:手续费及佣金收入——进口代收手续费收入　　　　(外币或人民币)

同时,

借:应付进口代收款　　　　　　　　　　　　　　　　　　　　　　(外币)
　　贷:应收进口代收款　　　　　　　　　　　　　　　　　　　　　(外币)

(2) 若进口商用人民币购汇付汇时,编制的会计分录为:

借:吸收存款——活期存款——××进口商　　　　　　　　　　(人民币)
　　贷:货币兑换(汇卖价)　　　　　　　　　　　　　　　　　　(人民币)

借:货币兑换(汇卖价)　　　　　　　　　　　　　　　　　　　(外币)
　　贷:存放同业　　　　　　　　　　　　　　　　　　　　　　(外币)

借:吸收存款——单位活期存款——××进口商　　　　　　(外币或人民币)
　　贷:手续费及佣金收入——进口代收手续费收入　　　　(外币或人民币)

同时,

借:应付进口代收款　　　　　　　　　　　　　　　　　　　　(外币)
　　贷:应收进口代收款　　　　　　　　　　　　　　　　　　　(外币)

【例9-10】 甲公司从美国进口设备,3月5日,甲公司开户行中国银行北京分行收到美国富国银行寄来的托收委托书及进口代收单据通知书及所附单据,采用付款交单方式,金额为USD 100 000,审核确认无误后,通知甲公司付款赎单。甲公司于3月10日确认付款,商业银行为甲公司办理售汇和对外付款手续,并根据托收委托书的规定向甲公司收取进口代收手续费RMB 600,当日美元汇卖价为USD 1=RMB 6.273 9。

(1) 收到进口代收单据时,编制的会计分录为:

借:应收进口代收款　　　　　　　　　　　　　　　　　USD 100 000
　　贷:应付进口代收款　　　　　　　　　　　　　　　　USD 100 000

(2) 承付交单时,编制的会计分录为:

借:吸收存款——单位活期存款——甲公司　　　　　　RMB 627 390
　　贷:货币兑换(汇卖价)　　　　　　　　　　　　　　　RMB 627 390

借:货币兑换(汇卖价)　　　　　　　　　　　　　　　　USD 100 000
　　贷:存放同业——美国富国银行　　　　　　　　　　USD 100 000

借:吸收存款——单位活期存款——甲公司　　　　　　RMB 600
　　贷:手续费及佣金收入——进口代收手续费收入　　RMB 600

同时,转销原来的托收款项:

借:应付进口代收款　　　　　　　　　　　　　　　　　USD 100 000
　　贷:应收进口代收款　　　　　　　　　　　　　　　　USD 100 000

(四) 出口托收业务的核算

出口托收是出口商(委托人)根据进出口双方签订的贸易合同的规定,在规定期限内备货出运后,将全套出口货运单据和签发的汇票一并送交商业银行(托收行),由银行委托国外银行(代收行)向进口商(付款人)代为交单和收款的业务。出口托收业务,一般包括发出托收单证和收妥结汇两个环节。

1. 发出托收单证

出口商委托银行办理托收时,应填写"出口托收申请书",连同汇票及有关出口货运单据提交银行。银行受理后应认真核对单据种类、份数与申请书所列一致后,缮制"出口托收委托书",连同汇票及出口单据寄送国外代收行委托收款。为反映托收责任,商业银行发出托收时应及时在表外科目进行核算,编制会计分录为:

借:应收出口托收款　　　　　　　　　　　　　　　　　　　　　　（外币）
　　贷:代收出口托收款　　　　　　　　　　　　　　　　　　　　　（外币）

"应收出口托收款"为或有资产表外科目,反映托收行对外拥有的收取票款的权利;"代收出口托收款"为或有负债表外科目,反映托收行对内承担的偿还票款的责任。这两个科目互为对转科目。

同时,应按规定向出口商计收托收手续费和邮费,编制的会计分录为:

借:吸收存款——单位活期存款——××出口商　　　　　　　　　（人民币）
　　贷:手续费及佣金收入——出口代收手续费收入　　　　　　　　（人民币）
　　　　业务及管理费　　　　　　　　　　　　　　　　　　　　　（人民币）

2. 收妥结汇

出口托收款项一律实行收妥结汇。当商业银行收到国外银行划回的托收款项,经核实确认已收妥时,方能对委托人办理结汇。

(1) 若以原币转入出口商现汇账户时,编制的会计分录为:

借:存放同业(或其他科目)　　　　　　　　　　　　　　　　　　（外币）
　　贷:吸收存款——单位活期存款——××出口商　　　　　　　　（外币）

同时,转销原来的托收款:

借:代收出口托收款　　　　　　　　　　　　　　　　　　　　　　（外币）
　　贷:应收出口托收款　　　　　　　　　　　　　　　　　　　　（外币）

(2) 若进口商用人民币购汇付汇时,编制的会计分录为:

借:存放同业(或其他科目)　　　　　　　　　　　　　　　　　　（外币）
　　贷:货币兑换(汇买价)　　　　　　　　　　　　　　　　　　　（外币）
借:货币兑换(汇买价)　　　　　　　　　　　　　　　　　　　　（人民币）
　　贷:吸收存款——××活期存款——××出口商　　　　　　　　（人民币）

同时,转销原来的托收款项:

借:代收出口托收款　　　　　　　　　　　　　　　　　　　　　　（外币）
　　贷:应收出口托收款　　　　　　　　　　　　　　　　　　　　（外币）

三、汇款结算业务的核算

(一) 汇款的概念和种类

汇款是指汇出行依据汇款人的要求,采用约定的汇款方式,把一定金额的款项划转到国外汇入行,交与收款人的一种结算方式。在国际贸易结算中,汇款主要用于支付贸易中的货款、预付款和佣金等。汇款属于商业信用,汇出行和汇入行只是按照汇款人的指示办理业务,并不承担付款责任。与信用证和托收结算方式相比,汇款结算手续最为简便、费用也最低。

根据汇出行向汇入行发出汇款委托的方式不同,汇款分为信汇、电汇和票汇三种形式:

(1) 信汇。信汇是汇出行根据汇款人的要求,以邮汇方式通知国外汇入行,请其把款项付与收款人的方式。因信汇费用低,但汇款到账速度慢,现在实务中已很少采用。

(2) 电汇。电汇是汇出行根据汇款人的要求,以电报方式通知国外汇入行,请其把款项付与收款人的方式。电汇费用高,但汇款到账速度快,现在实务中使用最广。

(3) 票汇。票汇是汇出行根据汇款人的申请,开立以汇入行为付款行的银行即期汇票给汇款人,由汇款人自己把汇票寄给收款人或自己携带出口,凭票到付款行领取汇款的一种方式。采用票汇方式,商业银行出具汇票后交由汇款人自行寄给收款人,收款人无须等到解付行的取款通知,即可直接持票到解付行取款,而且汇票经收款人背书后可以转让流通。

(二) 汇款业务程序

汇款结算业务涉及的当事人包括汇款人、汇出行、汇入行(解付行)和收款人四个。其处理流程为:汇款人委托汇出行将款项汇给收款人;汇出行指示汇入行将款项支付给收款人;汇入行将款项支付给收款人。汇款结算程序如图9-4所示。

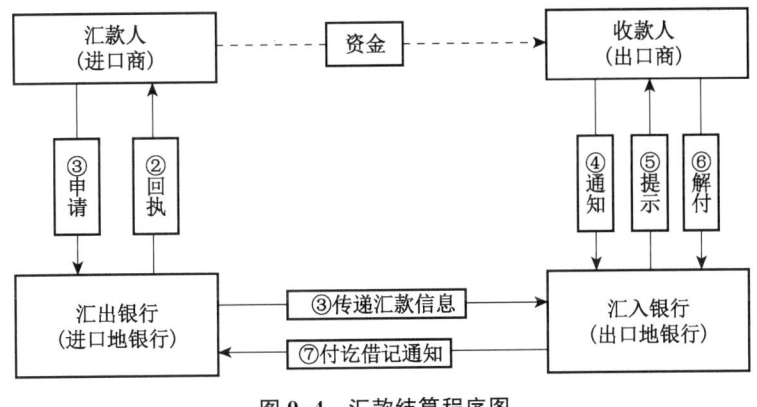

图 9-4　汇款结算程序图

商业银行办理汇款业务时,应按规定向汇款人收取汇款手续费,电汇汇款另加收电信费,信汇汇款另加收邮费。

(三) 汇款业务的核算

在账务处理上,以上三种汇款方式都是从汇出汇款和汇入汇款两个方面进行核算。

1. 汇出汇款

汇出汇款业务是指商业银行接受汇款人(进口商)的委托,以约定的汇款方式委托境外联行或代理行将一定金额的款项支付给指定收款人(出口商)的一种汇款业务。

(1) 以电汇、信汇方式汇出汇款。若汇款人通过现汇账户汇出款项时,编制的会计分录为:

借:吸收存款——单位活期存款 ——××汇款人户	(外币)
贷:存放同业(或其他科目)	(外币)

若以人民币购汇汇出汇款时,编制会计分录为:

借:吸收存款——单位活期存款——××汇款人	(人民币)
贷:货币兑换(汇卖价)	(人民币)
借:货币兑换(汇卖价)	(外币)
贷:存放同业(或其他科目)	(外币)

按规定收取手续费和邮费时,编制会计分录为:

借:吸收存款——单位活期存款——××汇款人户	(人民币)
贷:手续费及佣金收入——汇出汇款手续费收入	(人民币)
业务及管理费——邮费	(人民币)

(2) 以票汇方式汇出汇款。以票汇方式汇出汇款时,汇出行应在"吸收存款"科目下设置"汇出汇款"二级科目进行核算。

汇款人通过现汇账户和用人民币购汇汇出汇款的会计分录与上述电汇、信汇方式汇出汇款基本相同,只是将"存放同业(或其他科目)"科目替换为"吸收存款——汇出汇款——××户"即可。

款项汇出后,接到汇入行的解付通知书(借记报单)时,汇出行进行核销转账,编制的会计分录为:

借:吸收存款——汇出汇款——××汇款人户	(外币)
贷:存放同业(或其他科目)	(外币)

【例 9-11】 中国银行 2×19 年 5 月 10 日根据甲公司的申请,从其美元存款户中以票汇方式汇出 HKD 600 000 元到南洋商业银行香港分行交某外商。按规定收取 1‰的手续费。当日美元的汇买价为:USD 1=RMB 6.689 5,港元的汇卖价为:HKD 1=RMB 0.927 4。5 月 15 日,汇出行收到南洋商业银行香港分行解讫通知书,销记汇出汇款科目账,编制会计分录为:

(1) 5 月 10 日汇出时:

借:吸收存款——单位活期存款——甲公司	USD 83 181.10
贷:货币兑换(汇买价 6.689 5)	USD 83 181.10
借:货币兑换(汇买价 6.689 5)	RMB 556 440
贷:货币兑换(汇卖价 0.927 4)	RMB 556 440
借:货币兑换(汇买价 0.927 4)	HKD 600 000
贷:吸收存款——汇出汇款——甲公司	HKD 600 000

借：吸收存款——单位活期存款——甲公司　　　　　　　　　　　RMB 556.44
　　贷：手续费及佣金收入　　　　　　　　　　　　　　　　　　RMB 556.44

(2) 5月15日收到解讫通知时：

借：吸收存款——汇出汇款——甲公司　　　　　　　　　　　　HKD 600 000
　　贷：存放同业　　　　　　　　　　　　　　　　　　　　　　HKD 600 000

2. 汇入汇款

汇入汇款业务是指国外汇款人将款项通过国外银行(汇出行)汇入商业银行(汇入行)，汇入行根据汇出行的指示，将款项解付给指定收款人的业务。

(1) 电汇、信汇解付。汇入行收到国外汇出行的汇款电报或信汇支付委托书正本时，应先验押或验印，审核无误后再填制汇款通知书，在收妥汇款头寸后，通知收款人来行取款。编制会计分录为：

借：存放同业(或其他科目)　　　　　　　　　　　　　　　　　(外币)
　　贷：吸收存款——汇入汇款——××收款人　　　　　　　　　(外币)

若收款人在汇入行开有现汇户来银行解付汇款时，编制会计分录为：

借：吸收存款——汇入汇款——××收款人　　　　　　　　　　(外币)
　　贷：吸收存款——单位活期存款——××收款人(或其他科目)　(外币)

若收款人办理结汇的汇款解付时，编制会计分录为：

借：吸收存款——汇入汇款——××收款人　　　　　　　　　　(外币)
　　贷：货币兑换——外汇买卖(汇买价)　　　　　　　　　　　　(外币)

借：货币兑换——外汇买卖(汇买价)　　　　　　　　　　　　　(人民币)
　　贷：吸收存款——单位活期存款——××收款人　　　　　　　(人民币)

(2) 票汇解付。汇入行收到国外汇出行寄来的以该行为付款行的票汇通知书以及汇款头寸时，经核对印鉴及各项内容无误后，凭以转入"汇入汇款"明细科目，待持票人前来兑取。编制会计分录为：

借：存放同业(或其他科目)　　　　　　　　　　　　　　　　　(外币)
　　贷：吸收存款——汇入汇款——××收款人　　　　　　　　　(外币)

当持票人持已背书的汇票来行取款时，经核对出票行印鉴、付款金额、签发日期及收款人背书等无误后，才能支付原币或办理人民币结汇。会计分录同信汇和电汇。

思 考 题

1. 什么是外汇？我国商业银行经营的外汇业务有哪些？
2. 什么是外汇分账制？它包含哪些内容？
3. 外汇存贷款业务有哪些种类？如何分别对其进行核算？

4. 什么是信用证结算方式？如何对其进行核算？

5. 什么是买方信贷外汇贷款？如何对其进行核算？

6. 什么是出口押汇？如何对其进行核算？

7. 国际托收及汇款的优点和缺点分别是什么？如何对其进行核算？

练 习 题

【业务题】

1. 中国工商银行某支行发生如下业务，业务所用汇价假设如下：

外币	外币单位	汇买价	汇卖价	钞买价
USD 美元	100	626	628	625
HKD 港元	100	94	96	92

（1）2×19年4月8日，客户李楠将HKD 5 000港元现钞兑换为人民币。

（2）某企业收到美元现钞10 000美元，该款项为出售样品款，经外汇管理部门批准，要求银行兑换成美元现汇，存入该公司美元现汇活期户。

（3）客户王明2×19年3月26日持2×18年3月1日开立的1年期定期存单（汇户）USD 10 000美元，存单标明利率2.25%，逾期部分按活期外汇存款利率0.99%付息。客户要求本金转为定期2年的存款，利息存入活期人民币存款户。

（4）2×19年4月10日，根据某开户企业的申请，从其美元存款户中电汇600 000港元到中国香港某银行，按规定收取1‰的手续费；4月15日，收到中国香港某银行解付讫通知书，销记汇出汇款科目账。

要求：根据上述经济业务编制会计分录。

2. 某进出口公司2×19年6月5日向开户银行申请60万美元货款，期限半年，货款直接转入其外汇活期存款账户；12月5日货款到期后，从该存款账户偿还本息。该笔货款的利息按季结计并转入贷款本金。借款日美元利率为5.35%。

要求：根据上述资料编制发放贷款、结息日、资产负债表日、到期收回贷款的会计分录。

3. 中国银行北京分行收到甲公司出口押汇申请书及即期信用证项下全套单据，金额为USD 500 000，经审核单证、单单完全一致，银行同意做出口押汇，当天按5.8%的利率扣收18天的押汇利息和USD 200手续费后，将余额折合为人民币，收入该公司人民币存款账户。假设实际押汇天数与预计押汇天数相同，当日美元汇买价为USD 100＝RMB 620.50。

要求：根据上述资料编制有关的会计分录。

4. 北京丽华公司从澳大利亚M公司进口一批铁矿石，委托中国工商银行北京分行于2×19年3月5日向澳大利亚M公司开出即期信用证一份，金额为AUD 1 600 000，银行收取开证手续费AUD 1 500。信用证由澳大利亚国民银行通知，规定支付方式为"单到国内审单付款"。4月10日中国工商银行北京分行收到澳大利亚国民银行寄来的全套单据,金额共计AUD 1 002 000,其中,货款为AUD 1 000 000,其他费用为AUD 2 000,随即通知北京丽华公司。4月15日上海宝钢集团确认付款,中国工商银行北京分行当即从该公司澳元现汇账户划款支付。

要求:根据上述资料编制有关的会计分录。

5. 北京甲公司从美国进口设备,2×19年8月10日,甲公司开户行中国工商银行北京分行接到美国花旗银行寄来的托收委托书及进口代收单据,采用付款交单方式,金额为USD 500 000,经审核无误后,通知甲公司付款赎单。甲公司于8月15日确认付款,中国工商银行北京分行当天为甲公司办理售汇付款手续,并根据托收委托书的规定向甲公司收取进口代收手续费RMB 2 000,当日美元汇卖价为USD 100 = RMB 620。

要求:根据上述资料编制有关的会计分录。

第十章 中间业务的核算

第一节 中间业务概述

一、中间业务的概念

按照中国人民银行颁布实施的《商业银行中间业务暂行规定》，中间业务是指不构成商业银行表内资产、表内负债，形成银行非利息收入的业务。这是狭义的中间业务，也是传统的中间业务。广义的中间业务是指商业银行不需向外借入资金，且不必动用自己的资财，仅利用自己的人力资源、市场信息和现代化电信技术与设备，替广大客户办理各项资金收付、进行担保和其他委托事项、提供各项金融服务，并收取手续费的中介业务。

中间业务属于商业银行的表外业务。顾名思义，表外业务就是不在资产负债表中反映的业务。按照《巴塞尔协议》的规定，商业银行表外业务包括金融服务类表外业务和或有债权、债务类表外业务。其中，金融服务类表外业务，即传统的中间业务，包括支付结算、代理与咨询业务、信托业务、租赁业务及与贷款相关的组织和审批等服务；或有债权、债务类表外业务是指那些虽然不在资产负债表中反映，但在一定条件下会转变为现实的资产或负债的中间业务，如贷款承诺、各种担保业务、金融衍生交易等。根据中国人民银行发布的《商业银行表外业务风险管理指引》，表外业务是指商业银行所从事的、按照现行会计准则不计入资产负债表内，不形成现实的资产和负债，但能改变损益的业务，包括担保类、承诺类和金融衍生类三种类型，这属于狭义的表外业务，也属于创新的中间业务。

我国商业银行广义的中间业务实际上就是《巴塞尔协议》确定的表外业务。中间业务的发展是商业银行现代化的重要标志。中间业务与资产业务、负债业务被称为现代商业银行的三大业务。当代西方商业银行业务经营的突出特点之一就是中间业务的迅速扩展。中间业务发展对商业银行现代化和金融现代化极为重要。大力发展中间业务，对加快我国商业银行现代化改革进程、提高商业银行效益及竞争力具有重要意义。

二、中间业务的分类

中国人民银行将我国商业银行中间业务分为9类：支付结算类业务、银行卡业务、代理类业务、担保类业务、承诺类业务、交易类业务、基金托管业务、咨询顾问类业务和其他类中间业务等。前文已对支付结算业务、银行卡业务做了详细介绍，下面对其他类中间业务择其要者简单介绍。

第二节 代理类业务的核算

一、代理债券业务

代理债券业务是指商业银行作为债券代理经纪人，受客户委托代理发行和代理兑付债券的业务。商业银行代理发行和代理兑付的债券主要有：国家债券，包括国库券、国家重点建设债券等；金融债券，包括各家政策性银行、商业银行及非银行金融机构发行的债券等；企业债券，包括重点企业债券、企业短期债券、公司债券等。

（一）代理发行债券的核算

代理发行债券业务是指银行接受客户委托，代客户发行债券的业务。商业银行应设置"代理承销证券款"科目，用于核算商业银行接受委托，采用代销方式或余额承购包销方式承销证券所形成的应付证券发行人的承销资金，并按委托单位和证券种类进行明细核算。该科目为负债类科目，期末贷方余额，反映企业承销证券但尚未支付给委托单位的款项余额。

1. 债券入库与出库

商业银行系统根据入库单填制表外科目收入凭证，登记表外科目明细账：

收：有价单证——××机构××债券

对债券的调拨出库也同样必须填制凭证，严格手续，并在表外科目反映：

付：有价单证——××机构××债券

2. 代理发行债券收到款项

银行代理发行债券收到款项时，根据不同的收款方式转账，编制的会计分录为：

借：库存现金（或吸收存款等）
　　贷：代理承销证券款——××债券××户

营业终了，营业机构根据债券发售清单，登记表外科目明细：

付：有价单证——××机构××债券户

3. 向委托机构划缴债券资金

代销结束，按规定应将债券资金划缴客户，同时扣收手续费，按应划缴的代理发行债券款项填制支款凭证，以支款凭证存根联或中国人民银行回单作记账凭证，编制的会计分录为：

借：代理承销证券款——××债券××户
　　贷：存放中央银行款项（或库存现金等）
　　　　手续费及佣金收入——代理发行债券收入

若债券发行承销结束尚有未售出的债券,采用余额承购包销方式承销债券的,按合同规定由银行认购,应按承销价格进行转账处理。编制的会计分录为:

借:交易性金融资产(或可供出售金融资产)
　　贷:存放中央银行款项(或库存现金等)

采用代销方法承销证券的,应将未售出的债券退还委托单位,并冲销备查簿中登记的承销证券。

付:有价单证——××机构××债券

(二) 代理兑付债券的核算

1. 代理兑付债券业务核算应设置的会计科目

(1)"代理兑付证券"科目。该科目用于核算商业银行接受委托代理兑付到期的证券,并按委托单位和证券种类进行明细核算。该科目为资产类科目,期末借方余额,反映银行已兑付但尚未收到委托单位兑付资金的证券金额。

(2)"代理兑付证券款"科目。该科目用于核算银行接受委托代理兑付债券业务而收到的兑付资金,并按委托单位和债券种类进行明细核算。该科目为负债类科目,期末贷方余额,反映企业已收到但尚未兑付的兑付证券款项金额。

2. 代理兑付债券的核算

代理兑付债券是指银行接受客户委托对其发行的债券到期进行兑付的债券业务。通常,商业银行受理代兑付债券业务时,委托人应提前将待兑付的款项划入银行,兑付期满,商业银行要按代理兑付的总额收取一定的手续费。

(1)收到代理兑付债券还本付息资金。收到委托单位拨入的还本付息资金时,以中国人民银行的收账通知(或其他凭证)作记账凭证,编制的会计分录为:

借:存放中央银行款项——备付金存款
　　贷:代理兑付证券款——××单位××债券

(2)代理兑付债券。债券持有人持实物券兑取现金或转存存款时,应填写"债券兑付清单",连同债券一并交经办人。经办人核对无误后,系统自动计算应付利息,打印兑付清单,并加盖"现金付讫"章或转讫章和经办人名章,在债券正面加盖"已兑付"戳记,然后按兑付清单上的本息合计金额配付现金,复点无误后,将现金交兑券人。兑券人要求转存存款的,将兑付资金按存款手续办理转账。编制的会计分录为:

借:代理兑付证券——××债券
　　贷:库存现金
或　贷:吸收存款——××存款人

营业终了,营业机构应根据债券兑付清单,按债券种类分本金、利息填制"汇总债券兑付清单"两联,填制表外科目收入凭证,登记表外科目明细账:

收：已兑付债券——××债券

（3）上缴代理已兑付债券。经办行将已兑付的债券按规定上缴上级行或中国人民银行时，填制"已兑付债券上缴清单"三联，经与实物核对无误后，按规定办理债券出库手续。同时填制表外科目付出凭证，登记表外科目明细账：

付：已兑付债券——××债券

上级行收到经办行送来的已兑付债券，清点无误后，在上缴清单上加盖业务公章和经办人名章，并填制表外科目收入凭证，登记表外科目明细账：

收：已兑付债券——××债券

已兑付债券按规定交委托单位的，由承办行参照上述方法办理。

（4）"代理兑付证券"科目与"代理兑付证券款"科目对冲。商业银行应定期将"代理兑付证券"科目与"代理兑付证券款"科目按规定进行冲销，冲销时，经办行填制特种转账借、贷方凭证各一联。编制的会计分录为：

借：代理兑付证券款——××单位××债券
　　贷：代理兑付证券——××债券

（5）已兑付债券销毁的处理。债券销毁是一项重要的工作，需要在主管行长的直接组织领导下进行，由相关业务部门牵头，会同会计、出纳、保卫、审计等部门参加的债券销毁工作小组负责实施。会计部门填制表外科目付出凭证，以销毁清单作表外凭证的附件，登记表外明细科目：

付：已兑付债券——××债券

二、代理保管业务

代理保管业务指商业银行以自身所拥有的保管箱、保管库等设备条件，接受单位和个人的委托，代为保管各种贵重金属、契约文件、设计图纸、文物古玩、珠宝首饰以及股票、债券等有价证券。代理保管的方式主要有出租保管箱、密封保管、露封保管等。银行按保管物品的不同，按年一次收取手续费。下面介绍保管箱业务。

（一）租用保管箱

银行经办人收到保管箱申请人提交的申请书、支款凭证及有关证件审核无误后，按规定预留租用人的印鉴（密码），填制"业务收费凭证"一式三联和"保管箱押金收据"一式三联，向租用人收取押金和租金，编制的会计分录为：

借：库存现金（或吸收存款等）
　　贷：手续费及佣金收入——出租保管箱业务收入
　　　　其他应付款——保管箱押金

若保管箱续租，经办人收到租用人提交的申请书及有关证件等审核无误后，取出原申请书留存联，加盖"续租"戳记，登记"保管箱租箱、退箱登记簿"，同时，填制

"业务收费凭证"一式三联向租用人收取租金。其余手续按"租用保管箱"程序进行办理。

(二) 保管箱退箱

经办人收到租用人提交的申请书、押金收据第二联及有关证件等审核无误,与原申请书留存联核对一致后,登记"保管箱租箱、退箱登记簿"。实际退还押金金额按原押金余额扣除逾期租金计算;提前退租的,租金不予退还。待租用人将保管箱物品全部取出并交还两把保管箱钥匙后,将押金退还租用人,填制会计凭证,编制的会计分录为:

借:其他应付款——保管箱押金户
　　贷:手续费及佣金收入——出租保管箱收入(或扣收逾期租金)
　　　　库存现金(或吸收存款)

(三) 更换印鉴或挂失

保管箱租用人因更换印鉴、钥匙丢失申请挂失的,应填写"保管箱印鉴、钥匙挂失申请书",并出具有关证明及有效身份证件。经办人根据留存资料进行审查,同意受理后即在规定的时间内冻结开箱。挂失申请书加盖业务公章后,并按规定收取挂失手续费。编制的会计分录为:

借:库存现金(或吸收存款等)
　　贷:手续费及佣金收入——出租保管箱收入

(四) 凿箱和换锁

挂失期满,需要办理凿箱或换锁的租用人,凭挂失申请书办理凿箱或换锁手续,并缴纳专用锁成本和换锁费用。商业银行打印"业务收费凭证"一式三联,作为记账凭证,编制的会计分录为:

借:库存现金(或吸收存款)
　　贷:手续费及佣金收入——出租保管箱收入
　　　　库存物资——保管箱专用锁

(五) 收取赔偿金

保管箱租用人因损坏箱体、丢失钥匙应缴纳赔偿金时,银行应打印"业务收费凭证"一式三联,编制的会计分录为:

借:其他应付款——保管箱押金户
　　库存现金(或吸收存款等)
　　贷:营业外收入

(六) 收取滞纳金

当超过保管期限而未办理退租或续租手续时,租用人应缴纳滞纳金。银行收取滞纳金时,应填制"业务收费凭证"一式三联,编制的会计分录为:

借:库存现金(或吸收存款)
　　贷:营业外收入

第三节 担保类业务的核算

一、担保类业务的概念和种类

担保类业务是指商业银行根据申请人的申请,以出具保函的形式向申请人的债权人(保函受益人)承诺,当申请人不履行其债务时,由银行按照约定履行债务或承担责任的行为。

商业银行开办保函业务的类型按业务品种划分,包括投标保证、承包保证、履约保证、预收(付)款退款保证、工程维修保证、延期付款保证、来料加工保证及来件装配保证、关税保付保证、保释金保证、付款保证、延期付款保证、分期付款保证、借款保证、租赁保证、补偿贸易保证、账户透支保证等。按保函类别还可划分为付款类保函、履约类保函和债务类保函。

二、担保类业务的核算

(一) 收取保证金

商业银行应设置"存入保证金"科目,核算收到客户存入的各种保证金,如信用证保证金、承兑汇票保证金、保函保证金、担保保证金等。该科目应当按照客户进行明细核算。

申请人选择缴存保证金提供反担保是一种常见的形式。商业银行业务部门与申请人、反担保人正式签订"出具保函协议书"和相应的反担保合同后,申请人交存保证金的,应提交有关支付票据及进账单一式三联。经办人审核无误后,办理转账。编制的会计分录为:

借:吸收存款——单位活期存款——××申请人户
　　贷:存入保证金——保函保证金——××申请人户

如申请人采取质押、抵押、第三方保证方式提供反担保的,商业银行可按照贷款业务核算的有关手续办理。

(二) 收取手续费

"出具保函协议书"生效后,经办行应根据业务部门通知,按照"出具保函协议书"的约定及时向被保证人收取手续费。经办人填制"业务收费凭证"办理转账。编制的会计分录为:

借:吸收存款——单位活期存款——××申请人
　　贷:手续费及佣金收入——保函业务收入

营业柜台收到业务部门出具的保函时,填制表外科目收入凭证,登记表外科目明细账:

收:开出保函——××申请人户

(三) 担保垫款

1. 垫付款项

被保证人在合理时间未能筹足偿债资金，而使商业银行垫付款项时，应向被保证人和反担保人主张追索权及反担保债权。

（1）申请人采取缴存保证金方式提供反担保的，应首先全额扣划保证金，不够部分列"贷款——逾期贷款——担保垫款"科目核算。编制的会计分录为：

借：吸收存款——单位活期存款——××申请人
　　存入保证金——保函保证金——××申请人
　　贷款——逾期贷款——担保垫款——××申请人
　贷：吸收存款——单位活期存款——××保函受益人

同时填制表外科目付出凭证，登记表外科目明细账：

付：开出保函——××申请人

（2）申请人采取质押、抵押、第三方保证方式提供反担保的，应按贷款业务核算的有关垫款规定处理。同时填制表外科目付出凭证，登记表外科目明细账：

付：开出保函——××申请人

2. 结计担保垫款利息收入

商业银行在结计担保垫款利息收入时，应按规定计算利息并打印"利息清单"一式三联，编制的会计分录为：

借：应收利息——应收担保垫款利息——××申请人
　贷：利息收入——担保垫款利息收入

3. 收回担保垫款

商业银行收回担保垫款时，客户应填制支付凭证偿还垫款，办理转账，编制的会计分录为：

借：吸收存款——单位活期存款——××申请人
　贷：贷款——逾期贷款——担保垫款——××申请人
　　　应收利息——应收担保垫款利息——××申请人

（四）保函到期或终止担保

保证期届满经办行未承担保证责任的，或保证金存款用于保证项下的支付仍有余额的，商业银行应在收回保函后，根据申请人的请求将款项从相关账户转出。退还时，提交有关支付票据及进账单一式三联，营业柜台审核无误后，以有关支款凭证作为记账凭证，编制的会计分录为：

借：存入保证金——保函保证金——××申请人
　贷：吸收存款——单位活期存款——××申请人

同时填制表外科目付出凭证，登记表外科目明细账：

收：开出保函——××申请人户

【例 10-1】 设甲公司拟向华夏银行马店支行借款 5 000 000 元人民币，用于支付采购设备款，华夏银行要求由甲公司出具借款保函。甲公司向其开户行中国工商银行太平庄支行提出申请，经中国工商银行同意，再向甲公司收取 500 000 元的保证金，并在由甲公司的母公司出具反保函的情况下，太平庄支行开出金额为 5 000 000 元（含到期利息）的借款保函，并按保函金额的 1‰ 收取手续费。承诺在甲公司无力或拒绝偿还的情况下，由其负责履行偿债责任。因甲公司经营不善，借款到期后无力偿还，华夏银行向中国工商银行太平庄支行提出索赔。中国工商银行太平庄支行除动用甲公司保证金的本息（金额 500 000 元）外，其余由中国工商银行太平庄支行全额支付，并作为甲公司对中国工商银行太平庄支行的欠款。

要求：编制中国工商银行太平庄支行收取保证金、开出保函和到期赔付的会计分录。

（1）太平庄支行收取保证金时，编制的会计分录为：

借：吸收存款——单位活期存款——甲公司　　　　　　　　　　500 000
　　贷：存入保证金——保函保证金——甲公司　　　　　　　　　　500 000

（2）太平庄支行开出保函并收取手续费时，编制的会计分录为：

借：吸收存款——单位活期存款——甲公司户　　　　　　　　　　5 000
　　贷：手续费及佣金收入——保函业务收入　　　　　　　　　　　5 000

营业柜台收到业务部门出具的保函时，填制表外科目收入凭证，登记表外科目明细账：

收：开出保函——甲公司　　　　　　　　　　　　　　　　　　5 000 000

（3）太平庄支行到期日支付款项时，编制的会计分录为：

借：存入保证金——保函保证金——甲公司　　　　　　　　　　500 000
　　贷款——逾期贷款——担保垫款——甲公司　　　　　　　　　4 500 000
　　贷：存放中央银行款项　　　　　　　　　　　　　　　　　　5 000 000

同时填制表外科目付出凭证，登记表外科目明细账：

付：开出保函——甲公司户　　　　　　　　　　　　　　　　　5 000 000

第四节　承诺类业务的核算

承诺类业务是指商业银行在未来某一日期按照事前约定的条件向客户提供约定信用的业务，主要包括贷款承诺、信贷证明、贷款意向书、意向性信贷额度、贷款回购协议、票据发行便利等业务。下面将简要介绍贷款承诺和信贷证明业务。

一、贷款承诺

（一）贷款承诺的种类

贷款承诺分为可撤销承诺和不可撤销承诺。

（1）可撤销承诺。这种承诺附有客户在取得贷款前必须履行的特定条款。如果在银行承诺期间及实际贷款期间发生客户信用等级降低的情况，或客户没有履行特定条款，则银行可撤销该项承诺。可撤销承诺包括透支和信用额度。

（2）不可撤销承诺。这种承诺是指银行未经客户允许不得随意取消的贷款承诺。不可撤销承诺包括：商业票据备用信用额度、循环信用额度、回购协议、票据发行便利等。

贷款承诺书的出具必须建立在贷款项目批准之后，未经省分行贷款审批会议正式审批决策的项目不得对外出具承诺书。贷款承诺书一般由省级分行统一对外出具，同时抄送本行信贷部门和项目所在二级分行。二级分行及下属机构一律不得以任何名义对外出具贷款承诺书。贷款承诺书是严肃的法律文件，会带来相应的民事法律后果，要谨慎办理，不得为争办项目而违反规定，盲目对外出具贷款承诺书。在贷款承诺有效期内，如发现借款人或建设项目情况发生较大变化，影响到贷款的安全，银行有权终止贷款承诺。

（二）贷款承诺的业务核算

贷款承诺业务核算的内容主要是贷款承诺书的出具和承诺费的收取。

1. 出具贷款承诺书

在银行出具贷款承诺书后银行就承担了承诺的义务，在承诺期内要按照协议发放贷款。对于此承诺后果银行应设置"贷款承诺"科目进行表外核算。"贷款承诺"科目核算银行因为与客户签订协议或意向而在一定时期内可能发放的贷款。该科目可以按照客户单位进行明细核算。

银行与客户签订贷款承诺书或增加贷款额度时，按契约金额进行表外记录：

收：贷款承诺——××户

履行承诺、减少额度或因故撤销贷款承诺时，按照减少金额进行表外记录：

付：贷款承诺——××户

2. 收取承诺费

银行按照承诺贷款的一定比例收取手续费时，按收费金额入账，编制的会计分录为：

借：吸收存款——××户
　　贷：手续费及佣金收入——贷款承诺手续费

二、信贷证明

（一）信贷证明的含义

银行信贷证明是指根据授信申请企业要求，在其参与工程等项目建设资格预审、投标、履约时,向银行提出申请,经银行评审同意后,由银行出具的一种融资证明,旨在证明申请人在承包工程中有能力从银行获得必要的信贷支持。信贷证明往往被要求与投标或履约保函一并出具。

信贷证明业务应纳入银行综合授信管理范围,实行综合授信额度管理。每笔信贷证明的金额一般为项目总标金额的10%,最高不超过项目总标金额的30%。信贷证明的期限最长不得超过3年。信贷证明的币种为人民币或我行国际结算可受理的外币币种,信贷证明的收费标准为年费率0.1‰～0.45‰,各行可自行决定按季、半年度或一次性收取,第一笔收费时间应在信贷证明开具之前。项目开标后,如申请人未中标,已收取的费用不再退回。

(二) 信贷证明的核算

信贷证明的核算主要是信贷证明的出具和信贷证明的终止或撤销。

1. 出具信贷证明

客户向银行提出申请,提交"银行信贷证明业务申请书"和银行规定的材料。银行按授信审查要求对其进行调查,并将调查情况和初审意见及有关业务资料送授信管理部门审核,复审同意后出具信贷证明,会计处理如下:

收:信贷证明

同时,按照协议收取手续费,编制的会计分录为:

借:吸收存款——申请单位户
　　贷:手续费及佣金收入——信贷证明手续费

信贷证明有效期内,如发生信贷证明项下的贷款需求,银行应在履行义务前30天按流动资金贷款要求重新评估项目的风险和还款来源,审查并落实贷款担保,按贷款审批权限和审批程序报批准后办理。

2. 终止信贷证明

信贷证明提前解除后应及时向客户收回信贷证明正本。信贷证明到期或银行履行完信贷证明项下有关义务后一周内,无论信贷证明正本是否收回,经办人都应填写"信贷证明核销凭证",办妥信贷证明核销手续,会计处理如下:

付:信贷证明

第五节　基金托管业务的核算

一、基金托管业务的含义及其规定

基金托管业务是指商业银行接受基金管理公司的委托,安全保管所托管的基金的全部资产,为托管的基金办理资金划拨及清算、会计核算、基金估值及其他有关代理业务,并监督基金管理人的投资运作。

基金托管业务的基本规定：

（1）经批准设立的基金，应当委托商业银行作为基金托管人托管基金资产。基金托管人、基金管理人应当在行政上、财务上相互独立，其高级管理人员不得在对方兼任任何职务。

（2）基金托管人是基金资产的"保管人"，商业银行应设立独立的基金托管部门负责基金托管业务。

（3）基金托管人必须将其托管的基金与托管人的自有资产严格分开，对不同基金分别设置账户，实行分账管理。基金托管业务的核算属于代理核算，它独立于商业银行自营性业务，实行分账核算、单独报告，相关业务不纳入商业银行资产负债表。基金托管部以每一基金为会计核算主体，单独建账、独立核算，保证不同基金之间在名册登记、账户设置、资金划拨、账簿记录等方面相互独立。

（4）商业银行应定期对基金管理人计算的基金资产净值及基金价格进行复核、审查，出具基金业绩报告，提供基金托管情况，并向中国证监会和中国人民银行报告。

（5）基金托管人会计核算应根据财政部制定的《证券投资基金会计核算办法》执行。

二、基金托管业务的核算

基金管理公司与托管银行的资金往来主要体现为资金的存放、借贷划拨清算，涉及资金往来和交割清算的业务主要是基金发行和撤销、证券交易以及资金借贷等。

（一）基金发行的处理

基金发行期间，托管银行应及时将收到的投资人的申购款划入基金管理公司账户，并通知基金管理公司。托管银行应通过"同业存放"科目核算托管的基金管理公司的款项。编制的会计分录为：

借：吸收存款等
　　贷：同业存放——基金存款——××基金管理公司

（二）证券交易的处理

基金管理公司通过银行间市场等买卖证券的，需要托管银行办理资金交割清算，在证券交易所买卖证券的，通过在证券交易所的清算备付金办理资金交割清算。

1. 买入证券的处理

买入证券成交时，托管银行根据基金管理公司的支付指令，办理资金清算。商业银行编制的会计分录为：

借：同业存放——基金存放——××基金管理公司
　　贷：存放中央银行款项

2. 卖出证券的处理

卖出证券时，托管银行根据相关划款凭证为基金管理公司办理入账。编制的会计分录为：

借：存放中央银行款项
   　贷：同业存放——基金存款——××基金管理公司

（三）托管收益的处理

托管银行应按规定向基金管理公司收取基金托管费,列为手续费及佣金收入,编制的会计分录为：

借：同业存放——基金存款——××基金管理公司
   　贷：手续费及佣金收入——基金托管业务收入

思 考 题

1. 什么是中间业务？目前银行开展的中间业务主要有哪些？
2. 简述代理债券发行和兑付业务的核算手续。
3. 简述保管箱业务的基本规定和核算手续。
4. 什么是保函业务？如何进行核算？
5. 什么是基金托管业务？如何进行核算？

练 习 题

【业务题】

某银行发生下列中间业务：

(1) 该银行总行代财政部发行的期限为5年,年利率为3%的国债10亿元。代销结束后,债券全部售出,将销售款项交回财政部,按1‰收取佣金。

(2) 客户张某到银行购买国债50 000元。

(3) 收到财政部拨付的到期债券款500万元,利息30万元。

(4) 客户王某要求兑付到期的国债10 000元,利息600元。

(5) 银行收到甲客户开办租赁保险箱的申请,并收到2 000元的押金和8 000元的租金。

(6) 作为托管银行,收到某基金筹集的资金5亿元；接受基金公司的指令从基金存款账户支付2 000万元用于购买有价证券；收到基金公司支付的基金托管费30万元。

要求：根据上述业务编制相关的会计分录。

第十一章 损益的核算

第一节 收入的核算

损益是指金融企业一定时期内各项收入和费用相抵后的结果。如果其收入大于费用,为金融企业的利润;反之,为亏损,金融企业应按权责发生制确认收入和费用。损益的核算主要包括收入的核算、成本费用的核算、利润及其分配的核算。本节先介绍商业银行收入的核算。

收入是指商业银行在日常活动中形成的、会导致所有者权益增加的、与所有者投入资本无关的经济利益的总流入。

对商业银行来说,收入主要包括利息收入、手续费及佣金收入、投资收益、公允价值变动收益、汇兑收益、其他收益、其他业务收入和资产处置收益等。下面分别简要介绍。

一、利息收入的核算

利息收入是指商业银行发放各类贷款、贴现和转贴现融出资金、信用卡透支、与其他金融机构(中央银行、同业等)资金往来等业务实现的利息收入,具体包括贷款利息收入、商业银行往来利息收入、贴现利息收入和相关债权投资取得的利息收入等。

利息收入应按让渡资金使用权的时间和适用利率计算确定。为了核算确认的利息收入,商业银行应设置"利息收入"科目,并按业务类别进行明细核算。期末,应将该科目余额转入"本年利润"科目,结转后该科目无余额。

(一) 贷款利息收入

贷款利息收入是指商业银行发放的各项贷款而取得的利息收入。贷款利息是商业银行利息收入的主要部分。

在资产负债表日,以摊余成本计量的贷款为分期付息、到期一次还本贷款(或为到期一次还本付息贷款的),商业银行确认利息收入时,编制的会计分录为:

借:应收利息(或贷款——应计利息)　　　(按合同利率计算确定的应收未收利息)
借或贷:贷款——利息调整　　　　　　　　　　　　　　　　(借贷方差额)
　　贷:利息收入——××贷款利息收入(按摊余成本和实际利率计算确定的利息收入)

商业银行按合同约定收取的利息,按规定应缴纳增值税的,还应按计算的增值税销项税额,贷记"应交税费——应交增值税(销项税额)"科目;若增值税纳税义务尚未发生,则将相关增值税销项税额记入"应交税费——待转销项税额"科目。

实际利率与合同利率差异较小的,也可以采用合同利率计算确定利息费用。

(二) 往来利息收入

往来利息收入是指商业银行的系统内资金往来、同业资金往来,以及与中央银行之间资金往来而发生的利息收入。

往来利息收入也在"利息收入"科目核算,并在该科目下设置"存放中央银行款项利息收入""存放同业利息收入""拆放同业利息收入""系统内往来利息收入"等明细科目。

1. 存放中央银行款项利息收入

存放中央银行款项利息收入是指商业银行在中央银行的准备金存款、向中央银行缴存存款而向中央银行收取的利息收入。确认存放在中央银行款项取得的利息收入时,编制的会计分录为:

借:存放中央银行款项
　　贷:利息收入——存放中央银行款项利息收入

2. 同业往来利息收入

同业往来利息收入是指商业银行之间以及商业银行与非银行各金融机构之间存放或拆借资金而收取的利息收入。确认存放或拆借同业利息收入时,编制的会计分录为:

借:应收利息(或存放同业、存放中央银行款项)
　　贷:利息收入——存放同业利息收入
　　　　　　——拆放同业利息收入

3. 系统内往来利息收入

系统内往来利息收入是指商业银行系统内机构相互之间资金往来而收取的利息收入。确认系统内往来资金利息收入时,编制的会计分录为:

借:上存系统内款项——上存总行备付金(清算行和省区分行收到存入总行备付金存款的利息)
或　借:系统内款项存放——××分行备付金(总行收到清算行和省区分行借入借款的利息)
　　贷:利息收入——系统内往来利息收入

(三) 贴现利息收入

贴现利息收入是指商业银行办理商业汇票等票据贴现业务收到的贴现利息收入。商业银行办理票据贴现业务时,编制的会计分录为:

借:贴现资产——××单位贴现申请户
　　贷:吸收存款——单位活期存款——××户
　　　　贴现资产——利息调整

资产负债表日,按计算确认贴现利息收入时,编制的会计分录为:

借：贴现资产——利息调整
　　贷：利息收入

利息收入的核算已在相关章节详细阐述。

二、手续费及佣金收入的核算

手续费及佣金收入主要是指商业银行在提供服务时向客户收取的费用，包括办理结算业务、咨询业务、担保业务、代保管等代理业务，以及受托贷款及投资业务等取得的手续费及佣金收入，如结算与清算手续费收入、代理业务（如代理买卖证券、代理承销证券、代理兑付证券、代理保管证券、代理保险业务等）手续费收入、信用承诺手续费及佣金收入、银行卡手续费收入、托管及其他受托业务佣金收入（如基金托管收入、受托贷款手续费收入、代保管收入等）、顾问和咨询服务收入，以及其他相关服务实现的手续费及佣金收入。手续费及佣金收入，应当在向客户提供相关服务时确认收入。

商业银行应设置"手续费及佣金收入"科目，核算商业银行确认的手续费及佣金收入，该科目可按手续费及佣金收入类别进行明细核算。

（1）确认的手续费及佣金收入时，编制的会计分录为：

借：应收手续费及佣金
　　代理承销证券款
　　贷：手续费及佣金收入

（2）实际收到手续费及佣金，编制的会计分录为：

借：存放中央银行款项
　　吸收存款
　　贷：应收手续费及佣金

三、投资收益的核算

投资收益是指商业银行通过购买金融资产或以现金、无形资产、实物资产等对外投资所取得的收益，包括处置以公允价值计量且其变动计入当期损益的金融资产的投资收益、以公允价值计量且其变动计入其他综合收益的金融资产利息收入、以摊余成本计量的债权投资的利息收入和长期股权投资的投资收益等。

（一）处置以公允价值计量且其变动计入当期损益的金融资产的投资收益

商业银行处置公允价值计量且其变动计入当期损益的金融资产时，编制的会计分录为：

借：存放中央银行款项（或存放同业）　　　　　　　　（实际支付的金额）
　　贷：交易性金融资产——本金　　　　　　　　　　（账面余额）
　　贷或借：交易性金融资产——公允价值变动　　　　（账面余额）
　　贷或借：投资收益　　　　　　　　　　　　　　　（借贷方差额）

(二) 以摊余成本计量的债权投资的利息收入

资产负债表日,以摊余成本计量的债权投资为分期付息到期一次还本债券投资(或为到期一次还本付息债券投资)的,编制的会计分录为:

借:应收利息(或债权投资——应计利息)　　　　　　　　　(面值×合同利率)
借或贷:债权投资——利息调整　　　　　　　　　　　　　　　　　(差额)
　　贷:投资收益　　　　　　　　　　　　　　　　　　　(摊余成本×实际利率)

(三) 以公允价值计量且其变动计入其他综合收益的金融资产的利息收入

资产负债表日,以公允价值计量且其变动计入其他综合收益的金融资产为分期付息到期一次还本债券投资(或为一次还本付息债券投资)的,编制的会计分录为:

借:应收利息(或其他债权投资——应计利息)　　　　　　　　(面值×票面利率)
借或贷:其他债权投资——利息调整　　　　　　　　　　　　　　(差额)
　　贷:投资收益　　　　　　　　　　　　　　　　　　　(摊余成本×实际利率)

(四) 长期股权投资的投资收益

1. 成本法下长期股权投资收益的核算

长期股权投资采用成本法核算的,被投资单位宣告发放现金股利或利润时,商业银行应将其应享有的份额,确认为投资收益,编制的会计分录为:

商业银行应当如何对其发行的理财产品进行会计处理

借:应收股利
　　贷:投资收益

处置采用成本法核算的长期股权投资时,编制的会计分录为:

借:存放中央银行款项(或存放同业)　　　　　　　　　　　(实际收到的金额)
　　长期股权投资减值准备　　　　　　　　　　　　　　　　　(账面余额)
　　贷:长期股权投资　　　　　　　　　　　　　　　　　　　(账面余额)
　　　应收股利　　　　　　　　　　　　　　　　(尚未领取的现金股利或利润)
　贷或借:投资收益　　　　　　　　　　　　　　　　　　　(借贷方差额)

2. 权益法下长期股权投资收益的核算

(1) 投资损益的确认。长期股权投资采用权益法核算的,商业银行应根据被投资单位实现的净利润或经调整的净利润计算其应享有的份额,确认为投资收益,编制的会计分录为:

借:长期股权投资——损益调整
　　贷:投资收益

(2) 超额亏损的确认。被投资单位发生净亏损的,编制相反的会计分录,但以"长期股权投资"的账面价值减记至零为限;还需承担的投资损失,应将其他实质上构成对被投资单位净投资的长期权益减记至零为限;除了按以上步骤已确认的损失,按照投

资合同或协议约定将承担的损失,确认为预计负债。具体来说:

被投资单位发生净亏损,商业银行确认投资损失时,编制的会计分录为:

借:投资收益
　　贷:长期股权投资——损益调整

在长期股权投资的账面价值减记至零以后,考虑其他实质上构成对被投资单位净投资的长期权益,继续确认投资损失时,编制的会计分录为:

借:投资收益
　　贷:长期应收款

因投资合同或协议约定导致投资企业需要承担额外义务的,按照或有事项准则的规定,对于符合确认条件的义务,应确认为当期损失,同时确认应计负债,编制的会计分录为:

借:投资收益
　　贷:预计负债

除上述情况仍未确认的应分担被投资单位的损失,应在账外备查登记。

在投资方按权益法确认应承担被投资单位的净亏损后,若被投资单位在以后期间实现净利润、其他综合收益以及所有者权益的其他变动(不包括被投资单位利润分配)等时,投资方应按以前确认或登记有关投资损失时的相反顺序进行会计处理,即依次减记账外备查登记的损失金额、减记已确认的预计负债、恢复其他长期权益和恢复长期股权投资的账面价值。

3. 长期股权投资的处置

置长期股权投资时,商业银行应相应结转与所售股权相对应的长期股权投资的账面价值,出售所得价款与处置长期股权投资账面价值之间的差额,应确认为处置损益,编制的会计分录为:

借:存放中央银行款项、存放同业等　　　　　　　(实际收到的金额)
　　长期股权投资减值准备　　　　　　　　　　　(账面余额)
　　贷:长期股权投资　　　　　　　　　　　　　(账面余额)
　　　　应收股利　　　　　　　　　　　　(尚未领取的现金股利或利润)
　　贷或借:投资收益　　　　　　　　　　　　　(借贷方差额)

采用权益法核算的长期股权投资,原计入其他综合收益(不能结转损益的除外)或资本公积(其他资本公积)中的金额,在处置时亦应结转,将与所售股权相对应的部分在处置时自其他综合收益或资本公积转入投资收益,编制的会计分录为:

借:资本公积——其他资本公积
　　其他综合收益
　　贷:投资收益

或者编制相反的会计分录。

(五) 涉及投资收益应纳增值税的计算

商业银行对外投资业务涉及金融商品转让的,还应按规定计算缴纳增值税,按照卖出价扣除买入价后的余额作为金融商品转让销售额计算增值税,即以盈亏相抵后的余额作为销售额计算缴纳增值税。若相抵后出现负差,可结转下一纳税期与下期转让金融商品销售额互抵,但年末时仍出现负差的,不得转入下一会计年度。

(1) 转让金融商品当月月末,如产生转让收益,则按应纳税额:

借:投资收益
　　贷:应交税费——转让金融商品应交增值税

如产生转让损失,则按可结转下月抵扣税额,编制相反的会计分录。

(2) 年末,若"应交税费——转让金融商品应交增值税"科目有借方余额,不得转入下一个会计年度,而应将该科目借方余额转出:

借:投资收益
　　贷:应交税费——转让金融商品应交增值税

四、其他收益的核算

其他收益主要是指商业银行收到的与日常活动相关的政府补助形成的收益。

商业银行在实际收到与日常活动相关的政府补助,或将先确认为"递延收益"的政府补助分摊计入收益时,应编制的会计分录为:

借:存放中央银行款项或递延收益
　　贷:其他收益

五、公允价值变动损益的核算

公允价值变动损益是指商业银行以公允价值计量且其变动计入当期损益的金融资产(或称交易性金融资产)或金融负债等公允价值变动形成的应计入当期损益的利得或损失。

资产负债表日,商业银行应将以公允价值计量且其变动计入当期损益的金融资产或交易性金融负债公允价值变动形成的利得或损失,计入当期损益。若其公允价值高于账面余额的,按其差额,编制的会计分录为:

借:交易性金融资产或交易性金融负债——公允价值变动
　　贷:公允价值变动损益

根据公允价值低于账面余额的差额,编制相反的会计分录。

商业银行处置交易性金融资产时,应将原计入该金融资产的公允价值变动损益转出,计入投资收益,编制的会计分录为:

借：公允价值变动损益　　　　　　　　　（原记录的公允价值变动损益）
　　贷：投资收益

在利润表上，"公允价值变动损益"项目应按公允价值变动收益减去公允价值变动损失后的净额列报。若为公允价值变动损失，则以"－"号列报。

六、汇兑损益的核算

汇兑损益是指商业银行发生的外币交易因汇率变动而产生的损益。

资产负债表日，商业银行应将所有以外币反映的"货币兑换"科目余额按期末即期汇率折算为记账本位币金额，并以该金额为准对"货币兑换（记账本位币）"科目余额进行调整，并将调增或调减的金额（即汇兑差额）记入"汇兑损益"科目，应编制的会计分录为：

借或贷：货币兑换（人民币）
　　贷或借：汇兑损益

在利润表上，"汇兑损益"项目应按汇兑损益减去汇兑损失后的净额列报。若为汇兑损失，则以"－"号列报。

七、其他业务收入的核算

其他业务收入是指商业银行发放贷款、投资、代理业务及金融机构往来业务等主营业务以外的其他业务取得的收入，如贵金属买卖收入、租赁收入和其他收入。

商业银行确认其他业务收入时，编制的会计分录为：

借：存放中央银行款项（或存放同业、其他应收款）
　　贷：其他业务收入

商业银行取得的其他业务收入，按规定应缴纳增值税的，还应贷记"应交税费——应交增值税（销项税额）"科目。

八、资产处置收益的核算

资产处置收益是指商业银行出售划分为持有待售的非流动资产（金融工具、长期股权投资和投资性房地产除外）或处置组（子公司和业务除外）时确认的处置利得或损失，以及处置未划分为持有待售的固定资产、在建工程及无形资产而产生的处置利得或损失等。

商业银行因出售、转让等原因产生的固定资产处置利得或损失应计入资产处置损益。商业银行结转处置固定资产净收益时，编制的会计分录为：

借：固定资产清理
　　贷：资产处置损益

结转处置固定资产净损失时，编制相反的会计分录。

在利润表上,"资产处置收益"项目应按资产处置收益减去资产处置损失后的净额列报。若为资产处置损失,则以"-"号列报。

第二节 支出费用的核算

商业银行在从事业务活动中,不仅吸收存款需要支付相应的利息,而且还需要支付业务经营和管理人员的工资等费用,同时耗费一定的物品。所有这些耗费以货币价值形式表现出来,就构成了支出和费用。

商业银行的支出是指在业务经营过程中发生的与业务经营有关的支出,包括利息支出、手续费及佣金支出、税金及附加、业务及管理费、信用减值损失、其他资产减值损失、其他业务成本等。

一、利息支出的核算

利息支出是指商业银行发生的利息支出,包括吸收的各种存款(单位存款、个人存款、信用卡存款、特种存款、转贷款资金等)、其他金融机构(中央银行、同业等)之间发生的资金往来业务、卖出回购金融资产等产生的利息支出。

商业银行为了核算利息支出,设置"利息支出"科目,并按支出项目设置明细科目。期末,应将该科目余额转入"本年利润"科目,结转后该科目无余额。

(一) 存款的利息支出

利息支出的核算应遵循权责发生制原则,以实现各期利息收支的正确配比。

在资产负债表日,对于以摊余成本计量的吸收存款,商业银行确认利息支出时:

借:利息支出——××贷款利息支出 (按摊余成本和实际利率计算确定的利息支出)
借或贷:吸收存款——利息调整 (借贷方差额)
　　贷:应付利息 (按合同利率计算确定的应付未付利息)

实际利率与合同利率差异较小的,也可以采用合同利率计算确定利息费用。

关于利息支出的核算详见有关章节。

(二) 金融机构往来利息支出

金融机构往来利息支出是指商业银行系统内以及商业银行与中央银行、商业银行同业之间资金往来发生的利息支出。包括商业银行借入中央银行款项利息支出,同业拆入、同业存放款项利息支出,系统内存放款项利息支出等。

金融机构往来利息支出,也在"利息支出"科目核算,并按支出项目设置明细账。往来利息支出的核算一般有以下几种情况:

(1) 商业银行向中央银行借款的利息支出,应编制的会计分录为:

借:利息支出——向中央银行借款利息支出
　　贷:存放中央银行款项

(2) 同业拆入款项利息支出,因同业拆入资金是通过中央银行进行的,向同业支

付拆入资金利息,同样也必须经过中央银行办理支付手续,应编制的会计分录为:

　　借:利息支出——同业拆入利息支出
　　　　贷:存放中央银行款项

(3) 同业存放款项利息支出,应编制的会计分录为:

　　借:利息支出——同业存放款项利息支出
　　　　贷:同业存放

(4) 系统内往来利息支出,应编制的会计分录为:

　　借:利息支出——系统内存放款项利息支出(或系统内借入资金利息支出)
　　　　贷:上存系统内款项——上存总行备付金(清算行和省区分行向总行支付借入借款的利息)
　　　　　　系统内款项存放——××分行备付金(总行支付清算行和省区分行存入款项的利息)

二、手续费及佣金支出的核算

　　手续费及佣金支出是指商业银行发生的与其经营活动相关的各项手续费、佣金等支出。如银行卡手续费支出、票据交换手续费支出、国债手续费支出、贸易融资手续费支出,以及其他业务手续费支出。

　　为了核算手续费及佣金支出业务,商业银行应设置"手续费及佣金支出"科目。该科目可按支出类别进行明细核算。商业银行发生手续费及佣金支出时,应编制的会计分录为:

　　借:手续费及佣金支出
　　　　贷:存放中央银行款项、存放同业、库存现金或应付手续费及佣金

　　商业银行发生手续费及佣金支出业务,还应计算增值税进项税额,借记"应交税费——应交增值税(进项税额)"科目。若增值税纳税义务尚未发生,则将相关增值税进项税额记入"应交税费——待转进项税额"科目。

　　商业银行发生手续费及佣金支出时,借记"手续费及佣金支出"科目,贷记"存放中央银行款项""存放同业""库存现金""应付手续费及佣金"等科目。

三、税金及附加的核算

　　根据国家税法的规定,商业银行应向国家税务机关缴纳各种税金及附加,包括城市维护建设税、房产税、车船税、城镇土地使用税、印花税和教育费附加等。

　　为了核算税金及附加业务,商业银行应设置"税金及附加"科目。该科目可按应税类别进行明细核算。当商业银行发生纳税义务时,应编制的会计分录为:

　　借:税金及附加
　　　　贷:应交税费——应交××税
　　　　　　　　　　——应交教育费附加

【例 11-1】 某商业银行 2×19 年 7 月实际缴纳的增值税为 100 000 元,城市维护建设税和教育费附加的征税率分别为 7% 和 3%。

第二季度应纳的城市维护建设税和教育费附加为:

$$城市维护建设税 = 100\,000 \times 7\% = 7\,000(元)$$
$$教育费附加 = 100\,000 \times 3\% = 3\,000(元)$$

编制会计分录为:

借:税金及附加	10 000
贷:应交税费——应交城市维护建设税	7 000
——应交教育费附加	3 000

城市维护建设税和教育费附加是一种附加税费,企业根据实际缴纳的增值税和消费税之和的一定比例计算缴纳。

【例 11-2】 某商业银行按税法规定计算应纳房产税 3 000 元,车船税 2 500 元,城镇土地使用税 6 000 元。应编制的会计分录为:

借:税金及附加	11 500
贷:应交税费——房产税	3 000
——车船税	2 500
——城镇土地使用税	6 000

商业银行缴纳的印花税,不会发生应付未付税款的情况,不需要预计应纳税金额,同时也不存在与税务机关结算或者清算的问题。因此,商业银行缴纳的印花税不通过"应交税费"科目核算,商业银行于购买印花税票时,直接借记"税金及附加"科目,贷记"存放中央银行存款"等科目。

四、业务及管理费的核算

业务及管理费是指商业银行在业务经营及管理工作中发生的各项费用,包括:固定资产折旧、业务宣传费、业务招待费、电子设备运转费、钞币运送费、安全防卫费、邮电费、劳动保护费、外事费、印刷费、低值易耗品摊销、职工工资及福利费、差旅费、水电费、职工教育经费、工会经费、会议费、诉讼费、公证费、咨询费、无形资产摊销、长期待摊费用摊销、取暖降温费、聘请中介机构费、技术转让费、绿化费、董事会费、财产保险费、劳动保险费、待业保险费、住房公积金、物业管理费、研究费用等。

商业银行应当如何确定一项主营业务活动中发生的支出属于金融工具的交易费用、"手续费及佣金支出"或"业务及管理费"科目的核算范围

商业银行的业务及管理费与利息支出、商业银行往来支出及手续费支出有很明显的区别,因为这种费用与商业银行的业务处理过程没有直接联系,但它又是商业银行经营及管理中必不可少的,为商业银行进行金融活动提供了条件。

商业银行应设置"业务及管理费"科目归集发生的各种业务及管理费,同时按费用项目进行明细核算。发生各项费用时,借记"业务及管理费"科目,贷记"库存现金""应付职工薪酬""应交税费""其他应付款"等有关科目;期末将业务及管理费结转利润,借记"本年利润"科目,贷记"业务及管理费"科目。

下面对主要项目作简要说明。

1. 固定资产折旧费

商业银行固定资产每月应按规定的折旧方法和折旧范围计提折旧,并计入业务及管理费。

【例 11-3】 某商业银行 2×19 年 2 月按规定计提固定资产折旧费 50 000 元。应编制的会计分录为:

借:业务及管理费——折旧费　　　　　　　　　　　　　　　　50 000
　　贷:累计折旧　　　　　　　　　　　　　　　　　　　　　　50 000

2. 无形资产摊销费

商业银行的无形资产每月应按直线摊销法在一定的期限内摊销,并计入业务及管理费。

【例 11-4】 某商业银行 2019 年 2 月按规定摊销无形资产 30 000 元。应编制的会计分录为:

借:业务及管理费——无形资产摊销　　　　　　　　　　　　　30 000
　　贷:无形资产　　　　　　　　　　　　　　　　　　　　　　30 000

3. 业务宣传费

业务宣传费是指商业银行开展业务宣传活动所支付的费用。业务宣传费在营业收入(扣除金融机构往来利息收入)的规定比例内掌握使用,应一律据实列支,不得预提。

【例 11-5】 某商业银行 2019 年 10 月为了宣传住房贷款业务,发生业务宣传费 900 元,用现金支付,应编制的会计分录为:

借:业务及管理费——业务宣传费　　　　　　　　　　　　　　900
　　贷:库存现金　　　　　　　　　　　　　　　　　　　　　　900

4. 职工薪酬

职工薪酬是指企业为获得职工提供的服务或解除劳动关系而给予的各种形式的报酬或补偿。职工薪酬包括短期薪酬、离职后福利、辞退福利和其他长期职工福利。企业提供给职工配偶、子女、受赡养人、已故员工遗属及其他受益人等的福利,也属于职工薪酬。

职工薪酬主要包括短期薪酬、离职后福利、辞退福利和其他长期职工福利四项内容。下面简单介绍短期薪酬。

短期薪酬是指企业在职工提供相关服务的年度报告期间结束后 12 个月内需要全部予以支付的职工薪酬,因解除与职工的劳动关系给予的补偿除外。其具体包括:职工工资、奖金、津贴和补贴,职工福利费,医疗保险费、工伤保险费和生育保险费等社会保险费,住房公积金,工会经费和职工教育经费,短期带薪缺勤,短期利润分享计划,其他短期薪酬。

商业银行应设置"应付职工薪酬"科目,核算应付职工薪酬的计提、结算、使用等情况。该科目应按照"工资、奖金、津贴和补贴""职工福利费""非货币性福利""社会保险费""住房公积金""工会经费和职工教育经费""带薪缺勤""利润分享计划""设定提存计划""设定受益计划义务""辞退福利"等职工薪酬项目设置明细账进行明细核算。

商业银行应当在职工为其提供服务的会计期间,将实际发生的短期薪酬确认为负债,并计入当期的业务活动费用。

(1) 工资、奖金、津贴和补贴。对于职工工资、奖金、津贴和补贴等货币性职工薪酬,企业应当在职工为其提供服务的会计期间,将实际发生的职工工资、奖金、津贴和补贴等确认为职工薪酬,借记"业务活动费用"科目,贷记"应付职工薪酬——工资、奖金、津贴和补贴"科目。

【例11-6】 2019年9月,某商业银行应付职工薪酬总额为693 000元。该商业银行应编制的会计分录为:

借:业务活动费用　　　　　　　　　　　　　　　　　693 000
　　贷:应付职工薪酬——工资、奖金、津贴和补贴　　　　　693 000

(2) 职工福利费。对于职工福利费,商业银行应当在其实际发生时根据实际发生额计入业务活动费用,借记"业务活动费用"科目,贷记"应付职工薪酬——职工福利费"科目。

【例11-7】 承[例11-6],2019年9月,该商业银行在岗职工共计200人,根据历史经验数据表明,每个职工每月需要补贴食堂150元,故每月应补贴职工食堂所需承担的福利费金额为30 000元。该商业银行应编制的会计分录为:

借:业务活动费用　　　　　　　　　　　　　　　　　30 000
　　贷:应付职工薪酬——职工福利费　　　　　　　　　　30 000

(3) 国家规定计提标准的职工薪酬。对于国家规定了计提基础和计提比例的医疗保险费、工伤保险费、生育保险费等社会保险费和住房公积金,以及按规定提取的工会经费和职工教育经费,企业应当在职工为其提供服务的会计期间,根据规定的计提基础和计提比例计算确定相应的职工薪酬金额,确认相关负债,并计入业务活动费用,借记"业务活动费用"等科目,贷记"应付职工薪酬"科目。

【例11-8】 承[例11-6],2019年9月,该商业银行根据相关规定,分别按照职工工资总额的2%和8%的计提标准,确认应付工会经费13 860元(693 000×2%)和职工教育经费55 440元(693 000×8%)。该银行应编制的会计分录为:

借:业务活动费用　　　　　　　　　　　　　　　　　69 300
　　贷:应付职工薪酬——工会经费　　　　　　　　　　　13 860
　　　　　　　　　　——职工教育经费　　　　　　　　　55 440

【例 11-9】 承[例 11-6],2019 年 9 月,该商业银行根据国家规定的计提标准,计算应向社会保险经办机构缴纳职工基本医疗保险费共计 97 020 元。该商业银行应编制的会计分录为:

借:业务活动费用　　　　　　　　　　　　　　　　　　　　　97 020
　　贷:应付职工薪酬——社会保险费——基本医疗保险　　　　　　97 020

五、信用减值损失的核算

信用减值损失是指商业银行按新金融工具准则规定计提的各项贷款资产减值准备所形成的预期信用损失,主要包括商业银行对金融资产中以摊余成本计量的贷款(含抵押、质押、保证、无担保贷款)及垫款(如银行承兑汇票垫款、信用证垫款、担保垫款等)、贴现资产、拆出资金、债权投资、其他债权投资等计提减值准备所形成的预期信用损失。

资产负债表日,银行计算贷款的预期信用损失,如果预期信用损失大于贷款当前损失准备的账面金额,应当将其差额确认为减值损失,应编制的会计分录为:

借:信用减值损失
　　贷:贷款损失准备

如果预期信用损失小于贷款当前损失准备的账面金额,则应当将其差额确认为减值利得,编制相反的会计分录。

六、其他资产减值损失的核算

其他资产减值损失是指对长期股权投资、固定资产、在建工程、无形资产、抵债资产等按规定计提资产减值准备所形成的资产损失。

在资产负债表日,商业银行应当按照企业会计准则的规定,判断各项资产是否存在可能发生减值的迹象,对存在迹象的,计提各项减值准备,包括长期股权投资减值准备、固定资产减值准备、无形资产减值准备、在建工程减值准备、抵债资产减值准备。商业银行应在利润表中专门设置"其他资产减值损失"科目,单独反映计提其他各项资产减值准备所形成的资产损失对利润总额的影响。

资产负债表日计提其他资产减值准备时,按减记的金额,编制的会计分录为:

借:其他资产减值损失
　　贷:长期股权投资减值准备
　　　　固定资产减值准备
　　　　在建工程减值准备
　　　　无形资产减值准备
　　　　抵债资产减值准备

长期股权投资、固定资产、在建工程、无形资产的减值损失一经确认,在以后会计期间不得转回。但商业银行计提抵债资产跌价准备后,相关资产的价值又得以恢复的,可在原已计提的减值准备金额内转回。

第三节 利润及其分配的核算

一、利润概述

利润是指商业银行在一定会计期间的经营成果。商业银行在经营过程中,通过贷款的发放和资金的拆借,实现营业收入,营业收入扣除一系列的营业支出,即为商业银行的营业利润,加减利得和损失即为利润总额(或亏损总额),再减去所得税费用,即为净利润。因此商业银行的利润概念有营业利润、利润总额和净利润三个不同层次。

(一)营业利润

营业利润是商业银行营业收入扣除营业支出的差额,是商业银行利润的主要组成部分。计算公式为:

营业利润＝营业收入－营业支出

营业收入＝利息净收入＋手续费及佣金净收入＋投资收益＋其他收益＋公允价值变动收益＋汇兑收益＋其他业务收入＋资产处置收益

营业支出＝税金及附加＋业务及管理费＋信用减值损失＋其他资产减值损失＋其他业务成本

(二)利润总额

利润总额是商业银行营业利润和非营业利润之和。计算公式为:

利润总额＝营业利润＋营业外收入－营业外支出

(三)净利润

净利润是利润总额减去所得税费用后的金额。计算公式为:

净利润＝利润总额－所得税费用

二、营业外收入与支出的核算

营业外收支是指商业银行发生的与日常活动无直接关系的各项收支。

(一)营业外收入的核算

营业外收入是指商业银行发生的除营业利润以外的收益,主要包括固定资产报废毁损利得、现金资产盘盈利得、捐赠利得、罚没利得以及与商业银行日常活动无关的政府补助利得等。也就是说,营业外收入是商业银行确认的与其日常活动无直接关系的各项利得,实际上是经济利益的净流入,不需要与有关的费用进行配比。

1. 固定资产报废毁损利得

固定资产报废毁损利得是指因已丧失使用功能或因自然灾害发生毁损等原因而

报废毁损的固定资产清理所产生的利得。商业银行确认处置固定资产报废毁损利得时,应编制的会计分录为:

借:固定资产清理
　　贷:营业外收入

2. 盘盈利得

盘盈利得是指商业银行对现金资产清查盘点时盘盈的金额。经过核查,确实无法退还的,经审批后,转为营业外收入,应编制的会计分录为:

借:待处理财产损益
　　贷:营业外收入

3. 捐赠利得

捐赠利得是指商业银行接受有关方面捐赠产生的利得。商业银行接受相关捐赠时,应编制的会计分录为:

借:库存现金(或存放在以银行存款)
　　贷:营业外收入

4. 罚没利得

罚没利得是指商业银行因胜诉等原因向违规方收取的各种形式的罚金。商业银行在收到违规方的罚金时,应编制的会计分录为:

借:吸收存款(或库存现金)
　　贷:营业外收入

5. 接受与日常活动无关的政府补助利得

政府补助可能计入其他收益,也可能计入营业外收入。与商业银行日常活动相关的政府补助,应当按照经济业务实质,计入其他收益或冲减相关费用;与商业银行日常活动无关的政府补助,计入营业外收入或冲减相关损失。商业银行收到与日常活动无关的政府补助时,应编制的会计分录为:

借:存放中央银行款项
　　贷:营业外收入

(二) 营业外支出的核算

营业外支出是指商业银行发生的除营业利润以外的支出,主要包括固定资产盘亏与报废毁损损失,捐赠支出,罚款、违约和赔偿支出等。即营业外支出是指与商业银行经营无直接关系的各项支出。

1. 固定资产盘亏与报废毁损损失

固定资产盘亏损失是指在财产清查盘点中盘亏的固定资产的账面余值。商业银行在财产清查中盘亏固定资产,经批准后,按照应计入营业外支出的金额,应编制的会计分录为：

　　借：营业外支出
　　　　贷：待处理财产损溢

固定资产报废毁损损失是指已丧失使用功能或因自然灾害发生毁损等原因而报废毁损的固定资产清理所产生的损失。固定资产报废毁损损失属于营业期间正常报废清理产生的处理净损失时，应编制的会计分录为：

　　借：营业外支出——处置非流动资产损失
　　　　贷：固定资产清理

固定资产报废毁损损失属于营业期间由于自然灾害等非正常原因造成的清理净损失时，应编制的会计分录为：

　　借：营业外支出——非常损失
　　　　贷：固定资产清理

2. 捐赠支出

捐赠支出是指商业银行对国内重大救灾或慈善事业的捐赠支出。商业银行发生捐赠支出时，应编制的会计分录为：

　　借：营业外支出
　　　　贷：库存现金（或存放中央银行款项）

3. 罚款、违约和赔偿支出

罚款、违约和赔偿支出是指商业银行支付的行政罚款、税务罚款，以及其他违反法律法规、合同协议等而支付的罚款、违约金、赔偿金等支出。商业银行支付罚款、违约和赔偿时，应编制的会计分录为：

　　借：营业外支出
　　　　贷：银行存款

商业银行在不同交易中形成的计入当期损益的利得和损失不得相互抵销，应分别在"营业外收入"项目和"营业外支出"项目进行填列。

三、所得税费用的核算

应交所得税是商业银行根据税法的有关规定，按照当期应纳税所得额的一定比例应上缴国家的所得税额。当期所得税费用是商业银行根据会计准则的规定确认的应从当期利润中扣除的所得税额。商业银行的所得税采用资产负债表法进行核算，计入当期利润表中的所得税费用，包括当期应缴所得税以及递延所得税费用两部分。

（一）当期应缴所得税的计算

应纳税所得额是在商业银行税前会计利润（即利润总额）的基础上调整确定的。

计算公式为:

$$应纳税所得额 = 税前会计利润 + 纳税调整增加额 - 纳税调整减少额$$

纳税调整增加额主要包括税法规定允许扣除项目中,企业已计入当期费用但超过税法规定扣除标准的金额(如超过税法规定标准的业务招待费支出),以及企业已计入当期损失但税法规定不允许扣除项目的金额(如税收滞纳金、罚款、罚金)。

纳税调整减少额主要包括按税法规定允许弥补的亏损和准予免税的项目,如前5年内的未弥补亏损和国债利息收入等。

商业银行当期应交所得税的计算公式为:

$$当期应交所得税 = 当期应纳税所得额 \times 所得税税率$$

【例 11-10】 甲商业银行 2×19 年度利润总额(税前会计利润)为 9 850 000 元,所得税税率为 25%。甲银行全年实发工资薪金 2 000 000 元,职工福利费 300 000 元,工会经费 50 000 元,职工教育经费 210 000 元;经查,甲银行当年营业外支出中有 120 000 元为税收滞纳罚金;本年实现国债利息收入 200 000 元。假定甲银行全年无其他纳税调整因素。

本例中,按企业所得税法规定,甲银行在计算当期应纳税所得额时,可以扣除工资薪金支出 2 000 000 元,扣除职工福利费支出 280 000 元(2 000 000×14%),工会经费支出 40 000 元(2 000 000×2%),职工教育经费支出 160 000 元(2 000 000×8%)。甲商业银行有三种纳税调整因素,一是已计入当期费用但超过企业所得税法规定标准的费用支出;二是已计入当期营业外支出但按企业所得税法规定不允许扣除的税收滞纳金;三是购买国债的利息收入。前两种因素均应调整增加应纳税所得额,最后一项应调减应纳税所得额。甲商业银行当期所得税的计算如下:

纳税调整增加额 = (300 000 − 280 000) + (50 000 − 40 000) + (210 000 − 160 000) + 120 000
　　　　　　　= 200 000(元)
纳税调整减少额 = 50 000(元)
应纳税所得额 = 税前会计利润 + 纳税调整增加额 − 纳税调整减少额
　　　　　　 = 9 850 000 + 200 000 − 50 000
　　　　　　 = 10 000 000(元)
当期应交所得税额 = 10 000 000 × 25% = 2 500 000(元)

(二) 当期所得税费用的核算

商业银行应根据企业会计准则的规定,对当期应交所得税加以调整计算后,据以确认应从本期利润总额中扣除的所得税费用。所得税费用的计算公式为:

所得税费用 = 当期应交所得税 + 递延所得税费用
递延所得税费用 = 递延所得税资产减少额 + 递延所得税负债增加额
　　　　　　　= (递延所得税资产期初余额 − 递延所得税资产期末余额) +
　　　　　　　　(递延所得税负债期末余额 − 递延所得税负债期初余额)

【例11-11】 假如甲商业银行当期应交所得税为2 500 000元,递延所得税负债年初数为400 000元,年末数为500 000元,递延所得税资产年初数为250 000元,年末数为200 000元。甲商业银行作会计处理如下:

甲商业银行所得税费用的计算为:

递延所得税费用 =（500 000 − 40 000）+（250 000 − 200 000）= 150 000（元）

所得税费用 = 当期应交所得税 + 递延所得税费用 = 2 500 000 + 150 000 = 2 650 000（元）

甲商业银行应编制会计分录为:

借：所得税费用 2 650 000
　　贷：应交税费——应交所得税 2 500 000
　　　　递延所得税负债 100 000
　　　　递延所得税资产 50 000

四、本年利润

（一）将本年收入与费用结转本年利润

为了核算商业银行年度内实现的净利润（或净亏损），应设置"本年利润"科目。期末，将各收益科目如"利息收入""手续费及佣金收入""其他业务收入""汇兑损益""营业外收入""投资收益"的发生额转入"本年利润"科目，即借记各项收益类科目，贷记"本年利润"科目；同时将"利息支出""手续费及佣金支出""业务及管理费""税金及附加""其他业务成本""营业外支出""所得税费用"各支出科目的发生额转入"本年利润"科目，即借记"本年利润"科目，贷记各支出类科目。转账后，"本年利润"科目如为贷方余额，反映本年度自年初开始累计实现的净利润；如为借方余额，反映本年自年初开始累计发生的净亏额。

【例11-12】 华夏股份制商业银行在2×19年度决算时，各损益科目的本期发生额如下：

科目名称	本期发生额
利息收入	43 000 000
手续费及佣金收入	900 000
其他业务收入	500 000
汇兑收益	150 000
投资收益	1 000 000
营业外收入	40 000
利息支出	29 000 000
手续费及佣金支出	550 000
业务及管理费	7 500 000
税金及附加	900 000
其他业务成本	13 000
营业外支出	7 000
所得税费用	2 300 000

根据上述资料,银行应编制会计分录为:

(1) 将本期所有的银行收入从借方转入"本年利润"科目贷方:

借:利息收入　　　　　　　　　　　　　　　　　　　43 000 000
　　手续费及佣金收入　　　　　　　　　　　　　　　　　900 000
　　其他业务收入　　　　　　　　　　　　　　　　　　　500 000
　　汇兑收益　　　　　　　　　　　　　　　　　　　　　150 000
　　投资损益　　　　　　　　　　　　　　　　　　　　1 000 000
　　营业外收入　　　　　　　　　　　　　　　　　　　　 40 000
　　贷:本年利润　　　　　　　　　　　　　　　　　　45 590 000

(2) 将本期所有的银行支出从贷方转入"本年利润"科目借方:

借:本年利润　　　　　　　　　　　　　　　　　　　　40 270 000
　　贷:利息支出　　　　　　　　　　　　　　　　　　29 000 000
　　　　手续费及佣金支出　　　　　　　　　　　　　　　550 000
　　　　业务及管理费　　　　　　　　　　　　　　　　7 500 000
　　　　税金及附加　　　　　　　　　　　　　　　　　　600 000
　　　　其他业务成本　　　　　　　　　　　　　　　　　 13 000
　　　　信用减值损失　　　　　　　　　　　　　　　　　100 000
　　　　其他正常减值损失　　　　　　　　　　　　　　　200 000
　　　　营业外支出　　　　　　　　　　　　　　　　　　 7 000
　　　　所得税费用　　　　　　　　　　　　　　　　　2 300 000

通过上述账务处理,"本年利润"科目余额5 320 000元即为本期形成的净利润。

(二) 将"本年利润"科目余额转入"利润分配——未分配利润"科目

年度终了,应将"本年利润"科目的全部累计余额,转入"利润分配——未分配利润"科目,如为净利润,借记"本年利润"科目,贷记"利润分配——未分配利润"科目;如为净亏损,编制相反会计分录。年度结账后,"本年利润"科目无余额。

【例11-13】 承[例11-12],将该商业银行本年度"本年利润"科目的累计余额转入"未分配利润"明细科目,应编制的会计分录为:

借:本年利润　　　　　　　　　　　　　　　　　　　 5 320 000
　　贷:利润分配——未分配利润　　　　　　　　　　　 5 320 000

(三) 年末系统内利润划缴

系统内利润划缴是指上级行根据下级行利润表中的未分配利润扣划下级行本年度的未分配利润。账务处理如下。

(1) 上级行应编制的会计分录为:

借:系统内款项存放——××级分行备付金
　　贷:利润分配——未分配利润

(2) 下级行应编制的会计分录为：

借：利润分配——未分配利润
　　贷：上存系统内款项——上存××级行备付金

系统内未分配利润的扣划顺序为：总行扣划一级分行，一级分行扣划二级分行，二级分行扣划支行。

五、利润分配的核算

（一）利润分配的顺序

按规定，商业银行以前年度发生的亏损，可以用亏损年度后连续 5 年的税前利润弥补。在 5 年内未能弥补的亏损，从第 6 年起只能用税后利润弥补。商业银行当年实现的利润总额按规定税前补亏后若有剩余，扣除相应的所得税费用后，即为当年实现的净利润。

商业银行当年实现的净利润加上年年初未分配利润（或减去年初未弥补亏损）和其他转入后的余额，即为可供分配利润。可供分配利润应按规定顺序进行分配。计算公式为：

$$\text{可供分配的利润} = \text{当年实现的净利润（或净亏损）} + \text{年初未分配利润}\left(-\text{年初未弥补亏损}\right) + \text{其他转入}$$

若商业银行当年实现的净利润不足以弥补以前年度累计亏损，则不作利润分配。

利润分配是指商业银行根据国家有关规定和公司章程、投资者协议等，对商业银行当年可供分配的利润的所进行的分配。

净利润应按下列顺序进行分配：

(1) 弥补以前年度亏损（税后弥补部分）。
(2) 提取法定盈余公积。
(3) 提取一般风险准备金。
(4) 向优先股股东分配股利。
(5) 提取任意盈余公积。
(6) 向普通股股东分配股利。
(7) 转作股本的普通股股利。

可供分配的利润经过上述(1)(2)(3)分配后，剩余部分为可供投资者（股东）分配的利润。可供投资者（股东）分配的利润，经过上述(4)(5)(6)(7)分配后，剩余部分为未分配利润。未分配利润可留待以后年度进行分配。

（二）利润分配的账务处理

为了反映利润分配的过程和结果，商业银行应设置"利润分配"科目。该科目核算商业银行按规定分配的利润或应弥补的亏损和历年分配（或弥补亏损）后的结余情况。该科目应设置"盈余公积补亏""提取法定盈余公积""应付现金股利或利润"科目"提取任意盈余公积""提取一般风险准备""转作股本的股利""未分配利润"明细科目用于对不同分配内容进行核算。

1. 弥补以前年度亏损

若商业银行以前年度发生亏损,按前述规定用税前、税后利润弥补时,不需作专门的账务处理。

若商业银行税后利润仍不足弥补亏损,则可以用发生亏损以前提取的盈余公积和一般风险准备弥补(因为从发生亏损的年度开始,在亏损完全弥补之前不应提取盈余公积和一般风险准备)。商业银行用盈余公积弥补亏损时,应编制的会计分录为:

借:盈余公积——任意盈余公积
　　　　　——法定盈余公积
　　贷:利润分配——盈余公积补亏

商业银行用一般风险准备弥补亏损时,应编制的会计分录为:

借:一般风险准备
　　贷:利润分配——一般风险准备补亏

2. 提取盈余公积

商业银行当年实现的净利润在弥补了以前年度累计亏损后,若还有剩余,应按一定比例提取法定盈余公积或任意盈余公积。商业银行提取盈余公积时,应编制的会计分录为:

借:利润分配——提取法定盈余公积
　　　　　——提取任意盈余公积
　　贷:盈余公积——法定盈余公积
　　　　　　——任意盈余公积

3. 提取一般风险准备

商业银行在当年实现的净利润在弥补了以前年度累计亏损和计提盈余公积之后,应根据其承担风险和损失的资产余额的一定比例提取一般风险准备。商业银行提取一般风险准备时,应编制的会计分录为:

借:利润分配——提取一般风险准备
　　贷:一般风险准备

4. 向股东分配现金股利或向投资者分配利润

商业银行当年实现的净利润在扣除弥补以前年度累计亏损,计提盈余公积和一般风险准备后的剩余部分,再加上年年初未分配利润和其他转入后,即为当年可以向投资者(股东)分配利润(股利)的限额。商业银行向股东分配现金股利或向投资者分配利润时,应编制的会计分录为:

借:利润分配——应付现金股利或利润
　　贷:应付股利

若商业银行向股东分配股票股利,则应在办理增资手续后,编制如下会计分录为:

借:利润分配——转作股本的股利
　　贷:股本

【例 11-14】 承[例 11-12],该银行 2×19 年度按净利的 10%提取法定盈余公积,按净利的 5%提取一般风险准备金,按净利的 5%提取任意盈余公积,向投资者分配 1 000 000 元的利润,应编制的会计分录为:

借:利润分配——提取法定盈余公积	532 000
——提取一般风险准备金	266 000
——提取任意盈余公积	266 000
——向投资者分配利润	1 000 000
贷:盈余公积——法定盈余公积	532 000
——一般风险准备金	266 000
——任意盈余公积	266 000
应付利润	1 000 000

(三)"利润分配"科目的年终结转

每个会计年度结束时,商业银行按规定对净利润进行分配后,应对"利润分配"科目各明细科目进行结转。结转的方法为:将"利润分配"科目除"未分配利润"明细科目以外的其他所属各明细科目的累计发生额从相反的方向转入"利润分配——未分配利润"明细科目,应编制的会计分录为:

借:利润分配——盈余公积补亏
　　　　——一般风险准备补亏
　　贷:利润分配——未分配利润

借:利润分配——未分配利润
　　贷:利润分配——提取法定盈余公积
　　　　　　——提取一般风险准备
　　　　　　——提取任意盈余公积
　　　　　　——应付现金股利或利润
　　　　　　——转作股本的股利

经过上述结转后,"利润分配"科目除"未分配利润"明细科目外,其他明细科均无余额。"未分配利润"明细科目若为期末贷方余额,则反映历年积累的未分配润;若为期末借方余额,则反映历年未弥补的亏损。年终资产负债表上保留该项目,作为所有者权益的一部分。

【例 11-15】 [承例 11-14],该银行结转"利润分配"各明细科目余额,应编制的会计分录为:

借:利润分配——未分配利润	2 064 000
贷:利润分配——提取法定盈余公积	532 000
——提取一般风险准备金	266 000
——提取任意盈余公积	266 000
——向投资者分配利润	1 000 000

通过上述会计处理后,"利润分配——未分配利润"科目有贷方余额 3 256 000 元

(5 320 000－2 064 000),表示至本年年底累计尚未分配的利润。

思 考 题

1. 商业银行营业收入包含哪些内容？如何对其进行核算？
2. 商业银行支出费用包含哪些内容？如何对其进行核算？
3. 商业银行的营业外收支包括哪些内容？如何对其进行核算？
4. 商业银行的营业利润、利润总额和净利润如何计算？本年利润如何核算？
5. 简述商业银行的利润分配程序。

练 习 题

【业务题】

1. 某商业银行2×19年12月发生如下经济业务：

(1) 资产负债表日，计提缴存中国人民银行的一般性存款利息62 000元。

(2) 向开户单位收取办理结算业务手续费1 800元。

(3) 用现金支付业务招待费1 600元。

(4) 资产负债表日，对贷款进行减值测试时，有客观证据表明发放给某食品加工厂的贷款发生了减值，确认的减值损失为150 000元。

(5) 计提固定资产折旧20 000元。

(6) 年终盘点时，发生固定资产盘亏30 000元，经批准作损失处理，办理转账。

要求：根据上述资料编制该商业银行的会计分录。

2. 某商业银行2×19年年初未分配利润余额为5 000万元，2×19年该行共实现税后利润1 000万元，年底利润分配预案为：按10%提取法定盈余公积，按5%提取任意盈余公积，提取一般风险准备100万元，每10股派2元现金股利。2020年3月31日，该分配预案获得股东大会批准，并办妥相关手续。该银行登记在册的普通股股数为1亿股。

要求：

(1) 编制结转净利润的会计分录。

(2) 根据利润分配预案和股东大会决议，编制利润分配的会计分录。

(3) 将利润分配有关明细科目余额结转至"未分配利润"明细科目。

第三篇

非银行金融机构业务核算

第十二章 证券公司业务的核算

第一节 证券业务概述

一、证券与证券市场

(一) 证券的概念与种类

我国《证券法》所规范的证券仅为资本证券。资本证券是证明持券人享有资本所有权或债权的书面凭证,主要包括股权证券和债权证券。目前我国证券市场上发行和流通的资本证券主要包括股票、债券、基金券,以及经国务院依法认定的其他证券。

股票是股份公司为筹集资金而发行给股东作为持股凭证并借以取得股息和红利的资本证券。在我国,按照投资主体不同,股票可分为国家股、法人股、内部职工股和社会公众个人股;按照股东权益和风险大小不同,股票可分为普通股和优先股;按照认购股票投资者身份和上市地点不同,股票可分为境内上市的内资股A股、境内上市的外资股B股和注册地在内地、上市地分别在中国香港、纽约、新加坡的境外上市外资股H股、N股、S股。其中,B股是指以人民币标明面值,以外币认购和买卖,在沪深交易所上市交易,供港澳台及境外投资者买卖的外资股(2001年2月19日,中国证监会发布决定允许境内居民交易B股)。

债券是发行人依照法定程序发行的、约定在一定期限还本付息的资本证券。根据发行人的不同,债券可分为企业(公司)债券、金融债券、政府债券。其中,企业(公司)债券是指一般企业和公司依照法定程序发行的、按约定还本付息的有价证券;金融债券是指依法在境内设立的金融机构法人为筹集资金补偿流动资金的不足而在全国银行间债券市场发行的、按约定还本付息的有价证券;政府债券是指政府或政府授权的代理机构基于财政或其他目的而发行的、按约定还本付息的有价证券,包括国库券、特种国债等。

基金券也称基金受益凭证,是证券投资基金发起人向社会公众发行的,表明持有人对基金享有收益分配权和其他相关权利的有价证券。投资者按其所持基金券在基金中所占比例分享基金盈利和分担基金亏损。

(二) 证券市场

证券市场是发行和买卖证券的场所,由证券发行市场和证券流通市场两部分组成。

1. 证券发行市场

证券发行市场又称一级市场或初级市场,是证券发行人向投资者出售证券以筹集资金的市场,即新发行证券认购和销售的市场。发行市场主要由证券发行人、证券投资者和证券经纪人组成。其中,证券发行人包括政府、金融机构、公司和公共机构(如基金会等)等;证券投资者包括机构和个人两类;证券经纪人包括证券公司和为证券发行提供服务的会计师事务所、律师事务所和资产评估机构等。证券发行市场一般没有固定场所和统一发行时间。

2. 证券流通市场

证券流通市场又称二级市场,是对已发行的证券进行买卖、转让和流通的市场。证券流通市场分为交易所市场和场外交易市场。其中,交易所市场又称场内交易市场,是流通市场的核心,为高度组织化的市场,有固定的交易场所和交易时间,其交易采取公开竞价方式进行,上市交易的证券必须符合严格的条件和程序,参加交易的组织必须是具有一定资格的会员,如证券公司、投资银行等,非会员投资者须通过会员经纪人进行交易;场外交易市场是在交易所外由证券买卖双方当面议价成交的市场,没有固定的交易场所和交易时间,交易的证券以不在交易所上市的证券为主。

二、证券公司及其业务的种类

证券公司是指依照我国《公司法》和《证券法》规定设立的,经营证券业务的有限责任公司或者股份有限公司。设立证券公司,必须经国务院证券监督管理机构审查批准。未经国务院证券监督管理机构批准,任何单位和个人不得经营证券业务。

我国现行《证券法》规定,经国务院证券监督管理机构批准,证券公司可以经营下列部分或者全部业务:证券经纪;证券自营;证券承销与保荐;证券投资咨询;与证券交易、证券投资活动有关的财务顾问;证券资产管理;其他证券业务。

按主要内容划分,证券公司的业务核算可分为证券经纪业务核算、证券自营业务核算、证券承销业务核算,以及其他证券业务核算,下面分别介绍。

第二节 证券经纪业务的核算

证券经纪业务是指证券公司通过其设立的证券营业部接受客户(投资者)委托,按照客户的要求,代理客户买卖证券的业务,包括代理买卖证券业务、代理兑付证券业务和代理保管证券业务。

一、代理买卖证券业务的核算

代理买卖证券业务是指证券公司接受客户委托,代理客户进行证券买卖的业务。公司代理客户买卖证券收到的款项,必须全额存入指定的商业银行,并在"银行存款"科目中单设明细科目进行核算,不能与本公司的存款混淆。公司在收到代理客户买卖证券款项的同时应当确认为一项负债,与客户进行相关的结算。公司代理客户买卖证券的手续费收入,应当在与客户办理买卖证券款项清算时确认收入。

(一) 会计科目的设置

代理买卖证券通过设置"代理买卖证券款""结算备付金""手续费及佣金支出""手续费及佣金收入"等科目进行核算。

(1)"代理买卖证券款"科目。该科目为负债类科目,用来核算证券公司接受客户委托,代理客户买卖股票、债券和基金等有价证券,而由客户交存的款项。公司代理客户认购新股的款项、代理客户领取的现金股利和债券利息、代理客户向证券交易所支付的配股款等,也在该科目核算。该科目贷方登记收到客户交来的代理买卖证券及代理认购新股的款项等;借方登记证券公司代理客户买卖证券、代理客户认购新股、代理客户办理配股业务而减少的代理买卖证券款项,以及因客户提取存款而减少的代理买卖证券款项;期末贷方余额反映证券公司接受客户存放的代理买卖证券资金。该科目可按客户类别等进行明细核算。

(2)"结算备付金"科目。该科目为资产类科目,用来核算证券公司为证券交易的资金清算与交收而存入指定清算代理机构的款项。企业向客户收取的结算手续费、向证券交易所支付的结算手续费,也在该科目核算。该科目借方登记证券公司存入清算代理机构的款项;贷方登记从清算代理机构收回资金的数额;期末借方余额反映证券公司存入指定清算代理机构但尚未使用的款项余额。该科目可按清算代理机构设置明细账,分"自有""客户"等进行明细核算。

(二) 客户交易结算资金专户的核算

(1) 收到客户交来的代理买卖证券款,在存管银行开设客户交易结算资金专用存款账户时,其会计分录为:

借:银行存款——客户
　　贷:代理买卖证券款——××客户

日常取款时会计分录相反。

(2) 证券公司在中国证券登记结算公司为客户或本公司开设用于证券交易资金清算与交收的清算备付金专用存款账户时,其会计分录为:

借:结算备付金——××清算代理机构——客户(或自有)
　　贷:银行存款——客户(或有关科目)

清算备付金专户开立后,证券公司就可以办理自营及代理买卖证券交易。清算备付金专户其实是证券登记结算公司在结算银行开立的,用于存放证券公司清算备付金的账户。

(3) 计提客户存款利息时,其会计分录为:

借:利息支出
　　贷:应付利息

(4) 按季向客户统一结计利息时,其会计分录为:

借：应付利息
　　利息支出
　　　贷：代理买卖证券款——××客户

(三) 代理买卖证券的核算

1. 买入证券成交总额大于卖出证券成交总额

证券公司接受客户委托，通过证券交易所代理买卖证券，与客户清算时，如果买入证券成交总额大于卖出证券成交总额，应按买卖证券成交价的差额，加上代扣代缴的印花税等相关税费和应向客户收取的佣金等费用之和，借记"代理买卖证券款"科目，贷记"结算备付金——客户""银行存款"等科目；按公司应负担的交易费用，借记"手续费及佣金支出——代理买卖证券手续费支出"科目，按应向客户收取的佣金及手续费，贷记"手续费及佣金收入——代理买卖证券手续费收入"科目，按其差额，借记"结算备付金——自有""银行存款"等科目。

【例12-1】 长江证券公司接受客户委托，通过证券交易所代理买卖证券，买进股票成交总额为800 000元，卖出股票成交总额为500 000元。代扣代缴的相关税费为1 300元，应向客户收取的佣金为3 900元，证券公司应负担的交易费用为150元。

长江证券公司根据交易所传来的证券交易一级清算表、营业部出具的证券交易二级清算表、清算银行出具的资金清算单等凭证进行账务处理。其会计分录为：

借：代理买卖证券款——××客户　　　　　　　　　　　305 200
　　　贷：结算备付金——客户　　　　　　　　　　　　305 200

同时，

借：手续费及佣金支出——代理买卖证券手续费支出　　　150
　　结算备付金——自有　　　　　　　　　　　　　　3 750
　　　贷：手续费及佣金收入——代理买卖证券手续费收入　3 900

2. 卖出证券成交总额大于买入证券成交总额

证券公司接受客户委托，通过证券交易所代理买卖证券，与客户清算时，如果卖出证券成交总额大于买入证券成交总额，应按买卖证券成交价的差额，减去代扣代缴的印花税等相关税费和应向客户收取的佣金等费用后的余额，借记"结算备付金——客户""银行存款"等科目，贷记"代理买卖证券款"科目；按公司应负担的交易费用，借记"手续费及佣金支出——代理买卖证券手续费支出"科目，按应向客户收取的佣金及手续费，贷记"手续费及佣金收入——代理买卖证券手续费收入"科目，按其差额，借记"结算备付金——自有""银行存款"等科目。

【例12-2】 承[例12-1]，若长江证券公司的交易为净卖出300 000元，其他数据不变，根据交易所传来的证券交易一级清算表、营业部出具的证券交易二级清算表、清算银行出具的资金清算单进行账务处理。其会计分录为：

借：结算备付金——客户　　　　　　　　　　　　　　294 800
　　　贷：代理买卖证券款——××客户　　　　　　　　294 800

同时，

借：手续费及佣金支出——代理买卖证券手续费支出　　　　　　　150
　　结算备付金——自有　　　　　　　　　　　　　　　　　　3 750
　　贷：手续费及佣金收入——代理买卖证券手续费收入　　　　　　3 900

（四）代理认购新股的核算

（1）证券公司收到客户中签新股的款项，根据开户银行的收账通知办理核算。其会计分录为：

借：银行存款——客户
　　贷：代理买卖证券款——××客户

（2）证券公司应将款项划转清算代理机构。其会计分录为：

借：清算备付金——客户
　　贷：银行存款——客户

（3）证券公司与证券交易所清算资金。其会计分录为：

借：代理买卖证券款——××客户
　　贷：清算备付金——客户

【例12-3】 南方证券公司代理客户认购新股，收到客户中签认购款项2 000 000元，手续费率为0.30%。应编制的会计分录为：

（1）收到客户中签认购款项时：

借：银行存款——客户　　　　　　　　　　　　　　　　　　2 000 000
　　贷：代理买卖证券款——××客户　　　　　　　　　　　　　2 000 000

（2）将款项划付交易所时：

借：清算备付金——客户　　　　　　　　　　　　　　　　　2 000 000
　　贷：银行存款——客户　　　　　　　　　　　　　　　　　2 000 000

（3）证券公司与证券交易所清算时：

借：代理买卖证券款——××客户　　　　　　　　　　　　　2 000 000
　　贷：清算备付金——客户　　　　　　　　　　　　　　　　2 000 000

（4）收到证券交易所转来发行公司支付的发行手续费时：

借：银行存款——自有　　　　　　　　　　　　　　　　　　　6 000
　　贷：手续费及佣金收入——代买卖证券手续费收入　　　　　　　6 000

（五）代理配股派息的核算

1. 代理配股

当日向证券交易所解交配股款的，在客户提出配股要求时，编制的会计分录为：

借：代理买卖证券款——××客户
　　贷：结算备付金——客户

2. 代理派息

证券公司代理客户领取现金股利和利息时,编制的会计分录为:

借:结算备付金——客户
　　贷:代理买卖证券款——××客户

二、代理兑付证券业务的核算

代理兑付证券业务是指证券公司接受证券发行单位(如国家或企业)的委托,对其发行的到期债券(如国库券、国家重点建设债券、金融债券和公司债券等)代理兑付并收取手续费的业务。

(一) 会计科目的设置

(1) "代理兑付证券"科目。该科目是资产类科目,用来核算证券公司接受委托代理兑付到期的证券。该科目借方登记已兑付的各类到期证券以及因委托单位未拨付或拨付不足证券兑付资金、客户兑付时垫付的资金;贷方登记委托单位拨付的委托兑付证券资金,以及向委托单位交付已兑付的证券并收回垫付的资金;期末借方余额反映证券公司已兑付但尚未收到委托单位兑付资金的证券金额。该科目可按委托单位和证券种类进行明细核算。

(2) "代理兑付证券款"科目。该科目是负债类科目,用来核算证券公司接受委托代理兑付证券而收到的兑付资金。该科目贷方登记收到委托单位的兑付资金;借方登记代理兑付的资金;期末贷方余额反映证券公司已收到但尚未兑付的代理兑付证券款项。该科目可按委托单位和证券种类进行明细核算。

(二) 代理兑付证券

(1) 证券公司收到委托单位拨来兑付证券款时,其会计分录为:

借:银行存款
　　贷:代理兑付证券款——××委托单位

(2) 兑付证券,收到客户交来的实物券时,按兑付金额(证券本息)支付资金并进行账务处理。其会计分录为:

借:代理兑付证券　　　　　　　　　　　　　　　(本金与利息)
　　贷:库存现金(或银行存款)　　　　　　　　　(本金与利息)

(3) 兑付期结束,应将已兑付的证券集中交给发行单位,按代理兑付的证券本息与委托单位办理结算。其会计分录为:

借:代理兑付证券款——××委托单位
　　贷:代理兑付证券——××委托单位

(三) 手续费收入

(1) 向委托单位单独收取代理兑付证券手续费的,按应收或已收取的手续费金额,借记"应收手续费及佣金"科目,贷记"手续费及佣金收入——代理兑付证券手续费收入"科目。

(2) 手续费与兑付款一并汇入的,在收到款项时,应按实际收到的金额,借记"银行存款""结算备付金"等科目,按应兑付的金额,贷记"代理兑付证券款"科目,按事先取得的手续费,贷记"其他应付款——预收代理兑付证券手续费"科目;待兑付证券业务完成后,确认手续费收入,借记"其他应付款——预收代理兑付证券手续费"科目,贷记"手续费及佣金收入"科目。

【例12-4】 华夏证券公司代理大地公司兑付到期的无记名证券(实物券),11月1日收到大地公司的兑付资金320万元,其中手续费1.5万元,至11月底共兑付证券318.5万元。

(1) 收到天地公司兑付资金时,编制的会计分录为:

借:银行存款 3 200 000
　　贷:代理兑付证券款——大地公司 3 185 000
　　　　其他应付款——预收代理兑付证券手续费 15 000

(2) 兑付证券时,编制的会计分录为:

借:代理兑付证券——大地公司 3 185 000
　　贷:银行存款 3 185 000

(3) 兑付期结束,向大地公司交回已兑付证券时,编制的会计分录为:

借:代理兑付证券款——大地公司 3 185 000
　　贷:代理兑付证券——大地公司 3 185 000

同时,确认手续费收入,其会计分录为:

借:其他应付款——预收代理兑付手续费 15 000
　　贷:手续费及佣金收入——代理兑付证券手续费收入 15 000

三、代保管证券业务的核算

代保管证券业务是证券公司为方便客户开展的一项服务性项目。目前,证券公司代保管的证券主要是债券。由于代保管的有价证券不属于证券公司的财产,证券公司在收到代保管的证券时,不将其纳入表内核算,而只在专设的备查簿中设置"代保管证券"这一表外科目记录代保管证券的情况。预先收取的手续费,作为预收账款处理,待日后代保管服务完成后再确认为收入。证券公司代客户保管的证券如果不收取手续费,则只需在备查簿中进行登记。

【例12-5】 2×20年1月15日,假定西南证券公司收到甲公司委托其代理保管长江电力债券5 000张,面值5 000 000元,同时预收保管费5 000元,款项收到并存入银行。2×20年6月30日债券到期,公司保管服务完成。西南证券公司对上述业务应进行如下处理:

(1) 1月15日,收到代保管债券时,公司应当在表外账簿中进行登记:

收：代保管债券——甲公司(长江电力债券,5 000张,面值5 000 000元)

同时,对于预先取得的手续费,应编制的会计分录为：

借：银行存款　　　　　　　　　　　　　　　　　　　　　5 000
　　贷：预收账款　　　　　　　　　　　　　　　　　　　　　5 000

(2) 1月30日,到期归还债券时,应当在表外账簿中进行登记：

付：代保管债券——某公司(长江电力债券,5 000张,面值5 000 000元)

(3) 业务完成确认手续费收入时,编制的会计分录为：

借：预收账款　　　　　　　　　　　　　　　　　　　　　5 000
　　贷：手续费收入——代保管证券手续费收入　　　　　　　5 000

第三节　证券自营业务的核算

证券自营业务是指证券公司以自己的名义,使用公司自有资金和依法筹集的资金买卖证券(金融资产),以达到获利目的的业务。证券自营业务具体包括买入证券业务、卖出证券业务和自营认购新股业务。

一、开立清算备付金专户的核算

证券公司将自有资金存入清算代理机构开立清算备付金专户时,按实际存入金额入账。其会计分录为：

借：结算备付金——自有
　　贷：银行存款

从清算代理机构收回资金,编制相反的会计分录。结算备付金专户开立后,证券公司即可进行自营买卖证券交易。

二、自营证券的初始确认与计量

证券公司自营买卖证券(金融资产),应根据企业会计准则的规定,将取得的证券在初始确认时,根据其管理金融资产的业务模式和金融资产的合同现金流量特征,划分为以下三类：以摊余成本计量的金融资产、以公允价值计量且其变动计入其他综合收益的金融资产、以公允价值计量且其变动计入当期损益的金融资产。

(一) 金融资产的初始确认

1. 以摊余成本计量的金融资产的确认

金融资产同时符合下列条件的,应当分类为以摊余成本计量的金融资产：①企业管理该金融资产的业务模式是以收取合同现金流量为目标。②该金融资产的合同条款规定,在特定日期产生的现金流量,仅为对本金和以未偿付本金金额为基础的利息的支付。例如,商业银行向企业客户发放的固定利率贷款,在没有其他特殊安排的情况下,贷款通常可能符合本金和利息的合同现金流量特征。如果银行管理该贷款的业务模式是以收取合同现金流量为目标,则该贷款可以分类为以摊余成本计量的金融资产。又如,普通债券的合同现金流量是到期收回本金及按约定利率在合同期间按时收取固定或浮动利息。在没有其他特殊安排的情况下,普通债券通常可能符合本金和利息的合同现金流量特征。如果企业管理该债券的业务模式是以收取合同现金流量为目标,则该债券可以分类为以摊余成本计量的金融资产。

2. 以公允价值计量且其变动计入其他综合收益的金融资产的确认

金融资产同时符合下列条件的,应当分类为以公允价值计量且其变动计入其他综合收益的金融资产:①企业管理该金融资产的业务模式既以收取合同现金流量为目标又以出售该金融资产为目标。②该金融资产的合同条款规定,在特定日期产生的现金流量,仅为对本金和以未偿付本金金额为基础的利息的支付。

3. 以公允价值计量且其变动计入当期损益的金融资产的确认

企业分类为以摊余成本计量的金融资产和以公允价值计量且其变动计入其他综合收益的金融资产之外的金融资产,应当分类为以公允价值计量且其变动计入当期损益的金融资产。例如,企业持有的股票、基金和可转换债券等投资产品通常应当分类为以公允价值计量且其变动计入当期损益的金融资产。

(二) 金融资产的初始计量

证券公司初始确认金融资产,应当按照公允价值计量。对于公允价值计量且其变动计入当期损益的金融资产,相关交易费用应当直接计入当期损益;对于其他类别的金融资产,相关交易费用应当计入初始确认金额。

1. 交易费用

交易费用是指可直接归属于购买、发行或处置金融工具的增量费用。增量费用是指企业没有发生购买、发行或处置相关金融工具的情形就不会发生的费用,包括支付给代理机构、咨询机构、券商、证券交易所、政府有关部门等的手续费、佣金、相关税费和其他必要支出,不包括债券溢价、折价、融资费用、内部管理成本和持有成本等与交易不直接相关的费用。企业取得金融资产所支付的价款中包含的已宣告但尚未发放的利息或现金股利,应当单独确认为应收项目处理。

2. 公允价值

公允价值是指市场参与者在计量日发生的有序交易中,出售一项资产所能收到或者转移一项负债所需支付的价格。企业应当将公允价值计量所使用的输入值划分为三个层次,并首先使用第一层次输入值,其次使用第二层次输入值,最后使用第三层次输入值。

第一层次输入值是在计量日能够取得的相同资产或负债在活跃市场上未经调整的报价。其中,活跃市场是指相关资产或负债的交易量和交易频率足以持续提供定价信息的市场。在活跃市场,交易对象具有同质性,可随时找到自愿交易的买方和卖方,且市场价格信息是公开的。

第二层次输入值是除第一层次输入值外相关资产或负债直接或间接可观察的输入值。对于具有合同期限等具体期限的金融资产,第二层次输入值应当在几乎整个期限内是可观察的。第二层次输入值包括:①活跃市场中类似金融资产的报价。②非活跃市场中相同或类似金融资产的报价。③除报价以外的其他可观察输入值,包括在正常报价间隔期间可观察的利率和收益率曲线、隐含波动率和信用利差等。④市场验证的输入值等。其中,市场验证的输入值是指通过相关性分析或其他手段获得的主要来源于可观察市场数据或者经过可观察市场数据验证的输入值。

第三层次输入值是相关资产或负债的不可观察输入值。它主要包括不能直接观察和无法由可观察市场数据验证的利率、股票波动率、企业使用自身数据作出的财务预测等。

企业只有在金融资产不存在市场活动或者市场活动很少导致相关可观察输入值无法取得或取得不切实可行的情况下,才能使用第三层次输入值,即不可观察输入值。

三、自营证券核算应设置的会计科目

证券公司核算自营证券业务,应设置"债权投资""交易性金融资产""其他债权投资""其他权益工具投资"等会计科目。

(1)"债权投资"科目。该科目是资产类科目,核算证券公司以摊余成本计量的金融资产的摊余成本。该科目可按摊余成本计量的金融资产的类别和品种,分别以"成本""利息调整""应计利息"等项目进行明细核算。该科目期末余额在借方,反映证券公司以摊余成本计量的金融资产的摊余成本。

(2)"交易性金融资产"科目。该科目是资产类科目,核算证券公司持有的以公允价值计量且其变动计入当期损益的金融资产的公允价值。该科目借方登记取得以公允价值计量且其变动计入当期损益的金融资产的成本和公允价值的有利变动;贷方登记出售以公允价值计量且其变动计入当期损益的金融资产时结转的成本和公允价值的不利变动;期末借方余额反映证券公司持有的以公允价值计量且其变动计入当期损益的金融资产的公允价值。该科目可按以公允价值计量且其变动计入当期损益的金融资产的类别和品种,分别以"成本""公允价值变动"项目进行明细核算。

(3)"其他债权投资"科目。该科目是资产类科目,核算证券公司持有的以公允价值计量且其变动计入其他综合收益的公允价值,包括划分为以公允价值计量且其变动计入其他综合收益的股票投资、债券投资等金融资产。该科目借方登记取得的以公允价值计量且其变动计入其他综合收益的金融资产的成本和公允价值的有利变动;贷方登记出售以公允价值计量且其变动计入其他综合收益的金融资产时结转的成本和公允价值的不利变动;期末借方余额反映证券公司持有的以公允价值计量且其变动计入其他综合收益的金融资产的公允价值。该科目可按以公允价值计量且其变动计入其他综合收益的金融资产类别或品种,分别以"成本""利息调整""应计利息""公允价值变动"等项目进行明细核算。

(4)"其他权益工具投资"科目。该科目是资产类科目,核算证券公司持有的以公允价值计量且其变动计入其他综合收益的非交易性权益工具投资的公允价值。该科目借方登记取得以公允价值计量且其变动计入其他综合收益的非交易性权益工具投资的成本和公允价值的有利变动;贷方登记出售以公允价值计量且其变动计入其他综合收益的非交易性权益工具投资时结转的成本以及公允价值的不利变动;期末借方余额反映证券公司持有的以公允价值计量且其变动计入其他综合收益的非交易性权益工具投资的公允价值。该科目可按以公允价值计量且其变动计入其他综合收益的非交易性权益工具投资的类别和品种,分别以"成本""公允价值变动"项目进行明细核算。

四、自营买卖证券的账务处理

(一) 以摊余成本计量的金融资产的账务处理

以摊余成本计量的金融资产,初始确认时,按照公允价值计量,发生的相关交易费用计入初始确认金额;实际支付的价款中包含的已到付息期但尚未领取的债券利息,单独确认为应收利息。在持有期间,于资产负债表日,证券公司采用实际利率法,按摊余成本进行后续计量。

实际利率法是指按照金融资产的实际利率计算其摊余成本和各期利息收入的方法。其中,实际利率是指将金融资产在预计存续期的估计未来现金流量,折现为该金融资产账面余额(不考虑减值)摊余成本所使用的利率。摊余成本是指以该金融资产的初始确认金额经下列调整后的结果:①扣除已偿还的本金。②加上或减去采用实际利率法将该初始确认金额与到期日金额之间的差额进行摊销形成的累计摊销额。③扣除计提的累计信用减值准备(仅适用于金融资产)。

以摊余成本计量的金融资产的会计处理,主要包括该金融资产实际利率的计算、摊余成本的确定、持有期间的收益确认及将其处置时损益的处理。以摊余成本计量的金融资产所产生的利得或损失,应当在终止确认、按照实际利率法摊销或确认减值时,计入当期损益。相关业务应编制的会计分录为:

(1) 取得以摊余成本计量的债权投资时:

借:债权投资——成本　　　　　　　　　　　　　　　　(面值)
借或贷:债权投资——利息调整　　　　　　　　　　　　(差额)
　　贷:结算备付金　　　　　　　　　　　　　　　　(实际支付的金额)

(2) 资产负债表日,以摊余成本计量的债权投资为分期付息到期一次还本(或到期一次还本付息)债券投资的:

借:应收利息或债权投资——应计利息　　　　　　　(面值×票面利率)
借或贷:债权投资——利息调整　　　　　　　　　　　　(差额)
　　贷:投资收益　　　　　　　　　　　　　　　(摊余成本×实际利率)

(3) 出售以摊余成本计量的债权投资:

借：结算备付金　　　　　　　　　　　　　　　　　　（实际收到的金额）
　　贷：债权投资——成本　　　　　　　　　　　　　　（账面余额）
　　　　　　　　——应计利息　　　　　　　　　　　　（账面余额）
　　贷或借：债权投资——利息调整　　　　　　　　　　（账面余额）
　　贷或借：投资收益　　　　　　　　　　　　　　　　（差额）

已计提信用减值准备的,还应同时结转信用减值准备。

【例 12-6】 2×16 年 1 月 1 日,华日公司支付价款 1 000 万元(含交易费用)从活跃市场上购入丁公司同日发行的 5 年期公司债券 12.5 万份,面值总额为 1 250 万元,票面年利率为 4.72%,于年末支付本年度利息(即每年利息为 59 万元),本金最后一次支付。合同约定,该债券的发行方在遇到特定情况时可以将债券赎回,且不需要为提前赎回支付额外款项。华日公司在购买该债券时,预计发行方不会提前赎回。华日公司有意图也有能力将该债券持有至到期,并将其划分为以摊余成本计量的债权投资(假定不考虑所得税、减值损失等因素)。

计算该债券的实际利率 r:

$$59\times(1+r)^{-1}+59\times(1+r)^{-2}+59\times(1+r)^{-3}+59\times(1+r)^{-4}+(59+1\,250)\times(1+r)^{-5}=1\,000$$

采用插值法,计算得出 $r=10\%$。

采用实际利率法计算的各期收入和摊余成本如表 12-1 所示。

表 12-1　　　　　各期实际利息收入和摊余成本余额计算表　　　　　单位:万元

年份	期初摊余成本 (1)	实际利息收入 (2)=(1)×10%	现金流入 (3)=1 250×4.72%	期末摊余成本 (4)=(1)+(2)-(3)
2×16	1 000	100	59	1 041
2×17	1 041	104	59	1 086
2×18	1 086	109	59	1 136
2×19	1 136	113	59	1 190
2×20	1 190	119	59+1 250	0

根据上述数据,华日公司编制会计分录为:

(1) 2×16 年 1 月 1 日,购入债券时:

借：债权投资——成本　　　　　　　　　　　　　　　　12 500 000
　　贷：结算备付金——证券登记结算公司——自有　　　10 000 000
　　　　持有至到期投资——利息调整　　　　　　　　　 2 500 000

(2) 2×16 年 12 月 31 日,确认实际利息收入、收到票面利息时:

借：应收利息——丁公司债券　　　　　　　　　　　　　　590 000
　　债权投资——利息调整　　　　　　　　　　　　　　　410 000
　　贷：投资收益　　　　　　　　　　　　　　　　　　 1 000 000
借：结算备付金——证券登记结算公司——自有　　　　　　590 000
　　贷：应收利息——丁公司债券　　　　　　　　　　　　 590 000

(3) 2×17年12月31日,确认实际利息收入、收到票面利息时:

借:应收利息——丁公司债券　　　　　　　　　　　　　　590 000
　　债权投资——利息调整　　　　　　　　　　　　　　　450 000
　　　贷:投资收益　　　　　　　　　　　　　　　　　　　　　1 040 000
借:结算备付金——证券登记结算公司——自有　　　　　590 000
　　　贷:应收利息——丁公司债券　　　　　　　　　　　　　　590 000

(4) 2×18年12月31日,确认实际利息收入、收到票面利息时:

借:应收利息——丁公司债券　　　　　　　　　　　　　　590 000
　　债权投资——利息调整　　　　　　　　　　　　　　　500 000
　　　贷:投资收益　　　　　　　　　　　　　　　　　　　　　1 090 000
借:结算备付金——证券登记结算公司——自有　　　　　590 000
　　　贷:应收利息——丁公司债券　　　　　　　　　　　　　　590 000

(5) 2×19年12月31日,确认实际利息收入、收到票面利息时:

借:应收利息——丁公司债券　　　　　　　　　　　　　　590 000
　　债权投资——利息调整　　　　　　　　　　　　　　　540 000
　　　贷:投资收益　　　　　　　　　　　　　　　　　　　　　1 130 000
借:结算备付金——证券登记结算公司——自有　　　　　590 000
　　　贷:应收利息——丁公司债券　　　　　　　　　　　　　　590 000

(6) 2×20年12月31日,确认实际利息收入、收到票面利息和本金时:

借:应收利息——丁公司债券　　　　　　　　　　　　　　590 000
　　债权投资——利息调整　　　　　　　　　　　　　　　600 000
　　　贷:投资收益　　　　　　　　　　　　　　　　　　　　　1 190 000
借:结算备付金——证券登记结算公司——自有　　　　　590 000
　　　贷:应收利息——丁公司债券　　　　　　　　　　　　　　590 000
借:结算备付金——证券登记结算公司——自有　　　　12 500 000
　　　贷:债权投资——成本　　　　　　　　　　　　　　　　12 500 000

(二) 以公允价值计量且其变动计入当期损益的金融资产的会计处理

以公允价值计量且其变动计入当期损益的金融资产的会计处理,着重于反映该类金融资产公允价值的变化以及对企业财务状况和经营成果的影响。相关业务应编制会计分录为:

(1) 企业取得以公允价值计量且其变动计入当期损益的金融资产:

借:交易性金融资产——成本　　　　　　　　　　　　　　(公允价值)
　　投资收益　　　　　　　　　　　　　　　　　　　　　(交易费用)
　　应收利息　　　　　　　　　　　　　　　　(已到付息期但尚未领取的利息)
　　应收股利　　　　　　　　　　　　　　　　(已宣告但尚未发放的现金股利)
　　　贷:结算备付金　　　　　　　　　　　　　　　　　　(实际支付的金额)

(2) 以公允价值计量且其变动计入当期损益的金融资产持有期间收到被投资单位发放的现金股利,或在资产负债表日按分期付息、一次还本债券投资的票面利率计算的利息,或上述股利或利息已宣告但尚未发放:

借:结算备付金
　　应收股利或应收利息
　　贷:投资收益

(3) 资产负债表日,以公允价值计量且其变动计入当期损益的金融资产的公允价值高于其账面余额的差额:

借:交易性金融资产——公允价值变动
　　贷:公允价值变动损益

若公允价值低于其账面余额的差额,则作相反的会计分录。

(4) 出售以公允价值计量且其变动计入当期损益的金融资产:

借:结算备付金　　　　　　　　　　　　　　　　　　(实际收到的金额)
　　贷:交易性金融资产——成本　　　　　　　　　　　(账面余额)
　　贷或借:交易性金融资产——公允价值变动　　　　　(账面余额)
　　贷或借:投资收益　　　　　　　　　　　　　　　　(差额)

【例 12-7】 假设甲证券公司 2×19 年发生如下业务:

(1) 1 月 10 日,甲证券公司从深交所购入 A 上市公司股票 1 000 000 股,每股价格为 12.50 元(含已宣告但尚未发放的现金股利 0.50 元),另支付交易费用 10 000 元。甲证券公司持有 A 公司股票后对 A 公司无重大影响并打算于近期出售,并将其分类为以公允价值计量且其变动计入当期损益的金融资产。编制的会计分录为:

借:交易性金融资产——成本　　　　　　　　　　　　12 000 000
　　应收股利　　　　　　　　　　　　　　　　　　　　 500 000
　　投资收益　　　　　　　　　　　　　　　　　　　　 10 000
　　贷:结算备付金——证券登记结算公司深圳分公司——自有　　12 510 000

(2) 1 月 20 日,收到 A 公司发放的现金股利,其会计分录为:

借:结算备付金——证券登记结算公司深圳分公司——自有　　500 000
　　贷:应收股利　　　　　　　　　　　　　　　　　　　　　 500 000

(3) 2 月 28 日,A 公司股票价格涨到每股 14 元,确认股票价格变动时,编制的会计分录为:

借:交易性金融资产——公允价值变动　　　　　　　　2 000 000
　　贷:公允价值变动损益　　　　　　　　　　　　　　 2 000 000

(4) 3 月 15 日,将持有的 A 公司股票全部售出,每股售价为 15 元。编制的会计分录为:

借:结算备付金——证券登记结算公司深圳分公司——自有　　15 000 000
　　贷:交易性金融资产——成本　　　　　　　　　　　　　　　12 000 000
　　　　　　　　　　——公允价值变动　　　　　　　　　　　　 2 000 000
　　　　投资收益　　　　　　　　　　　　　　　　　　　　　　 1 000 000

【例 12-8】 华西证券公司发生如下业务:

(1) 2×19 年 1 月 1 日,从二级市场购入丙公司 2×18 年 7 月 1 日发行的公司债券,面值为 2 500 万元,剩余期限为 2 年,票面利率为 4%,每半年支付一次债券利息。支付价款为 2 550 万元(其中包含已宣告发放的债券利息 50 万元),另支付交易费用 30 万元。华西证券公司根据管理该债券的业务模式和该债券的合同现金流量特征,将其划为以公允价值计量且其变动计入当期损益的金融资产。编制的会计分录为:

借:交易性金融资产——成本　　　　　　　　　　　　　　　　25 000 000
　　应收利息——丙公司　　　　　　　　　　　　　　　　　　　　500 000
　　投资收益　　　　　　　　　　　　　　　　　　　　　　　　　300 000
　　贷:结算备付金——证券登记结算公司——自有　　　　　　　25 800 000

(2) 2×19 年 1 月 5 日,收到购买价款中包含的债券利息 500 000 元。编制的会计分录为:

借:结算备付金——证券登记结算公司——自有　　　　　　　　　500 000
　　贷:应收利息——丙公司　　　　　　　　　　　　　　　　　　500 000

(3) 2×19 年 6 月 30 日,华西公司购买的该笔债券的市价为 2 530 万元,确认该笔债券的公允价值变动损益和投资收益时,编制的会计分录为:

借:交易性金融资产——公允价值变动　　　　　　　　　　　　　300 000
　　贷:公允价值变动损益　　　　　　　　　　　　　　　　　　　300 000
借:应收利息——丙公司　　　　　　　　　　　　　　　　　　　　500 000
　　贷:投资收益　　　　　　　　　　　　　　　　　　　　　　　500 000

(4) 2×19 年 7 月 5 日,收到持有丙公司的公司债券利息时:

借:结算备付金——证券登记结算公司——自有　　　　　　　　　500 000
　　贷:应收利息——丙公司　　　　　　　　　　　　　　　　　　500 000

(5) 2×19 年 12 月 31 日,华西公司购买的该笔债券的市价为 2 510 万元,确认该笔债券的公允价值变动损益和投资收益时,编制的会计分录为:

借:公允价值变动损益　　　　　　　　　　　　　　　　　　　　200 000
　　贷:交易性金融资产——公允价值变动　　　　　　　　　　　　200 000
借:应收利息——丙公司　　　　　　　　　　　　　　　　　　　　500 000
　　贷:投资收益　　　　　　　　　　　　　　　　　　　　　　　500 000

(6) 2×20 年 1 月 5 日,收到丙公司 2×19 年下半年利息。编制的会计分录为:

借:结算备付金——证券登记结算公司——自有	500 000	
贷:应收利息		500 000

(7) 2×20年3月31日,华西证券公司出售了所持有的丙公司的公司债券,售价为2 535万元。编制的会计分录为:

借:结算备付金——证券登记结算公司——自有	25 350 000	
贷:交易金融资产——成本		25 000 000
——公允价值变动		100 000
投资收益——丙公司债券		250 000

(三)以公允价值计量且其变动计入其他综合收益的金融资产的账务处理

以公允价值计量且其变动计入其他综合收益的金融资产的会计处理,与以公允价值计量且其变动计入当期损益的金融资产的会计处理存在类似之处,如均要求按公允价值进行后续计量。但是,两者也有一些不同之处,以公允价值计量且其变动计入其他综合收益的金融资产所产生的利得或损失,除减值损失或利得和汇兑损益外,均应当计入其他综合收益,直至该金融资产终止确认或被重分类。但是,采用实际利率法计算的该金融资产的利息应当计入当期损益。终止确认时,之前计入其他综合收益的累计利得或损失应当从其他综合收益中转出,计入当期损益。相关业务应编制会计分录为:

(1) 取得以公允价值计量且其变动计入其他综合收益的金融资产时:

借:其他债权投资——成本	(面值)
应收利息	(已宣告但尚未领取的利息)
借或贷:其他债权投资——利息调整	(差额)
贷:结算备付金	(实际支付的金额)

(2) 资产负债表日,以公允价值计量且其变动计入其他综合收益的金融资产为分期付息、一次还本债券投资的:

借:应收利息	(面值×票面利率)
借或贷:其他债权投资——利息调整	(差额)
贷:投资收益	(摊余成本×实际利率)

以公允价值计量且其变动计入其他综合收益的金融资产为一次还本付息债券投资的:

借:其他债权投资——应计利息	(面值×票面利率)
借或贷:其他债权投资——利息调整	(差额)
贷:利息收入	(摊余成本×实际利率)

(3) 资产负债表日,以公允价值计量且其变动计入其他综合收益的金融资产的公允价值高于其账面余额的差额:

借:其他债权投资——公允价值变动	
贷:其他综合收益——其他债权投资公允价值变动	

若公允价值低于其账面余额的差额,则编制相反的会计分录。

(4) 资产负债表日,确定以公允价值计量且其变动计入其他综合收益的金融资产发生减值的,应按减记的金额,借记"信用减值损失"科目,按从其他综合收益中转出的累计损失金额,贷记"其他综合收益——信用减值准备"科目。

借:信用减值损失 (减记的金额)
  贷:其他综合收益——信用减值准备 (从其他综合收益中转出的累计损失金额)

(5) 出售以公允价值计量且其变动计入其他综合收益的金融资产:

借:结算备付金 (实际收到的金额)
借或贷:其他综合收益——其他债权投资公允价值变动
         (从其他综合收益中转出的公允价值累计变动额)
  贷:其他债权投资——成本 (账面余额)
      ——应计利息 (账面余额)
  贷或借:其他债权投资——公允价值变动 (账面余额)
  贷或借: ——利息调整 (账面余额)
  贷或借:其他综合收益——信用减值准备 (从其他综合收益中转出的累计损失金额)
  贷或借:投资收益 (差额)

【例 12-9】 2×16 年 1 月 1 日,甲金融公司支付价款 1 000 万元(含交易费用)从公开市场购入乙公司同日发行的 5 年期公司债券 12 500 份,债券票面价值总额为 1 250 万元,票面年利率为 4.72%,于年末支付本年度债券利息(即每年利息为 59 万元),本金在债券到期时一次性偿还。合同约定,该债券的发行方在遇到特定情况时可以将债券赎回,且不需要为提前赎回支付额外款项。甲金融公司在购买该债券时,预计发行方不会提前赎回。甲金融公司根据其管理该债券的业务模式和该债券的合同现金流量特征,将该债券分类为以公允价值计量且其变动计入其他综合收益的金融资产。

其他资料如下:

(1) 2×16 年 12 月 31 日,乙公司债券的公允价值为 1 200 万元(不含利息)。
(2) 2×17 年 12 月 31 日,乙公司债券的公允价值为 1 300 万元(不含利息)。
(3) 2×18 年 12 月 31 日,乙公司债券的公允价值为 1 250 万元(不含利息)。
(4) 2×19 年 12 月 31 日,乙公司债券的公允价值为 1 200 万元(不含利息)。
(5) 2×20 年 1 月 20 日,通过上海证券交易所出售了乙公司债券 12 500 份,取得价款 1 260 万元。

假定不考虑所得税、减值等因素,计算该债券的实际利率 r:

$$59\times(1+r)^{-1}+59\times(1+r)^{-2}+59\times(1+r)^{-3}+59\times(1+r)^{-4}+(59+1\,250)\times(1+r)^{-5}=1\,000$$

采用插值法,计算得出 $r=10\%$。

甲金融公司各期现金流入、实际利息收入、已收回本金、摊余成本以及公允价值及其变动计算如表 12-2 所示。

表 12-2　各期现金流入、实际利息收入、已收回本金、摊余成本、公允价值及其变动计算表

单位：万元

日期	现金流入 A	实际利息收入 B=期初 D×10%	已收回的本金 C=A-B	摊余成本余额 D=期初 D-C	公允价值 E	公允价值变动额 F=E-D-期初 G	公允价值变动累计金额 G=期初 G+F
2×16.1.1				1 000	1 000	0	0
2×16.12.31	59	100	-41	1 041	1 200	159	159
2×17.12.31	59	104	-45	1 086	1 300	55	214
2×18.12.31	59	109	-50	1 136	1 250	-100	114
2×19.12.31	59	113	-54	1 190	1 200	-104	10

根据表 12-2 中的数据，甲金融公司编制会计分录为：

(1) 2×16 年 1 月 1 日，购入乙公司债券时：

借：其他债权投资——成本　　　　　　　　　　　　　　　　　　12 500 000
　　贷：结算备付金——证券登记结算公司(自有)　　　　　　　　10 000 000
　　　　其他债权投资——利息调整　　　　　　　　　　　　　　 2 500 000

(2) 2×16 年 12 月 31 日，确认乙公司债券实际利息收入、公允价值变动，收到债券利息时：

借：应收利息　　　　　　　　　　　　　　　　　　　　　　　　　590 000
　　其他债权投资——利息调整　　　　　　　　　　　　　　　　　410 000
　　贷：利息收入　　　　　　　　　　　　　　　　　　　　　　　1 000 000
借：结算备付金——证券登记结算公司(自有)　　　　　　　　　　 590 000
　　贷：应收利息　　　　　　　　　　　　　　　　　　　　　　　 590 000
借：其他债权投资——公允价值变动　　　　　　　　　　　　　　 1 590 000
　　贷：其他综合收益——其他债权投资公允价值变动　　　　　　 1 590 000

(3) 2×17 年 12 月 31 日，确认乙公司债券实际利息收入、公允价值变动，收到债券利息时：

借：应收利息　　　　　　　　　　　　　　　　　　　　　　　　　590 000
　　其他债权投资——利息调整　　　　　　　　　　　　　　　　　450 000
　　贷：投资收益　　　　　　　　　　　　　　　　　　　　　　　1 040 000
借：结算备付金——证券登记结算公司(自有)　　　　　　　　　　 590 000
　　贷：应收利息　　　　　　　　　　　　　　　　　　　　　　　 590 000
借：其他债权投资——公允价值变动　　　　　　　　　　　　　　　 550 000
　　贷：其他综合收益——其他债权投资公允价值变动　　　　　　　 550 000

(4) 2×18 年 12 月 31 日，确认乙公司债券实际利息收入、公允价值变动，收到债券利息时：

```
借：应收利息                                           590 000
    其他债权投资——利息调整                            500 000
    贷：利息收入                                              1 090 000
借：结算备付金——证券登记结算公司（自有）              590 000
    贷：应收利息                                                590 000
借：其他综合收益——其他债权投资公允价值变动         1 000 000
    贷：其他债权投资——公允价值变动                          1 000 000
```

(5) 2×19年12月31日，确认乙公司债券实际利息收入、公允价值变动，收到债券利息时：

```
借：应收利息                                           590 000
    其他债权投资——利息调整                            540 000
    贷：利息收入                                              1 130 000
借：结算备付金——证券登记结算公司（自有）              590 000
    贷：应收利息                                                590 000
借：其他综合收益——其他债权投资公允价值变动         1 040 000
    贷：其他债权投资——公允价值变动                          1 040 000
```

(6) 2×20年1月20日，确认出售乙公司债券实现的损益。其会计分录为：

```
借：结算备付金——证券登记结算公司（自有）           12 600 000
    其他综合收益——其他债权投资公允价值变动           100 000
    其他债权投资——利息调整                            600 000
    贷：其他债权投资——成本                                 12 500 000
        投资收益                                                800 000
```

（四）指定为以公允价值计量且其变动计入其他综合收益的非交易性权益工具投资的账务处理

指定为以公允价值计量且其变动计入其他综合收益的非交易性权益工具投资的会计处理，与分类为以公允价值计量且其变动计入其他综合收益的金融资产的会计处理有相同之处，但也有明显不同。相同之处在于，公允价值的后续变动计入其他综合收益。但不同之处在于，指定为以公允价值计量且其变动计入其他综合收益的非交易性权益工具投资不需计提减值准备，除了获得的股利收入（作为投资成本部分收回的股利收入除外）计入当期损益外，其他相关的利得或损失（包括汇兑损益）均应当计入其他综合收益，且后续不得转入损益；当终止确认时，之前计入其他综合收益的累计利得或损失应当从其他综合收益中转出，计入留存收益。相关业务应编制会计分录为：

(1) 取得指定为以公允价值计量且其变动计入其他综合收益的非交易性权益工具投资：

```
借：其他权益工具投资——成本              （公允价值＋交易费用）
    应收股利                                （已宣告但尚未发放的现金股利）
    贷：结算备付金                                          （实际支付的金额）
```

(2) 资产负债表日,指定为以公允价值计量且其变动计入其他综合收益的非交易性权益工具投资的公允价值高于其账面余额的差额:

借:其他权益工具投资——公允价值变动
　　贷:其他综合收益——其他权益工具投资公允价值变动

若公允价值低于其账面余额的差额,则作相反的会计分录。

(3) 出售指定为以公允价值计量且其变动计入其他综合收益的非交易性权益工具投资:

借:结算备付金　　　　　　　　　　　　　　　　　　(实际收到的金额)
借或贷:其他综合收益——其他权益工具投资公允价值变动
　　　　　　　　　　　　　　　　(从其他综合收益中转出的公允价值累计变动额)
　　贷:其他权益工具投资——成本　　　　　　　　　　(账面余额)
　　　　　　　　　　　　——公允价值变动　　　　　　(账面余额)
　　贷或借:盈余公积　　　　　　　　　　　　　　　　(差额×10%)
　　　　　　利润分配——未分配利润　　　　　　　　　(差额×90%)

【例 12-10】 2×18 年 5 月 6 日,甲金融公司支付价款 1 016 万元(含交易费用 1 万元和已宣告发放现金股利 15 万元),购入乙公司发行的股票 200 万股,占乙公司有表决权股份的 0.5%。甲公司将其指定为以公允价值计量且其变动计入其他综合收益的非交易性权益工具投资。

2×18 年 5 月 10 日,甲金融公司收到乙公司发放的现金股利 15 万元。

2×18 年 6 月 30 日,该股票市价为每股 5.2 元。

2×18 年 12 月 31 日,甲金融公司仍持有该股票;当日,该股票市价为每股 5 元。

2×19 年 5 月 9 日,乙公司宣告发放股利 4 000 万元。

2×19 年 5 月 13 日,甲金融公司收到乙公司发放的现金股利。

2×19 年 5 月 20 日,甲金融公司由于某种特殊原因,以每股 4.9 元的价格将股票全部转让。

假定不考虑其他因素,甲金融公司编制会计分录为:

(1) 2×18 年 5 月 6 日,购入股票时:

借:应收股利　　　　　　　　　　　　　　　　　　　　　150 000
　　其他权益工具投资——成本　　　　　　　　　　　　　10 010 000
　　贷:结算备付金——证券登记结算公司(自有)　　　　　10 160 000

(2) 2×18 年 5 月 10 日,收到现金股利时:

借:结算备付金——证券登记结算公司(自有)　　　　　　　150 000
　　贷:应收股利　　　　　　　　　　　　　　　　　　　　150 000

(3) 2×18 年 6 月 30 日,确认股票价格变动时:

公允价值变动=2 000 000×5.2−10 010 000=390 000(元)

借:其他权益工具投资——公允价值变动 390 000
　　贷:其他综合收益——其他权益工具投资——公允价值变动 390 000

(4) 2×18年12月31日,确认股票价格变动时:

$$公允价值变动 = 2\,000\,000 \times (5.0 - 5.2) = -400\,000(元)$$

借:其他综合收益——其他权益工具投资——公允价值变动 400 000
　　贷:其他权益工具投资——公允价值变动 400 000

(5) 2×19年5月9日,确认应收现金股利时:

借:应收股利 200 000
　　贷:投资收益 200 000

(6) 2×19年5月13日,收到现金股利时:

借:结算备付金——证券登记结算公司(自有) 200 000
　　贷:应收股利 200 000

(7) 2×19年5月20日,出售股票时:

借:盈余公积——法定盈余公积 1 000
　　利润分配——未分配利润 9 000
　　贷:其他综合收益——其他权益工具投资——公允价值变动 10 000
借:结算备付金——证券登记结算公司(自有) 9 800 000
　　其他权益工具投资——公允价值变动 10 000
　　盈余公积——法定盈余公积 20 000
　　利润分配——未分配利润 180 000
　　贷:其他权益工具投资——成本 10 010 000

(五) 自营认购新股的核算

证券公司认购新股中签,与证券交易所清算时,编制会计分录为:

借:交易性金融资产或有关科目
　　贷:结算备付金——证券登记结算公司(自有)

【例12-11】 2×20年3月16日,甲证券公司通过网上自营认购新股200万股,新股发行价为每股7.5元,中签4万股。甲证券公司将中签的新股划分为以公允价值计量且其变动计入当期损益的金融资产。甲证券公司认购新股中签,编制会计分录为:

借:交易性金融资产(或其他相关科目) 300 000
　　贷:结算备付金——××清算代理机构(自有) 300 000

(六) 自营证券卖出成本的确定

证券公司经营的自营证券种类很多,卖出与买进频繁且数量不可能相对应,因此采用实际成本结转时,就需选择适当的方法计算出应结转的账面余额。这些方法主要有先进先出法、加权平均法和个别计价法等。这些方法各有利弊,以下介绍先进先出法和加权平均法。

先进先出法是指在计算售出证券成本时,以先购入的证券先出售这样一种证券实物流转假设为前提,对证券出售进行计价的一种方法。采用这种方法,先购入的证券成本在后购入的证券成本之前转出,据此确定出售证券和期末证券的成本。

加权平均法是先计算某种证券加权平均单位实际成本,然后用加权平均单位实际成本乘以出售某种证券的数量,即为售出证券应结转的成本的一种方法。其计算公式为:

$$\text{某种证券加权平均实际成本} = \left(\text{期初结存证券的实际成本} + \text{期末结存证券的实际成本}\right) \div \left(\text{期初结存证券的数量} + \text{期末结存证券的数量}\right)$$

$$\text{售出某种证券应结转的成本} = \text{某种证券加权平均单位实际成本} \times \text{售出某种证券的数量}$$

【例 12-12】 某证券公司的自营证券中,W 股票被作为以公允价值计量且其变动计入当期损益的金融资产进行核算和管理。2×20 年 1 月初,W 股票结存的数量为 60 万股,成本为 6 500 000 元,公允价值变动为 20 000 元;1 月 6 日,购进 20 万股,支付实际价款 2 200 000 元;1 月 15 日,购进 20 万股,支付价款 2 300 000 元;1 月 28 日,售出 70 万股,获取价款 8 300 000 元。该证券公司编制会计分录为:

(1) 出售 W 股票时,若采用先进先出法,结转 W 股票成本为 7 600 000 元(6 500 000+2 200 000÷20×10):

借:结算备付金——自有	8 300 000
贷:交易性金融资产——成本	7 600 000
——公允价值变动	20 000
投资收益	680 000

(2) 出售 W 股票时,若采用加权平均法:

W 股票加权平均实际成本=(6 500 000+2 200 000+2 300 000)÷(600 000+200 000+200 000)
=11(元/股)

自营售出 W 股票应结转的成本=11×700 000=7 700 000(元)

自营售出 W 股票应结转的公允价值变动=20 000×700 000÷(600 000+200 000+200 000)
=14 000(元)

借:结算备付金——自有	8 300 000
贷:交易性金融资产——成本	7 700 000
——公允价值变动	14 000
投资收益	586 000

第四节 证券承销业务的核算

证券承销业务是指证券公司在一级市场接受发行单位的委托,代为办理发售各类证券的业务。如代国家发售国库券、国家重点建设债券,代企业发行集资债券和股票、基金等。证券承销业务根据与发行人确定的发售方式不同,具体又分为全额承购包销方式、余额承购包销方式和代销方式三种。

一、会计科目的设置

证券公司的证券承销业务除需设置上述"交易性金融资产""债权投资""其他债权投资"科目以外,还需要设置"代理承销证券款"科目进行核算。

"代理承销证券款"为负债类科目,用来核算证券公司接受委托,采用余额承购包销方式或代销方式承销证券所形成的、应付证券发行人的承销资金。该科目贷方登记证券公司受托代理发行证券时的认购款项;借方登记证券公司向委托方(发行人)支付代发行的证券款项;期末贷方余额反映证券公司承销证券应付未付给委托单位的款项余额。该科目可按委托单位和证券种类进行明细核算。

证券公司接受委托采用全额承购包销方式承销的证券,以及采用余额承购包销方式承销的证券,承购的证券,应在收到证券时,将其进行分类。如划分为以公允价值计量且其变动计入当期损益的金融资产,应在"交易性金融资产"科目核算;如划分为以摊余成本计量的金融资产,应在"债权投资"科目核算。若划分为以公允价值计量且其变动计入其他综合收益的金融资产,应在"其他债权投资"科目核算。

二、全额承购包销的核算

全额承购包销,是指证券公司与证券发行单位签订合同或协议,由证券公司按合同或协议确定的价格将证券从发行单位购进,并即向发行单位支付全部款项,然后按一定价格在证券一级市场发售的一种代理发行方式。这种发行方式证券公司要承担全部发行风险。证券公司向发行单位承购证券的价格可能低于或等于或高于证券面值,由双方在协议中确定,但发售价格由证券公司确定,发行单位原则上不干预,证券公司主要是从中赚取证券买卖的差价。

证券公司以全额承购包销方式进行承销业务的,应在按承购价格购入待发售的证券时,确认为一项金融资产;公司将证券转售给投资者时,按发行价格进行价款结算,按已发行证券的承购价格结转代发行证券的成本并确认投资收益。发行期结束后,如有未售出的证券,应按自营证券进行核算与管理。

(1) 认购证券。证券公司根据协议认购全部证券,按承购价向委托发行单位支付全部证券款项。其会计分录为:

借:交易性金融资产(或债权投资、其他债权投资)
　　贷:银行存款

(2) 发售证券。证券公司将证券向市场发售或转售给投资者,按发行价办理核算。同时按照承购价结转售出证券的实际成本,差额确认为投资收益。其会计分录为:

借:银行存款
　　贷:交易性金融资产(或债权投资、其他债权投资)
　　　　投资收益

(3) 未售证券转自营。发行期结束,未售出的证券按自营证券进行管理,按照自营证券有关规定进行会计核算。

三、余额承购包销的核算

余额承购包销是指发行人委托承销机构在约定期限内发行证券,到销售截止日期,未售出的余额由承销商按协议价格认购。余额承购包销实际上是先代理发行,后全额承购包销,是代销和全额承购包销的结合。

证券公司以余额承购包销方式进行承销业务的,收到代发行单位发售的证券时,在备查簿中记录承销证券的情况。备查簿中登记代销证券的发行单位、承销价格、承销数量、承销期限等有关项目。证券承销期内,按承销价格销售证券。承销期结束后,与发行单位结算承销证券款项和手续费,如果有未发售完的证券,按规定由企业认购。代发行证券收取的手续费,应于发行期结束后,与发行单位结算发行价款时确认为手续费及佣金收入。

(一)承销无记名证券的核算

(1) 收到委托发行的证券。证券公司收到委托单位委托发行的证券时,应作为重要凭证保管,并在备查簿中记录承销证券的情况。

(2) 承销期内发售证券。在约定的期限内售出证券时,应按承销价格记账。编制的会计分录为:

借:银行存款(或库存现金)
　　贷:代理承销证券款

(3) 承销期结束,认购未售证券。承销期结束,如有未售出的证券,按合同规定由证券公司认购,应按承销价格记账。编制的会计分录为:

借:交易性金融资产(或债权投资、其他债权投资)
　　贷:代理承销证券款

(4) 承销期结束划转销售款项。承销期结束,将募集资金付给委托单位并收取手续费;同时,在冲销备查簿中登记的承销证券。编制的会计分录为:

借:代理承销证券款
　　贷:银行存款
　　　　手续费及佣金收入——代理承销证券手续费收入

(二)承销记名证券的核算

(1) 上网发行证券。证券公司通过证券交易所上网发行的,在证券上网发行日,根据承销合同确认的证券发行总额,按承销价格,在备查簿中记录承销证券的情况。

(2) 交割清算。与证券交易所交割清算,按实际收到的金额,编制会计分录为:

借:结算备付金
　　贷:代理承销证券款

(3) 承销期结束划转销售款项。承销期结束,将承销证券款项交付委托单位并收取承销手续费,编制的会计分录为:

借:代理承销证券款
　　贷:银行存款
　　　　手续费及佣金收入——代理承销证券手续费收入

(4) 承销期结束,认购未售证券。承销期结束,如有未售出的证券,采用余额承购包销方式承销证券的,按合同规定由企业认购,应按承销价款,编制的会计分录为:

借:交易性金融资产(或债权投资、其他债权投资)
　　贷:代理承销证券款

同时,冲销备查簿中登记的承销证券。

四、代销的核算

代销方式承销证券是指证券公司接受发行单位委托,按照规定的条件,在约定的期限内,代为向投资者销售证券,发行期结束,债券未按原定发行额售出,未售部分退回发行单位,代销证券的证券公司向委托人收取手续费,不承担任何发行风险。

证券公司以代销方式进行承销业务的,收到代发行单位发售的证券时,应在备查簿中记录承销证券的情况。备查簿中登记代销证券的发行单位、承销价格、承销数量、承销期限等有关项目。证券承销期内,按承销价格销售证券。承销期结束后,与发行单位结算承销证券款项和手续费,如果有未发售完的证券,应退还给发行单位。代发行证券收取的手续费,应于发行期结束后,与发行单位结算发行价款时确认为手续费及佣金收入。

证券公司采用代销方式承销证券,收到代销证券、承销期内发售证券、承销期结束划转销售款项及收取手续费的账务处理与采用余额包销方式承销证券相同,只是在承销期结束后,如有未售出的证券,在采用代销方式承销证券时,应将未售出的证券退还给委托单位,并冲销备查簿中登记的承销证券。

第五节　其他证券业务

其他证券业务是指证券公司经批准在国家许可的范围内进行的除经纪、自营和承销业务以外的其他与证券有关的业务。如买入返售证券业务、卖出回购证券业务、受托资产管理业务等与证券业务有关的业务。

一、买入返售证券的核算

买入返售证券业务,是指证券公司与其他企业以合同或协议的方式,按一定价格买入证券,到期日再按合同规定的价格将该批证券返售给对方,以获取买入价与卖出价的差价收入。公司应于买入某种证券时,按实际发生的成本确认为一项资产;证到期返售时,按返售价格与账面价值的差额,确认为当期收入。

(一) 会计科目的设置

证券公司应设置"买入返售金融资产"科目,该科目属于资产类科目,核算证券公司接返售协议约定先买入再按固定价格返售的证券等金融资产所融出的资金。该科目借方登记证券公司按规定买入返售证券实际支付的款项;贷方登记证券返售时转出的账面余额;期末借方余额反映证券公司已经买入尚未到期返售证券的摊余成本。该科目可按买入返售金融资产的类别和融资方进行明细核算。

(二) 账务处理

(1) 买入返售证券。证券公司根据返售协议购入返售证券时,应按实际支付的款项和交易费用之和确定买入返售证券的初始确认金额。编制会计分录为:

借:买入返售金融资产
　　贷:结算备付金

(2) 期末计息。资产负债表日,计提买入返售证券利息收入时,应按计算确定的买入返售证券的利息收入。编制会计分录为:

借:应收利息
　　贷:利息收入

收到支付的买入返售证券的利息时,编制的会计分录为:

借:结算备付金
　　贷:应收利息

(3) 返售证券。按照协议,返售到期日按合同规定的价格将该批证券返售给对方,编制的会计分录为:

借:结算备付金　　　　　　　　　　　　　　　　(实际收到的金额)
　　贷:买入返售金融资产　　　　　　　　　　　　(账面余额)
　　　　应收利息　　　　　　　　　　　　　　　　(账面余额)
　　　　利息收入　　　　　　　　　　　　　　　　(借、贷方差额)

二、卖出回购证券的核算

卖出回购证券业务,是指证券公司与其他企业以合同或协议的方式,按一定价格卖出证券,到期日再按合同规定的价格买回该批证券,以获得一定时期内资金的使用权。公司应于卖出证券时,按实际收到的款项确认为一项负债;证券到期购回时,按实际支付的款项与卖出证券时实际收到的款项的差额,确认为当期费用。

(一) 会计科目的设置

证券公司应设置"卖出回购金融资产款"科目,该科目属于负债类科目,核算证券公司按回购协议先卖出再按固定价格买入的证券等金融资产所融入的资金。该科目贷方登记证券公司按规定卖出证券实际收到的款项;借方登记证券回购时转出的账面余额;期末贷方余额反映证券公司尚未到期的卖出回购证券款。该科目可按卖出回购金融资产的类别和融资方进行明细核算。

（二）账务处理

（1）卖出回购证券。证券公司根据回购协议卖出回购证券时，应按实际收到的金额入账。编制的会计分录为：

借：结算备付金
　　贷：卖出回购金融资产款

（2）期末计息。资产负债表日，计提卖出回购证券利息费用时，应按计算确定的卖出回购证券的利息费用。编制的会计分录为：

借：利息支出
　　贷：应付利息

（3）回购证券。按照协议，回购到期日按合同规定的价格将该批证券从对方回购。编制的会计分录为：

借：卖出回购金融资产款　　　　　　　　　　　　　　　（账面余额）
　　应付利息　　　　　　　　　　　　　　　　　　　　（账面余额）
　　利息支出　　　　　　　　　　　　　　　　　　（借、贷方差额）
　　贷：结算备付金　　　　　　　　　　　　　　　　（实际支付的金额）

三、受托资产管理业务的核算

受托资产管理业务，是指证券公司接受委托负责经营管理受托资产的业务。公司受托经营管理资产，应按实际受托资产的款项，同时确认为一项资产和一项负债；合同到期，与委托单位结算收益或损失时，按合同规定比例计算的应由证券公司享有的收益或承担的损失，确认为当期的收益或损失。

（一）会计科目的设置

证券公司应设置"代理业务资产"和"代理业务负债"两个科目。前者属于资产类科目，核算证券公司不承担风险的代理业务形成的资产，分别以"成本""已实现未结算损益"等进行明细核算，期末余额在借方，反映证券公司代理业务形成资产的价值；后者属于负债类科目，核算证券公司不承担风险的代理业务收到的款项，期末余额在贷方，反映证券公司收到的代理业务资金。

（二）账务处理

（1）证券公司收到代理业务款项时，编制的会计分录为：

借：银行存款（或结算备付金）
　　贷：代理业务负债

（2）证券公司用代理业务资金购买证券等时，编制的会计分录为：

借：代理业务资产——成本
　　贷：结算备付金——客户

(3) 证券公司将购买的证券卖出时,编制的会计分录为:

借:结算备付金——客户　　　　　　　　　　　　　(实际收到的金额)
　　贷:代理业务资产——成本　　　　　　　　　　　(卖出证券应结转的成本)
　　　借或贷:代理业务资产——已实现未结算损益　　　(借、贷差额)

(4) 定期或在委托合同到期与委托客户进行结算时,按合同约定比例计算其代理业务资产收益中属于委托客户的收益和属于证券公司的收益,并结转已实现未结算的损益,编制的会计分录为:

借:代理业务资产——已实现未结算损益
　　贷:代理业务负债　　　　　　　　　　　　　　　(委托客户的收益)
　　　　手续费及佣金收入——代理业务资产手续费收入　(本公司的收益)

(5) 按规定划转、核销或退还代理业务资金时,编制的会计分录为:

借:代理业务负债
　　贷:银行存款(或其他科目)

思 考 题

1. 证券公司的主要业务有哪些?
2. 证券公司在柜台与在证券交易所进行的自营证券业务有何差别?在会计处理上如何体现出来?
3. 什么是代理证券业务?主要有几种代理证券业务?
4. 证券承销业务中,代销发行方式、全额包销发行方式和余额包销发行方式各有什么特点?
5. 代理买卖证券的具体业务有哪几种?其一般程序如何?
6. 证券公司怎样进行代保管证券业务的核算?
7. 其他证券业务的内容有哪些?

练 习 题

【业务题】

1. 长江证券公司于2×19年2月发生如下自营业务(所购证券皆为以公允价值计量且其变动计入当期损益的金融资产):

(1) 1日,以自有资金支付证券交易所300万元清算备付金。

(2) 3日,以余额承购包销的方式承销海润股份有限公司的股票,发行期结束尚未出售部分30 000股按每股15元的承购价,由证券公司购买并转为自营证券。

(3) 4日,长江证券公司通过证券交易所买入海润股份有限公司的股票,共计20 000股,价格为每股20元,假设不考虑相关税费。

(4) 10日,通过柜台以每张1 100元的价格购入金岛公司正在发行的5年期债券10张,债券面值为1 000元,票面利率为12%,到期一次还本付息,另发生相关税费500元。

(5) 15日,将2月3日转为自营的和2月4日购入的海润股份有限公司的股票以每股25元的价格出售40 000股,出售证券的成本的计价采用移动平均法。

(6) 18日,华商公司宣布按10∶2的比例在网上配股,配股价为5元/股。长江证券公司持有经贸公司的股票100 000股。证券公司可配股20 000股,实际支付100 000元配股款。

(7) 23日,收到大众公司发放的现金股利5 000元。

(8) 28日,通过网上认购金岛公司发行的A股,根据认购新股中签结果,公司有820 000元资金中签,扣款成功。

要求:根据上述业务编制会计分录。

2. 长江证券公司于2×19年2月发生如下代理发行证券业务:

(1) M股份有限公司为扩大生产急需资金80 000 000元,因此委托准备增发股票400万股,面值为每股1元。因该公司经营状况良好,企业信誉卓越,该公司先前股票的市场价格近期最高时每股为22元,最低时每股为20元。今委托长江证券公司采用全额承购包销方式代为发行,经协商,金融企业以每股20元的承购价购进全部股票,先付50%价款,其余价款在发行结束时支付。发行期末,长江证券公司将全部股票售出。

(2) K股份有限公司经有关部门同意增发股票,准备发行普通股100万股,每股面值为10元,溢价发行,发行价格为每股20元。今委托长江证券公司采用余额承购包销方式代为发行。发行期结束,尚未出资部分股票按发行价格折价5%,即每股承购价为19元由金融企业购买,并且K公司按实际售出证券的0.5%支付发行手续费。发行期末,长江证券公司共售出95万股。证券公司将剩余股票作为以公允价值计量且其变动计入当期损益的金融资产。

(3) H企业集团准备发行3年期企业债券筹集资金,依报经有关单位批准,今委托长江证券公司采用代销方式代为发行债券4 500 000元,年利率为10%,面值为1 000元,到期一次还本付息,并将印制好的债券交与长江证券公司。发行期末,共售出债券4 000 000元,并已收到全部款项。长江证券公司按照已售出代发行证券款项的0.2%收取手续费。证券公司将剩余债券作为以摊余成本计量的金融资产。

要求:根据上述业务编制会计分录。

3. C公司委托长江证券公司代其进行证券交易买卖,2019年3月发生如下代理买卖证券业务:

(1) 开设资金专户,收到3 000 000元。

(2) 委托长江证券公司,通过证券交易所代理买卖证券,3月底,与客户清算时,买入证券成交总额大于卖出证券成交总额300 000元。代扣代缴的交易税费为12 000元,向客户收取的佣金等手续费为3 000元,金融企业负担的手续费支出为

3 000元。

（3）委托长江证券公司用其尚未交易的1 500 000元代其认购新股，证券交易所完成中签认定工作，将未中签资金300 000元退给客户。中签交付的认股款项为1 200 000元，手续费按照认购金额的0.35%计算，由发行公司支付并已收到。

要求：根据上述业务编制会计分录。

4. 2×19年4月，宝莲公司委托长江证券公司代理兑付2×17年4月1日发行的2年期记名债券，面额为5 000 000元，年利率为12%，宝莲公司拨付6 250 000元兑付资金，其中5 000 000元为债券本金，1 200 000元为2年期利息，50 000元为代兑付手续费。

要求：根据上述业务编制会计分录。

第十三章 保险业务的核算

第一节 保险业务概述

一、保险的概念与种类

(一) 保险的概念

保险是指投保人根据合同约定,向保险人支付保险费,保险人对于合同约定的可能发生的事故因其发生所造成的财产损失承担赔偿保险金责任,或者当被保险人死亡、伤残、疾病或者达到合同约定的年龄、期限时承担给付保险金责任的商业保险行为。从经济角度来说,保险是分摊意外事故损失的一种安排。投保人参加保险是为了将其不确定的大额损失变成确定的小额支出,即保险费。同时保险公司可以集中大量同类风险,借助概率论中的大数定律,将足够多的面临同样风险的经济单位组织起来,按照损失分摊原则,建立保险基金。即保险是一种特殊的经济补偿制度,其实质是由全部投保人分摊部分投保人的经济损失。

(二) 保险的种类

保险可按不同的标准分类:按照保障的对象不同,保险分为财产保险、人身保险两大类;按照业务承保方式进行分类,保险可分为原保险和再保险。

1. 财产保险与人身保险

1) 财产保险

财产保险是指投保人根据合同约定,向保险人支付保险费,保险人按照保险合同的约定,对所承保的财产及其相关利益因自然灾害或意外事故造成的财产损失承担赔偿保险金责任的保险。这里指的保险标的,包括以物质形态存在的和以非物质形态存在的财产及其有关利益。

财产保险主要有:财产损失保险,即以物质及有关利益为保险标的的保险,是一种狭义的财产保险;责任保险,即以被保险人对第三者依法应负的赔偿责任为保险标的的保险。若被保险人因疏忽或过失,造成他人的人身伤害或财产损失应负的经济赔偿责任,由保险人代为赔偿。

财产保险多为短期保险,保险期限通常为 1 年或 1 年以内。其承保的风险为自然灾害或意外事故,损失发生的频率和程度很不规则,赔付支出很不稳定,实务经营中一般要求保留较多的现金,提取巨额风险准备金等措施以备赔付。

2) 人身保险

人身保险是指以人的身体或寿命作为保险标的的保险。当被保险人在保险期间内因保险事故导致伤、残、死亡或者生存至保险期满时,保险人给付保险金的保险。人身保险按保险内容、保险期限、交费方式、给付方式等标准,可分为各种各样的保险种类,概括起来大体上有人寿保险、健康保险和意外伤害保险三种。

（1）人寿保险是指以被保险人的生命为保障对象的保险。例如,生存保险、死亡保险、生死两全保险、年金保险等。人寿保险一般期限较长,可达 5 年、10 年等。

（2）健康保险是指保险人对被保险人因疾病、分娩等所支出的诊断费、医药费及住院费等,以及对被保险人在治疗、休养期间因不能工作而丧失的收入负责赔偿。

（3）意外伤害保险是指保险人对被保险人在保险有效期内遭受严重的意外伤害导致伤残或死亡而给付约定的保险金的保险。

健康保险和意外伤害保险又可分为短期健康保险和人身意外伤害保险、长期健康保险和人身意外伤害保险。

人身保险的保险标的是人的生命、身体或劳动能力,其承保的是人的生死、伤害、疾病等风险,保险事故发生的概率较有规则,保费收入和保险金给付较为稳定,对现金储备和再保险的要求较低,其积聚的巨额闲置资金可用于投资。

此外,国际上习惯将保险划分为寿险和非寿险两类。所谓寿险,仅指以人的生存或死亡为给付条件的人寿保险。所谓非寿险,除包括各种财产保险之外,还包括人身保险中的人身意外伤害保险和医疗保险。这种分类方法主要是根据寿险与非寿险业务的不同保费厘定和经营管理方法而划分的。

2. 原保险与再保险

1) 原保险

原保险是指保险人直接承保并与投保人签订保险合同,构成保险人权利和义务的保险。根据保险人在原保险合同延长期内是否承担赔付保险金责任,可将原保险分为非寿险原保险和寿险原保险。其中,原保险合同延长期是指投保人自上一期保费到期日未缴保费,保险人仍承担赔付保险金责任的期间。

非寿险原保险是指在原保险合同延长期内不承担赔付保险金责任的原保险,通常包括财产保险、短期人身意外伤害保险和短期健康保险;寿险原保险是指在原保险合同延长期内承担赔付保险金责任的原保险,通常包括人寿保险、长期人身意外伤害保险和长期健康保险。

非寿险保险大多属于短期性保险业务,寿险保险基本属于长期性保险业务。这两种保险合同性质不同,保费收入、保险风险的特征不同,在具体会计核算上存在差异。

2) 再保险

再保险也称分保,是指保险人在直接承保合同的基础上,通过签订分保合同,将其所承保的部分风险和责任向另一个保险人进行保险的行为,即对保险人的保险。

在再保险业务中,最初承保业务的保险人称为再保险分出人或原保险人;接受分出业务的保险人称为再保险接受人(分入人)或再保险人。双方签订再保险合同,再保险分出人在分出业务的同时将其所收取的原保险费的相应部分支付给再保险接受人,当保险事故发生时,再保险分出人先将赔款金额支付给投保人或受益人,然后再向再保险接受人追收相当的赔款。

二、保险业务核算的特点

保险公司作为金融机构组织体系的重要组成部分,其业务有别于一般的工商企业,而且与银行等其他金融企业也有很大的区别。具体讲,保险公司业务核算的特点主要包括以下几点。

(一) 各险种类别独立建账、独立核算盈亏

保险公司所经营的各项业务,在会计核算中,按险种类别划分,各险种类别之间在业务经营期限、币种、赔付方式、收费方式上都存在很大的差别,因此,在账务处理上应分账核算。

(二) 会计计量需要运用保险精算技术

保险公司的业务表现为根据保险单(保险合同)向投保人收取保险费,并在合同有效期内承担相应的保险责任。为了保证向保险受益人提供赔偿或给付的义务,在向其支付赔偿或给付以前,保险公司应建立责任准备金。保险公司责任准备金的计算十分复杂,需要运用保险精算技术才能确定。

(三) 资产构成以金融资产为主

保险公司的流动资产中,实物形态的资产所占的比例很小,其收取的保费所形成的保险基金,主要以银行存款、债券等形式进行投资,因此,金融资产所占的比重很大。而且根据有关规定,保险公司一经成立,必须将其注册资本总额的20%作为法定保证金存入保险监督管理部门指定的银行,除公司清算时用于清偿债务外,不得动用。这一规定也使得保险公司资产的构成具有特殊性。

(四) 各种准备金是保险公司特有的负债

由于保险公司的经营风险很大,为了防范风险和保障投保人的权益,必须按企业会计准则的规定,计提各种准备金。因此,保险公司的负债,除了一般的结算性、金融性负债外,还包括其为履行未来赔付责任而从所收取的保费中提取的各种准备金所形成的负债。比如,为尚未终止的非寿险保险责任提取的未到期责任准备金;为非寿险保险事故已发生尚未结案的赔案提取的未决赔款准备金;为尚未终止的人寿保险责任提取的寿险责任准备金;为尚未终止的长期健康保险责任提取的长期健康险责任准备金等。

第二节 寿险原保险业务的核算

寿险原保险是以人的生命、身体或劳动能力为保险标的,以被保险人的生死、伤害、疾病为保险事故的人身保险业务。因此寿险原保险多为给付性质而非补偿性质,其保险金额一般根据被保险人的需要和缴纳保费的多少确定,是一种定额保险。寿

原保险具有储蓄性、保险金额定额给付的确定性、保险期限长期性等特点,这些特点决定了寿险原保险业务与非寿险原保险业务核算存在差异,具有自己的特殊性。根据我国《保险法》的规定,寿险可以分为人寿保险、长期人身意外伤害保险和长期健康保险三大类。

一、人寿保险业务的核算

(一)人寿保险的概念与内容

人寿保险是以被保险人在某一期间内生存或死亡为保险事故,给付约定保险金的保险,包括生存保险、死亡保险、生死两全保险、年金保险等。

生存保险是一种定期保险,以被保险人在约定的保险期满时依然生存为给付条件。被保险人若在保险期内死亡,保单效力终止,保险人既不给付保险金,也不退还保费。

死亡保险以被保险人在保单有效期内死亡为给付条件。若被保险人生存至保单期满,保险人则不负给付保险金责任,保费是否退还要看保单期限长短及保单条款规定,一般长期死亡险具有责任性和保费返还性双重特性。

生死两全保险是指被保险人不论在保险期内死亡还是生存至保险期满,保险人都给付保险金的一种综合险。这种保险是一种具有储蓄性质的定期保险,长期生死两全险一般具有责任性和保费返还性双重特性。

年金保险又称养老金保险,是指保险人在约定的保险期内,以被保险人的生存为给付条件,按照一定的周期(1年、6个月、1个月、1个星期)给付保险金的保险。

(二)保费收入的确认与计量

确定人寿保险业务保费的基本原理是:保费收入的现值等于未来保险金支付的现值与所有费用开支的现值之和。寿险保费由纯保费和附加保费两部分构成。其中,纯保费是以预定死亡率和预定利率为基础所计算的保费,是保险公司用于保险金支付的那部分费用;附加保费根据预定费用率计算,主要用于保险公司的各项业务开支和预期利润。

人寿保险业务保费收入的确认,也应同时满足《企业会计准则第25号——原保险合同》中所规定的三个确认条件。由于寿险原保险合同的保险期间一般较长,保费通常分期收取,一次性交清的较少。因此,具体而言,对于寿险原保险合同,分期收取保费的,应当在合同约定的承担保险责任日确认首期保费收入,在合同约定的以后各期投保人缴费日确认相应各期的保费收入;一次性收取保费的,应当在合同约定的承担保险责任日确认保费收入。

对于寿险原保险合同保费收入的计量,分期收取保费的,应当根据当期应收取的保费确定;一次性收取保费的,应当根据一次性应收取的保费确定。

人寿保险业务的核算主要包括保费收入的核算、保险金给付的核算、长期意外伤害保险和健康保险的核算、退保业务的核算及寿险责任准备金的核算等内容。

(三)人寿保险业务保费收入的核算

为了反映人寿保险业务保费收入的增减变动情况,应设置"保费收入""应收保费""坏账准备"和"预收保费"等科目进行核算。人寿保险业务保费收入的核算与财产保险业务基本类似。这些科目核算的具体内容前面已介绍,这里不再赘述。

1. 实收保费的核算

在保险业务发生时收取保费的情况下,由于保险业务已发生,所收的部分就是即期保费收入。

【例 13-1】 2×19 年 12 月 31 日,乙保险公司与李某签订一份定期寿险合同,保险金额为 1 000 000 元,保险期间为 2×20 年 1 月 1 日零时至 2×59 年 12 月 31 日 24 时;保费总额为 60 000 元,分 5 期于前 5 年每年 1 月 1 日等额收取。合同生效当日,乙保险公司收到李某缴纳的第一期保费 12 000 元,乙保险公司的账务处理如下:

借:银行存款　　　　　　　　　　　　　　　　　　　　　　12 000
　　贷:保费收入——定期寿险　　　　　　　　　　　　　　　　　12 000

以后各年收取保费的账务处理同上。

2. 预收保费的核算

对于分期缴费的保险业务,由于投保人一次性缴纳以后若干期保费,对于不属于当期收入的多缴部分作为预收保费处理,到以后年度应缴费时分期确认为保费收入。

【例 13-2】 李某向乙保险公司投保个人养老金险,约定每月交费 100 元,2×20 年 1 月 6 日预交保费 1 200 元。则乙保险公司应编制会计分录为:

(1) 预收保费时:

借:库存现金　　　　　　　　　　　　　　　　　　　　　　1 200
　　贷:保费收入——年金保险(个人养老险)　　　　　　　　　　　100
　　　　预收保费——李某　　　　　　　　　　　　　　　　　　1 100

(2) 以后每月将预收保费转为实现的保费收入时:

借:预收保费　　　　　　　　　　　　　　　　　　　　　　100
　　贷:保费收入——年金保险(个人养老险)　　　　　　　　　　　100

3. 应收保费的核算

对于寿险保费,保单宽限期内欠缴保费的保单,其保费金额可以可靠地计量,其经济利益很可能流入公司,同时,公司在宽限期仍承担相应保险责任,因此,应计提应收保费并确认保费收入。实际收到且属于约定金额范围的保费时冲减应收保费。保单失效后,将应收保费冲减当期保费收入。

【例 13-3】 某保户李某 2×18 年 3 月向乙保险公司投保 10 期终身寿险,按规定每年缴保费 10 000 元,宽限期为 3 个月。2×18 年 3 月,李某缴纳现金保费 10 000 元,2×19 年 3 月缴费期已到,但李某因资金紧张尚未缴纳保费。2×19 年 5 月,李某缴来现金保费 10 000 元。乙公司应编制会计分录为:

(1) 2×18 年 3 月,收到首期保费时:

借:库存现金　　　　　　　　　　　　　　　　　　　　　　10 000
　　贷:保费收入——终身寿险　　　　　　　　　　　　　　　　　10 000

(2) 2×19年3月,保户欠缴保费时:

借:应收保费　　　　　　　　　　　　　　　　　　　　　　　　10 000
　　贷:保费收入——终身寿险　　　　　　　　　　　　　　　　　　　　10 000

(3) 2×19年5月收到欠缴保费时:

借:库存现金　　　　　　　　　　　　　　　　　　　　　　　　10 000
　　贷:应收保费　　　　　　　　　　　　　　　　　　　　　　　　　　10 000

(四) 人寿保险业务保险金给付的核算

1. 保险金给付的确认与计量

人寿保险业务保险金给付是保险公司对投保人在保险期满或在保险期中支付保险金,以及对保险期内发生保险责任范围的意外事故按规定给付保险金。

根据《企业会计准则第25号——原保险合同》的规定,保险人应当在确定支付赔付款项或实际发生理赔费用的当期,按照确定支付的赔付款项金额或实际发生的理赔费用金额,计入当期损益;同时,冲减相应的寿险责任准备金余额。

实际给付保险金时,投保人有借款的,应先结清借款。若在保险合同规定的缴费宽限期内给付时投保人有未缴保费的,应将其从应支付的保险金中扣除。相反,投保人有预交保费的,在给付保险金时应退还预交部分。

2. 保险金给付的账务处理

为了反映寿险保险金给付情况,保险公司应设置"赔付支出"科目。该科目属于损益类科目,其借方登记保险金给付实际支付的金额;贷方登记期末结转"本年利润"科目的金额;结转后该科目无余额。该科目应按保险合同和险种进行明细核算。

人寿保险公司在办理给付保险金时,应由投保人提供有关单证及证明。经业务部门审查核实后,填制"满期给付领取收据"或"死伤医疗给付领取收据",并由投保人签章后,连同保险分户卡一并送交会计部门。会计人员认真复核后,向投保人支付保险金。保险金给付的主要会计处理如下:

(1) 发生保险金给付时,借记"赔付支出"科目,贷记"库存现金""银行存款"等科目。

(2) 若在保险金给付时贷款本息尚未还清,应将其从应支付保险金中扣除,按保单约定给付金额借记"赔付支出"科目,按未收回的保户质押贷款本金,贷记"保户质押贷款"科目,按利息数贷记"利息收入"科目,按实际支付的金额贷记"库存现金"或"银行存款"等科目。

(3) 若在保险合同规定的缴费宽限期内发生保险金给付时,应按应给付金额,借记"赔付支出"科目,按投保人未缴保费部分,贷记"保费收入"科目,按利息数,贷记"利息收入"科目,按实际支付的金额,贷记"库存现金"或"银行存款"等科目。

(4) 若在保险金给付时保户存在预交保费,应将其退还给保户,按保单约定给付金额,借记"赔付支出"科目,按应退还给保户的金额,借记"预收保费"科目,按实际支付的金额,贷记"库存现金"或"银行存款"等科目。

人寿保险业务保险金给付分为满期给付、死伤医疗给付和年金给付三种,下面分别介绍其核算。

第一,满期给付的核算。满期给付是指被保险人生存到保险期满时,保险公司给付的保险金。满期给付是综合投保年龄、保险期限、交费时间和投保份数等因素,根据寿险数学精算出来的。满期给付一般由被保险人本人受领。人寿保险满期险种主要有简易人寿保险、团体人寿保险、普通个人生存保险,以及生死两全保险等。为了反映人寿保险业务满期给付的增减变动情况,应在"赔付支出"科目下设置"满期给付"明细科目,按保险合同和险种进行明细核算。

【例 13-4】 建工集团公司为员工投保期限为 3 年的团体两全人寿保险,现已到期。保险公司业务部门按缴费期限、投保份数,计算每一个被保险人已满期的保险金,总计为 200 000 元,经核实后,将分户账和投保人填制的"满期给付领取收据"交会计部门。会计部门用转账支票支付该笔保险金。应编制会计分录为:

借:赔付支出——满期给付——团体人寿险　　　　　　　　200 000
　　贷:银行存款　　　　　　　　　　　　　　　　　　　　　　　200 000

借:寿险责任准备金　　　　　　　　　　　　　　　　　　　200 000
　　贷:提取寿险责任准备金　　　　　　　　　　　　　　　　　　200 000

期满给付时,投保人如有贷款本息未还清的,应将其未还清的贷款本息从应付的保险金中扣除。

【例 13-5】 某客户投保保险金额为 50 000 元的两全保险满期,尚有 8 000 元的保单质押贷款未归还,该笔贷款应付利息为 406 元,人寿保险公司会计部门将贷款及利息扣除后办理给付。应编制会计分录为:

借:满期给付——两全险　　　　　　　　　　　　　　　　50 000
　　贷:保户质押贷款——某客户　　　　　　　　　　　　　　　　8 000
　　　　利息收入——保户质押贷款利息收入户　　　　　　　　　　406
　　　　银行存款　　　　　　　　　　　　　　　　　　　　　　　41 594

借:寿险责任准备金　　　　　　　　　　　　　　　　　　　50 000
　　贷:提取寿险责任准备金　　　　　　　　　　　　　　　　　　50 000

第二,死伤医疗给付的核算。死伤医疗给付分为死亡给付、伤残给付和医疗给付三种,是指人寿保险业务、长期健康保险业务的被保险人在保险期内发生保险责任范围内的死亡、伤残和医疗等保险事故时,根据寿险合同约定给付的保险金。为了反映人寿保险业务死伤医疗给付的增减变动情况,应在"赔款支出"科目下设置"死伤医疗给付"明细科目,按保险合同和险种进行明细核算。

【例 13-6】 某简易人寿保险保户因病死亡,其受益人提出死亡给付申请,A 保险公司业务部门审查同意给付全部保险金 5 000 元,该保户有当月应缴而未缴的保费 50 元,应从应给付的保险金中扣除,余额以现金支付。A 保险公司应编制会计分录为:

借：赔付支出——死伤医疗给付	5 000	
贷：保费收入		50
库存现金		4 950
借：寿险责任准备金	5 000	
贷：提取寿险责任准备金		5 000

【例 13-7】 保户王某为其子女向 A 保险公司投保 10 年期独生子女两全保险，现因交通事故造成其子一肢永久残疾，经医院提供伤残证明，按规定给付保险金金额 15 000 元，经复核以现金支付。A 保险公司应编制会计分录为：

借：赔付支出——死伤医疗给付	15 000	
贷：库存现金		15 000
借：寿险责任准备金	15 000	
贷：提取寿险责任准备金		15 000

【例 13-8】 某长期健康险保单的被保险人发生重大疾病，在住院期间发生医疗费用 100 000 元，向保险人提出给付申请，A 保险公司在审查后同意给付全部保险金 100 000 元，但须扣除宽限期内尚未支付的保费 4 300 元和保户质押贷款 10 900 元（其中，利息为 900 元）。A 保险公司应编制会计分录为：

借：赔付支出——死伤医疗给付	100 000	
贷：应收保费		4 300
保户质押贷款		10 000
利息收入		900
库存现金		84 800
借：寿险责任准备金	100 000	
贷：提取寿险责任准备金		100 000

需要说明的是，人寿保险公司的意外伤害保险和短期医疗保险的保险金在"赔款支出"明细科目核算，不在"死伤医疗给付"明细科目核算。

第三，年金给付的核算。年金给付是指寿险业务被保险人生存至保险条款规定的年限，保险企业按保险合同条款约定支付给被保险人或受益人的保险金。为了反映人寿保险业务年金给付的增减变动情况，应在"赔款支出"科目下设置"年金给付"明细科目，按保险合同和险种进行明细核算。

【例 13-9】 王某向 A 保险公司投保终身养老年金保险，每月缴保费 1 000 元，现已到约定年金领取年龄，该投保人持有相关证件向 A 保险公司提出领取手续，按规定每月领取保险金 3 000 元，经复核后以现金支付。A 保险公司应编制会计分录为：

借：赔付支出——年金给付	3 000	
贷：库存现金		3 000
借：寿险责任准备金	3 000	
贷：提取寿险责任准备金		3 000

二、长期人身意外伤害保险业务和长期健康保险业务的核算

(一) 长期人身意外伤害保险业务和长期健康保险业务的概念

长期人身意外伤害保险是指保险期限为1年及1年以上的人身意外伤害保险。长期人身意外伤害保险和长期人寿保险一起作为综合险出售。

长期健康保险是指保险期限为1年及1年以上的健康保险。由于健康保险的风险程度高、技术难度大,长期健康保险一般单独出售。

(二) 长期人身意外伤害保险业务和长期健康保险业务的账务处理

为了反映和监督意外伤害保险业务和健康保险业务保费收入和保险金给付情况,主要应设置"保费收入""应收保费""赔付支出——赔款支出""赔付支出——死伤医疗给付"等科目进行核算。其中,"赔款支出"科目用于短期人身意外伤害险业务和短期健康险业务,在"财产保险业务赔付支出的核算"中已述;"赔付支出——死伤医疗给付"科目用于长期人身意外伤害险业务和长期健康险业务,在"人寿保险业务保险金给付的核算"中已述。

1. 保费收入的核算

长期人身意外伤害保险业务和长期健康保险业务保费收入的确认,与前述人寿保险业务相同。投保人向保险公司申办意外伤害保险和健康保险时,应办理投保手续和缴纳保费。每日对外营业结束后,由业务部门汇编"××险保费日结单",连同保费收据存根送交会计部门。会计部门审查后办理入账。

2. 保险金给付的核算

保险公司应当在确定支付赔付款项或实际发生理赔费用的当期,按照确定支付的赔付款项金额或实际发生的理赔费用金额,计入当期损益;同时,冲减相应的未决赔款准备金、长期健康险责任准备金余额。关于冲减相应的未决赔款准备金余额的核算前已述,这里不再重复;冲减相应的长期健康险责任准备金余额的核算,将在后面"人身保险业务准备金的核算"中阐述,此处从略。

保险公司在办理意外伤害保险和健康保险保险金给付时,应由投保人提供有关单证及证明。经业务部门审查核实后,填制"××险给付领取收据",并由被保人签章,连同分户卡送交会计部门。会计部门经审核无误后据以给付投保人保险金。

【例13-10】 某长期健康险保单的被保险人发生重大疾病,向保险人提出给付申请,保险人审查后同意给付保险金100 000元,但须扣除宽限期内尚未缴付的保费4 300元和保单质押贷款10 900元(其中未计提的利息为900元)。编制的会计分录为:

借:赔付支出——死伤医疗给付——长期健康险　　　　　　　　　　100 000
　　贷:保费收入——长期健康险　　　　　　　　　　　　　　　　　　4 300
　　　　保户质押贷款——某客户　　　　　　　　　　　　　　　　　10 000
　　　　利息收入——保户质押贷款利息收入户　　　　　　　　　　　　900
　　　　库存现金　　　　　　　　　　　　　　　　　　　　　　　84 800

借：长期健康险责任准备金　　　　　　　　　　　　　100 000
　　贷：提取长期健康险责任准备金　　　　　　　　　　　　100 000

三、寿险原保险业务准备金的核算

寿险原保险业务准备金是寿险保险公司对尚未终止的人寿保险责任应提取寿险责任准备金和对尚未终止的长期健康保险责任应提取长期健康险责任准备金。

（一）寿险责任准备金的核算

1. 寿险责任准备金的确认与计量

寿险责任准备金是指保险人为尚未终止的人寿保险责任提取的准备金。人寿保险一般属于长期性保险业务，其保费收入具有与短期性保险业务完全不同的特征，即保费的缴纳通常以分期均衡缴费方式为主，采用趸交保费的方式较为少见。而在保险期内，随着被保险人年龄的增长，保险公司承担的给付死亡保险金责任的可能性不断增大，即长期性保险业务的保险风险不可能平均分布于整个保险期间，在保险期间内保险风险是不断增加的。由此造成保险公司当期收取的保费与当期承担的风险责任并不对等，通常在保险初期收取的保费高于当期的风险责任费用，形成一定的保险剩余，而在保险后期则形成保费不足。在这种情况下，保险公司为了平衡未来发生的债务，保证有充足的能力随时进行给付，就必须将投保人历年缴纳的纯保费和利息积累起来，作为将来保险金给付和退保给付的责任准备金。具体来说，寿险责任准备金应当是保险公司收入的净保费和利息与寿险合同中所规定的当期应承担给付义务之间的差额。

根据《企业会计准则第25号——原保险合同》的规定，保险人应当在确认寿险保费收入当期，按照保险精算确定的金额，提取寿险责任准备金，并确认寿险责任准备金负债。

2. 科目设置

为了反映寿险责任准备金的增减变动情况，保险公司主要应设置"寿险责任准备金"科目和"提取寿险责任准备金"科目进行核算。

（1）"寿险责任准备金"科目。该科目属于负债类科目，核算保险公司为尚未终止的人寿保险责任提取的准备金。其贷方登记按规定提取、补提的寿险责任准备金；借方登记按规定冲减的寿险责任准备金；期末余额在贷方，反映保险公司的寿险责任准备金。该科目可按保险合同进行明细核算。

（2）"提取寿险责任准备金"科目。该科目属于损益类科目，核算保险公司为尚未终止的人寿保险责任提取的准备金。其借方登记按规定提取、补提的寿险责任准备金；贷方登记按规定冲减的寿险责任准备金；期末，应将该科目余额转入"本年利润"科目，结转后该科目无余额。该科目可按险种和保险合同进行明细核算。

3. 寿险责任准备金账务处理

（1）寿险责任准备金的计提。保险人在确认寿险保费收入的当期，应按保险精算确定的寿险责任准备金。编制的会计分录为：

借：提取寿险责任准备金——××险种
  贷：寿险责任准备金

（2）寿险责任准备金充足性测试。保险人至少应当于每年年度终了，对寿险责任准备金进行充足性测试。保险人按照保险精算重新计算确定的寿险责任准备金金额超过充足性测试日已提取的寿险责任准备金余额的，应当按照其差额补提寿险责任准备金；保险人按照保险精算重新计算确定的寿险责任准备金金额小于充足性测试日已提取的寿险责任准备金余额的，不调整寿险责任准备金。

（3）寿险责任准备金的冲减。原保险合同保险人确定支付赔付款项金额或实际发生理赔费用的当期，应按冲减的相应寿险责任准备金余额。编制的会计分录为：

借：寿险责任准备金
  贷：提取寿险责任准备金——××险种

（4）寿险责任准备金的转销。寿险原保险合同提前解除的，保险人应将相关寿险责任准备金余额予以转销。编制的会计分录为：

借：寿险责任准备金
  贷：提取寿险责任准备金——××险种

（5）提取寿险责任准备金的期末结转。期末，应将"提取寿险责任准备金"科目的余额结转"本年利润"科目。编制的会计分录为：

借：本年利润
  贷：提取寿险责任准备金——××险种

（二）长期健康险责任准备金的核算

1. 长期健康险责任准备金的确认与计量

长期健康险责任准备金是指保险人为尚未终止的长期健康保险责任提取的准备金。根据《企业会计准则第25号——原保险合同》的规定，保险人应当在确认寿险保费收入当期，按照保险精算确定的金额，提取长期健康险责任准备金，并确认长期健康险责任准备金负债。

2. 长期健康险责任准备金的账务处理

为了反映和监督长期健康险责任准备金的增减变动情况，主要应设置"长期健康险责任准备金""提取长期健康险责任准备金"科目进行核算。其结构与上述"寿险责任准备金"科目和"提取寿险责任准备金"科目相同。

（1）计提。保险人在确认寿险保费收入的当期，应按保险精算确定的长期健康险责任准备金。编制的会计分录为：

借：提取长期健康险责任准备金——××险种
  贷：长期健康险责任准备金

（2）充足性测试。保险人至少应当于每年年度终了，对长期健康险责任准备金进行充足性测试。保险人按照保险精算重新计算确定的长期健康险责任准备金金额超过充足性测试日已提取的长期健康险责任准备金余额的,应当按照其差额补提长期健康险责任准备金;保险人按照保险精算重新计算确定的长期健康险责任准备金金额小于充足性测试日已提取的长期健康险责任准备金余额的,不调整长期健康险责任准备金。

(3) 冲减。原保险合同保险人确定支付赔付款项金额或实际发生理赔费用的当期,应按冲减的相应长期健康险责任准备金余额。编制的会计分录为:

借:长期健康险责任准备金
  贷:提取长期健康险责任准备金——××险种

(4) 转销。寿险原保险合同提前解除的,保险人应将相关长期健康险责任准备金余额予以转销。编制的会计分录为:

借:长期健康险责任准备金
  贷:提取长期健康险责任准备金——××险种

(5) 期末结转。期末,应将"提取长期健康险责任准备金"科目的余额结转"本年利润"科目。编制会计分录为:

借:本年利润
  贷:提取长期健康险责任准备金——××险种

【例 13-11】 2019 年 12 月 31 日,乙人寿保险公司在确认某团体终身寿险原保险合同保费收入时,按照保险精算确定的寿险责任准备金金额 150 000 元;在确认某重大疾病保险合同保费收入时,按照保险精算确定的长期健康责任准备金金额 200 000 元。编制的会计分录为:

借:寿险责任准备金   150 000
  贷:提取寿险责任准备金   150 000
借:提取长期健康险责任准备金   200 000
  贷:长期健康险责任准备金   200 000

四、人寿保险业务退保的核算

退保业务是指被保险人在保险期限未满的情况下要求退保并获保险公司同意的业务。保险公司按照保险合同的约定,计算确定的应退还保险单所有人的金额,称为退保费。

1. 退保费的确认与计量

根据《企业会计准则第 25 号——原保险合同》的规定,原保险合同提前解除的,保险人应当按照原保险合同约定计算确定应退还投保人的金额,作为退保费计入当期损益。

因寿险原保险险种不同,退保的有关规定、手续以及退保费的金额也不相同。人寿保险业务退保可分为犹豫期退保和正常退保两种情况。其中,犹豫期退保是指投保人在合同约定的犹豫期内(投保人收到保单后 10 天)退保。超过犹豫期的退保视为正常退保。投保人若在犹豫期内退保,保险人应当在扣除手续费后退还保险费,作为退保费,直接冲减保费收入;若过了犹豫期,保险人应当按照合同约定退还保险单的现金价值,作为退保费,计入当期损益("退保金"科目)。同时,保险人应当在寿险原保险合同提前解除时,转销已确认的相关寿险责任准备金、长期健康险责任准备金。

保单现金价值是指寿险契约在发生解约或退保时可以返还的金额。在长期寿险契约中,保险人为履行契约责任,通常需要提取一定数额的责任准备金,当被保险人于保险有效期内因故而要求解约或退保时,保险人按规定,将提取的责任准备金减去解约扣除后的余额退还给被保险人,这部分金额即为保单的现金价值。

2. 退保业务的核算

为了核算退保业务,人寿保险公司应设置"退保金""保费收入"等科目。其中,"退保金"科目属于损益类科目,其借方登记寿险原保险合同提前解除时按照约定应当退还投保人的保单现金价值;贷方登记期末转入"本年利润"科目的金额;期末结转后,该科目无余额。该科目可按险种进行明细核算。保险公司寿险原保险合同提前解除时应当退还投保人的不属于保单现金价值的款项,在"保费收入"科目核算。

退保业务的账务处理包括发生和期末结转退保费两项内容。发生退保费时还应考虑是否存在投保人贷款本息未还清和预缴保费的情况。主要的会计处理如下:

(1) 支付退保金时,借记"退保金"科目,贷记"库存现金"或"银行存款"等科目。

(2) 支付退保金时,若有贷款本息未还清,以现金价值借记"退保金"科目,按未收回的保户质押贷款本金,贷记"保户质押贷款"科目,按利息数,贷记"利息收入"科目,按实际支付的金额,贷记"库存现金"或"银行存款"等科目。

(3) 若在保险合同规定的缴费宽限期内发生退保时,应按应给付金额,借记"退保金"科目,按投保人未缴保费部分,贷记"保费收入"或者"应收保费"科目,按利息数,贷记"利息收入"科目,按实际支付的金额,贷记"库存现金"或"银行存款"等科目。

(4) 退保时若有预交保费的,应退还预交部分。按退保金额,借记"退保金"科目,按应退预交保费金额,借记"预收保费"科目,按实付金额,贷记"库存现金"或"银行存款"等科目。

(5) 意外伤害险和短期健康险的退保费核算不通过"退保金"科目核算,而是冲减已收的保费收入,借记"保费收入"科目,贷记"库存现金"或"银行存款"等科目。

【例 13-12】 某年金养老保险保户王某因经济困难要求退保,按规定计算的该保单现金价值为 70 000 元,即退保金为 70 000 元,但须扣除保户的 20 000 元借款及其利息 1 500 元,A 保险公司会计部门在审核无误之后以现金支付。A 保险公司应编制的会计分录为:

借:退保金——年金保险　　　　　　　　　　　　　70 000
　　贷:保户质押贷款——王某　　　　　　　　　　　　20 000
　　　　利息收入　　　　　　　　　　　　　　　　　　1 500
　　　　库存现金　　　　　　　　　　　　　　　　　 48 500

借：寿险责任准备金　　　　　　　　　　　　　　　　　　　70 000
　　　　贷：提取寿险责任准备金　　　　　　　　　　　　　　　　　70 000

【例 13-13】 某定期寿险保户李某要求退保，A 保险公司业务部门核定应退金额为 1 550 元，但该保户尚有预交 3 个月的保费 80 元，会计部门在审核无误之后将退保金与预交保费一起退还给被保险人。A 保险公司应编制的会计分录为：

　　借：退保金——定期寿险　　　　　　　　　　　　　　　　　1 550
　　　　预收保费——李某　　　　　　　　　　　　　　　　　　　　80
　　　　贷：库存现金　　　　　　　　　　　　　　　　　　　　　1 630

　　借：寿险责任准备金　　　　　　　　　　　　　　　　　　　1 630
　　　　贷：提取寿险责任准备金　　　　　　　　　　　　　　　　1 630

第三节　非寿险原保险业务的核算

如前所述，非寿险原保险是指在原保险合同延长期内不承担赔付保险金责任的原保险，通常包括财产保险、短期人身意外伤害保险和短期健康保险。

财产保险是以财产及其有关利益为保险标的的保险。财产保险的标的有两个：财产和与财产有关的利益。其中，财产是指以一定物质形态存在的，并能以一定的价值尺度进行衡量的有形物资，包括动产和不动产；与财产有关的利益是指由财产所产生或引起的无形的权益，以及这些权益受到侵害时所引起的责任。因此，财产保险具有补偿性，即补偿财产及其有关利益的实际损失。本节主要介绍财产保险业务保费收入、赔付支出和准备金的核算。

一、财产保险业务保费收入的核算

（一）财产保险业务保费收入的概念

保费收入是保险企业为承担一定的风险责任而向投保人收取的保险费，或者是投保人为将其风险转嫁给保险企业而支付的代价。保费收入的多少，反映保险企业承保能力的大小和保险责任的大小。对于保费收入的理解，需要澄清以下几个基本概念。

（1）入账保费。入账保费即在会计核算上已确认在本期的保费收入。入账保费是保险企业因在一定时期内签发的保险单而收到或者尚未收到的保费总额。

（2）未赚保费。未赚保费又称未到期保费，是指在某一年度的入账保费中应当用于支付下一年度所发生赔款的保费。由于保险业务一般是跨年度连续经营的，每个会计年度末进行决算时，当年签发的保险单有许多尚未到期，但这些保单有可能在下一个会计年度发生赔款支出，因此，当年的入账保费并不能全部用于支付当年发生的赔款支出。为此，保险企业应当提取一部分保费用于支付下一个会计年度要发生的赔款，从当年保费收入所提存的这部分资金就是未赚保费，实际上就是后面所说的未到期责任准备金。

(3) 已赚保费。已赚保费又称已到期保费,是指某一会计年度中可以用于当年赔款支出的保费收入。在每个会计期间末,保险企业应将所收保费中在当期已承担了保险责任或者已终止合同的那部分保费作为已赚保费入账。已赚保费实际上应等于上一个会计年度转回的未赚保费加上本会计年度的入账保费,再减去本会计年度的未赚保费。由此可见,已赚保费才是保险企业的实际保费收入。保费收入的核算主要有保费的计算、保费收入的确认和保费收入账务处理等内容。

保险人通过收取保费以建立保险基金,当被保险人遭受约定的灾害事故时,保险人从该项基金支付赔款或给付保险金,投保人缴纳的保险费通常分解为纯保费和附加费两部分。其中,纯保费是保险公司用来建立保险基金,将来用于赔付的那部分保费;附加费主要用于保险公司各项开支和预期利润。

(二) 财产保险业务保费收入的确认与计量

1. 保费收入的确认

根据企业会计准则规定,保费收入应在下列条件均能满足时予以确认:①原保险合同成立并承担相应保险责任,即原保险合同已经签订并已生效。②与原保险合同相关的经济利益能够流入公司。即与原保险合同相关的保费收回的可能性大于不能收回的可能性,即保费收回的可能性超过50%。③与原保险合同相关的收入能够可靠地计量。

由于非寿险原保险合同一般是签单生效,即保险合同一经签订,保险合同成立,保险公司开始承担保险责任;并且由于非寿险原保险合同期限一般较短,通常短于1年,保费金额可以确定,收取保费的可能性也通常大于不能收到保费的可能性,因此,在实际工作中,非寿险原保险合同一般是签单时确认保费收入。

但是,非寿险原保险合同也存在签单日与承担保险责任日不一致的情况,如货物运输保险合同,签订保险合同是一个日期,承担保险责任又是另一个日期。在这种情况下,签单日收取的保费作为预收款处理,待承担保险责任时再转作保费收入。

此外,由于非寿险原保险合同存在不可预见的损失风险,例如,国家政治、政策风险,地震、洪水等巨灾风险。因此,有时会存在收取保费的可能性小于不能收取保费的可能性的情况。这种情况一旦出现,保险人不能确认保费收入,而在实际收到保费时确认收入。

2. 保费收入的计量

不同种类的原保险合同性质不同,其保费收入的计量方法也不相同。根据《企业会计准则第25号——原保险合同》的规定,非寿险原保险合同的保费收入金额,应当根据原保险合同约定的保费总额确定。

(三) 财产保险业务保费收入的账务处理

为了核算保费收入的增减变动情况,保险公司应设置"保费收入""应收保费""预收保费""坏账准备"等科目。财产保险公司会计部门根据业务部门交来的财产险保费日报表、保费收据存根作为原始凭证,编制记账凭证入账。

财产保险公司在确认非寿险原保险合同的保费收入时,借记"库存现金""银行存款""应收保费""预收保费"等科目,贷记"保费收入"科目。非寿险原保险合同提前解除的,按原保险合同约定计算确定的应退还投保人的金额,借记"保费收入"科目,贷记"库存现金""银行存款"等科目。期末,应将该科目余额转入"本年利润"科目,结转后该科目无余额。

1. 签发保单时直接缴纳保费的核算

签发保险单时,直接缴纳保费的,财产保险公司会计部门根据业务部门交来的财产险保费日报表、保费收据存根和银行收账通知办理转账。

【例 13-14】 甲公司与 B 财产保险公司签订一份非寿险保险合同,承保金额为 3 000 000 元,保险期限为 1 年,保险费费率为 1‰。B 财产保险公司会计部门收到机动车辆保险保费日报表、保费收据存根和银行收账通知,该业务签单生效时一次性收到全部保费。B 财产保险公司编制会计分录为:

借:银行存款　　　　　　　　　　　　　　　　　30 000
　　贷:保费收入　　　　　　　　　　　　　　　　　30 000

2. 预收保费的核算

如果发生保险客户提前缴费或缴纳保费在前,承担保险责任在后的业务,则应作为预收保费处理,到期再转入保费收入。会计部门根据业务部门交来的财产险保费日报表和保费收据存根,以及银行收账通知进行账务处理。

【例 13-15】 2×19 年 2 月 5 日,甲保险公司会计部门收到业务部门交来的货物运输险保费日报表和保费收据存根,以及银行收账通知 20 000 元,公司于 3 月 5 日起承担保险责任,则甲保险公司编制会计分录为:

(1) 2 月 5 日,收到保费时:

借:银行存款　　　　　　　　　　　　　　　　　20 000
　　贷:预收保费——某公司　　　　　　　　　　　　20 000

(2) 3 月 5 日,确认保费收入时:

借:预收保费——某公司　　　　　　　　　　　　20 000
　　贷:保费收入——某险种　　　　　　　　　　　　20 000

3. 分期缴费保费的核算

对于一些大保户或保额高的保户,经保险公司同意,可以分期缴纳保费。保险单一经签单,全部保费均应作为保费收入,未收款的部分则作为"应收保费"递延,待下期收款时再冲销。对应收保费因根据可收回金额按期估计坏账损失,计提坏账准备;经确认为坏账的应收保费,冲销"坏账准备"科目;收回已确认为坏账并转销的应收保费时,再转回坏账准备和应收保费,然后将收到的保费入账。

【例 13-16】 2×19 年 1 月,某企业投保财产综合险,与甲财产保险公司签订保险合同中约定保费为 50 000 元,双方协商共分 5 期支付。1 月,保险公司收到首期保费 10 000 元,保险公司应编制会计分录为:

(1) 收取首期保费时:

借：银行存款	10 000	
应收保费——某企业	40 000	
贷：保费收入——综合险		50 000

（2）以后每期收取应收保费时：

借：银行存款	10 000	
贷：应收保费——某企业		10 000

（3）假定最后一期保费未收到已有 3 年以上，经确认为坏账，按批准的坏账转销凭证冲销坏账准备时：

借：坏账准备	10 000	
贷：应收保费——某企业		10 000

上述已转销的应收保费以后又收到时：

借：应收保费——某企业	10 000	
贷：坏账准备		10 000

同时，

借：银行存款	10 000	
贷：应收保费——某企业		10 000

4. 保户储金收益转作保费收入的核算

保户储金是指保险企业以储户本金增值作为保费收入的保险业务而收到保户缴存的储金。保户储金具有保险和储蓄双重性质。在保险期满时，如果没有发生保险事故，则储金应退还给保户，因此，保户储金本身并不是保费收入，而是一项金融负债。保险企业在收到保户储金后，一般会将该保险储金存入银行或者进行债券投资，从银行获取的利息收入或者债券投资所取得的投资收益应作为保费收入。具体来说，保险企业在期末时根据保户储金平均余额乘以预定利率（或预定收益率）来计算当期的保费收入。

财产保险公司应设置"保户储金"科目，用来核算保险公司收到投保人以储金本金增值作为保费收入的储金。该科目可按储金类型、投保人及险种进行明细核算。保险企业收到投保人投资型保险业务的投资款，可将"保户储金"科目改为"保户投资款"科目。"保户储金"科目和"保户投资款"科目期末贷方余额，反映保险企业应付未付投保人储金和投资款。

保险公司收到投保人以储金本金增值作为保费收入的储金时，借记"银行存款""库存现金"等科目，贷记"保户储金"科目；保险企业收到投保人投资型保险业务的投资款，借记"银行存款""库存现金"等科目，贷记"保户投资款"科目；保险企业向投保人支付保户储金和保户投资款时，编制相反的会计分录。

【例 13-17】 甲保险公司会计部门收到业务部门交来的 3 年期家财两全险保户储金日报表、储金收据和银行储金专户收款凭证 100 000 元，预计年利率 2%，3 年后一次还本付息。编制会计分录为：

（1）收到保户储金，存入银行专户时：

```
借：银行存款——储金专户                               100 000
    贷：保户储金——家财两全险                                100 000
```

（2）按预定年利率计算保户储金每年应计利息 2 000 元(100 000×2%)，并转作保费收入时：

```
借：应收利息                                         2 000
    贷：保费收入——家财两全险                               2 000
```

（3）保单到期，将 3 年期专户存储的定期存单转为活期存款，并用银行存款归还保户储金时：

```
借：银行存款——活期户                                106 000
    贷：银行存款——储金专户                                100 000
        应收利息                                        4 000
        保费收入                                        2 000
```

同时：

```
借：保户储金——家财两全险                             100 000
    贷：银行存款——活期户                                  100 000
```

5. 中途加保

保单签发后至期满前，由于保险标的升值、财产重估或企业关停并转等原因，保户中途要求加保或退保，应由保户提出书面申请，业务部门审查同意后，签发批单。会计部门根据业务部门转来的批单、保费收据及银行收账通知转账。中途加保的保费收入的核算，与投保时保费收入的核算相同。

二、财产保险业务准备金的核算

财产保险业务准备金是指保险公司为履行其承担的保险责任或者备付未来赔款，从收取的保险费中按规定提存的资金准备，它是保险公司的一种资金的积累，主要包括未到期责任准备金和未决赔款准备金。

（一）未到期责任准备金的核算

1. 未到期责任准备金的确认与计量

未到期责任准备金是指保险人为尚未终止的非寿险保险责任提取的准备金。根据《企业会计准则第 25 号——原保险合同》的规定，保险人应当在确认非寿险保费收入的当期，按照保险精算确定的金额，提取未到期责任准备金，作为当期保费收入的调整，并确认未到期责任准备金负债。

对未到期责任准备金的计量，我国目前主要采用百分比估算法（包括 1/2 法，1/8 法，1/24 法和 1/365 法）。

2. 未到期责任准备金核算会计科目的设置

为了核算财产保险业务未到期责任准备金的增减变动情况，主要应设置"未到期责任准备金""提取未到期责任准备金"科目进行核算。

（1）"未到期责任准备金"科目。该科目属于负债类科目，核算保险公司按规定提取的非寿险原保险合同未到期责任准备金。再保险接受人提取的再保险合同分保未到期责任准备金，也在该科目核算。该科目贷方登记按规定提取的未到期责任准备金；借方登记按规定冲减的未到期责任准备金；期末贷方余额反映保险公司的未到期责任准备金。该科目可按保险合同进行明细核算。

（2）"提取未到期责任准备金"科目。该科目属于损益类科目，核算保险公司提取的非寿险原保险合同未到期责任准备金和再保险合同分保未到期责任准备金。其借方登记按规定提取的未到期责任准备金；贷方登记按规定冲减的未到期责任准备金；期末，将该科目余额转入"本年利润"科目后，该科目无余额。该科目可按险种和保险合同进行明细核算。

3. 未到期责任准备金的账务处理

未到期责任准备金的账务处理包括未到期责任准备金的计提、转销、资产负债表日的处理，以及将提取未到期责任准备金结转本年利润等内容。

（1）计提。保险企业在确认原保费收入的当期，应按保险精算确定的未到期责任准备金，借记"提取未到期责任准备金"科目，贷记"未到期责任准备金"科目。

（2）资产负债表日的处理。资产负债表日，应按保险精算重新计算确定的未到期责任准备金与已确认的未到期责任准备金的差额，借记"未到期责任准备金"科目，贷记"提取未到期责任准备金"科目。

（3）转销。原保险合同提前解除的，应按相关未到期责任准备金余额，借记"未到期责任准备金"科目，贷记"提取未到期责任准备金"科目。

（4）期末结转。期末，应将"提取未到期责任准备金"科目的余额结转"本年利润"科目，借记"本年利润"科目，贷记"提取未到期责任准备金——××险种"科目。

【例13-18】 2×19年4月6日，甲财产保险公司会计部门收到业务部门交来的财产基本险保费日报表、保费收据存根和银行收账通知，该业务签单生效时收到全部保费，按照保险精算计算确定的未到期责任准备金金额为560 000元；2019年4月30日，该保险公司按照保险精算重新计算确定的未到期责任准备金金额为458 000元。

（1）2×19年4月6日确认未到期责任准备金560 000元时，编制的会计分录为：

借：提取未到期责任准备金——财产基本险　　　　　　　560 000
　　贷：未到期责任准备金——财产基本险　　　　　　　　　　560 000

（2）2×19年4月30日冲减未到期责任准备金102 000元时，编制的会计分录为：

借：未到期责任准备金——财产基本险　　　　　　　　　102 000
　　贷：提取未到期责任准备金——财产基本险　　　　　　　　102 000

（二）未决赔款准备金的核算

1. 未决赔款准备金的确认与计量

未决赔款准备金属于特别准备金，是指保险人为非寿险保险事故已发生尚未结案的赔案提取的准备金,包括已发生已报案未决赔款准备金、已发生未报案未决赔款准备金和理赔费用准备金。其中,已发生已报案未决赔款准备金是指保险人为非寿险保险事故已发生并已向保险人提出索赔、尚未结案的赔案提取的准备金;已发生未报案未决赔款准备金是指保险人为非寿险保险事故已发生、尚未向保险人提出索赔的赔案提取的准备金;理赔费用准备金是指保险人为非寿险保险事故已发生尚未结案的赔案可能发生的律师费、诉讼费、损失检验费、相关理赔人员薪酬等费用提取的准备金。

根据《企业会计准则第 25 号——原保险合同》的规定,保险人应当在非寿险保险事故发生的当期,按照保险精算确定的金额,提取未决赔款准备金,并确认未决赔款准备金负债。

2. 未决赔款准备金核算的会计科目设置

为了核算财产保险业务未决赔款准备金的增减变动情况,主要应设置"未决赔款准备金""提取未决赔款准备金"科目进行核算。

(1)"未决赔款准备金"科目。该科目属于负债类科目,核算保险公司为已经发生非寿险保险事故并已提出保险赔款,以及已经发生非寿险保险事故但尚未提出保险赔款的赔案及可能发生的理赔费用,按规定提取的未决赔款准备金。再保险接受人提取的再保险合同未决赔款准备金,也在该科目核算。该科目贷方登记按规定提取的未决赔款准备金;借方登记按规定冲减的未决赔款准备金;期末贷方余额反映保险公司的未决赔款准备金。该科目可按保险合同进行明细核算。

(2)"提取未决赔款准备金"科目。该科目属于损益类科目,核算保险公司由于已经发生非寿险保险事故并已提出保险赔款,以及已经发生非寿险保险事故但尚未提出保险赔款的赔案及可能发生的理赔费用,按规定提取的未决赔款准备金。再保险接受人提取的再保险合同未决赔款准备金,也在该科目核算。该科目借方登记按规定提取的未决赔款准备金;贷方登记按规定冲减的未决赔款准备金;期末,将该科目余额转入"本年利润"科目后,该科目无余额。该科目可按险种和保险合同进行明细核算。

3. 未决赔款准备金的账务处理

未决赔款准备金的账务处理包括未决赔款准备金的计提、充足性测试、冲减以及将提取未决赔款准备金结转本年利润等内容。

(1)计提。投保人发生非寿险保险合同约定的保险事故当期,保险企业应按保险精算确定的未决赔款准备金,借记"提取未决赔款准备金"科目,贷记"未决赔款准备金"科目。

(2)充足性测试。保险人至少应当于每年年度终了,对未决赔款准备金进行充足性测试,应按补提的保险责任准备金,借记"提取未决赔款准备金"科目,贷记"未决赔款准备金"科目。

(3)冲减。原保险合同保险人确定支付赔付款项金额或实际发生理赔费用的当期,应按冲减的相应保险责任准备金余额,借记"未决赔款准备金"科目,贷记"提取未决赔款准备金"科目。

(4) 期末结转。期末,应将"提取未决赔款准备金"科目的余额结转"本年利润"科目,借记"本年利润"科目,贷记"提取未决赔款准备金"科目。

【例13-19】 2×19年3月31日,甲财产保险公司保险精算部门计算确定的某类财产保险合同未决赔款准备金金额为100 000元。其中,已发生已报案未决赔款准备金为60 000元,已发生未报案未决赔款准备金为20 000元,理赔费用准备金为20 000元。甲财产保险公司编制的会计分录为:

```
借:提取未决赔款准备金——已发生已报案未决赔款准备金        60 000
              ——已发生未报案未决赔款准备金        20 000
              ——理赔费用准备金              20 000
  贷:未决赔款准备金——已发生已报案未决赔款准备金          60 000
            ——已发生未报案未决赔款准备金          20 000
            ——理赔费用准备金                20 000
```

三、赔款支出的核算

赔款支出是指非寿险原保险业务因保险标的遭受损失或发生意外伤害、疾病等,按保险合同约定支付给保单持有人的赔款及发生的理赔费用。

(一) 赔款支出的确认与计量

根据《企业会计准则第25号——原保险合同》的规定,保险人应当在确定支付赔付款项或实际发生理赔费用的当期,按照确定支付的赔付款项金额或实际发生的理赔费用金额计入当期损益;同时,冲减相应的未决赔款准备金余额。

保险公司将实际应支付的赔付款项或实际发生的理赔费用确认为赔付支出单独核算,而不是直接冲减未决赔款准备金余额,主要是为了满足赔付率监管的需要,并与未决赔款准备金精算实务相衔接。在实务中,保险精算部门是根据有效保单定期计算未决赔款准备金余额,已决保单没有包括在有效保单内。在资产负债表日,会计部门根据保险精算结果按差额确认未决赔款准备金时,已经自动将已决保单相关的未决赔款准备金转销。

(二) 赔款支出核算应设置的会计科目

保险公司应设置"赔付支出""预付赔付款""应付赔付款""损余物资""应收代位追偿款"等科目进行核算。其中,"赔付支出"科目为损益类科目,在该科目下设置"赔款支出"明细科目,核算保险公司支付的非寿险原保险合同赔付款项和发生的理赔费用,并按保险合同和险种进行明细核算;"预付赔付款"科目为资产类科目,核算保险公司预先支付的赔付款项,可按投保人或受益人进行明细核算;"应付赔付款"科目为负债类科目,核算保险公司按保险合同约定应支付而尚未支付的赔付款项;"损余物资"科目为资产类科目,核算保险公司按照原保险合同约定承担赔偿保险金责任后取得的损余物资成本;"应收代位追偿款"科目为资产类科目,核算保险公司按照原保险合同约定承担赔付保险金责任后确认的代位追偿款。

(三) 赔款支出的账务处理

1. 赔付款项的核算

会计部门接到业务部门的理赔计算书后,认真审查有关内容,审查无误后,根据不同的情况分别处理:

(1) 当时结案的赔款支出。对于保险赔案清楚,能及时结案的,保险公司应认真审核,确定赔偿责任,计算应赔金额,经批核之后及时支付赔款。

【例13-20】 2×19年4月12日,甲保险公司确定应赔偿张某投保的家庭财产保险款80 000元,以银行存款支付。甲保险公司为该保险事故确认的未决赔款准备金金额为80 000元。甲保险公司编制会计分录为:

```
借:赔付支出——赔款支出——财产综合险      80 000
    贷:银行存款                              80 000

借:未决赔款准备金                         80 000
    贷:提取未决赔款准备金                   80 000
```

保险人在保险事故发生后较短的时间内(通常为保险事故发生当月)即能够结案定损的,可以直接将确定支付的赔付款项金额计入当期损益。

【例13-21】 2×19年5月15日,甲保险公司某被保险人的车辆损失险出险;5月20日,甲保险公司确定应赔偿该保险受益人保险款120 000元并于当日支付。甲保险公司编制会计分录为:

```
借:赔付支出——赔款支出——车辆损失险    120 000
    贷:银行存款                             120 000
```

(2) 预付赔款。在处理赔案的过程中,有些赔案损失较大,且案情比较复杂,由于种种原因不能当时或短时间内核实损失,确定赔款金额。但为了尽快恢复投保单位或个人的生产经营和正常生活秩序,保险公司按估赔的一定比例,先预付一部分赔款,待核实结案时再一次性结清。

【例13-22】 2×19年5月8日,某工厂厂房倒塌一时不能结案,但为了尽快恢复该厂生产,A保险公司按预计损失的50%,以支票预付赔款80 000元。2×19年12月1日,A保险公司调查核实,该厂的实际损失为170 000元,再开出支票90 000元结清此赔案。A保险公司为该保险事故确认的未决赔款准备金金额为170 000元。

预付赔款时,A保险公司应编制的会计分录为:

```
借:预付赔付款                             80 000
    贷:银行存款                              80 000
```

结案补足赔款时,A保险公司应编制的会计分录为:

```
借:赔付支出——赔款支出——财产综合险     170 000
    贷:预付赔付款                            80 000
        银行存款                              90 000
```

借：未决赔款准备金 170 000
　　贷：提取未决赔款准备金 170 000

（3）应付赔付款。应付赔付款是指保险企业应付未付给保户的赔款。

【例 13-23】 2×19 年 4 月 20 日，甲财产保险公司确定应赔偿上月出险的 A 公司车辆损失险款 60 000 元，款项尚未支付。甲财产保险公司上月月末已为该保险事故提取未决赔款准备金。甲财产保险公司编制的会计分录为：

借：赔付支出——赔款支出——车辆损失险 60 000
　　贷：应付赔付款——A 公司 60 000

借：未决赔款准备金 60 000
　　贷：提取未决赔款准备金 60 000

2. 理赔费用的核算

理赔勘查支出是指保险公司对保险责任范围内的保险事故现场勘查发生的费用，以及公司聘请专业技术人员对承保的保险标的损失进行估损鉴定等发生的支出，如律师费、诉讼费、损失检验费、相关理赔人员薪酬等。

保险人应当在实际发生理赔费用的当期，按照实际发生的理赔费用金额，计入当期损益。对于保险责任范围内赔案不成立的勘查支出在其他业务成本中列支，不得列入赔款支出。

【例 13-24】 某投保人投保的财产基本险出险，2×19 年 3 月 31 日，甲财产保险公司分配相关理赔人员薪酬 43 000 元，2×19 年 4 月 5 日，聘用某保险公估机构进行评估工作，以银行转账支票支付评估费 10 000 元。甲财产保险公司应编制的会计分录为：

（1）分配相关理赔人员职工薪酬，冲减相应的未决赔偿款准备金时：

借：赔付支出——赔款支出——财产基本险 43 000
　　贷：应付职工薪酬 43 000

借：未决赔款准备金 43 000
　　贷：提取未决赔款准备金 43 000

（2）支付评估费，冲减相应的未决赔偿款准备金时：

借：赔付支出——赔款支出——财产基本险 10 000
　　贷：银行存款 10 000

借：未决赔款准备金 10 000
　　贷：提取未决赔款准备金 10 000

3. 损余物资的核算

保险财产遭受保险事故后，在多种情况下，不是完全灭失，而是部分受损，物资还具有一定程度的利用价值，称为损余物资。损余物资一般应合理作价归被保险人所有，并在赔款中予以扣除。如果被保险人不愿意接受，保险公司应按全损赔付，损余物资归保险公司处理。

根据《企业会计准则第 25 号——原保险合同》的规定,保险人承担赔偿保险金责任后取得的损余物资,应当按照同类或类似资产的市场价格计算确定的金额确认为资产,并冲减当期赔付成本。

为了核算保险企业按照原保险合同约定承担赔偿保险金责任后取得的损余物资成本,保险企业一般设置"损余物资"科目。该科目可按损余物资种类进行明细核算,期末余额在借方,反映企业承担赔偿保险金责任后取得的损余物资成本。损余物资发生减值的,可以单独设置"损余物资跌价准备"科目,比照"存货跌价准备"科目进行处理。

损余物资的主要账务处理如下:

(1) 企业承担赔偿保险金责任后取得的损余物资,按同类或类似资产的市场价格计算确定的金额,借记"损余物资"科目,贷记"赔付支出"科目。

(2) 处置损余物资时,按实际收到的金额,借记"库存现金""银行存款"等科目,按其账面余额,贷记"损余物资"科目,按其差额,借记或贷记"赔付支出"科目。已计提跌价准备的,还应同时结转跌价准备。

【例 13-25】 某商场遭受水灾后,经计算,财产损失应赔款 200 000 元,甲保险公司应得的损余物资折价 100 000 元归商场所有,其余赔款由保险公司支付。应编制会计分录为:

```
借:赔付支出——赔款支出——财产综合险        100 000
    贷:银行存款                              100 000

借:未决赔款准备金                           100 000
    贷:提取未决赔款准备金                    100 000
```

【例 13-26】 承[例 13-25],若损余物资商场没有接受,甲保险公司取得损余物资时,同类资产的市场价格为 125 000 元,后来保险公司将损余物资作价 110 000 元,出售给别的单位。在此期间,该损余物资没有发生减值。编制的会计分录为:

交付商场赔款时:

```
借:赔付支出——赔款支出——财产综合险        200 000
    贷:银行存款                              200 000
```

取得损余物资时:

```
借:损余物资                                125 000
    贷:赔付支出——赔款支出——财产综合险     125 000
```

出售损余物资时:

```
借:银行存款                                110 000
    赔付支出——赔款支出——财产综合险         15 000
    贷:损余物资                             125 000
```

4. 错赔或骗赔案件的核算

在保险理赔的过程中,不可避免地要发生某些错赔或骗赔案件。一经发现,要认真查处、追回赔款,并冲减相应的赔款支出。

【例 13-27】 甲财产保险公司在支付了大华商场的财产综合险后,发现是一起错赔案件,系工作失误多赔了 50 000 元,经与大华商场协商,该商场已转账支票退回已多付的赔款。甲财产保险公司编制会计分录为:

借:银行存款	50 000
贷:赔付支出——赔款支出——财产综合险	50 000

5. 代位追偿款的核算

应收代位追偿款是指保险人承担赔付保险金责任后,依法向第三者责任人索赔不属于其免责范围所造成的损失而应当取得的赔款。

根据《企业会计准则第 25 号——原保险合同》的规定,保险人承担赔付保险金责任应收取的代位追偿款,同时满足以下条件的,应当确认为应收代位追偿款,并冲减当期赔付成本:①与该代位追偿款有关的经济利益很可能流入。②该代位追偿款的金额能够可靠地计量。对应收代位追偿款应根据其可收回金额按期估计坏账损失,计提坏账准备。

保险人承担赔付保险金责任后确认的代位追偿款,应当按照确认的代位追偿款金额,借记"应收代位追偿款"科目,贷记"赔款支出"科目。

收到应收代位追偿款时,保险人应当按照收到的金额与相关应收代位追偿款账面价值的差额,调整当期赔付成本。即按实际收到的代位追偿款金额,借记"库存现金""银行存款"等科目,按实际收到的代位追偿款金额与相关应收代位追偿款账面价值的差额,借记或贷记"赔款支出"科目,按照相关应收代位追偿款的账面余额,贷记"应收代位追偿款"科目。对已计提相关坏账准备的,还应同时结转坏账准备。

【例 13-28】 2×19 年 10 月 3 日,甲财产保险公司某财产保险合同保险标的运货车发生保险事故,甲财产保险公司在承担赔偿保险金责任后,取得向责任方追偿的权利,估计追偿金额为 80 000 元。2×19 年 11 月 25 日,甲财产保险公司从责任方收回追偿款 68 000 元,款项已存入银行。甲财产保险公司已为该项应收代位追偿款计提坏账准备 8 000 元。甲财产保险公司应编制的会计分录为:

(1) 10 月 3 日确认代位追偿款时:

借:应收代位追偿款	80 000
贷:赔付支出——赔款支出——车辆险	80 000

(2) 11 月 25 日收回代位追偿款时:

借:银行存款	68 000
坏账准备	8 000
赔付支出——赔款支出——车辆险	4 000
贷:应收代位追偿款	80 000

四、短期人身意外伤害保险和短期健康保险业务的核算

(一) 短期人身意外伤害保险和短期健康保险的概念

人身意外伤害保险是以被保险人的身体或劳动能力作为保险标的,以被保险人在保险有效期内因遭受意外伤害造成死亡、残疾、支出医疗费、暂时丧失劳动能力为给付保险金条件的人身保险业务。按保险期限的长短,人身意外伤害保险分为短期人身意外伤害保险和长期人身意外伤害保险。前者为保险期限在1年或1年以下的人身意外伤害保险;后者则为保险期限在1年或1年以上的人身意外伤害保险。

健康保险也称疾病保险,是以被保险人的疾病、分娩及其所致残疾、死亡为保险标的,以被保险人在保险有效期内因患病造成死亡、残疾、支出医疗费、暂时丧失劳动能力为给付保险金条件的人身保险业务。按保险期限的长短,健康保险可分为短期健康保险和长期健康保险。前者是指保险期限为1年及1年以下的健康保险;后者是指保险期限在1年以上的健康保险。

这里先介绍短期人身意外伤害保险和短期健康保险,长期人身意外伤害保险和长期健康保险在下一节寿险业务中介绍。

(二) 短期人身意外伤害保险和短期健康保险业务的账务处理

短期人身意外伤害保险和短期健康保险与寿险(即人寿保险、长期人身意外伤害保险和长期健康保险)一样,都属于人身保险业务,都与人的身体和生命有关,但因它们的业务特点和经营管理方式不同,国际上将其归属于非寿险(包括财产保险、短期人身意外伤害保险和短期健康保险)。短期人身意外伤害保险和短期健康保险业务与前述财产保险业务的核算基本相同。

1. 保费收入的核算

保费收入的确认和计量与财产保险业务相同,由会计部门以业务部门出具的"保费日结单"或"保费收据"作为原始凭证,编制记账凭证入账。

【例13-29】 2×19年9月1日,某保险公司收到业务部门的"公路旅客人身意外险日结单"及所附收据存根和现金5 000元,经审核后办理入账。某保险公司编制会计分录为:

借:库存现金 5 000
　　贷:保费收入——意外伤害险 5 000

2. 保险金给付的核算

投保人提出索赔并提供有关证明后,由保险公司业务部门理赔,责任确认无误后,填制"××险给付领取收据",由投保人签章后,连同分户卡一并送交会计部门,会计部门凭此给付保险金。

【例13-30】 某运动队向甲保险公司投保1年期运动员住院医疗险,每人保额为100 000元。投保后该运动队一名运动员因事故住院治疗,发生保单责任范围内的医疗费用84 000元,保险公司按分级累进计算给付保险金72 000元,以现金支付。甲保

险公司编制的会计分录为：

借：赔付支出——赔款支出——财产综合险　　　　　　　　　　100 000
　　贷：银行存款　　　　　　　　　　　　　　　　　　　　　　　　100 000
借：未决赔款准备金　　　　　　　　　　　　　　　　　　　　　100 000
　　贷：提取未决赔款准备金　　　　　　　　　　　　　　　　　　　100 000

3. 准备金的核算

短期人身意外伤害保险和短期健康保险准备金包括未到期责任准备金和未决赔款准备金，其具体核算与财产保险业务相同。

五、非寿险原保险业务中途退保的核算

投保人中途退保或部分退保，应按已保期限与剩余期限的比例计算退保费，退保费直接冲减保费收入。

同时，由于保险公司在确认非寿险原保险合同保费收入的当期，通过确认未到期责任准备金，将其作为保费收入的调整，而在非寿险原保险合同提前解除时，尚未赚取的保费收入已经不可能再赚取，因此，在非寿险原保险合同提前解除时，保险公司还应当转销相关的尚未赚取的保费收入，即转销相关未到期责任准备金余额。

对于非寿险原保险合同确认的未决赔款准备金，由于其确认的前提条件是发生非寿险保险事故，而在发生非寿险保险事故的情况下，理性的投保人是不可能要求解除合同的，因此，也就不存在转销相关的未决赔款准备金余额。

【例13-31】 A企业向甲保险公司投保了财产保险综合险，由于厂址迁移外地，申请退保。2×19年3月20日，甲财产保险公司会计部门根据业务部门转来的批单，应退还保费5 000元，但A企业尚有700元的保费未交，甲保险公司的会计部门开出转账支票支付A企业退保费4 300元。退保时，甲财产保险公司已为该企业财产综合保险合同确认未到期责任准备金5 000元。甲保险公司应编制的会计分录为：

借：保费收入——财产综合险　　　　　　　　　　　　　　　　5 000
　　贷：应收保费——A企业　　　　　　　　　　　　　　　　　　　 700
　　　　银行存款　　　　　　　　　　　　　　　　　　　　　　　4 300
借：未到期责任准备金　　　　　　　　　　　　　　　　　　　　5 000
　　贷：提取未到期责任准备金　　　　　　　　　　　　　　　　　　5 000

第四节　再保险业务的核算

一、再保险业务概述

(一) 再保险业务的概念与内容

再保险又称分保，是指一个保险人(再保险分出人)分出一定的保费给另一个保险

人(再保险接受人),再保险接受人对再保险分出人由原保险合同所引起的赔付成本及其他相关费用进行补偿的保险业务。

再保险业务包括分出保险业务和分入保险业务。分出保险业务的保险人称为原保险人或再保险分出人,亦即为再保险合同的投保人;接受分保业务的保险人称为再保险人或再保险接受人(分入人)。如果再保险人又将其分入的再保险业务转分给其他保险人,则称为转分保。在转分保业务中,双方当事人分别称为转分保分出人和转分保接受人。

在再保险业务中,再保险分出人为了转移风险和责任,将原保险合同中一定比例的保费收入分给再保险接受人,这对再保险分出人而言为分出保费,对再保险接受人而言则为分保费收入。原保险人承保业务和进行经营管理要花费一定的开支,要向再保险人收取一定的分保手续费,称为分保佣金;有时,再保险人还要从分保盈余中支付一定比例的佣金给分出人,作为对分出人良好经营成果的报酬,称为盈余佣金和纯益手续费,分保佣金和盈余佣金(或纯益手续费)对再保险接受人而言均为分保费用,对再保险分出人而言则为摊回分保费用。此外,原保险合同确认的赔付款项及理赔费用,按再保险合同约定应由再保险接受人承担的部分,对再保险接受人而言为分保赔付支出,对再保险分出人而言则为摊回赔付支出。

(二) 再保险业务的种类

再保险是一种以原保险为基础的独立的保险业务。它是保险企业之间的一种业务经营活动,但又是一项独立的合同。再保险按照原保险人与再保险人之间对保险责任的分配方式,可分为比例再保险和非比例再保险两大类。

1. 比例再保险

比例再保险是指原保险人与再保险人以保险金额为基础,计算比例,分担保险责任限额的再保险。比例再保险又可分为成数再保险和溢额再保险。

成数再保险是指再保险分出人以保险金额为基础,对每一保险单位按固定比例即一定成数作为自留额,将其余的一定成数转让给再保险接受人,保险费和保险赔款按同一比例分摊。

溢额再保险是指再保险分出人以保险金额为基础,规定每一保险单位的一定额度作为自留额,并将其超过自留额的部分,即溢额,分给再保险接受人。再保险接受人按承担溢额责任占保险金额的比例收取分保费用和分摊分保赔款。

2. 非比例再保险

非比例再保险又称超额再保险,是一种以赔款为基础,计算自赔限额和分保责任限额的再保险。非比例再保险又可分为超额赔款再保险和超额赔付率再保险。

超额赔款再保险是指由再保险分出人与再保险接受人签订协议,对每一保险单位损失或一次巨灾事故的累计责任损失规定一个自赔额,自赔额以上至一定限度由再保险接受人负责。

超额赔付率再保险是指以一定时期(一般为1年)的积累责任赔付率为基础计算责任限额,当实际赔付率超过约定赔付率时,其超过部分由再保险接受人负责一定限额。

(三) 再保险业务会计核算的特点

再保险业务与直接承保业务相比较,在会计核算上具有以下几个方面的特点:

(1) 再保险业务产生的资产、负债及相关收支单独确认。根据《企业会计准则第26号——再保险合同》的规定,再保险分出人应单独核算其所持有的再保险合同,不应当将再保险合同形成的资产与有关原保险合同形成的负债相互抵销,也不应当将再保险合同形成的收入或费用与有关原保险合同形成的费用或收入相互抵销。

(2) 再保险业务资金结算方式与原保险业务不同。再保险资金结算是在保险人之间进行的,或通过保险经纪人进行,采用的是"风险共担、利益共享"的原则。在再保险分出人发生赔款及手续费、佣金、税金及附加等业务的情况下,再保险接受人不直接向保险受益人支付赔款、向保险代理人或经纪人支付手续费和佣金以及其他相关税费,而是事先由再保险分出人支付赔款和税费,再保险接受人按分保比例事后与再保险分出人核算应负担的份额。因此,对再保险业务应核算摊回分保赔款和摊回分保费用。

(3) 分保账单是再保险业务核算的专用凭证。分保账单是核算再保险业务的专用会计凭证,也是定期清算往来账款的唯一依据。它由再保险分出人编制并送再保险接受人。分保账单一般按季编制,账单中一般载明分保手续费、分保赔款、分保准备金、分保费等内容,会计部门根据账单中借贷方的差额,确定是应收还是应付。分保账单的格式如表14-1所示。

(4) 再保险业务不涉及手续费支出和佣金支出的核算。由于再保险业务不是委托保险代理人进行的,而是在保险公司之间进行,因此,再保险接受人不涉及向保险代理人或保险经纪人支付手续费或佣金的问题,不涉及手续费支出和佣金支出的核算。

再保险业务的核算分为再保险分出业务的核算和再保险分入业务的核算两个方面。

二、分出业务的核算

分出业务核算是再保险业务中以再保险分出人为主体所进行的核算。其内容主要包括分出保费、摊回分保费用、摊回赔付支出以及各种准备金的核算。

(一) 会计科目的设置

为了反映和监督再保险分出业务分出保费、摊回分保费用、摊回赔付支出,以及各种准备金的增减变动情况,再保险分出人主要应设置"应收分保账款""应付分保账款""预收赔付款""存入保证金""分出保费""应收分保合同准备金""摊回保险责任准备金""摊回赔付支出""摊回分保费用"等科目进行核算。

(1) "应收分保账款"科目。该科目属于资产类科目,核算保险公司从事再保险业务应收取的款项。其借方登记再保险业务发生的应收未收款项的增加;贷方登记再保险业务发生的应收未收款项的减少;期末借方余额反映保险公司从事再保险业务应收取的款项。该科目可按再保险分出人或再保险接受人和再保险合同进行明细核算。

(2) "应付分保账款"科目。该科目属于负债类科目,核算保险公司从事再保险业务应付未付的款项。其贷方登记再保险业务发生的应付未付款项的增加;借方登记再保险业务发生的应付未付款项的减少;期末贷方余额反映保险公司从事再保险业务应付未付的款项。该科目可按再保险分出人或再保险接受人和再保险合同进行明细核算。

(3)"预收赔付款"科目。该科目属于负债类科目,核算保险公司从事再保险分出业务按保险合同约定预收的分保赔付款。其贷方登记预收的分保赔付款;借方登记转销的预收分保赔付款;期末贷方余额反映保险公司尚未转销的预收分保赔付款。该科目可按再保险接受人进行明细核算。

(4)"存入保证金"科目。该科目属于负债类科目,核算保险公司从事再保险分出业务按合同约定扣存再保险接受人的保费形成的保证金。其贷方登记扣存的分保保证金;借方登记返还上期扣存的分保保证金;期末贷方余额反映保险公司扣存的尚未返还的分保保证金。该科目可按再保险接受人进行明细核算。

(5)"分出保费"科目。该科目属于损益类科目,核算保险公司从事再保险分出业务向再保险接受人分出的保费。其借方登记按规定向再保险接受人分出的保费及调整增加的分出保费;贷方登记按规定调整减少的分出保费;期末,将该科目余额转入"本年利润"科目后,该科目无余额。该科目可按险种进行明细核算。

(6)"应收分保合同准备金"科目。该科目属于资产类科目,核算再保险分出人从事再保险业务确认的应收分保未到期责任准备金,以及应向再保险接受人摊回的保险责任准备金。再保险分出人也可单独设置"应收分保未到期责任准备金""应收分保未决赔款准备金""应收分保寿险责任准备金""应收分保长期健康险责任准备金"等科目进行核算。该科目借方登记按规定确认的应收分保未到期责任准备金,与应向再保险接受人摊回的保险责任准备金金额,以及调整增加的金额;贷方登记按规定调整减少、冲减及转销的金额;期末借方余额反映保险公司从事再保险业务确认的应收分保合同准备金余额。该科目可按再保险接受人和再保险合同进行明细核算。

(7)"摊回保险责任准备金"科目。该科目属于损益类科目,核算再保险分出人从事再保险业务应向再保险接受人摊回的保险责任准备金,包括未决赔款准备金、寿险责任准备金、长期健康险责任准备金。再保险分出人也可单独设置"摊回未决赔款准备金""摊回寿险责任准备金"和"摊回长期健康险责任准备金"等科目进行核算。该科目贷方登记应向再保险接受人摊回的保险责任准备金金额,以及调整增加的金额;借方登记按规定冲减、转销的摊回保险责任准备金金额;期末,将该科目余额转入"本年利润"科目后,该科目无余额。该科目可按保险责任准备金类别和险种进行明细核算。

(8)"摊回赔付支出"科目。该科目属于损益类科目,核算再保险分出人向再保险接受人摊回的应由其承担的赔付成本。再保险分出人也可单独设置"摊回赔款支出""摊回年金给付""摊回满期给付"和"摊回死伤医疗给付"等科目进行核算。该科目贷方登记向再保险接受人摊回的应由其承担的赔付成本及调整增加的金额;借方登记按规定调整减少的金额;期末,将该科目余额转入"本年利润"科目后,该科目无余额。该科目可按险种进行明细核算。

(9)"摊回分保费用"科目。该科目属于损益类科目,核算再保险分出人向再保险接受人摊回的应由其承担的分保费用。其贷方登记向再保险接受人摊回的应由其承担的分保费用,以及向再保险接受人收取的纯益手续费;借方登记按规定调整减少的摊回分保费用;期末,将该科目余额转入"本年利润"科目后,该科目无余额。该科目可按险种进行明细核算。

(二) 分出业务的账务处理

1. 分出保费的核算

(1) 再保险分出人应当在确认原保险合同保费收入的当期,按照相关再保险合同的约定,计算确定分出保费,计入当期损益。编制的会计分录为:

借:分出保费
　　贷:应付分保账款

(2) 对于超额赔款再保险等非比例再保险合同,应按再保险合同的约定,计算确定分出保费,计入当期损益。编制的会计分录为:

借:分出保费
　　贷:应付分保账款

调整分出保费时,如分出保费调整增加,则编制的会计分录为:

借:分出保费
　　贷:应付分保账款

如分出保费调整减少,则编制相反的会计分录。

2. 应收分保未到期责任准备金的核算

(1) 原保险合同为非寿险原保险合同的,再保险分出人在确认原保费收入的当期,还应按相关再保险合同的约定,计算确认相关的应收分保未到期责任准备金资产,并冲减提取未到期责任准备金。编制的会计分录为:

借:应收分保未到期责任准备金
　　贷:提取未到期责任准备金

(2) 资产负债表日,再保险分出人在调整原保险合同未到期责任准备金余额时,应相应调整应收分保未到期责任准备金余额。即按相关再保险合同约定计算确定的应收分保未到期责任准备金的调整金额,编制的会计分录为:

借:提取未到期责任准备金
　　贷:应收分保未到期责任准备金

3. 摊回分保费用的核算

(1) 再保险分出人应当在确认原保险合同保费收入的当期,按照相关再保险合同的约定,计算确定相应的再保险接受人摊回的分保费用,计入当期损益。编制会计分录为:

借:应收分保账款
　　贷:摊回分保费用

(2) 再保险分出人应当根据相关再保险合同的约定,在能够计算确定应向再保险

接受人收取的纯益手续费时,将该项纯益手续费作为摊回分保费用,计入当期损益。编制会计分录为:

借:应收分保账款
　　贷:摊回分保费用

4. 摊回保险责任准备金的核算

(1) 再保险分出人应当在提取原保险合同未决赔款准备金、寿险责任准备金、长期健康险责任准备金的当期,按照相关再保险合同的约定,计算确定应向再保险接受人摊回的相应准备金,确认为相应的应收分保准备金资产。

摊回未决赔款准备金时,编制的会计分录为:

借:应收分保未决赔款准备金
　　贷:摊回未决赔款准备金

摊回寿险责任准备金时,编制的会计分录为:

借:应收分保寿险责任准备金
　　贷:摊回寿险责任准备金

摊回长期健康险责任准备金时,编制的会计分录为:

借:应收分保长期健康险责任准备金
　　贷:摊回长期健康险责任准备金

(2) 再保险分出人对原保险合同保险责任准备金进行充足性测试补提保险责任准备金时,应按相关再保险合同约定计算确定的应收分保保险责任准备金的相应增加额,编制的会计分录为:

借:应收分保未决赔款准备金
　　应收分保寿险责任准备金
　　应收分保长期健康险责任准备金
　　贷:摊回未决赔款准备金
　　　　摊回寿险责任准备金
　　　　摊回长期健康险责任准备金

(3) 再保险分出人应当在确定支付赔付款项金额或实际发生理赔费用而冲减原保险合同相应保险责任准备金余额的当期,冲减相应的应收分保准备金余额。编制的会计分录为:

借:摊回未决赔款准备金
　　摊回寿险责任准备金
　　摊回长期健康险责任准备金
　　贷:应收分保未决赔款准备金
　　　　应收分保寿险责任准备金
　　　　应收分保长期健康险责任准备金

5. 摊回赔付支出的核算

（1）再保险分出人应当在确定支付赔付款项金额或实际发生理赔费用而确认原保险合同赔付成本的当期，按相关再保险合同的约定，计算确定应向再保险接受人摊回的赔付成本，计入当期损益。编制的会计分录为：

借：应收分保账款
　　贷：摊回赔付支出

在因取得和处置损余物资、确认和收到应收代位追偿款等而调整原保险合同赔付成本的当期，应按相关再保险合同的约定，计算确定摊回赔付成本的调整金额，计入当期损益。

摊回赔付成本调整增加时，编制的会计分录为：

借：应收分保账款
　　贷：摊回赔付支出

摊回赔付成本调整减少时，编制相反的会计分录。

（2）对于超额赔款再保险等非比例再保险合同，再保险分出人应当在能够计算确定应向再保险接受人摊回的赔付成本时，将该项应摊回的赔付成本计入当期损益。编制的会计分录为：

借：应收分保账款
　　贷：摊回赔付支出

6. 存入分保保证金的核算

再保险分出人应当在发出分保业务账单时，将账单标明的扣存本期分保保证金确认为存入分保保证金。编制的会计分录为：

借：应付分保账款
　　贷：存入保证金

同时，按照账单标明的返还上期扣存分保保证金转销相关存入分保保证金。编制的会计分录为：

借：存入保证金
　　贷：应付分保账款

再保险分出人根据相关再保险合同的约定，按期计算存入分保保证金利息，计入当期损益。编制的会计分录为：

借：利息支出
　　贷：应付分保账款

7. 原保险合同提前解除的核算

再保险分出人应当在原保险合同提前解除的当期，按照相关再保险合同的约定，计算确定分出保费、摊回分保费用的调整金额，计入当期损益；同时，转销相关应收分保准备金余额。

(1) 调整分出保费的核算。按计算确定的分出保费的调整金额，编制的会计分录为：

借：应付分保账款
　　贷：分出保费

(2) 调整摊回分保费用的核算。按计算确定的摊回分保费用的调整金额，编制的会计分录为：

借：摊回分保费用
　　贷：应收分保账款

(3) 转销相关应收分保准备金余额的核算。转销相关应收分保未到期责任准备金余额时，编制的会计分录为：

借：提取未到期责任准备金
　　贷：应收分保未到期责任准备金

转销相关应收分保寿险责任准备金余额时，编制的会计分录为：

借：摊回寿险责任准备金
　　贷：应收分保寿险责任准备金

转销相关应收分保长期健康险责任准备金余额时，编制的会计分录为：

借：摊回长期健康险责任准备金
　　贷：应收分保长期健康险责任准备金

8. 结算分保账款的核算

再保险分出人、再保险接受人结算分保账款时，按应付分保账款金额，借记"应付分保账款"科目，按应收分保账款金额，贷记"应收分保账款"科目，按借贷方差额，借记或贷记"银行存款"科目。

9. 期末，结平损益类科目的核算

期末，再保险分出人将损益类科目的余额转入"本年利润"科目，结转后损益类科目无余额。编制的会计分录为：

借：本年利润
　　贷：分出保费
　　　　利息支出

借：摊回分保费用
　　摊回赔付支出
　　摊回未决赔款准备金
　　摊回寿险责任准备金
　　摊回长期健康险责任准备金
　　贷：本年利润

【例 13-32】 2×19 年 6 月 30 日,E 保险公司与 F 公司签订一份保险合同,对 F 公司仓库的一批存货进行投保,约定保险期限为 1 年,至 2×20 年 6 月 30 日,保险金额为 5 000 万元,保费为 500 万元,于合同生效当日一次性支付。经精算确定,E 保险公司未到期责任准备金的提取金额为 200 万元,同时 E 保险公司与 H 保险公司签订一份比例再保险合同,约定 H 保险公司承担源于原保险合同的保险风险的 40%,发生分保手续费用 5 万元。2×19 年 8 月 5 日,由于 F 公司相邻的 G 公司发生意外火灾,并殃及了 F 公司的仓库,造成所投保的存货大部分毁损。经定损后确认存货毁损 80%,金额为 4 000 万元,E 保险公司决定全额理赔 4 000 万元。2×19 年 9 月 25 日,E 保险公司按照上述理赔方案结案,同时收回毁损存货并享有对 G 公司的代位追偿权。假设毁损存货残值为 500 万元,估计代位追偿款可收回 2 000 万元。而实际上 2×19 年 10 月存货转让收入为 600 万元,2019 年 12 月从 G 公司收回补偿 1 800 万元。根据上述情况,E 保险公司的会计处理如下:

(1) 2×19 年 7 月 1 日,按再保险合同确定分出保费、应收未到期责任准备金及摊回分保费用时:

分出保费＝5 000 000×40%＝2 000 000(元)
应收未到期责任准备金＝2 000 000×40%＝800 000(元)
摊回分保费用＝50 000×40%＝20 000(元)

借:分出保费 2 000 000
  贷:应付分保账款——H 保险公司 2 000 000

借:应收分保未到期责任准备金——H 保险公司 800 000
  贷:提存未到期责任准备金 800 000

借:应收分保账款——H 保险公司 20 000
  贷:摊回分保费用 20 000

(2) 2×19 年 8 月 5 日,按再保险合同确定应收未决赔偿准备金时:

应收未决赔偿准备金＝40 000 000×40%＝16 000 000(元)

借:应收分保未决赔款准备金——H 保险公司 16 000 000
  贷:摊回未决赔款准备金 16 000 000

(3) 2×19 年 9 月 25 日,结案赔付,并收回损余存货及代位追偿权。

① 冲减应收的未决赔款准备金:

借:摊回未决赔款准备金 16 000 000
  贷:应收分保未决赔款准备金——H 保险公司 16 000 000

② 摊回赔付成本时:

摊回赔付支出＝400 000 000×40%＝16 000 000(元)

借:应收分保账款——H 保险公司 16 000 000
  贷:摊回赔付支出 16 000 000

③ 收到损余物资时,冲回摊回赔付支出:

$$冲回摊回赔付支出=5\,000\,000\times40\%=2\,000\,000(元)$$

借:摊回赔付支出   2 000 000
 贷:应收分保账款——H 保险公司   2 000 000

④ 确认代位追偿款,冲回摊回赔付支出:

$$冲回摊回赔付支出=20\,000\,000\times40\%=8\,000\,000(元)$$

借:摊回赔付支出   8 000 000
 贷:应收分保账款——H 保险公司   8 000 000

(4) 2×19 年 10 月,处置损余物资时,冲回摊回赔付支出:

$$冲回摊回赔付支出=(6\,000\,000-5\,000\,000)\times40\%=400\,000(元)$$

借:摊回赔付支出   400 000
 贷:应收分保账款——H 保险公司   400 000

(5) 2×19 年 12 月,收到代位追偿款,增加摊回赔付支出时:

$$增加摊回赔付支出=(20\,000\,000-18\,000\,000)\times40\%=400\,000(元)$$

借:应收分保账款——H 保险公司   800 000
 贷:摊回赔付支出   800 000

【**例 13-33**】 甲保险公司根据 2×19 年第二季度发生的分保业务编制分保账单并寄送乙保险公司。分保账单内容如表 13-1 所示。

表 13-1   分 保 账 单

分出公司名称:甲保险公司   分入公司名称:乙保险公司
账单期:第二季度   业务年度:2×19 年
合同名称:××险 01 号合约   币种:人民币

借方		贷方	
项目	金额	项目	金额
分保赔付款	3 800 000	分保费	8 000 000
分保手续费	1 600 000	保费保证金返还	800 000
保费保证金扣除	1 000 000	保费准备金利息	40 000
应付你方余额	2 440 000	应收你方余额	
合计	8 840 000	合计	8 840 000
你方成分 10%	244 000		

A 甲保险公司应编制的会计分录为:

(1) 计算确定分出保费时:

借:分出保费   800 000
 贷:应付分保账款——乙保险公司   800 000

(2) 按账单标明返还上期扣存分保准备金时：

借：存入分保准备金　　　　　　　　　　　　　　　　　　　80 000
　　贷：应付分保账款——乙保险公司　　　　　　　　　　　　　　80 000

(3) 计算存入分保准备金利息：

借：利息支出　　　　　　　　　　　　　　　　　　　　　　　4 000
　　贷：应付分保账款——乙保险公司　　　　　　　　　　　　　　4 000

(4) 摊回赔付支出时：

借：应收分保账款——乙保险公司　　　　　　　　　　　　　380 000
　　贷：摊回赔付支出　　　　　　　　　　　　　　　　　　　380 000

(5) 摊回分保费用时：

借：应收分保账款——乙保险公司　　　　　　　　　　　　　160 000
　　贷：摊回分保费用　　　　　　　　　　　　　　　　　　　160 000

(6) 扣存分保准备金时：

借：应付分保账款——乙保险公司　　　　　　　　　　　　　100 000
　　贷：存入分保准备金　　　　　　　　　　　　　　　　　　100 000

(7) 结算分保账款时：

应付分保账款＝4 000 000＋400 000＋20 000－50 000＝784 000(元)
应收分保账款＝1 900 000＋800 000＝540 000(元)
应付分保账款－应收分保账款＝784 000－540 000＝244 000(元)

借：应付分保账款——乙保险公司　　　　　　　　　　　　　784 000
　　贷：应收分保账款——乙保险公司　　　　　　　　　　　　　540 000
　　　　银行存款　　　　　　　　　　　　　　　　　　　　　244 000

三、分入业务的核算

再保险分入业务核算是再保险接受人接受再保险后对取得的分保费、发生的分保赔款和费用、提取的各种准备金等进行的核算。

(一) 科目设置

为了核算再保险分入业务的分保费收入、分保赔款和费用，以及提取的各种准备金的增减变动情况，再保险接受人除了设置"应收分保账款""应付分保账款""保费收入""未到期责任准备金""保险责任准备金""分保赔付支出""提取未到期责任准备金""提取保险责任准备金"等科目，还应设置"分保费用""存出保证金"科目进行核算。

(1) "分保费用"科目。该科目属于损益类科目，核算再保险接受人向再保险分出人支付的应由其承担的各项费用。其借方登记再保险接受人按再保险合同约定计算确定的分保费用金额、收到分保业务账单时对分保费用调整增加的金额，以及按再保险合同约定计算确定的纯益手续费金额;贷方登记收到分保业务账单时对分保费用调整减少的金额;期末,将该科目余额转入"本年利润"科目后,该科目无余额。该科目可按险种进行明细核算。

(2)"存出保证金"科目。该科目属于资产类科目,核算再保险接受人按合同约定存出的分保保证金。其借方登记存出的分保保证金;贷方登记收回的分保保证金;期末借方余额反映再保险接受人存出的分保保证金。该科目可按再保险分出人进行明细核算。

(二)分保业务的账务处理

1. 分保费收入的核算

(1)根据《企业会计准则第26号——再保险合同》的规定,分保费收入同时满足下列条件的,才能予以确认:①再保险合同成立并承担相应保险责任。②与再保险合同相关的经济利益很可能流入。③与再保险合同相关的收入能够可靠地计量。

再保险接受人应当根据相关再保险合同的约定,计算确定分保费收入金额,编制会计分录为:

借:应收分保账款
　　贷:保费收入

(2)再保险接受人在收到分保业务账单时,按账单标明的金额对分保费收入进行调整,调整金额计入当期损益。

调整增加时,编制会计分录为:

借:应收分保账款
　　贷:保费收入

调整减少时,编制相反的会计分录。

2. 分保费用的核算

(1)再保险接受人应当在确认分保费收入的当期,根据相关再保险合同的约定,计算确定分保费用,计入当期损益。编制会计分录为:

借:分保费用
　　贷:应付分保账款

再保险接受人应当在收到分保业务账单时,按照账单标明的金额对分保费用进行调整,调整金额计入当期损益。调整增加时,编制会计分录为:

借:分保费用
　　贷:应付分保账款

调整减少时,编制相反的会计分录。

(2)再保险接受人应当根据相关再保险合同的约定,在能够计算确定应向再保险分出人支付的纯益手续费时,将该项纯益手续费作为分保费用,计入当期损益。编制会计分录为:

借：分保费用
　　贷：应付分保账款

3. 分保准备金的核算

（1）再保险接受人提取分保未到期责任准备金、分保未决赔款准备金、分保寿险责任准备金、分保长期健康险责任准备金的核算，以及进行相关分保准备金充足性测试的处理，与原保险业务中的核算与处理基本相同，这里不再赘述。

（2）再保险接受人应当在收到分保业务账单确认分保赔付成本的当期，冲减相应的分保准备金余额。编制的会计分录为：

借：未决赔款准备金（或寿险责任准备金、长期健康险责任准备金）
　　贷：提取未决赔款准备金（或提取寿险责任准备金、提取长期健康险责任准备金）

4. 分保赔付支出的核算

再保险接受人应当在收到分保业务账单的当期，按照账单标明的分保赔付款项金额，作为分保赔付成本，计入当期损益。编制的会计分录为：

借：分保赔付支出
　　贷：应付分保账款

5. 存出分保保证金的核算

再保险接受人应当在收到分保业务账单时，将账单标明的扣存本期分保保证金确认为存出分保保证金。编制的会计分录为：

借：存出保证金
　　贷：应收分保账款

同时，按照账单标明的再保险分出人返还上期扣存分保保证金转销相关存出分保保证金。编制的会计分录为：

借：应收分保账款
　　贷：存出保证金

再保险接受人根据相关再保险合同的约定，按期计算存出分保保证金利息，计入当期损益。编制的会计分录为：

借：应收分保账款
　　贷：利息收入

6. 结算分保账款的核算

再保险接受人、再保险分出人结算分保账款的核算在再保险分出业务的核算中已述，这里不再重复。

7. 期末，结平损益类科目的核算

期末，再保险接受人将损益类科目的余额转入"本年利润"科目，结转后损益类科目无余额。编制的会计分录为：

借：本年利润
　　贷：分保费用
　　　　分保赔付支出
　　　　提取未到期责任准备金
　　　　提取未决赔款准备金
　　　　提取寿险责任准备金
　　　　提取长期健康险责任准备金

借：保费收入
　　利息收入
　　贷：本年利润

【例 13-34】 承[例 13-33]，乙保险公司编制的会计分录为：

（1）确定分保费收入时：

借：应收分保账款——乙保险公司	800 000
贷：保费收入——分保费收入	800 000

（2）保费保证金返还时：

借：应收分保账款——乙保险公司	80 000
贷：存出分保准备金	80 000

（3）计算存出准备金利息时：

借：应收分保账款——乙保险公司	40 000
贷：利息收入	40 000

（4）分保赔款时：

借：分保赔付支出	380 000
贷：应付分保账款——乙保险公司	380 000

（5）确定分保手续费时：

借：分保费用	160 000
贷：应付分保账款——乙保险公司	160 000

（6）保费准备金扣存时：

借：存出分保准备金	100 000
贷：应收分保账款——乙保险公司	100 000

应收分保账款 784 000 元＞应付分保账款 540 000 元，差额为 244 000 元。

（7）结算分保账款时：

借：银行存款	244 000
应付分保账款——乙保险公司	540 000
贷：应收分保账款——乙保险公司	784 000

【例 13-35】 2×19 年 12 月 22 日,乙保险公司与 B 保险公司签订一份成数再保险合同,接受 B 公司分出的原保险业务。合同约定的分保比例为 40%,分保手续费率为 35%。合同起期日为 2×20 年 1 月 1 日,保险责任期间为 1 年。乙保险公司经验、技术等方面比较成熟,采用预估方法确认每期的分保费收入。假定乙保险公司预估 2×20 年第一季度各月份与 B 公司再保险合同项下的分保费收入金额为:1 月份 6 800 000 元,2 月份 7 300 000 元,3 月份 6 000 000 元。乙保险公司于 5 月 20 日收到 B 公司发来的第一季度的分保业务账单,账单标明的分保费为 21 000 000 元,分保手续费为 7 350 000 元。乙保险公司应编制会计分录为:

(1) 2×20 年 1 月 31 日:

借:应收分保账款——B 保险公司　　　　　　　　　　　　6 800 000
　　贷:保费收入——分保费收入　　　　　　　　　　　　　　　　6 800 000
借:分保费用(6 800 000×35%)　　　　　　　　　　　　2 380 000
　　贷:应付分保账款——B 保险公司　　　　　　　　　　　　　　2 380 000

(2) 2×20 年 2 月 29 日:

借:应收分保账款——B 保险公司　　　　　　　　　　　　7 300 000
　　贷:保费收入——分保费收入　　　　　　　　　　　　　　　　7 300 000
借:分保费用(7 300 000×35%)　　　　　　　　　　　　2 555 000
　　贷:应付分保账款——B 保险公司　　　　　　　　　　　　　　2 555 000

(3) 2×20 年 3 月 31 日:

借:应收分保账款——B 保险公司　　　　　　　　　　　　6 000 000
　　贷:保费收入——分保费收入　　　　　　　　　　　　　　　　6 000 000
借:分保费用(6 000 000×35%)　　　　　　　　　　　　2 100 000
　　贷:应付分保账款——B 保险公司　　　　　　　　　　　　　　2 100 000

(4) 2×20 年 4 月 30 日,预估确认分保费收入和分保费用的会计分录略。

(5) 2×20 年 5 月 20 日,收到账单时调整第一季度确认的分保费收入和分保费用:

分保费收入调整金额=21 000 000－(6 800 000+7 300 000+600 000)=900 000(元)
分保手续费调整金额=7 350 000－(2 380 000+2 555 000+2 100 000)=315 000(元)

借:应收分保账款——B 保险公司　　　　　　　　　　　　　900 000
　　贷:保费收入——分保费收入　　　　　　　　　　　　　　　　　900 000

借:分保费用　　　　　　　　　　　　　　　　　　　　　315 000
　　贷:应付分保账款——B 保险公司　　　　　　　　　　　　　　　315 000

若乙保险公司不具备预估确认条件,或预估金额与实际金额可能差异较大,则应于 2×20 年 5 月 20 日收到分保业务账单时,编制会计分录为:

借:应收分保账款——B 保险公司　　　　　　　　　　　21 000 000
　　贷:保费收入——分保费收入　　　　　　　　　　　　　　　21 000 000

借：分保费用　　　　　　　　　　　　　　　　　　　　7 350 000
　　贷：应付分保账款——B保险公司　　　　　　　　　　　　　　7 350 000

思 考 题

1. 什么是保险？保险业务种类如何划分？
2. 保险业务会计核算的特点有哪些？
3. 财产保险业务有何特点？它与人身保险业务有什么不同？
4. 财产保险的保费收入如何确认？
5. 财产保险业务应计提的准备金主要有哪些？其主要内容是什么？
6. 财产保险业务中的准备金主要包括哪些内容？其核算应设置的科目有哪些？
7. 人身保险保费收入如何确认？
8. 什么是保险金给付？其支付方式有哪些？
9. 人身保险业务需计提哪些准备金？其含义分别是什么？
10. 再保险会计核算的内容及特点有哪些？
11. 分出业务核算使用的科目主要有哪些？其分别反映的内容是什么？
12. 分入业务核算使用的科目主要有哪些？其分别反映的内容是什么？

练 习 题

【业务题】

1. 红利财产保险公司2×19年发生下列经济业务：

（1）收到业务部门送交的财产基本险日报表，保费收据及银行收账通知，共计100 000元，该业务是签单生效收到全部保费。

（2）收到业务部门交来的货运险保费日报表，保费收据及银行收账通知，共计50 000元，该项业务自下月10日起公司承担保险责任。

（3）大华公司投保财产综合险，与本公司签订保险单，总保费为200 000元，首期收到保费100 000元，其余保费分2期等额收取。

（4）丰华公司投保的财产综合险出险，由于双方就财产损失额存在争议，尚未及时结案，保险公司预付赔款500 000元，后经双方协商，确认理赔支出总额为800 000元，保险公司在结案后补足赔款300 000元。

（5）2×19年年末计提未决赔款准备金，其中，已决未付赔款按当年已提出的保险赔款10 000 000元计提；对已发生未报告的未付赔款，按当年实际赔款支出额20 000 000元的4%计提；同时转回上年提存的未决赔款准备金6 000 000元。

（6）2×19年该公司1年期的直接承保的保费收入12 000 000元，分保费收入为4 000 000元，分保费支出2 000 000元，按自留保费的40%计提未到期责任准备金，并转回上年提存未到期责任准备金5 000 000元。

要求：根据上述资料编制相关的会计分录。

2. 2×19年某人身保险公司发生下列经济业务：

(1) 会计部门收到业务部门送交的个人险日结单及有关收据，以及现金60 000元，经审查现金入账。

(2) 会计部门收到京实公司投保团体险的预交保费200 000元，经过核保，保险公司同意承保。将预收保费转为保费收入。

(3) 王杰投保金额为200 000元的两全险满期，经核查，该保户有尚未偿还保单质押贷款本金60 000元，贷款利息4 000元，同时，该保户尚未缴纳当年保费8 000元，所欠利息400元，保险公司以现金支付王杰，金额127 600元。

(4) 长期健康保险的投保人李强，因交通事故导致肢体残疾，李强提出死伤医疗给付申请，经核查，公司同意给付保险费60 000元，由于李强尚未缴纳当年保费3 000元，会计部门以现金支付余额。

(5) 李华投保终身年金保险，年缴保费6 000元现已到约定年金领取年龄。李华持有关证件向保险公司办理领取手续，按规定每年领取保险金14 000元，以现金支付。

(6) 年末，公司提存寿险责任准备金60 000 000元，转回上年提存寿险责任准备金50 000 000元。

(7) 年末，公司提存长期健康责任准备金12 000 000元，转回2×18年提存的长期健康责任准备金9 000 000元。

(8) 年末，提存未到期责任准备金8 000 000元，转回上年提存的未到期责任准备金6 400 000元。

要求：根据上述资料编制有关会计分录。

第四篇

金融企业财务报表及其编制

第十四章 金融企业财务报表

第一节 金融企业财务报表的概念、构成与列报的基本要求

一、金融企业财务报表的概念

金融企业财务报表是指金融企业对外提供的反映金融企业某一特定日期的财务状况和某一会计期间的经营成果、现金流量等会计信息的文件。一套完整的金融企业财务报表至少应当包括"四表一注",即资产负债表、利润表、现金流量表、所有者权益(或股东权益,下同)变动表以及附注。

二、金融企业财务报表的构成

(一)资产负债表

1. 资产负债表的性质和作用

产负债表是指总括反映金融企业在一定日期全部资产、负债和所有者权益的报表。资产负债表是以"资产=负债+所有者权益"这一会计等式为依据而编制的。其所提供的财务信息主要有:金融企业所掌握的经济资源及其构成;金融企业的负债渠道及其构成;金融企业所有者权益的构成;金融企业未来财务状况的变化趋势。编制资产负债表有助于财务报表使用者评价金融企业资产的质量以及短期偿债能力、长期偿债能力、利润分配能力等。

2. 资产负债表的格式

资产负债表有两种基本格式,即报告式(垂直式)与账户式。账户式资产负债表分为左、右两方,左方列示资产项目,右方列示负债与所有者权益项目,左右两方的合计数保持平衡。报告式资产负债表将资产、负债和所有者权益项目采取垂直分列的方式反映。

我国金融企业资产负债表采用账户式基本格式,实践中也可采用垂直式基本格式。账户式资产负债表左方为资产总额,列示各类资产的分布使用状态;右方为负债和所有者权益总额,列示各项负债和所有者权益的构成。资产负债表的各项目是按照流动性排列的,资产的流动性是指变现能力,变现能力强的资产排列在前;负债的流动性是指负债的偿还期限,偿还期短的负债项目排列在前;所有者权益按永久性强弱排列,永久性强的排列在前。

（二）利润表

1. 利润表的性质和作用

利润表是用来反映金融企业某一会计期间的经营成果的报表，它是一张动态的报表。其主要作用有：如实反映金融企业实现的各项收入、发生的各项费用以及应计入当期利润的利得和损失、其他综合收益、综合收益金额及其构成情况；作为评价考核金融企业经营管理水平和依法纳税的重要依据；对金融企业未来的经营情况及获利能力进行科学预测。编制利润表有助于财务报表使用者分析评价金融企业盈利能力及盈利构成与质量。

2. 利润表的格式

利润表有两种基本格式，单步式和多步式。单步式利润表将当期所有收入加在一起，所有费用支出加在一起，然后将两者相抵减，计算出利润。多步式利润表是将净利润的计算分解为多个步骤，各个步骤相配比。我国金融企业利润表的格式为多步式，主要分为四个部分：第一部分反映营业利润的构成情况，即营业收入减去营业支出的数额；第二部分反映利润总额，即营业利润加营业外收入减营业外支出的数额；第三部分反映净利润，即利润总额扣除所得税费用的数额；第四部分反映综合收益总额，即净利润加上其他综合收益的税后净额。这样的编排考虑了收入与费用配比的层次性，便于报表使用者进行相关的分析。

（三）现金流量表

1. 现金流量表的性质和作用

现金流量表是指反映金融企业一定会计期间现金和现金等价物流入和流出的报表。从编制原则看，现金流量表按照收付实现制原则编制，将权责发生制下的盈利信息调整为收付实现制下的现金流量信息，便于信息使用者了解金融企业净利润的质量。从内容看，现金流量被划分为经营活动、投资活动和筹资活动三个部分。每类活动又分为各具体项目。这些项目从不同角度反映金融企业业务活动的现金流入与流出，弥补了资产负债表和利润表在提供信息方面的不足。编制现金流量表有助于报表使用者了解金融企业现金流量的影响因素，评价金融企业的支付能力、偿债能力和周转能力。

2. 现金流量表的编制方法

编制现金流量表时，经营活动现金流量的列报方法有两种：一是直接法，二是间接法。直接法通过现金收入和支出的主要类别来反映金融企业经营活动的现金流量。间接法是以本期净利润为起算点，调整不涉及现金的收入、费用、营业外收支以及有关项目的增减变动，据此计算出经营活动的现金流量。

采用直接法编制的现金流量表，便于报表使用者分析金融企业经营活动现金流量的来源和用途，预测金融企业现金流量的未来前景；采用间接法编制现金流量表，便于报表使用者对金融企业的净利润与经营活动现金净流量进行比较，了解净利润与经营活动现金流量存在差异的原因，从现金流量的角度分析净利润的质量。所以，金融企业应当采用直接法编制现金流量表，同时在现金流量表的补充资料中提供在净利润基础上调节经营活动现金流量的信息，即同时采用直接法和间接法两种方法呈现经营活动的现金流量。

(四) 所有者权益变动表

所有者权益变动表是反映构成所有者权益的各组成部分当期的增减变动情况的报表。所有者权益变动表应当全面反映一定时期所有者权益变动的情况，不仅包括所有者权益总额的增减变动，还包括所有者权益增减变动的重要结构性信息，方便报表使用者准确理解所有者权益增减变动的根源。

在所有者权益变动表中，金融企业至少应当列示反映下列信息的项目：①综合收益总额；②会计政策变更和差错更正的累计影响数；③所有者投入资本和向所有者利润分配等；④提取盈余公积；⑤实收资本、其他权益工具、资本公积、盈余公积、未分配利润的期初和期末余额及其调节情况。

为了清楚地表明构成所有者权益的各组成部分当期的增减变动情况，所有者权益变动表以矩阵的形式列示。一方面，列示导致所有者权益变动的交易或事项，对一定时期所有者权益变动情况进行全面反映；另一方面，按照所有者权益各组成部分（包括实收资本、资本公积、库存股、其他综合收益、盈余公积、一般风险准备、未分配利润）及其总额列示交易或事项对所有者权益各部分的影响。

三、金融企业财务报表列报的基本要求

(一) 依据会计准则确认和计量的结果编制财务报表

金融企业应当根据实际发生的交易和事项，遵循基本准则、各项具体会计准则及准则解释的规定进行确认和计量，并在此基础上编制财务报表。除现金流量表按照收付实现制编制外，金融企业应当按照权责发生制编制其他财务报表。

(二) 列报基础

持续经营是会计的基本前提，是会计确认、计量及编制财务报表的基础。比如，持续经营假设对资产和负债的分类与计量十分重要，倘若不假设金融企业会持续经营，则长期性资产将不具有长期使用的意义，而应该采用清算价值对其进行计量。在编制财务报表的过程中，金融企业管理层应当全面评估企业的持续经营能力。如果评价结果表明持续经营能力存在重大不确定性，金融企业应当在附注中披露导致对持续经营能力产生重大怀疑的影响因素。

(三) 列报的一致性

可比性是一项重要的会计信息质量要求，旨在使同一金融企业不同期间和同一期间不同金融企业的财务报表相互可比。为此，财务报表项目的列报应当在各个会计期间保持一致，不得随意变更。当然，若发生某些变化，变更财务报表项目的列报能够提供更可靠、更相关的会计信息时，财务报表项目的列报是可以改变的，此时金融企业应当按照会计准则的规定提供变更的比较信息。

(四) 重要性和项目列报

财务报表是企业通过对大量的交易或其他事项进行处理而生成的，这些交易或其他事项按其性质或功能汇总归类而形成财务报表中的项目。项目在财务报表中是单

独列报还是合并列报,应当依据重要性原则来判断。总的原则是,如果某项目单个看不具有重要性,则可将其与其他项目合并列报;如具有重要性,则应当单独列报。

重要性是判断项目是否应单独列报的重要标准。金融企业在进行重要性判断时,应当根据所处环境,从项目的性质和金额大小两方面予以判断:一方面,应当考虑该项目的性质是否属于金融企业日常活动,是否显著影响金融企业的财务状况、经营成果和现金流量等因素;另一方面,判断项目金额大小的重要性,应当通过单项金额占资产总额、负债总额、所有者权益总额、营业收入总额、营业成本总额、净利润、综合收益总额或所属报表单列项目金额的比重加以确定。此外,对于同一项目而言,其重要性的判断标准一经确定,不得随意变更。

(五)财务报表项目金额间的相互抵销

财务报表项目应当以总额列报,资产和负债、收入和费用、直接计入当期利润的利得项目和损失项目的金额不能相互抵销,即不得以净额列报,但企业会计准则另有规定的除外。这是因为,如果相互抵销,所提供的信息就不完整,信息的可比性大大降低,难以实现同一金融企业不同期间的财务报表之间以及同一期间不同金融企业的财务报表之间实现相互可比,报表使用者难以据以做出判断。

以下三种情况不属于抵销:①一组类似交易形成的利得和损失以净额列示的,不属于抵销。比如,汇兑损益,应当以净额列报。但是如果这些利得和损失是重要的,则应当单独列报。②资产扣除备抵项目。比如,资产项目应当按扣除减值准备后的净额列示,固定资产扣除累计折旧后的净额列示,不属于抵销。③非日常活动并非金融企业主要的业务,且具有偶然性,从重要性来看,非日常活动产生的损益以收入和费用抵销后的净额列示,对公允反映金融企业财务状况和经营成果影响不大,抵销后反而更有利于报表使用者的理解。

(六)比较信息的列报

金融企业在列报当期财务报表时,至少应当提供所有列报项目上一可比会计期间的比较数据,以及与理解当期财务报表相关的说明,目的是向报表使用者提供对比数据,提高信息在会计期间的可比性,以反映金融企业财务状况、经营成果和现金流量的发展趋势,提高报表使用者的判断与决策能力。列报比较信息的这一要求既适用于四张报表,也适用于附注。

为了避免重复,突出金融企业财务报表编制的特点,本节仅对金融企业财务报表与一般企业财务报表中不同项目的编制进行说明,与一般财务报表相同项目的编制说明请参阅"中级财务会计"的相关内容,此处不再赘述。同时,为了详细、准确、具体地呈现金融企业财务报表数据之间的勾稽关系,本章例示了中国银行股份有限公司、新华保险股份有限公司和国信证券股份有限公司2020年度的财务报表。

第二节 商业银行财务报表的编制

下面以中国银行股份有限公司2020年度财报为例简要说明商业银行财务报表的

编制。

一、商业银行资产负债表的编制

中国银行股份有限公司 2020 年 12 月 31 日的垂直式比较资产负债表如表 14-1 所示。

表 14-1　　　　　　　　　　　　资产负债表

编制单位：中国银行股份有限公司 2020 年 12 月 31 日　　　　　　金额单位：百万元人民币

项目	2020年12月31日（期末余额）	2019年12月31日（年初余额）
资产		
现金及存放中央银行款项	1 941 194	1 959 864
存放同业款项	690 434	474 010
贵金属	214 310	197 914
拆出资金	846 057	817 125
衍生金融资产	132 878	68 731
买入返售金融资产	219 484	144 607
发放贷款和垫款	12 286 706	11 204 197
金融投资	4 422 013	4 343 595
交易性金融资产—以公允价值计量且其变动计入当期损益的金融资产	264 746	281 703
其他债权投资—以公允价值计量且其变动计入其他综合收益的金融资产	1 315 891	1 422 035
债权投资—以摊余成本计量的金融资产	2 841 376	2 639 857
其他权益工具投资——指定为以公允价值计量且其变动计入其他综合收益	—	—
长期股权投资	345 559	340 748
投资性房地产	2 185	2 338
固定资产	81 661	83 403
在建工程	—	—
使用权资产	21 439	21 296
无形资产	18 711	18 324
商誉	—	—
递延所得税资产	59 767	45 284
其他资产	81 085	52 409
资产总计	21 363 483	19 773 845
负债：		

(续表)

项目	2020年12月31日（期末余额）	2019年12月31日（年初余额）
向中央银行借款	838 054	791 046
同业及其他金融机构存放款项	1 960 349	1 672 571
拆入资金	266 670	469 844
交易性金融负债	571	2 158
衍生金融负债	164 604	61 919
卖出回购金融资产款	126 851	117 891
吸收存款	14 787 841	13 788 093
应付职工薪酬	31 245	30 490
应交税费	50 980	50 851
预计负债	28 749	23 666
租赁负债	20 968	20 546
应付债券	1 140 777	1 004 095
递延所得税负债	567	308
其他负债	106 463	86 486
负债合计	19 524 689	18 119 964
所有者权益：		
股本	294 388	294 388
其他权益工具	277 490	199 893
其中：优先股	147 519	159 901
永续债	129 971	39 992
资本公积	132 590	132 627
减：库存股	—	—
其他综合收益	17 712	19 292
盈余公积	188 832	171 003
一般风险准备	261 170	240 279
未分配利润	666 612	596 399
所有者权益合计	1 838 794	1 653 881
负债和所有者权益总计	21 363 483	19 773 845

表 14-1 中各项目列有"年初余额"和"期末余额"两个栏目，这是一种垂直式比较资产负债表。

"年初余额"栏内各项数字，应根据上年年末"期末余额"栏内所列数字填列。如果由于某些原因，本年度资产负债表各项的名称和内容同上年度不相一致，则应对上年年末资产负债表相应项目的名称和数字按本年度的规定进行调整,然后填入本表"年初余额"栏内,以便于比较。

"期末余额"栏内各项目数字,主要有以下几种填列方法:一是根据各总账科目期末余额直接填列;二是根据各总账科目期末余额计算填列;三是根据明细科目余额计算填列;四是根据总账科目和明细科目余额分析计算填列;五是根据总账科目余额减去其备抵科目余额后的净额填列。

现将商业银行资产负债表与一般企业资产负债表不同项目的编制说明如下:

1. 资产项目填列说明

(1)"现金及存放中央银行款项"项目,反映商业银行期末持有的库存现金、存放于中央银行的款项总额。根据"库存现金""存放中央银行款项"等总账科目的期末余额合计填列。

(2)"存放同业款项"项目,反映商业银行期末存放同业的款项,应根据"存放同业"科目的期末余额填列。

(3)"贵金属"项目,反映商业银行期末持有的贵金属价值,如按成本与可变现净值孰低计量的黄金、白银等,应根据"贵金属"科目的期末余额填列。

(4)"拆出资金"项目,反映商业银行拆借给境内、境外其他金融机构的款项,应根据"拆出资金"科目的期末余额,减去"贷款损失准备"科目所属相关明细科目期末余额后的金额分析计算填列。

(5)"衍生金融资产"项目,反映商业银行期末持有的衍生工具、套期工具、被套期项目中属于衍生金融资产的金额,应根据"衍生工具""套期工具""被套期项目"等科目的期末借方余额分析计算填列。

(6)"买入返售金融资产"等资产项目,一般直接反映商业银行持有的相应资产的期末价值,应根据"买入返售金融资产"科目的期末余额填列。买入返售金融资产计提坏账准备的,还应减去"坏账准备"科目所属相关明细科目的期末余额。

(7)"发放贷款和垫款"项目,反映商业银行发放的贷款和贴现资产扣减贷款损失准备期末余额后的金额,应根据"贷款""贴现资产"等科目的期末借方余额合计,减去"贷款损失准备"科目所属明细科目期末余额后的金额分析计算填列。

(8)"交易性金融资产"项目,反映商业银行资产负债表日分类为以公允价值计量且其变动计入当期损益的金融资产,以及持有的指定为以公允价值计量且其变动计入当期损益的金融资产的期末账面价值。该项目应根据"交易性金融资产"科目的相关明细科目期末余额填列。

(9)"债权投资"项目,反映资产负债表日商业银行以摊余成本计量的金融资产的期末账面价值(扣除损失准备)。该项目应根据"债权投资"科目的相关明细科目期末余额,减去"债权投资减值准备"科目中相关减值准备的期末余额后的金额分析填列。

(10)"其他债权投资"项目,反映资产负债表日商业银行分类为以公允价值计量且其变动计入其他综合收益的长期债权投资的期末账面价值。该项目应根据"其他债权投资"科目的相关明细科目期末余额分析填列。

(11)"其他权益工具投资"项目,反映资产负债表日企业指定为以公允价值计量且其变动计入其他综合收益的非交易性权益工具投资的期末账面价值。该项目应根据"其他权益工具投资"科目的期末余额填列。

(12)"其他资产"项目,反映商业银行期末持有的存出保证金、应收股利、其他应收款等资产的账面余额,应根据有关科目的期末余额填列。已计提减值准备的,还应扣减相应的减值准备。

长期应收款账面余额扣减累计减值准备和未实现融资收益后的净额、抵债资产账面余额扣减累计跌价准备后的净额、"代理兑付证券"减去"代理兑付证券款"后的借方余额,也在本项目反映。

2. 负债和所有者权益项目的填列说明

(1)"向中央银行借款"项目,反映商业银行从中央银行借入、在期末尚未偿还的借款,应根据"向中央银行借款"科目的期末余额填列。

(2)"同业及其他金融机构存放款项"项目,反映同业及其他金融机构存放商业银行的款项,应根据"同业存放"科目的期末余额填列。

(3)"拆入资金"项目,反映商业银行拆入资金在期末尚未偿还的金额,应根据"拆入资金"科目的期末余额填列。

(4)"交易性金融负债"项目,反映商业银行承担的以公允价值计量且其变动计入当期损益的为交易目的所持有的金融负债。本项目应根据"交易性金融负债"科目的期末余额填列。

(5)"衍生金融负债"项目,反映衍生工具、套期项目、被套期项目中属于衍生金融负债的金额,应根据"衍生工具""套期项目""被套期项目"等科目的期末贷方余额分析计算填列。

(6)"卖出回购金融资产款"项目,反映商业银行借入、在期末尚未偿付的债券金额,应根据"卖出回购金融资产款"科目的期末余额填列。

(7)"吸收存款"项目,反映商业银行吸收存款的金额,应根据"吸收存款"科目的期末余额填列。

(8)"预计负债"项目,反映商业银行根据相关会计准则确认的对外提供担保、未决诉讼、重组义务及对贷款承诺、财务担保合同等项目计提的损失准备等预计负债。本项目应根据"预计负债"科目的期末余额填列。

(9)"其他负债"项目,反映商业银行存入保证金、应付股利、其他应付款等负债的账面余额,应根据有关科目的期末余额填列。

长期应付款账面余额减去未确认融资费用后的净额、"代理兑付证券"减去"代理兑付证券款"后的贷方金额,也在本项目反映。

(10)"其他权益工具"项目,反映资产负债表日企业发行在外的除普通股以外分类为权益工具的金融工具的账面价值。商业银行应根据实际情况在"其他权益工具"项目下设"其中:优先股"和"永续债"两个项目,分别反映资产负债表日企业发行在外的分类为权益工具的优先股和永续工具的账面价值。

(11)"一般风险准备"项目,反映商业银行从净利润中提取的一般风险准备金额,应根据"一般风险准备"科目的期末余额填列。

二、商业银行利润表的编制

中国银行股份有限公司 2020 年度的比较利润表,如表 14-2 所示。

表 14-2　　　　　　　　　　　　利润表

编制单位：中国银行股份公司　　　2020 年度　　　　　　金额单位：百万元人民币

项目	本年金额（2020 年）	上期金额（2019 年）
一、营业收入	463 391	445 175
利息净收入	368 738	340 339
利息收入	692 327	678 619
利息支出	(323 589)	(338 280)
手续费及佣金净收入	63 308	62 398
手续费及佣金收入	71 020	70 558
手续费及佣金支出	(7 712)	(8 160)
投资收益	19 951	33 013
其中：对联营企业及合营企业投资收益	(154)	(23)
以摊余成本计量的金融资产终止确认产生的收益	1 486	583
公允价值变动收益	975	(664)
汇兑收益	2 474	3 208
其他业务收入	7 945	6 881
二、营业支出	(253 235)	(239 544)
税金及附加	(5 021)	(4 535)
业务及管理费	(128 020)	(130 135)
信用减值损失	(111 352)	(96 773)
其他资产减值损失	(11)	(181)
其他业务成本	(8 831)	(7 920)
三、营业利润	210 156	205 631
加：营业外收入	1 489	654
减：营业外支出	(817)	(521)
四、利润总额	210 828	205 764
减：所得税费用	(33 628)	(40 000)

（续表）

项目	本年金额（2020年）	上期金额（2019年）
五、净利润	177 200	165 764
六、其他综合收益的税后净额	(1 590)	10 704
（一）不能重分类进损益的其他综合收益	276	1 992
1. 退休福利计划精算损益	101	13
2. 指定以公允价值计量且其变动计入其他综合收益的权益工具投资公允价值变动	166	2 013
3. 其他	9	(34)
（二）将重分类进损益的其他综合收益	(1 866)	8 712
1. 以公允价值计量且其变动计入其他综合收益的债务工具投资公允价值变动	3 685)	6 736
2. 以公允价值计量且其变动计入其他综合收益的债务工具投资信用损失准备	3 151	346
3. 权益法下可转损益的其他综合收益	—	—
4. 外币报表折算差额	(871)	504
七、综合收益	175 610	176 468
八、每股收益（人民币元）		
（一）基本每股收益	0.61元	0.61元
（二）稀释每股收益	0.61元	0.61元

表14-2中各项目都列有"本年金额"和"上期金额"两个栏目，是一种比较利润表。"上期金额"栏内的各项数字，应根据上年该期利润表"本年金额"栏内所列数字填列。如果上年该期利润表规定的各个项目的名称和内容同本期不一致。应对上年该期利润表各项目的名称和数字，按照本期的规定进行调整，按调整后的数据填入本期利润表"上期金额"栏内。

"本年金额"栏内各项目数字，有的根据各损益类科目的发生额分析填列，有的根据表中相关项目的数据计算填列。商业银行利润表与一般企业利润表的不同项目的填列说明如下：

（1）"营业收入"项目，反映"利息净收入""手续费及佣金净收入""投资收益""公允价值变动收益""汇兑收益""其他业务收入"等项目的金额合计。

（2）"利息净收入"项目，应根据"利息收入"项目金额，减去"利息支出"项目金额后的余额计算填列。

"利息收入""利息支出"项目，反映商业银行经营存贷款业务等确认的利息收入和发生的利息支出，应根据"利息收入""利息支出"等科目的发生额分析填列。商业银行债券投资的利息收入、发行债券的利息支出,也可以分别在该项目反映。

(3)"手续费及佣金净收入"项目,反映"手续费及佣金收入"项目余额减去"手续费及佣金支出"项目金额后的金额。

"手续费及佣金收入""手续费及佣金支出"项目,反映商业银行确认的包括办理结算业务等在内的手续费、佣金收入和发生的手续费、佣金支出,应根据"手续费及佣金收入""手续费及佣金支出"等科目的发生额分析填列。

(4)"营业总支出"项目,反映"税金及附加""业务及管理费""信用减值损失""其他资产减值损失""其他业务成本"等项目的金额合计。

(5)"税金及附加"项目,反映商业银行经营业务应负担的城市维护建设税、车船税、房产税、城镇土地使用税、印花税和教育费附加等。本项目应根据"税金及附加"科目的发生额分析填列。

(6)"业务及管理费"项目,反映商业银行在业务经营和管理过程中发生的电子设备运转费、安全防范费、物业管理费等费用,应根据"业务及管理费"科目的发生额分析填列。

(7)"信用减值损失"项目,反映商业银行按照相关规定计提金融工具信用损失准备所确认的信用损失。本项目应根据"信用减值损失"科目本期发生额填列。

(8)"其他资产减值损失"项目,反映商业银行各项其他资产发生的减值损失。本项目应根据"其他资产减值损失"科目本期发生额填列。

除上述项目外,商业银行利润表其他项目"本期金额"的填列方法同一般企业。

三、商业银行所有者权益变动表的编制

中国银行股份有限公司的所有者权益变动表如表14-3所示。

表14-3　　　　　　　　　　　　所有者权益变动表

编制单位:中国银行股份有限公司　　　2020年度　　　　　　金额单位:百万元人民币

项目	本年金额									
	股本	其他权益工具		资本公积	减:库存股	其他综合收益	盈余公积	一般风险准备	未分配利润	合计
		优先股	永续债							
一、上年年末余额	294 388	159 901	39 992	132 627		19 292	171 003	240 279	596 399	1 653 881
加:会计政策变更										
前期差错更正										
二、2020年1月1日余额	294 388	159 901	39 992	132 627		19 292	171 003	240 279	596 399	1 653 881
三、本年增减变动金额		(12 382)	89 979	(37)		(1 580)	17 829	20 891	70 213	184 913
(一)综合收益总额						(1 590)			177 200	175 610
(二)所有者投入和减少资本		(12 382)	89 979	(37)						77 560
1. 所有者投入资本										

(续表)

项目	本年金额									
	股本	其他权益工具		资本公积	减：库存股	其他综合收益	盈余公积	一般风险准备	未分配利润	合计
		优先股	永续债							
2. 其他权益工具持有者投入资本										
3. 股份支付计入所有者权益的金额										
4. 其他										
(四) 利润分配							17 829	20 891	(106 977)	(68 257)
1. 提取盈余公积							17 829		(17 829)	
2. 提取一般风险准备								20 891	(20 891)	
3. 对所有者的分配									(68 257)	(68 257)
4. 其他										
(五) 所有者权益内部结转						10			(10)	
1. 资本公积转增资本(或)股本										
2. 盈余公积转增资本(或)股本										
3. 盈余公积弥补亏损										
4. 设定受益计划变动额结转留存收益										
5. 其他综合收益结转留存收益						10			(10)	
6. 其他										
四、2020年12月31日余额	294 388	147 519	129 971	132 590		17 712	188 832	261 170	666 612	1 838 794

商业银行需要提供比较所有者权益变动表，因此，所有者权益变动表应将各项目分为"本年金额"和"上年金额"两栏分别填列（由于比较所有者权益变动表的表格太宽，表14-3仅列示了"本年金额"栏）。所有者权益变动表各项目的填列说明如下：

1. "上年年末余额"项目

该项目反映商业银行上年资产负债表中实收资本（或股本）、资本公积、库存股、其他综合收益、盈余公积、一般风险准备、未分配利润的年末余额。

2. "会计政策变更"和"前期差错更正"项目

这两个项目分别反映商业银行采用追溯调整法处理的会计政策变更的累积影响金额和采用追溯重述法处理的会计差错更正的累积影响金额。

3. "本年增减变动额"项目

（1）"综合收益总额"项目，反映商业银行在某一期间除与所有者以其所有者身份进行的交易之外的其他交易或事项所引起的所有者权益变动，其金额为净利润和其他综合收益的税后净额的合计金额。

（2）"所有者投入和减少资本"项目，反映商业银行当年所有者投入的资本和减少的资本。其中，"所有者投入资本"项目，反映商业银行接受投资者投入形成的实收资本（或股本）和资本溢价或股本溢价，并对应列在"实收资本"和"资本公积"栏。"其他权益工具持有者投入资本"项目，反映金融企业发行的除普通股以外分类为权益工具的金融工具的持有者投入资本的金额。其中"其他权益工具"项目，反映企业发行的除普通股以外分类为权益工具的金融工具。企业应根据实际情况在该项目下设"优先股""永续债"和"其他"三个项目，分别反映企业发行的分类为权益工具的优先股和永续工具等项目。"股份支付计入所有者权益的金额"项目，反映商业银行处于等待期中的权益结算的股份支付当年计入资本公积的金额，并对应列在"资本公积"栏。

（3）"利润分配"项目，反映商业银行当年按照规定提取的盈余公积金额、按规定提取的一般风险准备的金额和对所有者（或股东）分配的利润（或股利）金额，并对应列在"盈余公积""一般风险准备"和"未分配利润"栏。其中，"提取盈余公积"项目，反映商业银行按照规定提取的盈余公积。"提取一般风险准备"项目，反映商业银行按规定提取的一般风险准备。"对所有者（或股东）的分配"项目，反映对所有者（或股东）分配的利润（或股利）金额。

（4）"所有者权益内部结转"项目，反映不影响当年所有者权益总额的所有者权益各组成部分之间当年的增减变动。"资本公积转增资本（或股本）"项目，反映商业银行以资本公积转增资本或股本的金额。

"盈余公积转增资本（或股本）"项目，反映商业银行以盈余公积转增资本或股本的金额。"盈余公积弥补亏损"项目，反映商业银行以盈余公积弥补亏损的金额。"设定受益计划变动额结转留存收益"项目，反映商业银行因重新计量设定受益计划净负债或净资产所产生的变动计入其他综合收益，结转至留存收益的金额。

所有者权益变动表"上年金额"栏内各项数字，应根据上年度所有者权益变动表"本年金额"栏内所列数字填列。所有者权益变动表"本年金额"栏内各项数字一般应根据"实收资本（或股本）""资本公积""库存股""其他综合收益""盈余公积""利润分配""以前年度损益调整"等科目的发生额分析填列。

四、商业银行现金流量表的编制

中国银行股份有限公司的比较现金流量表，如表14-4所示。

表14-4　　　　　　　　　　　现金流量表
编制单位：中国银行股份有限公司　　2020年度　　　　　　金额单位：百万元人民币

	2020年	2019年
一、经营活动产生的现金流量		
客户存款和同业存放款项净增加额	1 268 575	742 136
向其他金融机构拆入资金净增加额	—	—

(续表)

	2020 年	2019 年
向中央银行借款净增加额	49 427	—
存放中央银行和同业款项净减少额	—	25 875
收取利息、手续费及佣金的现金	666 920	643 636
收到其他与经营活动有关的现金	133 083	24 338
经营活动现金流入小计	2 118 005	1 435 985
向中央银行借款净减少额	—	(54 787)
向其他金融机构拆入资金净减少额	(292 226)	(31 843)
存放中央银行和同业款项净增加额	(64 302)	—
发放贷款和垫款净增加额	(1 175 106)	(1 137 523)
支付利息、手续费及佣金的现金	(283 489)	(321 456)
支付给职工及为职工支付的现金	(72 893)	(73 368)
支付的各项税费	(80 259)	(52 487)
支付其他与经营活动有关的现金	(115 218)	(251 916)
经营活动现金流出小计	(2 083 493)	(1 923 380)
经营活动产生的现金流量净额	34 512	(487 395)
二、投资活动产生的现金流量		
收回投资收到的现金	1 974 740	1 775 092
取得投资收益收到的现金	149 898	150 724
处置子公司、联营企业及合营企业投资收到的现金	7 633	641
处置固定资产、无形资产和其他长期资产所收到的现金	1 439	429
投资活动现金流入小计	2 133 710	1 926 886
投资支付的现金	(2 081 699)	(1 811 505)
购建固定资产、无形资产和其他长期资产所支付的现金	(12 064)	(13 772)
取得子公司、联营企业及合营企业投资支付的现金	(11 559)	(94 310)
投资活动现金流出小计	(2 105 322)	(1 919 587)
投资活动产生的现金流量净额	28 388	7 299
三、筹资活动产生的现金流量		
吸收投资收到的现金	109 560	139 961
其中：本行发行其他权益工具收到的现金	109 560	139 961
少数股东投入的现金	—	—
发行债券收到的现金	1 096 337	953 258
收到其他与筹资活动有关的现金	—	—
筹资活动现金流入小计	1 205 897	1 093 219
分配股利、利润或偿付利息支付的现金	(86 081)	(86 692)

(续表)

	2020 年	2019 年
其中：向本行股东分配股利支付的现金	(65 948)	(60 993)
本行赎回其他权益工具支付的现金	(32 000)	(45 987)
偿还债务支付的现金	(961 862)	(665 708)
支付其他与筹资活动有关的现金	(6 162)	(6 074)
筹资活动现金流出小计	(1 086 105)	(804 461)
筹资活动产生的现金流量净额	119 792	288 758
四、汇率变动对现金及现金等价物的影响额	(26 273)	12 793
五、现金及现金等价物净增加/(减少)额	156 419	(178 545)
加：年初现金及现金等价物余额	1 139 427	1 317 972
六、年末现金及现金等价物余额	1 295 846	1 139 427

与一般企业的现金流量表相比，商业银行现金流量表项目中比较有特点的主要是经营活动产生的现金流量项目。现将商业银行经营活动产生的现金流入和流出各项目的填列说明如下。

1. 经营活动产生的现金流入量

(1)"客户存款和同业存放款项净增加额"项目，反映商业银行本期吸收的境内外金融机构以及非同业存放款项以外的各种存款的净增加额。本项目可以根据"吸收存款""同业存放"等科目的记录分析填列。商业银行可以根据需要增加项目。例如，本项目可以分解成"吸收活期存款净增加额""吸收活期存款以外的其他存款""支付活期存款以外的其他存款""同业存放净增加额"等项目。

(2)"向中央银行借款净增加额"项目，反映商业银行本期向中央银行借入款项的净增加额。本项目可以根据"向中央银行借款"科目的记录分析填列。

(3)"向其他金融机构拆入资金净增加额"项目，反映商业银行本期从境内外金融机构拆入款项所取得的现金，减去拆借给境内外金融机构款项而支付的现金后的净额。本项目可以根据"拆入资金"和"拆出资金"等科目的记录分析填列。本项目如为负数，应在经营活动现金流出类中单独列示。

(4)"收取利息、手续费及佣金的现金"项目，反映商业银行本期收到的利息、手续费及佣金，减去支付的利息、手续费及佣金的净额。本项目可以根据"利息收入""手续费及佣金收入""应收利息"等科目的记录分析填列。

(5)"存放中央银行和同业款项净减少额"项目，反映商业银行本期存放于中央银行以及境内外金融机构的款项的净减少额。本项目可以根据"存放中央银行款项""存放同业"等科目的记录分析填列。

(6)"收到其他与经营活动有关的现金"项目，反映商业银行除了上述各项目以外所收到的其他与经营活动有关的现金，如罚款、流动资产损失中由个人赔偿的现金、经营租赁租金等。若某项其他与经营活动有关的现金流入金额较大，应单列项目反映。

本项目可以根据"库存现金""银行存款""营业外收入"等科目的记录分析填列。

2. 经营活动产生的现金流出量

（1）"向中央银行借款净减少额"项目，反映商业银行本期向中央银行借入款项的净减少额。本项目可以根据"向中央银行借款"科目的记录分析填列。

（2）"向其他金融机构拆入资金净减少额"项目，反映商业银行本期从境内外金融机构拆入款项所取得的现金，减去拆借给境内外金融机构款项而支付的现金后的负净额。本项目可以根据"拆入资金"和"拆出资金"等科目的记录分析填列。

（3）"客户贷款及垫款净增加额"项目，反映商业银行本期发放的各种客户贷款，以及办理商业票据贴现、转贴现融出及融入资金等业务的款项的净增加额。本项目可以根据"贷款""贴现资产""贴现负债"等科目的记录分析填列。

商业银行可以根据需要增加项目。例如，本项目可以分解成"收回中长期贷款""发放中长期贷款""发放短期贷款净增加额""垫款净增加额"等项目。

（4）"存放中央银行和同业款项净增加额"项目，反映商业银行本期存放于中央银行以及境内外金融机构的款项的净增加额。本项目可以根据"存放中央银行款项""存放同业"等科目的记录分析填列。

（5）"支付利息、手续费及佣金的现金"项目，反映商业银行本期支付的利息、手续费及佣金。本项目可以根据"手续费及佣金支出"等科目的记录分析填列。

（6）"支付给职工以及为职工支付的现金"项目，反映商业银行实际支付给职工，以及为职工支付的现金，包括本期实际支付给职工的工资、奖金、各种津贴和补贴等，以及为职工支付的其他费用。商业银行代扣代交的职工个人所得税，也在本项目反映。本项目不包括支付给离退休人员的各项费用及支付给在建工程人员的工资及其他费用。商业银行支付给离退休人员的各项费用（包括支付的统筹退休金以及未参加统筹的退休人员的费用），在"支付其他与经营活动有关的现金"项目反映；支付给在建工程人员的工资及其他费用，在"购建固定资产、无形资产和其他长期资产支付的现金"项目反映。本项目可以根据"应付职工薪酬""库存现金""银行存款"等科目的记录分析填列。

商业银行为职工支付的养老、失业等社会保险基金、补充养老保险、住房公积金、支付给职工的住房困难补助，以及商业银行支付给职工或为职工支付的其他福利费用等，应按职工的工作性质和服务对象，分别在本项目和"购建固定资产、无形资产和其他长期资产支付的现金"项目反映。

（7）"支付的各项税费"项目，反映商业银行按规定支付的各种税费，包括商业银行本期发生并支付的税费，以及本期支付以前各期发生的税费和本期预交的税费，包括城市维护建设税、教育费附加、所得税、印花税、房产税、车船税等，但不包括计入固定资产价值、实际支付的耕地占用税，也不包括本期退回的所得税。本期退回的所得税在"收到的税费返还"项目反映。本项目可以根据"应交税费""库存现金""吸收存款"等科目的记录分析填列。

（8）"支付的其他与经营活动有关的现金"项目，反映商业银行除上述各项外，支付的其他与经营活动有关的现金，如罚款支出、支付的差旅费、业务招待费、保险费、经营租赁支付的现金等。其他与经营活动有关的现金,如果金额较大的,应单列项目反映。本项目可以根据"库存现金""吸收存款""业务及管理费""营业外支出"等有关科目的记录分析填列。

商业银行投资活动和筹资活动产生的现金流量项目的填列说明与一般企业基本相同,不再赘述。

第三节 保险公司财务报表的编制

一、保险公司资产负债表的编制

新华保险股份有限公司的账户式比较资产负债表如表 14-5 所示。

表 14-5　　　　　　　　　　资产负债表

编制单位:新华保险股份有限公司　　2020 年 12 月 31 日　　金额单位:人民币百万元

资产	2020年 12月31日	2019年 12月31日	负债及所有者权益	2020年 12月31日	2019年 12月31日
货币资金	11 220	10 972	短期借款		
结算备付金			拆入资金		
贵金属			以公允价值计量且其变动计入当期损益的金融负债		
拆出资金			衍生金融负债		
以公允价值计量且其变动计入当期损益的金融资产	10 270	12 460	卖出回购金融资产款	40 374	67 964
以公允价值计量且其变动计入其他综合收益的金融资产	419 311	379 993	预收保费	6 458	4 181
以摊余成本计量的金融资产	272 874	246 090	应付手续费及佣金	2 358	2 353
保户质押贷款	37 732	35 148	应付分保账款	297	220
衍生金融资产			应付职工薪酬	3 745	3 304
买入返售金融资产	1 000	5 307	应交税费	89	87
应收利息	9 685	8 193	应付票据		
应收保费	2 312	2 233	应付账款		
应收分保账款	246	188	应付赔付款	6 445	5 704
应收分保未到期责任准备金	217	185	应付保单红利	3	—
应收分保未决赔款准备金	83	44	其他应付款	4 623	2 647
应收分保寿险责任准备金	1 519	1 433	保户储金及投资款	51 476	46 366
应收分保长期健康险责任准备金	1 601	1 178	未到期责任准备金	2 349	2 102

(续表)

资产	2020年12月31日	2019年12月31日	负债及所有者权益	2020年12月31日	2019年12月31日
其他应收款	1 623	3 511	未决赔款准备金	1 802	1 611
定期存款	93 680	63 780	寿险责任准备金	634 501	567 985
归入贷款及应收款的投资	39 627	38 364	长期健康险责任准备金	115 757	86 493
长期股权投资	55 262	40 998	应付债券	10 000	—
存出资本保证金	715	715	租赁负债	1 044	921
投资性房地产	8 895	9 112	预计负债	—	29
固定资产	9 279	7 719	递延收益	—	—
在建工程	1 869	2 509	递延所得税负债	2 152	244
使用权资产	1 222	1 114	其他负债	335	117
无形资产	1 796	1 736	负债合计	884 004	792 480
递延所得税资产	—	—	股本	3 120	3 120
其他资产	661	1 978	资本公积	23 899	23 868
独立账户资产	214	163	其他综合收益	11 190	3 915
			一般风险准备	7 389	6 053
			未分配利润	43 272	38 330
			股东权益合计	98 909	82 643
资产总计	982 913	875 123	负债及股东权益总计	982 913	875 123

保险公司资产负债表除下列项目以外的其他项目,比照商业银行资产负债表的列报方法处理。

(1)"货币资金"项目,反映保险公司期末持有的库存现金、银行存款、其他货币资金等总额,应根据"库存现金""银行存款""其他货币资金"等科目的期末余额合计填列。保险公司持有的原始存款期限在3个月以内的定期存款,也应在本项目反映。

(2)"应收保费""应收代位追偿款""应收分保账款""应收分保未到期责任准备金""保户质押贷款"等资产项目,反映保险公司期末持有的相应资产的实际价值,应根据"应收账款""应收代位追偿款""应收分保账款""应收分保未到期责任准备金""贷款"等科目期末借方余额,减去"贷款损失准备"等科目所属相关明细科目期末余额后的金额填列。

(3)"应收分保未决赔款准备金""应收分保寿险责任准备金""应收分保长期健康险责任准备金"项目,反映保险公司从事再保险业务应向再保险接受人摊回的相应准备金扣减累计减值准备后的账面价值,应根据"应收分保保险责任准备金"科目所属相关明细科目期末借方余额,减去"坏账准备"科目所属相关明细科目期末余额后的金额分析填列。

(4)"存出资本保证金""独立账户资产"等资产项目,反映保险公司期末持有的相应资产的价值,应根据"存出资本保证金""独立账户资产"等科目期末借方余额填列。

(5)"其他资产"项目,反映保险公司应收股利、应收代位追偿款、预付账款、存出保证金、其他应收款等资产的账面余额,应根据有关科目的期末余额填列;已计提减值准备的,还应扣减相应的减值准备。

长期应收款账面余额扣减累计减值准备和未实现融资收益后的净额、抵债资产账面余额扣减累计跌价准备后的净额、损余物资账面余额扣减累计跌价准备后的净额,也在本项目反映。

(6)"预收保费""应付手续费及佣金""应付分保账款""保户储金及投资款""到期责任准备金""独立账户负债"等负债项目,反映保险公司从事再保险业务应向再保险分出人或再保险接受人支付但尚未支付的款项等,应根据"预收账款""应付账款""分保储金""保户储金""未到期责任准备金""独立账户负债"等科目期末贷方余额填列。

(7)"未决赔款准备金、寿险责任准备金、长期健康险责任准备金"等负债项目,反映保险公司提取的未决赔款准备金、寿险责任准备金、长期健康险责任准备金期末余额,应根据"保险责准备金"科目所属相关明细科目期末余额分析填列。

(8)"其他负债"项目,反映保险公司应付股利、应付利息、存入保证金、预计负债等负债的账面余额,应根据有关科目的期余额填列。长期应付账面余额减去未确认融资费用后的净额,也在本项目反映。

二、保险公司利润表的编制

新华保险股份有限公司的比较利润表如表 14-6 所示。

表 14-6　　　　　　　　　　　利润表

编制单位:新华保险股份有限公司　　　　2021 年　　　　　　　金额单位:人民币百万元

会计年度	2020 年度	2019 年
一、营业收入	204 553	173 035
利息净收入		
利息收入		
利息支出		
手续费及佣金净收入		
手续费及佣金收入		
其中:代理买卖证券业务净收入		
证券承销业务净收入		
委托客户管理资产业务净收入		
已赚保费	156 398	135 403
保险业务收入	159 511	138 131
其中:分保费收入		
减:分出保费	(2 898)	(2 427)
提取未到期责任准备金	(215)	(301)

(续表)

会计年度	2020年度	2019年
投资收益	49 049	35 055
其中：对联营企业和合营企业的投资收益	231	462
公允价值变动收益	(1 297)	2 042
汇兑收益	(240)	41
资产处置损失	—	(1)
其他收益	52	34
其他业务收入	591	461
二、营业支出	(190 509)	(160 877)
退保金	(12 258)	(12 990)
赔付支出	(55 741)	(60 648)
减：摊回赔付支出	1 339	1 045
提取保险责任准备金	(87 199)	(53 734)
减：摊回保险责任准备金	548	399
保单红利支出	(577)	(42)
分保费用		
税金及附加	(229)	(165)
手续费及佣金支出	(17 826)	(16 871)
业务及管理费	(12 913)	(13 554)
减：摊回分保费用	780	746
其他业务成本	(3 693)	(3 027)
资产减值损失	(2 740)	(2 036)
三、营业利润	14 044	12 158
加：补贴收入		
营业外收入	30	21
减：营业外支出	(121)	(135)
加：影响利润总额的其他科目		
四、利润总额	13 953	12 044
减：所得税	(594)	1 416
加：影响净利润的其他科目		13 460
五、净利润	13 359	
（一）按经营持续性分类： 　　持续经营净利润	13 359	13 460
（二）按所有权归属分类： 　　归属于母公司所有者的净利润 　　少数股东损益		

(续表)

会计年度	2020 年度	2019 年
六、其他综合收益的税后净额	7 275	6 728
归属于母公司股东的其他综合收益的税后净额	7 275	6 728
将重分类进损益的其他综合收益	7 275	
可供出售金融资产公允价值变动损益	24 573	
减：前期计入其他综合收益当期转入损益的金额	(6 241)	
可供出售金融资产公允价值变动对保险合同准备金和保户储金及投资款的影响	(8 818)	
权益法下在被投资单位可转损益的其他综合收益及其对保险合同准备金和保户储金及投资款的影响	188	(45)
外币财务报表折算差额	—	
所得税影响	(2 427)	
归属于少数股东的其他综合收益的净额	—	
其他		(48)
七、综合收益总额	20 634	20 188
归属于母公司股东的综合收益总额		
归属于少数股东的综合收益总额		
八、每股收益		
（一）基本每股收益	人民币 4.58 元	人民币 2.54 元
（二）稀释每股收益	人民币 4.58 元	人民币 2.54 元
备注		

保险公司利润表除下列项目的其他项目，比照商业银行利润表的列报方法处理。

（1）"营业收入"项目，反映"已赚保费""投资收益""公允价值变动收益""汇兑收益""其他业务收入"等项目的金额合计。定期存款、保户质押贷款、买入返售金融资产形成的利息收入，也在"投资收益"项目反映。

（2）"已赚保费"项目，反映"保险业务收入"项目金额减去"分出保费""提取未到期责任准备金"项目金额后的余额

"保险业务收入"项目，反映保险公司从事保险业务确认的原保费收入和分保费收入，应根据"保费收入"科目的发生额分析填列。

"分出保费"项目，反映保险公司从事再保险业务分出的保费，应根据"分出保费"科目的发生额分析填列。

"提取未到期责任准备金"项目，反映保险公司提取的未到期责任准备金，应根据"提取未到期责任准备金"科目的发生额分析填列。

（3）"营业支出"项目，反映"退保金""赔付支出""提取保险责任准备金""保单红

利支出""分保费用""税金及附加""手续费及佣金支出""业务及管理费""其他业务成本""资产减值损失"等项目总额,扣减"摊回赔付支出""摊回保险责任准备金""摊回分保费用"等项目总额。

"退保金"项目,反映保险公司寿险原保险合同提前解除时按照约定退还投保人的保单现金价值,应根据"退保金"科目的发生额分析填列。

"赔付支出"项目,反映保险公司因保险业务发生的赔付支出,包括原保险合同赔付支出和再保险合同赔付支出,应根据"赔付支出"科目的发生额分析填列。

"提取保险责任准备金"项目,反映保险公司提取的保险责任准备金,包括未决赔款准备金、寿险责任准备金、长期健康险责任准备金,应根据"提取保险责任准备金"科目的发生额分析填列。

"保单红利支出"项目,反映保险公司按原保险合同约定支付给投保人的红利,应根据"保单红利支出"科目的发生额分析填列。

"分保费用"项目,反映保险公司从事再保险业务支付的分保费用,应根据"分保费用"科目的发生额分析填列。

"摊回赔付支出""摊回保险责任准备金""摊回分保费用"等项目,反映保险公司从事再保险分出业务向再保险接受人摊回的赔付支出、保险责任准备金、分保费用,应根据"摊回赔付支出""摊回保险责任准备金""摊回分保费用"等科目的发生额分析填列。

三、保险公司所有者权益变动表的编制

新华保险股份有限公司的所有者权益变动表,如表 14-7 所示。

表 14-7　　　　　　　　　　所有者权益变动表
编制单位:新华保险股份有限公司　　　　2020 年度　　　　金额单位:百万元人民币

项目	本年金额									
	股本	其他权益工具		资本公积	减:库存股	其他综合收益	盈余公积	一般风险准备	未分配利润	合计
		优先股	永续债							
一、上年年初余额										
加:会计政策变更										
前期差错更正										
二、2020 年 1 月 1 日余额	3 120			23 868		3 915	7 357	6 053	38 330	82 643
三、本年增减变动金额				31		7 275	2 682	1 336	4 942	16 266
(一)综合收益总额						7 275			13 359	20 634
(二)所有者投入和减少资本										
1. 所有者投入资本										
2. 其他权益工具持有者投入资本										
3. 股份支付计入所有者权益的金额										

(续表)

项目	本年金额									
	股本	其他权益工具		资本公积	减：库存股	其他综合收益	盈余公积	一般风险准备	未分配利润	合计
		优先股	永续债							
4. 其他										
(四) 利润分配				31			2 682	1 336	(8 417)	(4 399)
1. 提取盈余公积							2 682		(2 682)	
2. 提取一般风险准备								1 336	(1 336)	
3. 对所有者的分配									(4 399)	(4 399)
4. 其他				31						31
(四) 所有者权益内部结转										
1. 资本公积转增资本（或）股本										
2. 盈余公积转增资本（或）股本										
3. 盈余公积弥补亏损										
4. 一般风险准备弥补亏损										
5. 其他综合收益结转留存收益										
6. 其他										
四、2020年12月31日余额	3 120			23 899		11 190	10 039	7 389	43 272	98 909

保险公司所有者权益变动表的项目编制说明同商业银行所有者权益变动表的项目编制说明。

四、保险公司现金流量表的编制

新华保险股份有限公司的比较现金流动表，如表14-8所示。

表14-8　　　　　　　　　现金流量表
编制单位：新华保险股份有限公司　2020年度　　　　金额单位：人民币百万元

项目	2020年度	2019年度
一、经营活动产生的现金流量		
收到原保险合同保费取得的现金	161 879	140 698
收到再保险业务现金净额		
保户储金及投资款净增加额	3 458	4 291
收到的税费返还	—	18
收到其他与经营活动有关的现金	670	534

(续表)

项目	2020 年度	2019 年度
经营活动现金流入小计	166 007	145 541
支付原保险合同赔付款项的现金	(67 258)	(73 252)
支付再保险业务现金净额	(763)	(824)
支付保单红利的现金	(575)	(42)
支付手续费及佣金的现金	(17 822)	(16 708)
支付给职工以及为职工支付的现金	(7 880)	(8 180)
支付的各项税费	(815)	(1 433)
支付其他与经营活动有关的现金	(2 825)	(3 030)
经营活动现金流出小计	(97 938)	(103 469)
经营活动产生的现金流量净额	68 069	42 072
二、投资活动产生的现金流量		
收回投资收到的现金	279 641	169 930
取得投资收益收到的现金	44 883	34 731
处置固定资产、无形资产和其他长期资产收回的现金净额	—	229
收到买入返售金融资产的现金净额	4 535	—
收购子公司收到的现金	—	—
投资活动现金流入小计	329 059	204 890
投资支付的现金	(368 486)	(279 959)
保户质押贷款净增加额	(2 584)	(3 821)
购建固定资产、无形资产和其他长期资产所支付的现金	(2 447)	(4 150)
支付买入返售金融资产的现金净额	—	(1 614)
处置子公司产生的现金净额	—	—
支付其他与投资活动有关的现金	(1 080)	(537)
投资活动现金流出小计	(374 597)	(290 081)
投资活动产生的现金流量净额	(45 538)	(85 191)
三、筹资活动产生的现金流量		
吸收投资收到的现金	—	—
其中：结构化主体吸收少数股东投资收到的现金	—	—
收到卖出回购金融资产的现金净额		52 814
发行债券收到的现金	10 000	—
筹资活动现金流入小计	10 000	52 814

(续表)

项目	2020 年度	2019 年度
分配股利、利润或偿付利息支付的现金	(4 401)	(2 543)
赎回债券支付的现金		(4 000)
支付卖出回购金融资产的现金净额	(27 120)	—
偿还租赁负债本金和利息所支付的现金	(577)	(530)
支付其他与筹资活动有关的现金	—	—
筹资活动现金流出小计	(32 098)	(7 073)
筹资活动产生的现金流量净额	(22 098)	45 741
四、汇率变动对现金及现金等价物的影响额	(188)	28
五、现金及现金等价物净增加额	245	2 650
加：年初现金及现金等价物余额	10 988	8 338
六、年末现金及现金等价物余额	11 233	10 988

保险公司现金流量表除下列项目外的其他项目，应比照一般企业现金流量表处理。

(1) "收到原保险合同保费取得的现金"项目，反映保险公司本期收到的原保险合同保费取得的现金，包括本期收到的原保险保费收入、本期收到的前期应收原保险保费本期预售的原保险保费和本期代其他企业收取的原保险保费，扣除本期保险合同提前解除以现金支付的退保费。本项目应根据"库存现金""银行存款""应收账款""预收账款""保费收入"等科目的记录分析填列。

(2) "收到再保业务现金净额"项目，反映保险公司本期从事再保业务实际收支的现金净额。本项目可以根据"银行存款""应收分保账款""应付分保账款"等科目的记录分析填列。

(3) "支付原保险合同赔付款项的现金"项目，反映保险公司本期实际支付原保险合同赔付的现金。本项目应根据"赔付支出"等科目的记录分析填列。

(4) "保户储金净增加额"项目，反映保险公司向投保人收取的以储金利息作为保费收入的储金，以及以投资收益作为保费收入的投资保障型保险业务的投资本金，减去保险公司向投保人返还的储金和投资本金后的净额。本项目可以根据"库存现金""银行存款""保户储金""应收保户储金"等科目的记录分析填列。

(5) "支付利息、手续费及佣金的现金"项目，反映保险公司本期实际支付手续费及佣金等现金。本项目应根据"应付账款""手续费及佣金支出"等科目的记录分析填列。

(6) "质押贷款净增加额"项目，反映保险公司本期发放保户质押贷款的现金净额。本项目可以根据"贷款""银行存款"等科目的记录分析填列。

保险公司可单独设置"处置损余物资收到的现金净额"和"代位追偿款收到的现

金"等项目,或者在"收到的其他与经营活动有关的现金"项目中反映。

第四节 证券公司财务报表的编制

一、证券公司资产负债表的编制

国信证券股份有限公司的比较资产负债表,如表14-9所示。

表14-9 资产负债表

编制单位:国信证券股份有限公司　　2020年12月31日　　金额单位:人民币百万元

资产	期末数	上年年末数	负债和所有者权益	期末数	上年年末数
资产:			负债:		
货币资金	57 228.19	46 139.58	短期借款		
其中:客户资金存款	50 439.57	41 142.47	应付短期融资款	25 929.53	18 043.32
结算备付金	10 334.22	6 162.50	拆入资金	6 434.05	5 351.59
其中:客户备付金	7 545.59	4 243.82	交易性金融负债		151.37
贵金属			衍生金融负债	331.45	7.11
拆出资金			卖出回购金融负债	72 082.12	41 823.13
融出资金	49 339.27	37 458.97	代理买卖证券款	58 303.22	45 531.85
衍生金融资产	6.25	18.59	代理承销证券款		
存出保证金	2 430.63	1 883.70	应付职工薪酬	4 456.06	3 503.04
应收款项	1 048.55	518.26	应交税费	1 199.83	801.21
应收款项融资			应付款项	2 956.17	828.44
合同资产			合同负债		
买入返售金融资产	15 740.43	22 752.12	持有待售负债		
持有待售资产			预计负债	517.65	234.75
金融投资:			长期借款		
交易性金融资产	96 894.81	49 987.13	应付债券	35 346.20	37 549.34
债权投资			其中:优先股		
其他债权投资	24 740.98	17 972.59	永续债		
其他权益工具投资	14 218.40	12 459.17	租赁负债		
长期股权投资	10 108.02	9 369.30	递延收益	129.77	133.24
投资性房地产	300.89	312.00	递延所得税负债	181.13	155.63
固定资产	1 228.81	1 075.37	其他负债	272.18	276.93
在建工程	1 024.46	832.27	负债合计	208 139.35	154 454.89
使用权资产			所有者权益:		
无形资产	655.52	644.95	股本	9 612.43	8 20

(续表)

资产	期末数	上年年末数	负债和所有者权益	期末数	上年年末数
其中：交易席位费	29.75	29.75	其他权益工具	10 00	5 00
商誉			其中：优先股		
递延所得税资产	1 945.33	1 430.15	永续债	10 00	5 00
其他资产	450.74	394.99	资本公积	20 155.22	6 768.85
			减：库存股		
			其他综合收益	113.78	(131.43)
			盈余公积	4 867.82	4 212.27
			一般风险准备	12 997.50	11 674.05
			未分配利润	21 809.41	19 143.00
			所有者权益合计	79 556.16	54 866.74
资产总计	287 695.51	209 321.63	负债和所有者权益总计	287 695.51	209 321.63

证券公司资产负债表除下列项目的其他项目，比照商业银行资产负债表的列报方法处理。

(1)"货币资金"项目，反映企业期末持有的库存现金、银行存款和其他货币资金总额，应根据"库存现金""银行存款""其他货币资金"等科目的期末余额合计填列。证券公司取得的客户资金存款，也应在本项目单独反映。

(2)"结算备付金"项目，反映企业期末持有的为证券交易的资金清算与交收而存入指定清算代理机构的款项金额，应根据"结算备付金"科目的期末余额填列。证券公司取得的客户备付金应在本项目单独反映。

(3)"存出保证金"项目，反映企业因办理业务需要存出或交纳的各种保证金款项期末余额，应根据"存出保证金"科目的期末余额填列。

(4)"无形资产"项目，反映企业无形资产在期末的实际价值，应根据"无形资产"科目的期末余额，减去"累计摊销""无形资产减值准备"等科目期末余额后的金额填列。证券公司交纳的交易席位费的可收回金额应在本项目下单独反映。

(5)"其他资产"项目，反映企业应收账款、应收股利、其他应收款、长期待摊费用等资产的账面余额，应根据有关科目的期末余额填列；已计提减值准备的，还应扣减相应的减值准备。

长期应收款账面余额扣减累计减值准备和未实现融资收益后的净额、抵债资产账面余额扣减累计跌价准备后的净额、"代理兑付证券"减去"代理兑付证券款"后的借方余额，也在本项目反映。

(6)"代理买卖证券款""代理承销证券款"项目，反映企业接受客户有效的代理买卖证券资金、承销证券后应付未付给委托单位的款项，应根据"代理买卖证券款""代理承销证券款"科目的期末贷方余额填列。

(7)"其他负债"项目，反映企业应付股利、其他应付款、递延收益等负债的账面余额,应根据有关科目的期末余额填列。长期应付款账面余额减去未确认融资费用后的净额、"代理兑付证券"减去"代理兑付证券款"后的贷方余额,也在本项目反映。

二、证券公司利润表的编制

国信证券股份有限公司的比较利润表,如表 14-10 所示。

表 14-10　　　　　　　　　　　　　利润表

编制单位：国信证券股份有限公司　　2020 年度　　　　　　金额单位：人民币百万元

项　目	本期数	上年同期数
一、营业总收入	16 271.09	12 234.71
利息净收入	2 967.08	1 749.55
其中：利息收入	6 669.74	5 811.35
利息支出	3 702.66	4 061.81
手续费及佣金净收入	8 514.70	5 873.89
其中：经济业务手续费净收入	6 111.96	3 886.84
投资银行业务手续费净收入	1 847.35	1 403.40
资产管理业务手续费净收入	257.49	232.48
投资收益（亏损总额以"-"号填列）	4 887.58	3 869.12
其中：对联营企业和合营企业的投资收益	330.65	273.68
以摊余成本计量的金融资产终止确认产生的收益		0.00
净敞口套期收益		0.00
其他收益	24.45	43.88
公允价值变动收益（损失以"-"号填列）	(149.75)	662.95
汇兑收益（损失以"-"号填列）	(7.36)	1.78
其他业务收入	34.60	33.93
资产处置收益（损失以"-"号填列）	(0.21)	(0.38)
二、营业总支出	7 928.12	5 888.08
税金及附加	121.88	94.10
业务及管理费	6 828.04	5 135.59
信用减值损失	967.10	647.68
其他资产减值损失	0.00	0.00
其他业务成本	11.11	10.71
三、营业利润（亏损以"-"号填列）	8 342.97	6 346.63
加：营业外收入	12.40	22.94
减：营业外支出	325.77	269.04

(续表)

项　目	本期数	上年同期数
四、利润总额(净亏损以"－"号填列)	8 029.60	6 100.53
减：所得税费用	1 474.08	1 245.62
五、净利润(净亏损以"－"号填列)	6 555.52	4 854.92
(一)持续经营净利润(净亏损以"－"号填列)	6 555.52	4 854.92
(二)终止经营净利润(净亏损以"－"号填列)	0.00	0.00
六、其他综合收益的税后净额	265.10	350.95
(一)不能重分类进损益的其他综合收益	383.94	295.55
1. 重新计量设定收益计划变动额	0.00	0.00
2. 权益法下不能转损益的其他综合收益	0.00	0.00
3. 其他权益工具投资公允价值变动	383.94	295.55
4. 企业自身信用风险公允价值变动	0.00	0.00
5. 其他	0.00	0.00
(二)将重分类进损益的其他综合收益	(118.84)	55.41
1. 权益法下可转损益的其他综合收益	(13.38)	(1.90)
2. 其他债权投资公允价值变动	(308.10)	33.73
3. 金融资产重分类计入其他综合收益的金额	0.00	0.00
4. 其他债权投资信用减值准备	202.64	23.58
5. 现金流量套期储备	0.00	0.00
6. 外币财务报表折算差额	0.00	0.00
7. 其他	0.00	0.00
七、综合收益总额	6 820.62	5 205.87

证券公司利润表除下列项目以外的其他项目，比照商业银行利润表的列报方法处理。

(1)"营业收入"项目，反映"手续费及佣金净收入""利息净收入""投资收益""公价值变动收益""汇兑收益""其他业务收入"等项目的合计金额。

(2)"手续费及佣金净收入"项目，反映企业确认的代理承销、兑付和买卖证券等业务实现的手续费及佣金收入减去发生的各项手续费、风险结算金、与承销业务直接相关的各项费用及佣金支出后的净额，应根据"手续费及佣金收入""手续费及佣金支出"等科目的发生额分析计算填列。"经纪业务手续费净收入""投资银行业务手续费净收入""资产管理业务手续费净收入"等应在本项目下单独反映。

三、证券公司现金流量表的编制

国信证券股份有限公司的比较现金流量表，如表14-11所示。

表 14-11　　　　　　　　　　　比较现金流量表

编制单位：国信证券股份有限公司　　2020 年度　　　　　金额单位：人民币百万元

项目	本期数	上年同期数
一、经营活动产生的现金流量：		
为交易目的而持有的金融资产净减少额	0	12 481.32
其他权益工具投资净减少额	0	800.04
收取利息、手续费及佣金的现金	16 535.85	12 724.61
拆入资金净增加额	1 120.00	1 300.00
回购业务资金净增加额	36 525.80	8 072.90
代理买卖证券收到的现金净额	12 768.74	14 297.51
收到其他与经营活动有关的现金	1 822.03	905.77
经营活动现金流入小计	68 772.42	50 582.16
为交易目的而持有的金融资产净增加额	42 452.31	0
其他股权投资净增加额	6 397.09	2 702.91
其他权益工具投资净增加额	1 282.03	0
融出资金净增加额	11 925.01	7 978.90
支付利息、手续费及佣金的现金	3 011.52	2 396.97
支付给职工以及为职工支付的现金	4 598.35	3 656.42
支付的各项税费	2 562.47	1 892.98
支付其他与经营活动有关的现金	1 806.57	2 286.16
经营活动现金流出小计	74 035.36	20 914.33
经营活动产生的现金流量净额	(5 262.95)	29 667.83
二、投资活动产生的现金流量：	0	0
收回投资收到的现金	976.87	79.57
取得投资收益收到的现金	731.89	156.86
处置固定资产、无形资产和其他长期资产收回的现金净额	1.72	1.67
收到其他与投资活动有关的现金	0	0
投资活动现金流入小计	1 710.48	238.1
投资支付的现金	2 012.91	2 051.02
购建固定资产、无形资产和其他长期资产支付的现金	722.57	410.72
支付其他与投资活动有关的现金	0	0
投资活动现金流出小计	2 735.48	2 461.74
投资活动产生的现金流量净额	(1 025.00)	(2 223.64)
三、筹资活动产生的现金流量：	0	0

(续表)

项目	本期数	上年同期数
吸收投资收到的现金	24 787.74	0
取得借款收到的现金	0	0
发行债券收到的现金	105 461.61	64 345.55
收到其他与筹资活动有关的现金	0	0
筹资活动现金流入小计	130 249.35	644 345.55
偿还债务支付的现金	99 543.54	70 510.10
分配股利、利润或偿付利息支付的现金	4 155.38	4 036.21
支付其他与筹资活动有关的现金	5 038.18	0
筹资活动现金流出小计	108 737.10	74 546.32
筹资活动产生的现金流量净额	21 512.25	(10 200.76)
四、汇率变动对现金及现金等价物的影响	(7.36)	1.78
五、现金及现金等价物净增加额	15 216.95	17 245.20
加：期初现金及现金等价物余额	52 217.98	34 972.76
六、期末现金及现金等价物余额	67 434.91	52 217.97

证券公司现金流量表，除下列项目的其他项目，应比照一般企业现金流量表处理

（1）"为交易目的而持有金融资产净减少额"项目，反映证券公司本期自行买卖交易性金融资产所取得的现金净增加额。本项目可以根据"交易性金融资产"等科目的记录分析填列。本项目如为净增加额，应在经营活动现金流出类项目中单独列示

（2）"拆入资金净增加额"项目，反映证券公司本期从境内外金融机构拆入款项所取得的现金，减去拆借给境内外金融机构款项而支付的现金后的净额。本项目可以根据"拆入资金""拆出资金"等科目的记录分析填列。本项目如为负数，应在经营活动现金流出类项目中列示。

（3）"回购业务资金净增加额"项目，反映证券公司本期按回购协议卖出票据、证券、贷款等金融资产所融入的现金，减去按返售协议约定先买入再按固定价格返售给卖出方的票据、证券、贷款等金融资产所融出的现金后的现金增加额。本项目可以根据"买入返售金融资产""卖出回购金融资产款"等科目的记录分析填列。本项目如为负数，应在经营活动现金流出类项目中单独列示。证券公司可以根据需要将本项目分为"买入返售证券收到的现金净额""卖出回购证券支付的现金净额"等项目列示。

此外，证券公司还可以根据需要单独设置"代理买卖业务的现金净额""代理兑付债券的现金净额"等项目，以反映证券公司从事代理业务产生的现金流量。

四、证券公司所有者权益变动表的编制

国信证券股份有限公司所有者权益变动表，如表14-12所示。

表14-12

所有者权益变动表

2020年

编制单位：国信证券股份有限公司　　　　　　　　　　　　　　　金额单位：人民币元

项目	实收资本（或股本）	其他权益工具 - 优先股	其他权益工具 - 永续债	其他权益工具 - 其他	资本公积	减：库存股	其他综合收益	盈余公积	一般风险准备	未分配利润	所有者权益合计
一、上年年末余额	8 200 000 000		5 000 000 000		6 768 850 974.69		−131 432 181.79	4 212 265 617.55	11 674 053 491.33	19 143 001 768.57	54 866 739 670.35
加：会计政策变更											
前期差错更正											
二、2020年1月1日的余额	8 200 000 000		5 000 000 000		6 768 850 974.69		−131 432 181.79	4 212 265 617.55	11 674 053 491.33	19 143 001 768.57	54 866 739 670.35
三、本年增减变动金额（减少以"−"号填列）	1 412 429 377				13 386 373 434.66		245 212 442.93	655 559 838.55	1 323 446 057.53	2 666 405 206.17	24 689 418 356.84
（一）综合收益总额							265 097 159.73			6 555 518 385.45	6 820 615 545.18
（二）所有者投入和减少资本	1 412 429 377		5 000 000 000		13 369 127 837.79						19 781 557 214.79
1. 所有者投入的普通股	1 412 429 377				13 369 127 837.79						14 781 557 214.79
2. 其他权益工具持有者投入资本			5 000 000 000								5 000 000 000
3. 股份支付计入所有者权益的金额											
4. 其他											
（三）利润分配								655 559 838.55	1 323 446 057.53	−3 908 997 896.08	−1 930 000 000

(续表)

项 目	本年金额							
	实收资本(或股本)	其他权益工具 ||| 资本公积	减:库存股	其他综合收益	盈余公积	一般风险准备	未分配利润	所有者权益合计
		优先股	永续债	其他							
1. 提取盈余公积								655 559 838.55		−655 559 838.45	
2. 提取一般风险准备									1 323 446 057.53	−1 323 446 057.53	
3. 对所有者(或股东)的分配										−1 640 000 000	−1 640 000 000
4. 其他										−290 000 000	−290 000 000
(四) 所有者权益内部结转							−19 884 716.80			19 884 716.80	
1. 资本公积转增资本(或股本)											
2. 盈余公积转增资本(或股本)											
3. 盈余公积弥补亏损											
4. 一般风险准备弥补亏损											
5. 其他综合收益结转留存收益							−19 884 716.80			19 884 716.80	
6. 其他					17 245 596.87						17 245 596.87
四、2020年12月31日的余额	9 612 429 377		10 000 000 000		20 155 224 409.35		113 780 261.14	4 867 817 456.10	12 997 499 548.86	21 809 406 974.74	79 556 158 027.19

证券公司所有者权益变动表项目的编制说明与商业银行所有者权益变动表项目的编制说明相同。

第五节 金融企业财务报表的附注

一、金融企业财务报表附注的作用

尽管资产负债表、利润表、现金流量表和所有者权益变动表分别从不同角度反映出金融企业的财务状况和经营成果,但是报表内这些格式化、数字化的信息尚无法满足信息使用者的需求。换句话说,表内列报的信息具有局限性。为了全面了解金融企业的财务业绩,信息使用者还需要利用财务报表附注。

财务报表附注是为了便于财务报表使用者理解财务报表的内容而对财务报表的编制基础、编制依据、编制原则和方法及主要项目等所作的解释。它是对财务报表的补充说明,是财务报表的重要组成部分。具体来说,附注是对在资产负债表、利润表、现金流量表和所有者权益变动表等报表中列示项目的文字描述或明细资料,以及对未能在这些报表中列示项目的说明等。由此可见,其作用在于提供财务报表无法反映的那部分信息,以便更全面地反映金融企业情况,同时帮助信息使用者理解财务报表的内容。

从广义上说,财务报表附注应该包括财务报表表内用括号显示的注释和在报表之后所加的注释两种形式。对于前者,以资产负债表为例,常常可见"股本(发行10 000 000 股,每股面值 1 元)"等类似的列示等。这类财务报表附注内容比较简洁,一般只有寥寥数语,目的是对表内项目进行必要的补充说明。后者也称为财务报表尾注,顾名思义,列示在财务报表的最后。尾注相较于前面括号注释的形式,其内容更加详细、具体;同时,相比于表内列报的信息,也可以提供一些必需却又难于用数字反映的定性信息,补充列示比财务报表正文更加详细的定量信息等。因此,财务报表尾注是财务报表附注的主要形式。

二、金融企业财务报表附注(尾注)的内容

按照企业会计准则的相关规定,我国上市金融企业提供的年度报告中应该包括财务报表和财务报表附注。具体来讲,金融企业的财务报表附注一般应按照以下顺序披露:

1. 金融企业的基本情况

(1) 金融企业注册地、组织形式和总部地址。

(2) 金融企业的业务性质和主要经营活动,如金融企业所处的行业、所提供的主要产品或服务、客户的性质、销售策略、监管环境的性质等。

(3) 母公司以及集团最终母公司的名称。

(4) 财务报告的批准报出者和财务报告批准报出日。

2. 财务报表的编制基础

一般金融企业编制的财务报表都应该以会计主体、会计分期、持续经营和货币计量四项会计基本假设为基本前提。但是当金融企业鉴于某种特殊情况,编制的财务报表不能满足上述基本前提中某一个或者若干个时,金融企业必须在财务报表附注(尾注)中对此作出详细说明。其中比较常见的一种情况是,金融企业由于战略调整或者市场变化等原因,决定关闭某一地区分部或经营分部,该分部的核算就应该按照清算价值为基础,而不应再同其他分部一样采用公允价值(或者实际成本)计量。

3. 遵循金融企业会计准则的声明

金融企业应当声明编制的财务报表符合金融企业会计准则的要求,真实、完整地反映了金融企业的财务状况、经营成果和现金流量等有关信息,以此明确金融企业编制财务报表所依据的制度基础。

如果金融企业编制的财务报表只是部分地遵循了金融企业会计准则,附注中不得作出这种表述。

4. 重要会计政策和会计估计

根据财务报表列报准则的规定,金融企业应当披露采用的重要会计政策和会计估计,不重要的会计政策和会计估计可以不披露。

(1) 重要会计政策的说明。由于金融企业经济业务的复杂性和多样化,某些经济业务可以有多种会计处理方法,也即存在不止一种可供选择的会计政策。例如,固定资产的折旧,可以有平均年限法、工作量法、双倍余额递减法、年数总额法等。金融企业在发生某项经济业务时,必须从允许的会计处理方法中选择适合本金融企业特点的会计政策,金融企业选择不同的会计处理方法,可能极大地影响金融企业的财务状况和经营成果,进而编制出不同的财务报表。为了有助于报表使用者理解,有必要对这些会计政策加以披露。

需要特别指出的是,金融企业说明会计政策时还需要披露下列两项内容:一是财务报表项目的计量基础。会计计量属性包括历史成本、重置成本、可变现净值、现值和公允价值,这直接显著影响报表使用者的分析,这项披露要求便于使用者了解金融企业财务报表中的项目是按何种计量基础予以计量的,如存货是按成本还是可变现净值计量等。二是会计政策的确定依据,主要是指金融企业在运用会计政策过程中所作的对报表中确认的项目金额最具影响的判断。例如,金融企业如何判断持有的金融资产是持有至到期的投资而不是交易性投资;再如,对于拥有的持股不足50%的关联金融企业,金融企业如何判断对其拥有控制权并将其纳入合并范围;等等,这些判断对在报表中确认的项目金额具有重要影响。因此,这项披露要求有助于使用者理解金融企业选择和运用会计政策的背景,增加财务报表的可理解性。

(2) 重要会计估计的说明。财务报表列报准则强调了对会计估计不确定因素的披露要求,金融企业应当披露会计估计、所采用的关键假设和不确定因素的确定依据,这些关键假设和不确定因素在下一会计期间内很可能导致对资产、负债账面价值进行重大调整。例如,固定资产可收回金额的计算需要根据其公允价值减去处置费用后的净额与预计未来现金流量的现值两者之间的较高者确定,在计算资产预计未来现金流量的现值时需要对未来现金流量进行预测,并选择适当的折现率,应当在附注中披露未来现金流量预测所采用的假设及其依据、所选择的折现率为什么是合理的,等等。这些假设的变动对这些资产和负债项目金额的确定影响很大,有可能会在下一个会计年度内作出重大调整。因此,强调这一披露要求,有助于提高财务报表的可理解性。

5. 会计政策和会计估计变更以及差错更正的说明

金融企业应当按照《企业会计准则第28号——会计政策、会计估计变更和差错更正》及其应用指南的规定,披露会计政策和会计估计变更以及差错更正的有关情况。

6. 报表重要项目的说明

金融企业应当以文字和数字描述相结合、尽可能以列表形式披露报表重要项目的构成或当期增减变动情况,并且报表重要项目的明细金额合计,应当与报表项目金额相衔接。在披露顺序上,一般应当按照资产负债表、利润表、现金流量表、所有者权益变动表的顺序及其项目列示的顺序。

7. 其他需要说明的重要事项

这主要包括或有和承诺事项、资产负债表日后非调整事项、关联方关系及其交易、风险管理等,具体的披露要求须遵循相关准则的规定。

思 考 题

1. 商业银行年度财务报表由哪些部分构成?
2. 简述商业银行资产负债表的作用。
3. 商业银行资产负债表项目排列的规律是什么?
4. 利润表有哪几种格式?我国商业银行利润表采用何种格式?如何计算出净利润?
5. 什么是商业银行的现金流量表?商业银行的现金及现金等价物包括哪些内容?
6. 什么是直接法和间接法?采用直接法和间接法编制现金流量表各有哪些优点?
7. 为什么说所有者权益变动表体现了商业银行综合收益的构成?
8. 什么是财务报表附注?简述其作用。

练 习 题

1. 凡实行独立核算的商业银行,以每年的12月(　　)日为银行的年度决算日。
   A. 20　　　　　　B. 25　　　　　　C. 30　　　　　　D. 31
2. 商业银行资产负债表中的"现金及存放中央银行款项"项目,根据(　　)等科目的期末余额合计填列。

A. "库存现金""银行存款"

B. "库存现金""其他货币资金"

C. "库存现金""银行存款""其他货币资金"

D. "库存现金""存放中央银行款项"

3. 商业银行一套完整的财务报表至少应当包括的报表有(　　)。

   A. 资产负债表和利润表

   B. 资产负债表、利润表和现金流量表

   C. 资产负债表、利润表、现金流量表和所有者权益变动表

   D. 资产负债表、利润表、现金流量表、所有者权益变动表和附注

4. 资产负债表的依据编制是(　　)。

   A. 资产＝负债＋所有者权益

   B. 资产－负债＝所有者权益

   C. 资产＋费用＝负债＋所有者权益＋收入

   D. 资产＝负债＋所有者权益＋利润

5. 商业银行资产负债表中的"发放贷款和垫款"项目,应根据(　　)分析填列。

   A. "贷款"科目的相关明细科目期末余额,

   B. "贷款""贴现资产"科目的相关明细科目期末余额,

   C. "贷款"科目的相关明细科目期末余额,减去"信用资产损失"科目中相关减值准备的期末余额后的金额

   D. "贷款""贴现资产"科目的相关明细科目期末余额,减去"信用资产损失"科目中相关减值准备的期末余额后的金额

6. 商业银行利润表"其他资产减值损失"项目,反映除(　　)外,按照相关规定计提其他资产的减值准备所确认的减值损失。

   A. 信用减值损失　　　　　　　B. 坏账损失

   C. 固定资产损失　　　　　　　D. 无形资产损失

7. 所有者权益变动表中的"其他权益工具"项目,反映企业发行的除普通股以外分类为权益工具的金融工具。企业应根据实际情况在该项目下设(　　)三个项目。

   A. 优先股　　　B. 永续债　　　C. 可转换债　　　D. 其他

8. 财务报表附注是为了便于财务报表使用者理解财务报表的内容而对财务报表的(　　)等所作的解释。

   A. 编制基础　　　　　　　　　B. 编制依据

   C. 编制原则与方法　　　　　　D. 主要项目

各章练习题参考答案

第一章 金融企业会计的基本理论

【选择题】 1．A 2．D 3．C 4．A 5．C 6．A 7．AB 8．ABCD 9．AB 10．ABC

第二章 金融企业会计核算的基本方法

【选择题】 1．A 2．A 3．D 4．B 5．A 6．D 7．C 8．D 9．AC 10．BCD
11．ACD 12．AB 13．ACD

【业务题】

(1) 借：库存现金　　　　　　　　　　　　　　　　　　　　　　10 000
　　　贷：吸收存款——王某　　　　　　　　　　　　　　　　　　　　　10 000

(2) 借：银行存款　　　　　　　　　　　　　　　　　　　　　　500 000
　　　贷：贷款——信用贷款　　　　　　　　　　　　　　　　　　　　　500 000

(3) 借：库存现金　　　　　　　　　　　　　　　　　　　　　　200 000
　　　贷：吸收存款——乙公司　　　　　　　　　　　　　　　　　　　　200 000

(4) 借：存放中央银行款项　　　　　　　　　　　　　　　　　1 000 000
　　　贷：库存现金　　　　　　　　　　　　　　　　　　　　　　　　　1 000 000

(5) 借：吸收存款——李某　　　　　　　　　　　　　　　　　　　8 000
　　　贷：库存现金　　　　　　　　　　　　　　　　　　　　　　　　　　8 000

(6) 借：吸收存款——甲公司　　　　　　　　　　　　　　　　　400 000
　　　贷：吸收存款——乙公司　　　　　　　　　　　　　　　　　　　　400 000

第三章 存款业务的核算

【选择题】 1．B 2．A 3．B 4．C 5．D 6．C 7．A 8．D 9．B 10．C
11．B 12．AC 13．ABCD 14．ABC 15．BCD 16．AC

【业务题】

1．(1) 借：库存现金　　　　　　　　　　　　　　　　　　　　　　20 000
　　　　　贷：吸收存款——活期存款——甲公司　　　　　　　　　　　　　20 000

　　(3) 借：吸收存款——活期存款——甲公司　　　　　　　　　　18 000
　　　　　贷：库存现金　　　　　　　　　　　　　　　　　　　　　　　　18 000

分户账

户名:甲公司账号:　　　　　　利率:0.36%　　　　　　　　　　　　单位:元

2019年		摘要	借方	贷方	借或贷	余额	日数	积数	复核盖章
月	日								
9	1	承前页			贷	80 000	72 7	2 866 000 560 000	
9	8	现收		20 000	贷	100 000	4	400 000	
9	12	转贷		15 000	贷	115 000	3	345 000	
9	15	现付	18 000		贷	97 000	2	194 000	
9	17	转借	12 000		贷	85 000	2	170 000	
9	19	现收		8 000	贷	93 000	2	186 000	
9	21	转息		47.21	贷	93 047.21	92	4 721 000	

利息＝4 721 000×0.36％÷360＝47.21(元)

借:应付利息——活期存款利息　　　　　　　　　　　　　　　　47.21
　　贷:吸收存款——活期存款——甲公司　　　　　　　　　　　　47.21

2.(1) 12月3日:

借:库存现金　　　　　　　　　　　　　　　　　　　　　　　2 000
　　贷:吸收存款——活期储蓄存款——李伟户　　　　　　　　　　2 000

(2) 12月15日:

借:吸收存款——活期储蓄存款——陈浩户　　　　　　　　　　　3 000
　　贷:库存现金　　　　　　　　　　　　　　　　　　　　　　3 000

(3) 12月19日:

借:吸收存款——活期储蓄存款——陈浩户　　　　　　　　　　　1 500
　　贷:库存现金　　　　　　　　　　　　　　　　　　　　　　1 500

(4) 12月20日结计李伟存款账户的利息:

利息＝356 000＋5 500.50×2＋7 500.50×12＋4 500.50×4＋3 000.50×2)
　　　×0.36％÷360

　　＝(356 000＋11 001.00＋90 006.00＋18 002.00＋6 001.00)×0.72％÷360

　　＝450 047.40×0.36％÷360

　　＝4.81(元)

12月21日办理利息转账：

借：应付利息——活期储蓄利息户 4.81
　　贷：吸收存款——活期储蓄存款——李伟户 4.81

12月27日李伟销户：

利息＝(3 000.50＋4.81)×6×0.72％÷360＝0.36(元)

借：吸收存款——活期储蓄存款——李伟户 3 005.31
　　应付利息——活期储蓄利息户 0.36
　　贷：库存现金 3 005.67

3.(1) 借：吸收存款——活期存款——甲公司 200 000
　　　　贷：吸收存款——定期存款——甲公司 200 000

(2) 到期利息＝50 000×1×2.50％＝1 250(元)

借：吸收存款——定期存款——乙公司 50 000
　　应付利息——定期存款利息 1 250
　　贷：吸收存款——活期存款——乙公司 51 250

(3) 利息＝80 000×83×0.36％÷360＝66.40(元)

借：吸收存款——定期存款——丙公司 200 000.00
　　应付利息——定期存款利息 66.40
　　贷：吸收存款——活期存款——丙公司 200 066.40

借：吸收存款——活期存款——丙公司 120 000
　　贷：吸收存款——定期存款——丙公司 120 000

(4) 到期利息＝100 000×2.50％×1＝2 500(元)
　　过期利息＝100 000×65×0.36％÷360＝65(元)

借：吸收存款——定期存款——丁公司 100 000
　　应付利息——定期存款利息 2 565
　　贷：吸收存款——活期存款——丁公司 102 565

第四章　贷款与贴现业务的核算

【选择题】　1. C　2. B　3. B　4. D　5. C　6. A　7. AD　8. BCD　9. BCD
10. BD

【业务题】

1.(1) 2×18年6月21日发放贷款时：

借：贷款——信用贷款——A公司 500 000
　　贷：吸收存款——单位活期存款——A公司 500 000

(2) 2×18年9月21日结息，利息入账时：

借：应收利息——A公司 7 500
　　贷：利息收入——贷款利息收入——A公司 7 500

借：吸收存款——单位活期存款——A公司　　　　　　　　　　　　　　7 500
　　贷：应收利息——A公司　　　　　　　　　　　　　　　　　　　　　　　　　7 500

2×18年12月21日、2×19年3月21日、2×19年6月21日结息时，利息入账的会计分录同(2)。

(3) 2×19年6月21日到期收回贷款时：

借：吸收存款——单位活期存那款——A公司　　　　　　　　　　　　500 000
　　贷：贷款——信用贷款——A公司　　　　　　　　　　　　　　　　　　　500 000

2. 贷款初始确认金额＝1 000 000－1 000 000×3.047％＝969 530(元)

设贷款的实际利率为 IRR，根据公式

$$V=\frac{CF_1}{(1+IRR)^1}+\frac{CF_2}{(1+IRR)^2}+\cdots+\frac{CF_n}{(1+IRR)^n}=\sum_{t=1}^{n}\frac{CF_t}{(1+IRR)^t}，$$

得：

$$969\,530=\frac{1\,000\,000\times(1+3\%)^4}{(1+IRR)^4}$$

$$IRR=3.8\%$$

采用实际利率法计算利息收入和贷款摊余成本的数据见下表所示。

实际利率法计算利息收入和贷款摊余成本表

单位：元

时间	期初摊余成本	利息收入(实际季利率3.8％)	现金流入	期末摊余成本	利息调整
2×19.12.31	969 530			969 530	30 470(贷)
2×20.3.31	969 530	36 842	0	1 006 372	6 842(借)
2×20.6.30	1 006 372	38 242	0	1 044 614	7 342(借)
2×20.9.30	1 044 614	39 695	0	1 084 309	7 868(借)
2×20.12.31	1 084 309	41 199.81*	1 125 508.81	0	8 418(借)
合　计	—	155 978.81	1 125 508.81	—	0

备注：41 199.81为倒挤求出，即125 508.81＋30 470－36 842－38 242－39 695＝41 199.81(元)，与1 084 309× 3.8％＝41 203.74(元)存在小数点尾差。

根据上表数据，中国工商银行亚运村支行有关账务处理如下：

1) 编制发放贷款的会计分录

2×19年12月31日，发放贷款时：

借：贷款——信用贷款——甲公司(本金)　　　　　　　　　　　　　　1 000 000
　　贷：吸收存款——活期存款——甲公司　　　　　　　　　　　　　　　　969 530
　　　　贷款——信用贷款——甲公司(利息调整)　　　　　　　　　　　　　30 470

2) 编制每季季末确认利息收入的会计分录

(1) 2×20年3月31日,确认利息收入时:

应收利息=(1 000 000×3%)=30 000(元)

借:应收利息——甲公司	30 000
贷款——信用贷款——甲公司(利息调整)	6 842
贷:利息收入——发放贷款及垫款	36 842

(2) 2×20年6月30日,确认利息收入时:

应收利息=(1 000 000+30 000)×3%=30 900(元)

借:应收利息——甲公司	30 900
贷款——信用贷款——甲公司(利息调整)	7 342
贷:利息收入——发放贷款及垫款	38 242

(3) 2×20年9月30日,确认利息收入时:

应收利息=(1 000 000+30 000+30 900)×3%=31 827(元)

借:应收利息——甲公司	31 827
贷款——信用贷款——甲公司(利息调整)	7 868
贷:利息收入——发放贷款及垫款	39 695

(4) 2×20年12月31日,确认利息收入时:

应收利息=(1 000 000+30 000+30 900+31 827)×3%=32 781.81(元)

借:应收利息——甲公司	32 781.81
贷款——信用贷款——甲公司(利息调整)	8 418.00
贷:利息收入——发放贷款及垫款	41 199.81

3) 编制到期收回本息的会计分录

2×20年12月31日,收回贷款本息时:

借:吸收存款——活期存款——甲公司	1 125 508.81
贷:贷款——信用贷款——甲公司(本金)	1 000 000.00
应收利息——甲公司	125 508.81

3. (1) 2×18年1月1日:

借:贷款——信用贷款——乙公司(本金)	20 000 000
贷:吸收存款——单位活期存款——乙公司	20 000 000

(2) 2×18年3月31日、6月30日、9月30日和12月31日:

借:应收利息——乙公司	500 000
贷:利息收入——发放贷款及垫款	500 000
借:吸收存款——活期存款——乙公司	500 000
贷:应收利息——乙公司	500 000

(3) 2×18年12月31日:

借：资产减值损失——贷款损失准备金户 2 000 000
　　贷：贷款损失准备——客户贷款户 2 000 000
借：贷款——信用贷款——乙公司（已减值） 20 000 000
　　贷：贷款——信用贷款——乙公司（本金） 20 000 000

此时，贷款的摊余成本＝20 000 000－2 000 000＝18 000 000（元）

（4）2×19 年 3 月 31 日：

借：吸收存款——活期存款——乙公司 200 000
　　贷：贷款——信用贷款——乙公司（已减值） 200 000

减值贷款利息收入＝贷款摊余成本×实际利率＝18 000 000×10%÷4＝450 000（元）

借：贷款损失准备——客户贷款户 450 000
　　贷：利息收入——发放贷款及垫款 450 000

此时，贷款的摊余成本＝18 000 000－200 000＋450 000＝18 250 000（元）

（5）2×19 年 4 月 1 日：

借：抵债资产 17 000 000
　　贷款损失准备——客户贷款户 1 550 000
　　营业外支出 1 290 000
　　贷：贷款——××贷款——××户（已减值） 19 800 000
　　　　应交税费 40 000

（6）2×19 年 6 月 30 日：

借：存放中央银行款项等 160 000
　　贷：其他业务收入 160 000

借：资产减值损失 200 000
　　贷：抵债资产跌价准备 200 000

抵债资产跌价准备＝17 000 000－16 800 000＝200 000（元）

（7）2×19 年 12 月 31 日：

借：存放中央银行款项 320 000
　　贷：其他业务收入 320 000

借：其他业务成本 40 000
　　贷：存放中央银行款项等 40 000

（8）2×19 年 12 月 31 日：

抵债资产跌价准备＝16 800 000－16 600 000＝200 000（元）

借：资产减值损失 200 000
　　贷：抵债资产跌价准备 200 000

（9）2×20 年 1 月 1 日，处置该房地产时：

借：存放中央银行款项等	16 600 000
抵债资产跌价准备	400 000
营业外支出	300 000
贷：抵债资产	17 000 000
应交税费	300 000

4. （1）2×19年5月10日，甲商业银行办理贴现时：

贴现利息＝1 000 000×(3−1)×6%÷12＝10 000（元）

实付贴现金额＝1 000 000−10 000＝990 000（元）

借：贴现资产——面值	1 000 000
贷：吸收存款——兰陵公司	990 000
贴现资产——利息调整	10 000

（2）甲商业银行摊销贴现利息时：

借：贴现资产——利息调整	5 000
贷：利息收入	5 000

（3）2×19年5月10日，甲商业银行收回票款时：

借：待清算辖内往来	1 000 000
贷：贴现资产——利息调整	1 000 000

第五章　商业银行系统内往来的核算

【业务题】

1. （1）工商银行北京亚运村支行的会计分录为：

借：待清算辖内往来——北京分行	50 000
贷：吸收存款——活期存款——甲公司	50 000

（2）工商银行北京分行的会计分录为：

借：上存系统内款项——上存总行备付金	50 000
贷：待清算辖内往来——亚运村支行	50 000

（3）工商银行总行清算中心的会计分录为：

借：系统内款项存放——石家庄分行备付金	50 000
贷：系统内款项存放——北京分行备付金	50 000

（4）工商银行石家庄分行对批量业务当日进行挂账处理的会计分录为：

借：其他应收款——待处理汇划款项	50 000
贷：上存系统内款项——上存总行备付金	50 000

次日，石家庄分行代桥东支行逐笔确认后冲销挂账的会计分录为：

借：待清算辖内往来——桥东支行	50 000
贷：其他应收款——待处理汇划款项	50 000

代理桥东支行记账的会计分录为：

借：吸收存款——汇出汇款　　　　　　　　　　　　　　　　　　　　50 000
　　贷：待清算辖内往来——石家庄分行　　　　　　　　　　　　　　　　50 000

2.（1）工商银行北京海淀支行的会计分录为：

借：吸收存款——活期存款——乙公司　　　　　　　　　　　　　　　30 000
　　贷：待清算辖内往来——海淀分行　　　　　　　　　　　　　　　　30 000

（2）工商银行海淀分行的会计分录为：

借：待清算辖内往来——海淀支行　　　　　　　　　　　　　　　　　30 000
　　贷：上存系统内款项——上存总行备付金　　　　　　　　　　　　　30 000

（3）工商银行总行清算中心的会计分录为：

借：系统内款项存放——海淀分行备付金　　　　　　　　　　　　　　30 000
　　贷：系统内款项存放——天津分行备付金　　　　　　　　　　　　　30 000

（4）工商银行天津分行的会计分录为：

借：上存系统内款项——上存总行备付金　　　　　　　　　　　　　　30 000
　　贷：待清算辖内往来——八里台支行　　　　　　　　　　　　　　　30 000

代理八里台支行记账的会计分录为：

借：待清算辖内往来——天津分行　　　　　　　　　　　　　　　　　30 000
　　贷：吸收存款——活期存款——M公司　　　　　　　　　　　　　　30 000

3.（1）11月2日，工商银行北京分行：

借：其他应收款——待处理汇划款项户　　　　　　　　　　　　　10 000 000
　　贷：存放中央银行款项——准备金存款户　　　　　　　　　　　10 000 000

工商银行北京分行接到工商银行总行返回的成功信息时：

借：上存系统内款项——上存总行备付金户　　　　　　　　　　　10 000 000
　　贷：其他应收款——待处理汇划款项户　　　　　　　　　　　　10 000 000

工商银行总行收到北京分行上存的备付金时：

借：存放中央银行款项——准备金存款户　　　　　　　　　　　　10 000 000
　　贷：系统内款项存放——北京分行备付金户　　　　　　　　　　10 000 000

（2）12月8日，工商银行总行通过人民银行向北京分行调回备付金时：

借：系统内存放款项——北京分行备付金户　　　　　　　　　　　 2 000 000
　　贷：存放中央银行款项——准备金存款户　　　　　　　　　　　 2 000 000

工商银行北京分行接到工商银行总行发来的调回备付金信息时：

借：其他应收款——待处理汇划款项户　　　　　　　　　　　　　 2 000 000
　　贷：上存系统内款项——上存总行备付金户　　　　　　　　　　 2 000 000

工商银行北京分行收到调回的备付金时：

借：存放中央银行款项——准备金存款户 2 000 000
　　贷：其他应收款——待处理汇划款项户 2 000 000

4. （1）11月11日，中国建设银行河北省分行向总行清算中心办理资金借出时：

借：系统内借出——一般借出户 2 000 000
　　贷：上存系统内款项——上存总行备付金户 2 000 000

（2）中国建设银行总行清算中心收到河北省分行借出资金信息时：

借：系统内款项存放——河北省分行备付金户 2 000 000
　　贷：系统内款项存放——石家庄分行备付金户 2 000 000

（3）中国建设银行石家庄分行收到借款信息时：

借：上存系统内款项——上存总行备付金户 2 000 000
　　贷：系统内借入——一般借入户 2 000 000

第六章　金融机构往来业务的核算

【选择题】　1. B　2. B　3. C　4. D　5. D　6. ABD

【业务题】

1. 本旬应缴金额＝99 385 000－61 975 000＝37 410 000（元）

本旬实缴金额为35 610 000元，欠缴金额为1 800 000元。

（1）6月15日，工商银行北京分行实缴财政性存款时：

借：存放中央银行款项——缴存财政性存款 35 610 000
　　贷：存放中央银行款项——准备金存款 35 610 000

（2）6月19日，工商银行北京分行补缴财政性存款，并支付罚款时：

借：存放中央银行款项——缴存财政性存款 1 800 000
　　贷：存放中央银行款项——准备金存款 1 800 000

应支付罚款＝1 800 000×4×0.06％＝4 320（元）

借：营业外支出——罚款支出 4 320
　　贷：存放中央银行款项——准备金存款 4 320

2. （1）贷款发放时：

借：存放中央银行款项——准备金存款 1 000 000
　　贷：向中央银行借款——季节性贷款 1 000 000

（2）每月计提利息时：

利息＝1 000 000×1×4.32％/12＝3 600（元）

借：利息支出——中央银行往来支出 3 600
　　贷：应付利息 3 600

（3）归还贷款本息时：

借:向中央银行借款——季节性贷款	1 000 000	
应付利息	10 800	
贷:存放中央银行款项——准备金存款		1 010 800

3. (1) 办理再贴现时:

在贴现天数＝5＋31＋30＋14＝80(天)

再贴现利息＝640 000×80×3.6%÷360＝ 5 120(元)

实付再贴现额＝640 000－5 120＝634 880(元)

借:存放中央银行款项——准备金存款户	634 880	
贴现负债——利息调整	5 120	
贷:贴现负债——面值		640 000

(2) 2月29日摊销再贴现利息时:

应摊销额＝5 120÷80×5＝320(元)

借:利息支出	320	
贷:贴现负债——利息调整		320

3月31日、4月30日的会计分录与(2)基本相同。

(3) 再贴现到期收回时:

借:贴现负债——面值	640 000	
贷:贴现资产——面值		640 000

应摊销额＝5120/80×14＝896(元)

借:利息支出	896	
贷:贴现负债——利息调整		896

第七章　中国现代化支付清算系统的核算

【业务题】

1. (1) 中国工商银行天津分行:

发起业务时:

借:吸收存款——单位活期存款——友谊商场	600 000	
贷:待清算支付款项		600 000

收到已清算通知时:

借:待清算支付款项	600 000	
贷:存放中央银行款项——准备金存款		600 000

(2) 交通银行上海分行:

接收业务时:

借:待清算支付款项	600 000	
贷:吸收存款——单位活期存款——光明乳业公司		600 000

收到已清算通知时：

借：存放中央银行款项——准备金存款 600 000
　　贷：待清算支付款项 600 000

2．（1）提出应借票据时：

借：清算资金往来——同城票据清算 314 657.38
　　贷：吸收存款——××存款 314 657.38

（2）提出应贷票据时：

借：吸收存款——××存款 162 469.52
　　贷：清算资金往来——同城票据清算 162 469.52

（3）提回应贷票据时：

借：清算资金往来——同城票据清算 230 365.27
　　贷：吸收存款——××存款 230 365.27

（4）提回应借票据时：

借：吸收存款——××存款 184 358.30
　　贷：清算资金往来——同城票据清算 184 358.30

应收金额＝314 657.38＋230 365.27＝545 022.65（元）
应付金额＝162 469.52＋184 358.30＝346 827.82（元）
应收差额＝545 022.65－346 827.82＝198 194.83（元）

借：存放中央银行款项——准备金存款户 198 194.83
　　贷：清算资金往来——同城票据清算 198 194.83

第八章　国内支付结算的核算

【选择题】　1. C　2. A　3. C　4. A　5. B　6. D　7. D　8. A　9. A　10. B　11. C
12. A　13. AD　14. ABCD　15. ABC　16. D　17. B　18. A　19. C
20. C　21. B　22. AD　23. ACD

【业务题】

1．借：吸收存款——单位活期存款——华丽公司 85 000
　　　贷：吸收存款——汇出汇款 85 000

2．借：吸收存款——汇出汇款 85 000
　　　贷：待清算辖内往来 79 600
　　　　　吸收存款——单位活期存款——华丽公司 5 400

3．借：吸收存款——单位活期存款——胜利商场 32 300
　　　　　　　　　　　　　　　——红塔集团 38 700
　　　　　　　　　　　　　　　——三联商食品 60 120
　　　贷：吸收存款——单位活期存款——供电局 131 120

4. 借：吸收存款——单位活期存款——甲公司　　　　　　　　　　11 350
   　　贷：吸收存款——单位活期存款——乙公司　　　　　　　　　　　11 350

5. 经办行：

   借：清算资金往来——同城票据清算　　　　　　　　　　　　　　14 860.00
   　　贷：吸收存款——单位活期存款(丽华大酒店)　　　　　　　　　14 785.70
   　　　　手续费及佣金收入——商户回扣收入　　　　　　　　　　　　74.30

   发卡行：

   借：吸收存款——银行卡存款(大华实业公司户)　　　　　　　　　14 860
   　　贷：清算资金往来——同城票据清算　　　　　　　　　　　　　　14 860

6. 中国工商银行北京马连道支行收妥现金,汇出汇款时：

   借：库存现金　　　　　　　　　　　　　　　　　　　　　　　　12 000
   　　贷：吸收存款——应解汇款——李华　　　　　　　　　　　　　12 000

   借：吸收存款——应解汇款——李华　　　　　　　　　　　　　　12 000
   　　贷：待清算辖内往来——××行　　　　　　　　　　　　　　　12 000

   中国农业银行石家庄桥西支行解付汇款,办理现金支付时：

   借：待清算辖内往来——××行　　　　　　　　　　　　　　　　12 000
   　　贷：吸收存款——应解汇款——王宏　　　　　　　　　　　　　12 000

   借：吸收存款——应解汇款——王宏　　　　　　　　　　　　　　12 000
   　　贷：库存现金　　　　　　　　　　　　　　　　　　　　　　　12 000

第九章　外汇业务的核算

【业务题】

1. (1) 借：库存现金　　　　　　　　　　　　　　　　　　　HKD 5 000
   　　　贷：货币兑换(钞买价)　　　　　　　　　　　　　　　　HKD 5 000

   　　借：货币兑换(钞买价)　　　　　　　　　　　　　　　　RMB 4 600
   　　　贷：库存现金　　　　　　　　　　　　　　　　　　　　RMB 4 600

   (2) 借：库存现金　　　　　　　　　　　　　　　　　　　　USD 10 000
   　　　贷：货币兑换(钞买价 626%)　　　　　　　　　　　　USD 10 000

   　　借：货币兑换(钞买价 626%)　　　　　　　　　　　　RMB 62 600
   　　　贷：货币兑换(汇卖价 628%)　　　　　　　　　　　　RMB 62 600

   　　借：货币兑换(汇卖价)　　　　　　　　　　　　　　　USD 9 968.15
   　　　贷：吸收存款——活期外汇存款(某企业)　　　　　　USD 9 968.15

   (3) 到期利息＝USD 10 000×2.25%×1＝USD 225
   　　逾期利息＝USD 10 000×25×1.08%÷360＝US$ 7.5
   　　利息合计＝USD 225＋USD 7.5＝USD 232.5

借：吸收存款——外汇定期存款——马明　　　　　　　　USD 10 000
　　贷：吸收存款——外汇定期存款——马明　　　　　　USD 10 000
借：应付利息　　　　　　　　　　　　　　　　　　　　USD 232.50
　　贷：货币兑换(买入价)　　　　　　　　　　　　　　USD 232.50
借：货币兑换(卖入价)　　　　　　　　　　　　　　　　RMB 1 455.45
　　贷：吸收存款——活期储蓄存款(马明)　　　　　　　RMB 1 455.45

（4）借：吸收存款——活期外汇存款(某企业)　　　　　　USD 92 252.166
　　　　贷：货币兑换(钞买价 625‰)　　　　　　　　　　USD 92 160.000
　　　　　　手续费及佣金收入　　　　　　　　　　　　USD 92.166
　　借：货币兑换(钞买价 625‰)　　　　　　　　　　　　RMB 576 000
　　　　贷：货币兑换(汇卖价 96‰)　　　　　　　　　　RMB 576 000
　　借：货币兑换(汇卖价 96‰)　　　　　　　　　　　　HKD 600 000
　　　　贷：吸收存款——汇出汇款　　　　　　　　　　HKD 600 000

2. 开户银行编制会计分录如下：

（1）6 月 5 日发放贷款时：

借：贷款——短期外汇贷款——××公司　　　　　　　　USD 600 000
　　贷：吸收存款——单位活期存款——××公司　　　　USD 600 000

（2）6 月 20 日结计利息时(计息期间为 6 月 5 日至 6 月 20 日,利率为 5.35％)：

利息＝USD 600 000×16×5.35％÷360＝USD 1 426.67

6 月 20 日先计提利息时：

借：应收利息——短期现汇贷款应收利息　　　　　　　　USD 1 426.67
　　贷：利息收入——短期现汇贷款利息收入　　　　　　USD 1 426.67

6 月 21 日将利息转为贷款本金时：

借：贷款——短期外汇贷款——××公司　　　　　　　　USD 1 426.67
　　贷：应收利息——短期现汇贷款应收利息　　　　　　USD 1 426.67

（3）6 月 30 日计提贷款利息时：

利息＝(USD 600 000＋USD 1 426.67)×10×5.35％÷360＝USD 893.79

借：应收利息——短期现汇贷款应收利息　　　　　　　　USD 893.79
　　贷：利息收入——短期现汇贷款利息收入　　　　　　USD 893.79

（4）7 月 31 日、8 月 31 日计提贷款利息时：

利息＝(USD 600 000＋USD 1 426.67)×31×5.35％/360＝USD 2 770.74

借：应收利息——短期现汇贷款应收利息　　　　　　　　USD 2 770.74
　　贷：利息收入——短期现汇贷款利息收入　　　　　　USD 2 770.74

（5）9 月 5 日计算利息时：

利息＝(USD 600 000＋USD 1 426.67)×4×5.35%÷360＝USD 357.51

借：应收利息——短期现汇贷款应收利息　　　　　　　USD 357.51
　　贷：利息收入——短期现汇贷款利息收入　　　　　　USD 357.51

借：吸收存款——单位活期存款——××公司　　　　　USD 607 325.66
　　贷：贷款——短期外汇贷款——××公司　　　　　　USD 601 426.67
　　　　应收利息——短期现汇贷款应收利息　　　　　　USD 5 898.99

3.（1）承做出口押汇时：

出口押汇利息＝USD 500 000×18×5.8%/360＝USD 1 450

借：贷款——出口押汇——环亚公司(本金)　　　　　　USD 500 000
　　贷：利息收入——押汇利息收入　　　　　　　　　　USD 1 450
　　　　手续费及佣金收入——出口押汇手续费收入　　　USD 200
　　　　货币兑换　　　　　　　　　　　　　　　　　　USD 498 350

借：货币兑换　　　　　　　　　　　　　　　　　　　　RMB 3 092 261.75
　　贷：吸收存款——单位活期存款——环亚公司　　　　RMB 3 092 261.75

由于押汇期限短，商业银行押汇日扣收的出口押汇利息不通过"贷款——利息调整"科目核算，而直接记入"利息收入"科目。

（2）收回押汇本息时：

借：存放同业或其他科目　　　　　　　　　　　　　　　USD 500 000
　　贷：贷款——出口押汇——甲公司　　　　　　　　　USD 500 000

4.（1）3月5日开出信用证时：

借：应收开出信用证款项　　　　　　　　　　　　　　　AUD 1 000 000
　　贷：应付开出信用证款项　　　　　　　　　　　　　AUD 1 000 000

收取开证手续费时：

借：吸收存款——单位活期存款——丽华公司　　　　　　AUD 1 500
　　贷：手续费及佣金收入——信用证开证手续费收入　　AUD 1 500

（2）4月15日对外付款时：

借：吸收存款——单位活期存款——丽华公司　　　　　　AUD 1 002 000
　　贷：存放同业——澳大利亚国民银行　　　　　　　　AUD 1 002 000

同时，

借：应付开出信用证款项　　　　　　　　　　　　　　　AUD 1 000 000
　　贷：应收开出信用证款项　　　　　　　　　　　　　AUD 1 000 000

5.（1）8月10日收到进口代收单据时：

借：应收进口代收款项　　　　　　　　　　　　　　　　USD 600 000
　　贷：应付进口代收款项　　　　　　　　　　　　　　USD 600 000

(2) 8月15日办理售汇付款时：

借：吸收存款——单位活期存款——甲公司　　　　　　　　RMB 3 102 000
　　贷：手续费及佣金收入——进口代收手续费收入　　　　　RMB 2 000
　　　　货币兑换　　　　　　　　　　　　　　　　　　　　RMB 3 100 000

借：货币兑换　　　　　　　　　　　　　　　　　　　　　　USD 500 000
　　贷：存放同业——美国花旗银行　　　　　　　　　　　　USD 500 000

同时，

借：应付进口代收款项　　　　　　　　　　　　　　　　　　USD 500 000
　　贷：应收进口代收款项　　　　　　　　　　　　　　　　USD 500 000

第十章　中间业务的核算

【业务题】

(1) 借：代理承销证券款——××债券××户　　　　　　　　100 000 000
　　　贷：存放中央银行款项　　　　　　　　　　　　　　　99 900 000
　　　　　手续费及佣金收入——代理发行债券收入　　　　　100 000

登记表外科目明细：

收：有价单证——××机构××债券　　　　　　　　　　　　100 000 000

(2) 借：库存现金（或吸收存款等）　　　　　　　　　　　　50 000
　　　贷：代理承销证券款——××债券××户　　　　　　　50 000

营业终了，营业机构根据债券发售清单，登记表外科目明细：

付：有价单证——××机构××债券户　　　　　　　　　　　50 000

(3) 借：存放中央银行款项——备付金存款　　　　　　　　　5 300 000
　　　贷：代理兑付证券款——××单位××债券　　　　　　5 300 000

(4) 借：代理兑付证券——××债券　　　　　　　　　　　　10 600
　　　贷：库存现金　　　　　　　　　　　　　　　　　　　10 600

登记表外科目明细：

收：已兑付债券——××债券　　　　　　　　　　　　　　　10 000

(5) 借：库存现金（或吸收存款等）　　　　　　　　　　　　10 000
　　　贷：手续费及佣金收入——出租保管箱业务收入　　　　8 000
　　　　　其他应付款——保管箱押金　　　　　　　　　　　2 000

(6) 借：吸收存款等　　　　　　　　　　　　　　　　　　　500 000 000
　　　贷：同业存放——基金存款——××基金管理公司户　　500 000 000

借：同业存放——基金存放——××基金管理公司　　　　　　20 000 000
　　贷：存放中央银行款项　　　　　　　　　　　　　　　　20 000 000

借：同业存放——基金存款——××基金管理公司户　　　　　30 000 000
　　贷：手续费及佣金收入——基金托管业务收入　　　　　　30 000 000

第十一章 损益的核算

【业务题】

1. （1）借：应收利息　　　　　　　　　　　　　　　　　　　　62 000
　　　　贷：利息收入——与中央银行往来利息收入　　　　　　62 000

（2）借：吸收存款——××单位　　　　　　　　　　　　　　1 800
　　　贷：手续费及佣金收入　　　　　　　　　　　　　　　1 800

（3）借：业务及管理费　　　　　　　　　　　　　　　　　　1 600
　　　贷：库存现金　　　　　　　　　　　　　　　　　　　1 600

（4）借：资产减值损失　　　　　　　　　　　　　　　　　150 000
　　　贷：贷款损失准备　　　　　　　　　　　　　　　　150 000

（5）借：业务及管理费　　　　　　　　　　　　　　　　　20 000
　　　贷：累计折旧　　　　　　　　　　　　　　　　　　20 000

（6）借：营业外支出　　　　　　　　　　　　　　　　　　3 000
　　　贷：待处理财产损溢　　　　　　　　　　　　　　　3 000

2. （1）借：本年利润　　　　　　　　　　　　　　　　　10 000 000
　　　　贷：利润分配——未分配利润　　　　　　　　　10 000 000

（2）借：利润分配——提取法定盈余公积　　　　　　　1 000 000
　　　　　　　　——提取一般风险准备金　　　　　　　1 000 000
　　　　　　　　——提取任意盈余公积　　　　　　　　500 000
　　　　　　　　——向投资者分配利润　　　　　　　20 000 000
　　　贷：盈余公积——法定盈余公积　　　　　　　　1 000 000
　　　　　　　　　——一般风险准备金　　　　　　　1 000 000
　　　　　　　　　——任意盈余公积　　　　　　　　500 000
　　　　　应付利润　　　　　　　　　　　　　　　20 000 000

　　借：利润分配——未分配利润　　　　　　　　　22 500 000
　　　贷：利润分配——提取法定盈余公积　　　　　　1 000 000
　　　　　　　　　——提取一般风险准备金　　　　　1 000 000
　　　　　　　　　——提取任意盈余公积　　　　　　500 000
　　　　　　　　　——向投资者分配利润　　　　　20 000 000

通过上述会计处理后，"利润分配——未分配利润"科目有贷方余额 37 500 000 元 (60 000 000－22 500 000)，表示至本年年底累计尚未分配的利润。

第十二章 证券公司业务的核算

【业务题】

1. （1）借：结算备付金——自有　　　　　　　　　　　3 000 000
　　　　贷：银行存款　　　　　　　　　　　　　　　3 000 000

(2) 借：交易性金融资产——成本　　　　　　　　　　　　　　　　　450 000
　　　贷：代理承销证券款　　　　　　　　　　　　　　　　　　　　　　450 000

(3) 借：交易性金融资产——成本　　　　　　　　　　　　　　　　　400 000
　　　贷：银行存款　　　　　　　　　　　　　　　　　　　　　　　　　400 000

(4) 借：交易性金融资产——成本　　　　　　　　　　　　　　　　　 10 000
　　　　应收利息　　　　　　　　　　　　　　　　　　　　　　　　　　 1000
　　　　投资收益　　　　　　　　　　　　　　　　　　　　　　　　　　　500
　　　贷：结算备付金——自有　　　　　　　　　　　　　　　　　　　　11 500

(5) 借：结算备付金——自有　　　　　　　　　　　　　　　　　　　680 000
　　　贷：交易性金融资产　　　　　　　　　　　　　　　　　　　　　　680 000

(6) 借：交易性金融资产　　　　　　　　　　　　　　　　　　　　　100 000
　　　贷：结算备付金——自有　　　　　　　　　　　　　　　　　　　　100 000

(7) 借：结算备付金——自有　　　　　　　　　　　　　　　　　　　 5 000
　　　贷：应收股利　　　　　　　　　　　　　　　　　　　　　　　　　　5 000

(8) 借：交易性金融资产　　　　　　　　　　　　　　　　　　　　　820 000
　　　贷：结算备付金——自有　　　　　　　　　　　　　　　　　　　　820 000

2. 业务(1)：

(1) 借：交易性金融资产(4 000 000×20)　　　　　　　　　　　　80 000 000
　　　贷：银行存款　　　　　　　　　　　　　　　　　　　　　　　40 000 000
　　　　　其他应付款——应付证券款　　　　　　　　　　　　　　　40 000 000

(2) 假定出售价格＝(22＋20)÷2＝21(元)。

借：银行存款　　　　　　　　　　　　　　　　　　　　　　　　　84 000 000
　　贷：交易性金融资产　　　　　　　　　　　　　　　　　　　　　80 000 000
　　　　投资收益　　　　　　　　　　　　　　　　　　　　　　　　 4 000 000

(3) 借：其他应付款——应付证券款　　　　　　　　　　　　　　40 000 000
　　　贷：银行存款　　　　　　　　　　　　　　　　　　　　　　　40 000 000

业务(2)：

(1) 借：银行存款　　　　　　　　　　　　　　　　　　　　　　　19 000 000
　　　贷：代理承销证券款(950 000×20)　　　　　　　　　　　　　19 000 000

(2) 借：交易性金融资产　　　　　　　　　　　　　　　　　　　　　950 000
　　　贷：代理承销证券款(50 000×19)　　　　　　　　　　　　　　　950 000

(3) 借：代理承销证券款　　　　　　　　　　　　　　　　　　　　19 950 000
　　　贷：银行存款　　　　　　　　　　　　　　　　　　　　　　　19 850 250
　　　　　手续费及佣金收入　　　　　　　　　　　　　　　　　　　　 99 750

业务(3)：

(1) 在备查簿中登记代发 H 企业集团准备发行 3 年期 4 500 000 元、利率 10%、面值 1 000 元、到期一次还本付息的企业债券。

(2) 借：银行存款　　　　　　　　　　　　　　　　　　　4 000 000
　　　贷：代理承销证券款　　　　　　　　　　　　　　　　　　4 000 000

(3) 借：代理承销证券款　　　　　　　　　　　　　　　　　4 000 000
　　　贷：银行存款　　　　　　　　　　　　　　　　　　　　　3 992 000
　　　　　手续费及佣金收入(4 000 000×0.2%)　　　　　　　　　　8 000

(4) 冲销备查簿中登记的促销证券 500 000 元。

3. (1) 借：银行存款——C 公司　　　　　　　　　　　　　3 000 000
　　　　贷：代理买卖证券款　　　　　　　　　　　　　　　　　3 000 000
　　　　借：结算备付金——C 公司　　　　　　　　　　　　　3 000 000
　　　　贷：银行存款——C 公司　　　　　　　　　　　　　　　3 000 000

(2) 借：代理买卖证券款　　　　　　　　　　　　　　　　　　317 000
　　　贷：结算备付金——C 公司　　　　　　　　　　　　　　　317 000
　　　借：手续费及佣金支出——代理买卖证券手续费支出　　　　3 000
　　　　　结算备付金——自有　　　　　　　　　　　　　　　　2 000
　　　贷：手续费及佣金收入——代理买卖证券手续费收入　　　　5 000

(3) ① 借：代理买卖证券款　　　　　　　　　　　　　　　1 200 000
　　　　贷：结算备付金——C 公司　　　　　　　　　　　　　1 200 000
　　② 借：银行存款——C 公司　　　　　　　　　　　　　　300 000
　　　　贷：结算备付金——C 公司　　　　　　　　　　　　　　300 000
　　③ 借：代理买卖证券款　　　　　　　　　　　　　　　　300 000
　　　　贷：银行存款——C 公司　　　　　　　　　　　　　　　300 000
　　④ 借：银行存款——自有　　　　　　　　　　　　　　　　4 200
　　　　贷：手续费及佣金收入——代理买卖证券手续费收入　　　4 200

4. (1) 借：银行存款　　　　　　　　　　　　　　　　　　　6 250 000
　　　　贷：代理兑付证券款　　　　　　　　　　　　　　　　　6 200 000
　　　　　　其他应付款——预收代理兑付证券手续费　　　　　　　50 000

(2) 借：代理兑付证券　　　　　　　　　　　　　　　　　　6 200 000
　　　贷：银行存款　　　　　　　　　　　　　　　　　　　　　6 200 000

(3) 借：代理兑付证券款　　　　　　　　　　　　　　　　　6 200 000
　　　贷：代理兑付证券　　　　　　　　　　　　　　　　　　　6 200 000

(4) 借：其他应付款——预收代理兑付证券手续费　　　　　　　50 000
　　　贷：手续费及佣金收入——代理兑付证券手续费收入　　　　50 000

第十三章 保险业务的核算

【业务题】

1. （1）借：银行存款　　　　　　　　　　　　　　　100 000
　　　　　贷：保费收入——基本险　　　　　　　　　　　100 000

（2）预收时：

借：银行存款　　　　　　　　　　　　　　　　　　50 000
　　贷：预收保费——货运险　　　　　　　　　　　　　　50 000

下月 10 日编制会计分录：

借：预收保费　　　　　　　　　　　　　　　　　　50 000
　　贷：保费收入——货运险　　　　　　　　　　　　　　50 000

（3）分期缴费：

借：银行存款　　　　　　　　　　　　　　　　　　100 000
　　应收保费——大华公司　　　　　　　　　　　　　100 000
　　贷：保费收入——财产综合险　　　　　　　　　　　200 000

收取第二期保费时：

借：银行存款　　　　　　　　　　　　　　　　　　50 000
　　贷：应收保费——大华公司　　　　　　　　　　　　　50 000

收取第三期保费时：

借：银行存款　　　　　　　　　　　　　　　　　　50 000
　　贷：应收保费——大华公司　　　　　　　　　　　　　50 000

（4）预付赔款时：

借：预付赔款——财产综合险　　　　　　　　　　　500 000
　　贷：银行存款　　　　　　　　　　　　　　　　　　500 000

结案时的赔款支出：

借：赔款支出　　　　　　　　　　　　　　　　　　800 000
　　贷：预付赔款——财产综合险　　　　　　　　　　　500 000
　　　　银行存款　　　　　　　　　　　　　　　　　　300 000

（5）借：提取未决赔款准备金　　　　　　　　　　10 000 000
　　　　贷：未决赔款准备金　　　　　　　　　　　　　10 000 000

借：提取未决赔款准备金　　　　　　　　　　　　　800 000
　　贷：未决赔款准备金　　　　　　　　　　　　　　　800 000

借：未决赔款准备金　　　　　　　　　　　　　　　6 000 000
　　贷：提取未决赔款准备金　　　　　　　　　　　　　6 000 000

(6) 借：银行存款　　　　　　　　　　　　　　　　　　　　　　　12 000 000
　　　贷：保费收入　　　　　　　　　　　　　　　　　　　　　　　　　12 000 000
　　借：应收分保账款　　　　　　　　　　　　　　　　　　　　　　4 000 000
　　　贷：保费收入　　　　　　　　　　　　　　　　　　　　　　　　　4 000 000
　　借：分保费用　　　　　　　　　　　　　　　　　　　　　　　　2 000 000
　　　贷：应付分保账款　　　　　　　　　　　　　　　　　　　　　　　2 000 000
　　借：提取未到期责任准备金　　　　　　　　　　　　　　　　　　6 400 000
　　　贷：未到期责任准备金(12 000 000＋4 000 000)×40%　　　　　　6 400 000
　　借：未到期责任准备金　　　　　　　　　　　　　　　　　　　　5 000 000
　　　贷：提取未到期责任准备金　　　　　　　　　　　　　　　　　　　5 000 000

2．(1) 借：库存现金　　　　　　　　　　　　　　　　　　　　　　　　60 000
　　　　贷：保费收入——个人险　　　　　　　　　　　　　　　　　　　　60 000

(2) 预收时：

借：银行存款　　　　　　　　　　　　　　　　　　　　　　　　　　50 000
　贷：预收保费——团体险　　　　　　　　　　　　　　　　　　　　　　50 000

同意承保时：

借：预收保费　　　　　　　　　　　　　　　　　　　　　　　　　　200 000
　贷：保费收入——团体险　　　　　　　　　　　　　　　　　　　　　　200 000

(3) 借：满期给付——两全险　　　　　　　　　　　　　　　　　　　200 000
　　　贷：保户质押贷款——李某　　　　　　　　　　　　　　　　　　　　60 000
　　　　　应收保费　　　　　　　　　　　　　　　　　　　　　　　　　　8 000
　　　　　利息收入——保户质押贷款利息收入户　　　　　　　　　　　　　4 400
　　　　　库存现金　　　　　　　　　　　　　　　　　　　　　　　　　127 600

(4) 借：死伤医疗给付——长期健康险　　　　　　　　　　　　　　　60 000
　　　贷：保费收入——长期健康险　　　　　　　　　　　　　　　　　　　3 000
　　　　　库存现金　　　　　　　　　　　　　　　　　　　　　　　　　59 700

(5) 借：满期给付——终身年金险　　　　　　　　　　　　　　　　　14 000
　　　贷：库存现金　　　　　　　　　　　　　　　　　　　　　　　　　14 000

(6) 借：提取寿险责任准备金　　　　　　　　　　　　　　　　　　60 000 000
　　　贷：寿险责任准备金　　　　　　　　　　　　　　　　　　　　　60 000 000
　　借：寿险责任准备金　　　　　　　　　　　　　　　　　　　　　50 000 000
　　　贷：提取寿险责任准备金　　　　　　　　　　　　　　　　　　　50 000 000

(7) 借：提取长期健康险责任准备金　　　　　　　　　　　　　　　12 000 000
　　　贷：长期健康险责任准备金　　　　　　　　　　　　　　　　　　12 000 000
　　借：寿险责任准备金　　　　　　　　　　　　　　　　　　　　　9 000 000
　　　贷：提取寿险责任准备金　　　　　　　　　　　　　　　　　　　9 000 000

（8）借：提取未到期责任准备金　　　　　　　　　　　　　　　8 000 000
　　　贷：未到期责任准备金　　　　　　　　　　　　　　　　　　　8 000 000

　　借：未到期责任准备金　　　　　　　　　　　　　　　　　　6 400 000
　　　贷：提取未到期责任准备金　　　　　　　　　　　　　　　　　6 400 000

第十四章　金融企业财务报表

【选择题】　1. D　2. D　3. D　4. A　5. D　6. A　7. ABD　8. ABCD